中国地质大学(武汉)本科教学工程项目基金资助["应急管理实践教学平台建设"(2021G29)]

# 城市安全与应急管理实习指导书

CHENGSHI ANQUAN YU YINGJI GUANLI SHIXI ZHIDAOSHU

主　编：王　忠　张　志
副主编：李晓玉　周　娜　赵　频　罗　辉

图书在版编目(CIP)数据

城市安全与应急管理实习指导书/王忠,张志主编;李晓玉等副主编.—武汉:中国地质大学出版社,2023.11
ISBN 978-7-5625-5775-3

Ⅰ.①城… Ⅱ.①王… ②张… ③李… Ⅲ.①城市管理-安全管理-高等学校-教学参考资料 ②城市-突发事件-公共管理-高等学校-教学参考资料 Ⅳ.①D035.34

中国国家版本馆 CIP 数据核字(2024)第 025694 号

| | | |
|---|---|---|
| 城市安全与应急管理实习指导书 | | 王 忠 张 志 主编 |
| 责任编辑:舒立霞 | 选题策划:江广长 | 责任校对:徐蕾蕾 |
| 出版发行:中国地质大学出版社(武汉市洪山区鲁磨路388号) | | 邮编:430074 |
| 电 话:(027)67883511 | 传 真:(027)67883580 | E-mail:cbb@cug.edu.cn |
| 经 销:全国新华书店 | | http://cugp.cug.edu.cn |
| 开本:787 毫米×1092 毫米 1/16 | 字数:416 千字 | 印张:16.25 |
| 版次:2023 年 11 月第 1 版 | 印次:2023 年 11 月第 1 次印刷 | |
| 印刷:湖北睿智印务有限公司 | | |
| ISBN 978-7-5625-5775-3 | | 定价:46.00 元 |

如有印装质量问题请与印刷厂联系调换

# 前言

城市安全与应急管理是政府的一项重要职能,其主要目的在于预警风险和避免风险。灾害应急管理实践既要管理灾害的自然属性,又要管理灾害的社会属性,同时还要对诱发灾害的社会环境及灾害造成的社会后果进行管理。因此,编写一本有助于灾害应急管理实践的实习指导书,既能兼顾灾害的社会维度,又能将社会科学与自然科学结合起来,对保障城市公共安全具有十分重要的意义。

本实习指导书试图回答以下问题:第一,如何融合自然科学和社会科学的研究成果,建立灾害管理、应急管理和公共安全等跨学科的实践体系;第二,该实践体系如何有利于灾害综合管理,促进灾害的全面、全过程分析和相应应急决策的制定。本指导书通过对理论、方法和实践3个部分的综合运用,指导学生在应急管理实习中充分了解自然灾害的类型、影响、脆弱性评估、多源数据处理、风险监测预警、应急预案、灾后损失评估等方面的知识,提高应急管理实践能力和水平。

本实习指导书旨在帮助学生加强对理论知识、实践技能、技术应用的学习和掌握,提高对自然灾害与公共安全应急管理的认识和应变能力。主要分为理论篇、方法篇和实践篇3个部分。

理论篇主要涉及灾害经济学、灾害信息学、灾害统计学、灾害管理学等课程理论知识的运用。通过理论学习,读者能够了解自然灾害的成因和特征,熟悉城市安全与应急管理的基本概念和重要原则。

方法篇介绍了一些与灾害应急管理相关的工具和方法,包括灾害脆弱性评估、灾害多源数据处理、灾害救援选址优化、城市安全风险监测预警、灾后损失评估等内容。这些方法能够为应急管理工作提供数据支撑和技术保障,提高城市应急管理能力。

实践篇主要介绍常见的自然灾害类型,如滑坡、泥石流、洪涝、地表侵蚀、城市积涝、旱灾等,以及应对这些灾害的应急管理方法,包括应急预案的编制、灾后损失评估、灾后重建等重要工作。

本指导书有助于帮助广大读者全方位地掌握自然灾害与城市安全应急管理知识和技能,提高应急管理水平,使城市更加安全、稳定和宜居。我们希望读者能够认真学习本实习指导书的内容,透彻理解理论和实践的关系,善于运用所学知识和技能,为城市安全与发展作出积极的贡献。

本书第 1 章由张志、黄庆、李智青、袁怡编写；第 2 章、第 3 章由周娜、罗璐璐编写；第 4 章由赵频、谭思思、王志瑞编写；第 5 章由李晓玉、卢萌、凌中慧编写；第 6 章由罗辉、王威编写；第 7 章由熊京编写；第 8 章由彭嫣然编写；第 9 章由崔小光编写；第 10 章由许锋镒编写；第 11 章由王晓编写；第 12 章由周阳阳、叶雨馨、石琪编写。参与各章审校工作的还有王威、胡雨佳、熊京等。本书整体由王忠统稿。

编者
2023 年 6 月

# 目录

## 第1篇 理论篇

### 第1章 灾害风险理论与方法 (2)
#### 1.1 灾害风险分析的基本概念及原理 (2)
1.1.1 灾害风险关键概念和术语 (2)
1.1.2 灾害风险的影响因素 (4)
1.1.3 灾害风险管理 (7)
#### 1.2 灾害系统技术与方法 (9)
1.2.1 灾害系统构成及分类 (9)
1.2.2 灾害系统的复杂性 (11)
1.2.3 灾害链 (11)
#### 1.3 灾害风险评价方法 (14)
1.3.1 单灾种自然灾害风险评估 (14)
1.3.2 多灾种自然灾害风险评估 (15)
1.3.3 灾害风险数据类型 (16)
1.3.4 灾害风险因果分析 (17)
1.3.5 灾害风险矩阵分析 (18)

### 第2章 灾害系统理论与方法 (20)
#### 2.1 灰色系统理论与方法 (20)
2.1.1 灰色系统基本原理 (20)
2.1.2 灰色系统建模 (22)
2.1.3 基于时间序列预测的灾害灰色系统建模案例分析 (25)
#### 2.2 不确定性系统理论与方法 (29)
2.2.1 不确定性系统分析 (29)
2.2.2 不确定性系统建模 (30)
2.2.3 不确定条件下的应急资源分配 (32)
#### 2.3 灾害系统仿真 (34)
2.3.1 基于Agent的灾害模拟环境 (34)
2.3.2 基于Agent仿真的飓风疏散案例分析 (35)
2.3.3 灾害影响的系统动力学仿真 (36)

# 第2篇 方法篇

## 第3章 灾情统计理论与方法 (40)
### 3.1 灾情统计方法 (40)
#### 3.1.1 灾害调查 (40)
#### 3.1.2 统计指标 (42)
#### 3.1.3 数据类型 (43)
### 3.2 灾情统计分析与应用技术 (44)
#### 3.2.1 时间序列数据的处理与分析 (44)
#### 3.2.2 空间数据的处理与分析 (47)
#### 3.2.3 灾情风险评估与地图 (48)
### 3.3 灾情风险感知与预警 (49)
#### 3.3.1 风险感知的概念及方式 (49)
#### 3.3.2 基于机器学习的预测 (50)
#### 3.3.3 基于系统仿真的预测 (52)

## 第4章 灾害风险情景分析理论与方法 (54)
### 4.1 灾害风险情景 (54)
#### 4.1.1 风险分析与风险情景分析 (54)
#### 4.1.2 风险情景与评估 (55)
#### 4.1.3 灾害风险表征 (55)
### 4.2 灾害风险分析 (56)
#### 4.2.1 灾害风险评估 (56)
#### 4.2.2 灾害风险评估方法 (57)
#### 4.2.3 灾害风险建模 (58)
### 4.3 灾害风险情景分析 (59)
#### 4.3.1 多灾害情景分析 (59)
#### 4.3.2 动态风险情景识别 (60)
#### 4.3.3 城市灾害风险分析 (61)

## 第5章 灾害损失评估方法 (63)
### 5.1 灾害损失评估基础 (63)
#### 5.1.1 灾害损失定义 (63)
#### 5.1.2 灾害损失形成机理 (64)
#### 5.1.3 灾害损失评估原则 (65)
### 5.2 灾害损失评估技术 (67)
#### 5.2.1 灾害损失评估要素 (67)
#### 5.2.2 灾害损失评估方法 (68)
#### 5.2.3 灾害损失评估步骤 (68)

 5.3 灾害损失评估 …………………………………………………………………………… (69)
  5.3.1 农业用地灾情损失评估 …………………………………………………………… (69)
  5.3.2 住房灾情损失评估 ………………………………………………………………… (70)
  5.3.3 汶川地震灾害损失评估案例 ……………………………………………………… (71)

# 第3篇 实践篇

## 第6章 灾害应急避难与灾后重建 …………………………………………………………… (76)
 6.1 应急避难服务与疏散 …………………………………………………………………… (76)
  6.1.1 服务范围划分方法原理 …………………………………………………………… (76)
  6.1.2 疏散方法 …………………………………………………………………………… (77)
 6.2 应急避难体系构建 ……………………………………………………………………… (78)
  6.2.1 应急避难系统 ……………………………………………………………………… (78)
  6.2.2 城市防灾公园体系 ………………………………………………………………… (80)
  6.2.3 应急避难保障体系 ………………………………………………………………… (84)
 6.3 应急避难所选址 ………………………………………………………………………… (84)
  6.3.1 避难所选址原则 …………………………………………………………………… (84)
  6.3.2 避难所选址的关键标准 …………………………………………………………… (85)
  6.3.3 避难所选址模型 …………………………………………………………………… (85)
 6.4 灾后重建 ………………………………………………………………………………… (87)
  6.4.1 灾后重建的流程 …………………………………………………………………… (87)
  6.4.2 灾后重建的必要性 ………………………………………………………………… (88)
  6.4.3 灾后重建的方法 …………………………………………………………………… (88)
  6.4.4 灾后重建中的挑战与应对 ………………………………………………………… (90)

## 第7章 灾害类型认识实习 …………………………………………………………………… (92)
 7.1 洪涝灾害 ………………………………………………………………………………… (92)
  7.1.1 洪涝灾害概述及灾情统计 ………………………………………………………… (92)
  7.1.2 洪涝灾害分类、分级及特点 ……………………………………………………… (92)
  7.1.3 成灾模式分析 ……………………………………………………………………… (94)
  7.1.4 城市洪涝灾害风险分析 …………………………………………………………… (95)
 7.2 山地滑坡 ………………………………………………………………………………… (96)
  7.2.1 滑坡灾害概述 ……………………………………………………………………… (96)
  7.2.2 滑坡灾害形成机理及影响因子 …………………………………………………… (98)
  7.2.3 滑坡量级-频率分析 ……………………………………………………………… (100)
 7.3 旱　灾 …………………………………………………………………………………… (101)
  7.3.1 旱灾概述 …………………………………………………………………………… (101)
  7.3.2 旱灾形成机理 ……………………………………………………………………… (102)
  7.3.3 旱灾评估方法 ……………………………………………………………………… (102)

## 7.4 森林火灾 ········································································································· (104)
### 7.4.1 森林火灾概述 ················································································· (104)
### 7.4.2 森林火灾预测 ················································································· (105)

## 第8章 自然灾害与城市安全应急野外认知实习 ············································ (107)
### 8.1 自然灾害观测点地貌野外调查识别 ······················································· (107)
#### 8.1.1 地质地貌的观察与描述 ································································· (107)
#### 8.1.2 气候水文特征的观察与描述 ························································· (111)
#### 8.1.3 社会经济环境的观察与描述 ························································· (114)
### 8.2 自然灾害应急系统与流程绘制 ······························································ (115)
#### 8.2.1 灾害应急系统构成 ······································································· (115)
#### 8.2.2 灾害应急流程 ··············································································· (118)
#### 8.2.3 灾害应急预案编制和修订 ····························································· (119)
### 8.3 灾害应急实操 ························································································ (120)
#### 8.3.1 桌面演练 ······················································································· (120)
#### 8.3.2 实地演练 ······················································································· (122)
#### 8.3.3 实战训练 ······················································································· (123)

## 第9章 自然灾害应急实验室实习 ······································································· (124)
### 9.1 实习一 灾害专题地图表达 ·································································· (124)
### 9.2 实习二 ArcGIS空间分析:3D风险分析 ············································· (130)

## 第10章 城市安全应急实验室实习 ··································································· (136)
### 10.1 实习一 水文分析 ················································································ (136)
### 10.2 实习二 淹没区分析 ············································································ (151)
### 10.3 实习三 城市排水压力分析 ································································ (154)

## 第11章 滑坡易发性评估及应急响应 ······························································· (160)
### 11.1 实习一 机器学习与分类预测 ···························································· (160)
#### 11.1.1 背景介绍 ······················································································ (160)
#### 11.1.2 机器学习种类和任务 ·································································· (160)
### 11.2 实习二 多源数据监测预警 ································································ (165)
#### 11.2.1 滑坡多源监测数据采集 ······························································· (165)
#### 11.2.2 多元数据监测预警 ······································································ (175)
### 11.3 实习三 地质灾害危险性评估 ···························································· (179)
#### 11.3.1 地质灾害危险性评估模型 ··························································· (179)
#### 11.3.2 基于BP神经网络模型的地质灾害风险评估 ······························· (182)
### 11.4 实习四 滑坡灾害易发性预测 ···························································· (185)
#### 11.4.1 滑坡灾害易发性评估模型 ··························································· (185)
#### 11.4.2 滑坡灾害易发性预测 ·································································· (186)

# 第12章　巴东县自然灾害应急实习目的与要求及实习内容 (199)

## 12.1　实习路线　巴东县自然灾害应急实习路线及观察内容 (199)
### 12.1.1　谭家湾滑坡地 (199)
### 12.1.2　水布垭森林火灾 (202)

## 12.2　实习内容　巴东县自然灾害应急野外调查及技术方法 (202)
### 12.2.1　野外调查记录形式 (202)
### 12.2.2　滑坡灾害调查基本要求 (203)
### 12.2.3　山洪灾害调查要求 (209)
### 12.2.4　森林火灾调查要求 (214)

## 12.3　实习成果　应急避难场所选址 (217)
## 12.4　实习报告　巴东县自然灾害野外应急实习资料整理与报告撰写 (219)

# 主要参考文献 (228)
# 附　录 (233)

# 第1篇

# 理论篇

# 第1章 灾害风险理论与方法

本章介绍灾害风险的概念、术语,以及灾害应对、风险分析、风险决策等方面的内容。重点是如何准备和进行灾害风险评估。灾害风险分析必须关注即将发生的灾害问题、发生的可能性,以及可能产生的后果。灾害风险分析的目的是在危险迫近、缺乏充分和准确的信息,以及其他资源所造成的时间压力和威胁下,采取立即和适当的措施,应对灾害及其后果。这些行动需要有计划,可以在灾害发生之前、期间和之后进行,涵盖灾害的所有阶段。

通过本章学习,你将了解以下内容:
- 主要的灾害风险概念和术语。
- 灾害与风险评估方法。
- 灾害系统技术与方法。
- 灾害风险决策。

## 1.1 灾害风险分析的基本概念及原理

### 1.1.1 灾害风险关键概念和术语

从灾害学的视角来看,灾害风险是指特定地点、社区或社会在特定时期内可能遭受的有关生命、生存、生计、资源、服务等方面的灾难损失。联合国国际减灾战略将灾害风险定义为:因果因素和脆弱性程度之间交互作用所造成的负面影响或预期损失(如人类苦难、财产损失、环境破坏等)的概率[①]。灾害风险是指各种灾害发生及其给人类社会造成损失的可能性(徐玖平,2021;葛全胜等,2008)。

灾害风险分析属于预测未来的范畴,是针对某一对象,判断其在未来某一时间,发生各种灾害的可能性。风险分析的主要难点在于掌握风险系统的随机性规律。在许多风险系统中,随机性只是风险的特性之一,而风险是由所有风险特性决定的。风险的特性包括以下3点。

(1)不确定性:风险发生的时间、空间、强度等都具有不确定性。
(2)复杂性:灾害风险受到多种因素的影响,因而表现出一定的复杂性。

---

① 联合国国际减灾战略,2004年。

(3) 普遍性：一切事物都是在运动中不断变化的，不同事物的相遇和相离都会发生不同的风险。就人类活动而言，每一件事都有一定风险，只是大小程度不同而已。

在灾害风险的概念中，有 3 个关键要素：可能性、影响和潜在性。可能性是指灾害发生的概率和频率，它与灾害的时空特征、存在的物质和人类行为等因素相关。影响是指灾害可能对人类和社会造成的破坏程度和损失大小，它与灾害发生的范围、持续时间、强度等因素相关。潜在性是指由于灾害的复杂性和不确定性，人们对灾害可能性、影响的预测和评估存在不确定性，这种不确定性是灾害风险的本质属性之一。

灾害风险的概念广泛应用于各个社会领域，如自然灾害、环境污染、金融风险、信息安全等方面。在风险管理策略制定和执行的过程中，灾害风险的评估和控制，有助于减少或规避灾害的发生，保护人类的生命财产安全，促进社会的稳定发展。

脆弱性（vulnerability）指的是一个社区、系统或资产所具有的特点和环境，使其容易遭受灾害破坏性的影响[1]。脆弱性涉及自然的、社会的、经济的和环境的多个层面。具体来说，包括房屋的设计和建造不良、对财产的保护不足、公众信息和认识不够、官方风险意识的缺乏和防备措施的缺位，以及对合理的环境管理的忽视等。作为对系统未来状态的估计，脆弱性常表现为一种概率。具体地说，脆弱性是由一种危害引起系统扰动的概率和由此产生的灾难的严重性程度的估计。

脆弱性通常与贫困有关，但当人们面临风险、冲击或压力而被孤立、缺乏安全感和毫无防御能力时，脆弱性也会出现。由于社会群体、性别、种族、宗教、年龄和健康状况等不同，人们面临的风险可能有所不同。

减灾（mitigation）是指减轻或抑制灾害和与灾害相关的负面影响。减灾意味着，虽然灾难的负面影响往往无法完全预防，但是通过不同战略和行动的干预，其严重性可以被极大减轻。减灾方法主要有结构方法（如工程技术、抗危害建筑）和非结构方法（如改善环境政策、提升公众意识等）。

备灾（preparedness）是基于对灾害风险的全面分析来建立有效的预警系统。它包括应急计划、储存设备和用品、制定协调安排和疏散的公共信息、相关培训和实地演习，以及家庭疏散措施等。为使防备行动有效，必须得到正式体制、法律和预算能力的支持，并在国家、区域和地方各级彻底执行。

灾后恢复（recovery）是指在适当情况下，对受影响社区的设施、生活条件等进行修复和改善，其中包括消减致灾因子。灾后恢复的相关工作应当在应急阶段结束后立即启动，保证其建立在现有的战略和政策基础上，明确相关机构职责，让民众参与其中（陈蕾，2013）。

复原力（resilience）是指在灾难发生时，社区或社会及时高效地响应、抵抗、吸收、适应和自我修复的能力，包括对其基础构造和功能的维护与修复。

---

[1] 联合国国际减灾战略 2009 年减轻灾害风险术语。

### 1.1.2 灾害风险的影响因素

灾害风险的影响因素很多,可以归纳为以下几个方面:

(1)自然环境因素。包括地质、气象、气候、水文等因素引起的自然灾害,如地震、洪水、台风、暴雨、干旱等。

(2)人类活动因素。包括人类的生产活动、城市化进程、环境污染等引起的人为灾害,如火灾、交通事故、矿难、化学泄漏等。

(3)社会经济因素。包括社会经济的发展水平、资源配置、收入水平、教育水平等影响因素。社会经济因素对灾害风险的影响主要体现在灾后的恢复和重建过程中。

(4)技术因素。包括灾害防治和应对技术水平、设备和工具技术、信息化技术等,技术因素对灾害的发生和灾后处理具有重要的影响。

(5)政策和管理因素。包括灾害管理制度、灾害预警和应急机制、政府部门的应对能力和管理经验等。政策和管理因素对灾害风险的控制与防范具有重要的作用。

这些因素相互交织,共同影响着灾害风险的大小和发生率。了解这些影响因素,制定相应的应对策略和措施,是减轻灾害对人类造成损失的重要措施。

灾害风险评估是风险管理的重要基础。针对不同类型的灾害,承灾体的损伤形态和程度各不相同,因而,在构建风险评估指标时,要综合考虑各种致灾因素和承灾体的损害效应,尽量减小风险损失。

我们主要选择孕灾环境、致灾因子等灾害系统相关指标,对区域灾害风险进行评估。

孕灾环境是指大气圈、水圈、岩石圈、生物圈相互作用而形成的一种综合环境,是致灾因子形成、灾情产生的重要场所,主要可以分为自然环境和社会环境。自然环境的稳定性主要包括各式各样的自然灾害,以及地形和植被的影响;社会环境同样也受多种因素影响,比如快速城市化将改变孕灾环境的稳定性。

致灾因子危险性评价是以致灾因子对承灾体的致险程度作为评价指标,将致灾因子危险性作为评价因子,并进行综合计算和分级的工作过程。因此,致灾因子危险性评价是风险评价的基础。目前一般采用灾害发生的强度和频率来表示(孙阿丽等,2010)。表1-1列出了致灾因子危险性评价的范围。

风险矩阵是通过对后果的定义,以及对发生的可能性范围的确定,从而得到风险结果的一种工具。这一工具可以用于显示风险,并对其进行分级排序。风险矩阵关乎两个要素:风险发生的后果和可能性。使用这种工具时,需要定义后果和可能性的范围。该范围可以是定性的,也可以是定量的。

风险矩阵图,是风险矩阵方法在使用过程中所参照的图表,是一种风险可视化工具,它可以通过二维表来实现对风险的半定性分析,其操作简单、快捷,因此越来越多地被用于风险评估。

表 1-1 关键风险指标体系

| 一级指标 | | 二级指标 | 三级指标 |
|---|---|---|---|
| 灾害风险关键指标 | 孕灾环境稳定性评估 | 自然环境稳定性 | ①自然灾害发生频率<br>②地形环境<br>③植被覆盖率 |
| | | 社会环境稳定性 | ①危化企业数量<br>②煤矿、非煤矿山数量<br>③人员密集场所数目<br>④基础设施完善程度<br>⑤人为灾害发生频率<br>⑥城市化进程 |
| | 致灾因子危险性评估 | 致灾因子强度 | ①灾害种类、规模、持续时间、影响范围、等级 |
| | | 致灾因子发生可能性 | ①致灾因子出现频率<br>②致灾因子出现的预兆 |
| | 承灾体易损性评估 | 暴露程度 | ①人口密度<br>②单位建筑面积 |
| | | 脆弱性 | ①因灾死亡人数<br>②0~4岁儿童数量及65岁以上老人数量<br>③老旧建筑物占比 |
| | 灾害应急救助能力评估 | 资源保障能力 | ①粮食储备量<br>②专业救助人员数量<br>③灾害救助生活支出占各地财政支出的比重 |
| | | 应急救援能力 | ①生命线系统抢修能力<br>②应急供水、供电能力<br>③气象预警能力<br>④灾害应急预案完善程度 |

## 1. 风险矩阵的表现形式

表现形式一(表 1-2):

表 1-2 列表型风险矩阵

| 风险名称 | 风险源 | 风险原因 | 后果性质 | 后果大小 | 可能性 | 风险等级 |
|---|---|---|---|---|---|---|
| 风险 1 | | | | | | |
| 风险 2 | | | | | | |
| …… | | | | | | |
| 风险 $n$ | | | | | | |

表现形式二(表 1-3):

Ⅰ区域位于矩阵图左下角,表示灾害风险发生的可能性和灾害带来的损失较小;区域Ⅳ位于矩阵图右上角,表示灾害发生的可能性和损失程度较大。从左下到右上,颜色越来越深,表示灾害发生的可能性越大且后果越严重(表 1-3、表 1-4)。

表 1-3 风险矩阵

| 事故发生概率等级 | 5 | Ⅱ 5 | Ⅲ 10 | Ⅲ 15 | Ⅳ 20 | Ⅳ 25 |
|---|---|---|---|---|---|---|
| | 4 | Ⅰ 4 | Ⅱ 8 | Ⅲ 12 | Ⅲ 16 | Ⅳ 20 |
| | 3 | Ⅰ 3 | Ⅱ 6 | Ⅱ 9 | Ⅲ 12 | Ⅲ 15 |
| | 2 | Ⅰ 2 | Ⅰ 4 | Ⅱ 6 | Ⅱ 8 | Ⅲ 10 |
| | 1 | Ⅰ 1 | Ⅰ 2 | Ⅰ 3 | Ⅰ 4 | Ⅱ 5 |
| 风险矩阵 | | 1 | 2 | 3 | 4 | 5 |
| | | 事故后果严重程度等级 | | | | |

表 1-4 风险等级划分标准

| 风险等级 | 分值 | 风险描述 | 需采取的行动 | 改进建议 |
|---|---|---|---|---|
| 一级风险 | 16<Ⅳ级≤25 | 严重风险(绝对不能容忍) | 必须通过工程和/或管理、技术上的专门措施,限期(不超过 6 个月内)把风险级别降低到Ⅱ级或以下 | 制定专门的管理方案对风险予以消减 |
| 二级风险 | 9<Ⅲ级≤16 | 高度风险(难以容忍) | 应当通过工程和/或管理、技术上的控制措施,在一个具体的时间段(12 个月)内,把风险级别降低到Ⅱ级或以下 | 制定专门的管理方案对风险予以消减 |
| 三级风险 | 4<Ⅱ级≤9 | 中度风险(在控制措施落实的条件下可以容忍) | 具体依据成本情况采取措施。需要确认程序和控制措施已经落实,强调对它们的维护工作 | 个案评估。评估现有控制措施是否均有效 |
| 四级风险 | 1<Ⅰ级≤4 | 低度风险(可以接受) | 不需要采取进一步措施降低风险 | 可适当考虑提高安全水平的机会(在工艺危害分析范围之外) |

**2. 风险矩阵分析**

(1)定性分析：是对可能发生的灾害风险的性质方面的分析与研究，需要业界专业人士及对行业风险有丰富经验的人员，根据他们的知识、技术、经验、观察分析能力和判断力进行分析。定性分析是研究事物本质、发展及其相互联系的一种手段，常用方法包括归纳、演绎、推理。灾害风险的定性分析程序和结果常以书面形式列出，如"轻微、严重、灾难""不可能、可能、很可能"等。

(2)定量分析：通常借助经济学、数学、计算机科学、统计学、概率论、决策理论等方面的知识进行逻辑推理和分析，并利用数学模型对其进行预测与决策。灾害风险的"量"是指灾害发生和发展的级别、进度、程度，以及事物的共同组成成分在空间上的排列组合等可以用数据表示的规定性。

(3)半定量分析：是把灾害的定性分析数据化，使数学运算成为可能的一种分析方法。该方法可以用于评估不同类别的灾害。灾害的半定量分析可以用数据来表示(如1、2、3、4、5、6等)，但是不能精确到具体的数值(如3.9、8.32等)。半定量分析在研究中常用于下面两种情况：一是只想获得大致的结果，以便对方法进行进一步的选择；二是数据量少，或者没有理想的定量方法。

### 1.1.3 灾害风险管理

灾害风险可以分类为自然灾害风险和人为灾害风险两种类型。

**1. 自然灾害风险**

自然灾害风险是由自然因素引起的灾害，包括地质灾害、气象灾害、水文灾害等。常见的自然灾害包括地震、洪水、台风、山体滑坡、泥石流、暴雨、干旱等。自然灾害风险具有突发性、不可预测性和影响范围广等特点，给人们的生命财产和社会稳定带来严重威胁。

**2. 人为灾害风险**

人为灾害风险是由人类活动引起的灾害，包括工业事故、交通事故、火灾、建筑物倒塌、核辐射和化学污染等。人为灾害风险的发生多与人类技术文明发展的速度和水平相关，它们的特点是可预测，但防控难度大，对社会的冲击与自然灾害相当。

以上是两类灾害风险的基本介绍，实际上，灾害风险还分为其他细分的类型，如环境灾害、社会灾害等。无论是哪种类型的灾害风险，对人们的生命财产和社会稳定都造成了极大的威胁，预防和应对灾害是人类生存发展的重要课题之一。

灾害风险管理是一种利用行政命令、组织和操作技能及能力来执行战略与政策，并提高反应能力，以降低灾害造成的负面影响和灾害发生概率的系统过程。灾害风险管理旨在通过预防、减轻和备灾的活动与措施，避免、减轻或转移灾害的不利影响。

了解灾害通常伴随的各个阶段(通常是重叠的)是很重要的，特别是从受影响社区的角度来看：

(1) 灾前阶段包括社区收到的警告数量,这可能因灾害的类型而异。感知风险因许多因素而异,包括以前的经验、对后果的认识等。

(2) 影响阶段包括对危害后果的认识。灾难波及范围越大,社区破坏越大,个人损失越大,社会心理影响就越大。

(3) 搜救阶段的特点是幸存者和应急响应者都表现出高度的利他主义。在这个阶段,搜索和救援任务开始,直接援助人员和资源到达。这一阶段的主要目标是避免和减少人民群众的生命财产损失。

(4) 重建阶段发生在紧急救援人员离开后,人们开始适应新的环境,并采取措施逐步重建空间的功能。

结构措施:任何物理结构,以减少或避免可能的危害影响,或应用工程技术,以实现结构或系统的抗危害性和弹性。

非结构性措施:任何不涉及实体建筑,仅仅利用知识、实践或协议(如通过政策和法律、提高公众意识、培训和教育)来降低风险和影响的措施。

风险管理通常由4个要素组成,按以下顺序执行:

(1) 识别、描述和评估自然灾害/人为威胁。这一阶段的目的是开始识别一个地点所面临的威胁和危害。多危害/威胁识别方法范围广泛,包括评估近期事件、情绪高涨或低落、灾前预警、社区凝聚力重建。

(2) 评估关键资产对特定危害/威胁的脆弱性。这是评估内在属性(结构、材料、建筑和规划)对可能导致危害/威胁的敏感性的过程。

(3) 确定风险(即特定危害/威胁对特定资产的预期后果)。这一阶段的基本目的是回答4个问题:①可能发生什么("什么会出错");②出错的可能性有多大;③后果是什么("它能有多糟糕");④分析存在多少不确定性。定量风险分析对所有不希望发生的事件使用概率估计,风险被确定为对不希望发生的事件的后果的数学期望。定性风险分析侧重于危害发生的可能性和危害发生的后果,并使用简单的"低(L)""中等(M)""高(H)"或"极端(E)"分类,可以提供一个非常直观和易于理解的风险等级近似。

(4) 确定降低这些风险的方法(表1-5)。此阶段的目的是确定解决和处理危害/威胁及其

表1-5 降低风险措施概述

| 降低风险的选择 | 自然灾害 | | | | | 威胁 |
|---|---|---|---|---|---|---|
| | 地震 | 滑坡 | 泥石流 | 山崩 | 洪水 | 火灾 |
| 固有安全 | N | N | N | N | # | # |
| 预防风险 | N | N | N | # | # | # |
| 危险检测 | N | # | # | # | # | Y |
| 危害控制 | N | # | # | # | # | Y |
| 减轻危害 | # | # | # | # | Y | Y |
| 应急响应 | Y | Y | Y | Y | Y | Y |

注:"Y"——有一系列有用的风险选项可用;"#"——可以使用一些降低风险的选项,但它们可能只有有限的有效性;"N"——除了重新安置已建成的资产/社区之外,几乎没有什么办法来减少这种危害/威胁。

相关风险的行动方案。风险降低方案的层次(从理想情况下最受欢迎的开始)如下:①固有安全——消除发生危险的可能性;②预防风险——减少发生危险的可能性;③危险检测——对危险进行早期预警的措施;④危害控制——限制危险的大小;⑤减轻危害——保护不受危险的影响;⑥应急响应——规划疏散和获得紧急服务。

## 1.2 灾害系统技术与方法

### 1.2.1 灾害系统构成及分类

灾害系统具有3层含义:第一,灾害系统作为一个有机整体,是由天、地、人3个子系统中的各类灾害,以及灾害发生过程构成的;第二,灾害系统中的这3个子系统彼此之间是相互关联的,并非彼此孤立;第三,灾害系统与其3个子系统之间,作为整体与部分的关系,二者又存在着本质的区别。

从灾害系统的构成上看,灾害系统是由孕灾环境、致灾因子、承灾体与灾情所共同组成的具有复杂特征的地球表层异变系统(图1-1),它是地球表层系统的重要组成部分,而在整个灾害系统的组成结构中,灾情是由孕灾环境、致灾因子、承灾体相互作用的产物(张我华等,2011)。

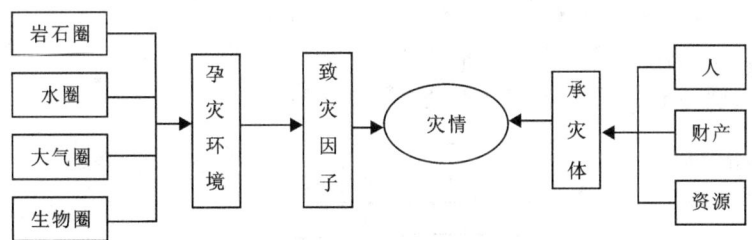

图 1-1 灾害系统构成图

**1. 孕灾环境**

孕灾环境是灾害产生的自然或人为环境,是指由大气圈、岩石圈、水圈和生物圈所组成的综合地球表层环境及在此环境中的一系列物质循环、能量流动,以及信息与价值流动的过程与响应关系(史培军,1996)。地球表层的孕灾环境对灾害系统的群聚与群发特征起着决定性作用。

**2. 致灾因子**

致灾因子是指孕灾环境中的变异因子,造成人员伤亡、财产损失、资源和环境破坏、社会系统混乱。致灾因子可以分为自然致灾因子(如地震、泥石流等)和人为致灾因子(如战争、暴乱等)。

**3. 承灾体**

承灾体是指直接受到灾害影响和损失的人类社会主体,既包括人类本身,还包括社会发展的各个方面,如农田、森林、草场、道路、居住区、城镇等,人类在这个过程中既是导致灾害发生的致灾因子,又是承灾体。

**4. 灾情**

灾害系统作为一个动态的复杂系统,可以采用不同形式来表达各个构成要素之间的关系,将定性问题进行定量研究。史培军(2002,2005)根据灾害系统的构成,提出了灾害系统模式的计量方法和灾害系统的结构图。

$$D_s = E \cap H \cap S$$

式中:$D_s$ 为灾害;$E$ 为地球表层孕灾环境;$H$ 为致灾因子;$S$ 为承灾体。致灾因子 $H$ 是灾害 $D_s$ 发生的充分条件,承灾体 $S$ 是灾害扩大和缩小的必要条件,孕灾环境 $E$ 是影响致灾因子和承灾体的背景条件,其所构建的灾害系统结构如图 1-2 所示。

对灾害系统的分类可以从不同的角度出发,将灾害系统按照不同的标准分类,有利于人们根据每种灾害的特征采取相应的防范措施,从而达到减灾的效果。具体包括按照灾害发生时的特征、灾害发生时的承灾体不同、灾害的形成演变特征,以及灾害的强度和烈度特征进行分类,具体分类如图 1-3 所示。

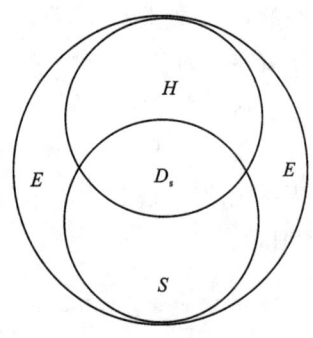

图 1-2 灾害系统结构图

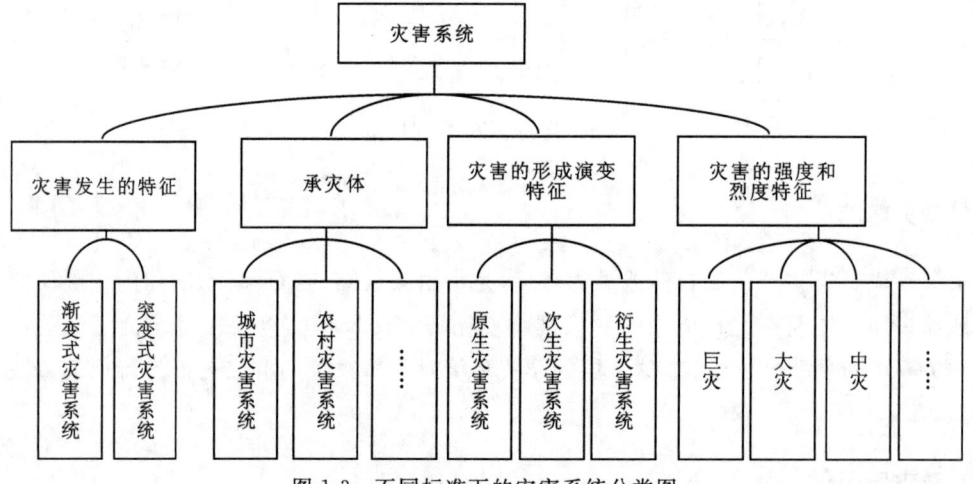

图 1-3 不同标准下的灾害系统分类图

从灾害成因的角度出发,可将灾害系统划分为自然灾害系统和人为灾害系统(图 1-4)。自然灾害划分为大气灾害、大地灾害和生物灾害;人为灾害划分为人类有意识行为造成的灾害、无意识行为造成的灾害,以及社会生产力发展而引发的灾害。从系统的角度出发,自然灾害系统又可划分为气象、天文、生物、水文、地貌和地质灾害系统;人为灾害系统又可划分为生态灾害系统、工程经济灾害系统和社会生活灾害系统。

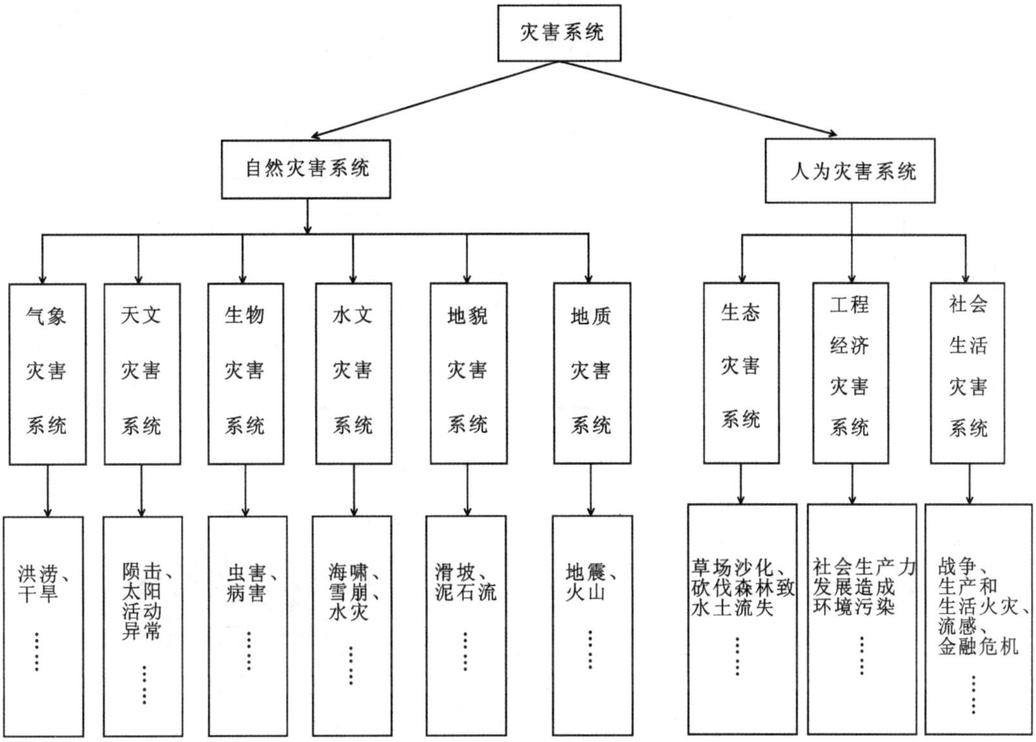

图 1-4 灾害系统分类

按照灾害的形成演变特征进行分类时,灾害系统可以划分为原生灾害系统、次生灾害系统和衍生灾害系统;按照灾害的强度和烈度特征进行分类时,可以划分为巨灾、大灾等。

### 1.2.2 灾害系统的复杂性

灾害系统是一个庞大而复杂的巨系统,具有非线性、不确定性、开放性、动态性等复杂特征,同时由于各类灾害之间可以相互影响,根据灾害系统的复杂性特征可将灾害系统划分为灾害群、灾害链和灾害遭遇。

(1)灾害群是指灾害在空间上的群聚和时间上的群发,各致灾因子之间不存在成因上的联系性(余瀚等,2014)。

(2)灾害链则是指灾害产生后,常常会诱发许多次生灾害,各致灾因子具有成因上的连续性。

(3)灾害遭遇则是指两种或两种以上的灾害同时或者相继发生,但是灾害成因之间并没有联系性。因为灾害系统在时空上所具备的这些复杂性特征,导致各致灾因子的致灾强度会产生累加和叠加的效果,会使灾害放大,带来巨灾风险。

### 1.2.3 灾害链

灾害链是指由各种灾害相互作用而产生的一种连续、多环节、复杂的链式结构,由一个或多个灾害发生引发的次生灾害及其影响的传递与扩散,是由单一灾害所导致的一种灾害链(图1-5)。灾害链是一个多环节、多因素相互交织而形成的复杂系统,包括自然因素和社会经济因素引起的不同类型灾害,如地震、火山、滑坡、泥石流、洪涝等。

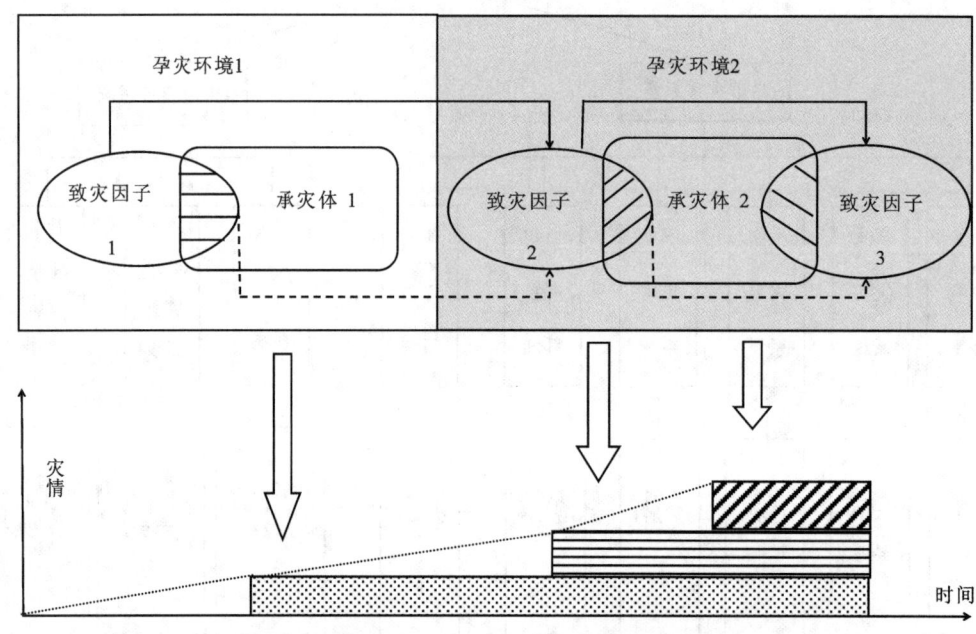

图1-5　灾害链概念的一般性框架(据余瀚等,2014)

灾害链系统内各要素在不同时段上相互影响、相互作用的结果又形成了新的灾害要素,并使整个系统产生新的变化。当一个或多个要素发生变化时,就会导致链中其他要素发生变化,并导致链的变化(图1-6)。在灾害链形成过程中,各环节之间是相互联系、相互制约的。灾害链具有以下特征:

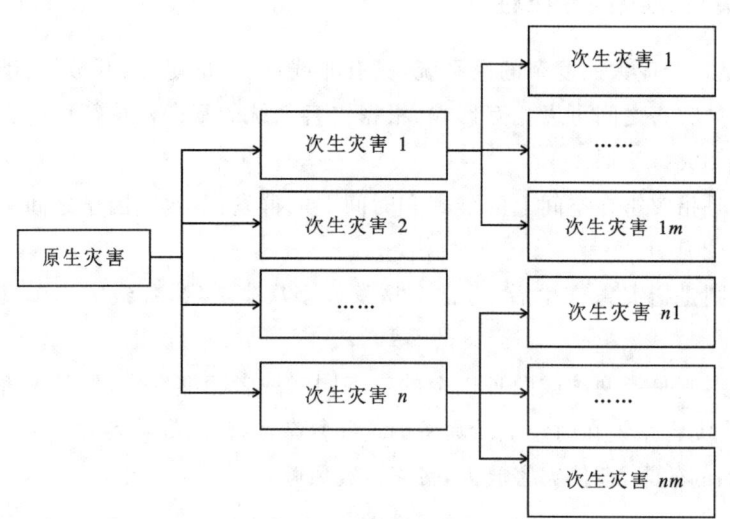

图1-6　原生、次生灾害因果关系图

(1) 关联性。关联性是灾害链的最基本特征,也是区别于其他灾害链的最主要特征。灾害链是由多种灾害现象相互作用而形成的,各种灾害现象之间相互影响和相互依存,形成一个不可分割的整体。例如,由地震所引起的火山活动是一种灾害链,它会破坏自然景观,引起生态环境恶化,最后给社会经济带来重大损失;同样,由海啸、风暴潮所造成的洪灾和海岸侵蚀等也是一种灾害链,它不仅会破坏人类经济和社会生活设施,而且还会造成严重的人员伤亡。

(2) 时序性。灾害链中所涉及的灾害发生存在着一定的时间顺序。一种灾害(原生灾害)的发生可能会诱发另一种灾害(次生灾害),但这种影响并不会立刻表现出来,次生灾害可能在十年、几十年后才会发生。

(3) 复杂性。灾害链的形成包括两个阶段:第一阶段是在灾害发生前,各种自然因素和人为因素之间相互作用,使各类相互作用在时间和空间上高度集中,形成"灾源链";第二阶段是在灾害发生后,各类灾害现象相互作用,灾害现象在时间上和空间上高度集中,形成"灾害链"。

按照灾害链的发生逻辑,可将灾害链分为:①因果型灾害链;②同源型灾害链;③重现型灾害链;④互斥型灾害链;⑤偶发型灾害链。按照发生方式可划分为:①串联式灾害链;②并联式灾害链。

**1. 按照灾害链的发生逻辑进行分类**

1) 因果型灾害链

因果型灾害链是指在时间上前后灾害链中相继发生的自然灾害之间具有成因上的联系。比如在山区发生地震之后会产生一系列次生灾害,如泥石流和滑坡等,旱灾之后会引发森林火灾等。

2) 同源型灾害链

同源型灾害链是指形成链的各灾害的发生是由共同的某一因素引发或触发的情形(门可佩和高建国,2008)。例如太阳活动高峰年,旱、震、涝等都会增多,这些灾情都与太阳活动这个共同因素有关。

3) 重现型灾害链

重现型灾害链是指这是同一种灾害发生两次或者多次的情形。如地震后的余震,台风的二次冲击等。

4) 互斥型灾害链

互斥型灾害链是指一种灾害发生过后,另一种灾害就不会出现或者弱化的情形。如大雨截震,大风无霜。

5) 偶发型灾害链

偶发型灾害链是指一些灾害在短时间内在相邻的区域内偶然出现的情况。如洪水和地震、干旱和大震等就属于这一类灾害链。

**2. 按照发生的方式进行分类**

1）串联式灾害链

串联式灾害链（图 1-7）是指某种原生灾害 H 引发的一系列次生灾害 d 的现象，串联式灾害链形象地展示了灾害之间的一种顺次链接关系和因果关系，因此也可以称为因果链。

2）并联式灾害链

并联式灾害链（图 1-8）是指某一诱发原因引发多种灾害发生的现象，或者几种灾害相互作用而形成的灾害链。

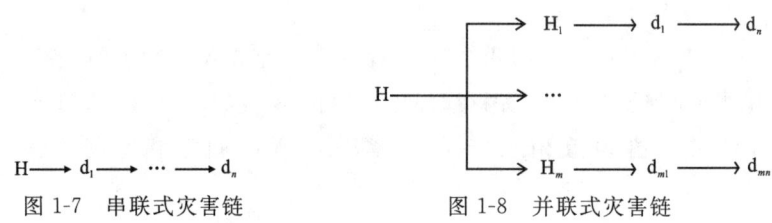

图 1-7　串联式灾害链　　　　图 1-8　并联式灾害链

## 1.3　灾害风险评价方法

### 1.3.1　单灾种自然灾害风险评估

作为研究热点的灾害风险评估问题，最早开始于 19 世纪 50 年代，国内外学者多从概念定义、理论分析、方法设计等方面展开研究。在既有文献采用的评估模型中，针对当前频发的地震、洪涝、干旱、台风、地质灾害等常见自然灾害风险进行评价，目前主要从致灾因子危险性、暴露度、脆弱性、孕灾环境敏感性、防灾减灾能力、韧性等方面开展研究（周姝天等，2020）。

危险性分析：致灾因子危险性分析通常是灾害风险分析，主要是分析灾害发生的概率（频次）、强度、规模、时间和空间位置等方面。一般来说，灾害强度越高，发生概率越大的地区，灾害危险性级别越高。以洪涝和地震灾害为例，洪涝灾害危险性一般体现为降雨量、河网密度、地形坡度等自然因素。其中，降雨量越大、频次越高的地区，灾害危险性越大。又如地震灾害，其致灾因子危险性分析主要分为 3 种：一是概率性分析。如基于地震活动性在空间上的随机性假设，划分潜在震源区，分析不同强度地震的发生概率。二是确定性分析。如根据地质断层调查数据和其他被假定的可能震源，直接通过衰减关系构建回归模型来计算场点的地震危险性。三是主灾事件分级法。如根据主震震级值划定各地震区的危险性等级。

暴露度分析：暴露度分析主要是研究在致灾因子危险性影响下的人口、建筑、财产等承灾体自身的暴露情况，其影响因素多为社会经济因素，精细化人口分布、基础设施密度多作为承灾体自身易损性的分析指标。其中，人口密度越大，基础设施密度越大，可能遭受的灾害损失就越高。

脆弱性分析：脆弱性分析主要是基于建筑数据和社会经济数据等，通过情景模拟和已有的灾损数据计算一般情况下灾害的破坏率，或通过拟合人口、不同财产、建筑在不同强度致灾因子影响下的脆弱性函数等,分析灾害发生时的易损水平。

孕灾环境敏感性分析:是指受到自然灾害威胁的地区,其所处的外部环境对灾害的敏感程度。主要考虑地形、地质条件、土壤类型等方面因素对灾害的放大和缓解作用。在同等强度的灾害情况下,敏感程度越高,自然灾害所造成的破坏损失越严重,自然灾害的风险也就越大。

防灾减灾能力分析:通过把握灾害孕育、发生和演变规律等特点,对部分风险隐患进行排查,从源头减少灾害的发生;通过采取多种方式,编制自然灾害综合风险图和防治区划图、建设灾害综合监测预警系统、强化灾害预警和应急响应联动机制、加强应急力量建设和物资装备保障、强化自然灾害保险服务等,增强防灾减灾应对能力。

韧性分析:灾害韧性主要包含3个基本要素:一是系统在灾前的"鲁棒性"(robustness,意为"健壮性");二是系统在灾时的应对能力;三是系统在灾后的恢复能力。考虑灾害发生的不确定性,城市灾害韧性的认知可概括为:在遭受常遇灾害后,城市依靠自身的抗灾稳定性,能够保持正常运营,且城市具备灵活的灾害应对措施,可自行恢复原有功能;在遭受罕遇灾害后,部分设施可能遭受破坏,但城市的基本功能不应瘫痪或发生脆弱性破坏,可以通过较强的恢复和修复功能,实现新的系统平衡。

目前,在单灾种风险评估方法方面,国内外主要采用的方法可分为3类:一是采用主成分分析法、层次分析法、模糊综合评价法、灰色关联评估法等构建评估指标体系(赵阿兴和马宗晋,1993),即基于指标体系的综合评价方法;二是基于历史灾害数据,采用数据包络分析、回归分析等方法对历史灾情数据进行实证研究的评估方法(刘静伟,2011),这类方法需要的数据具有时间跨度大、灾害数据全面但精度较低的特点;三是采用系统动力学、贝叶斯网络、复杂网络理论等的情景模拟方法来模拟灾害发生的场景(叶欣梁等,2014),这类方法具有较强的实用价值,但对数据的精度和计算成本要求较高。

## 1.3.2 多灾种自然灾害风险评估

多灾种一般指特定时段特定地区内多种致灾因子并存、并发的情况。多灾种风险通常是建立在单灾种灾害风险研究的基础之上,深入分析多种灾害间的内在关联和成灾机理问题。多灾种风险评估的主要目的是掌握区域的总体灾害风险状况、绘制风险评估图表、制定区域防灾减灾规划、帮助有效减轻灾害影响等。

现有的多灾种风险评估研究大多基于灾害系统论的逻辑,从致灾因子、孕灾环境、承灾体等方面展开。主流的多灾种风险评估方法主要基于单灾种风险评估,区别在于风险综合的方式。研究将多灾种风险综合方式归纳为3个视角。

一是叠加视角。从灾害系统风险理论出发,叠加视角的评估主要分为"风险结果综合"和"要素综合"两个角度。首先是风险结果综合,评估得到单个灾种的风险评估结果,再采用一定方法综合单灾种评估结果得到多灾种综合风险结果;其中包括致灾因子危险性、暴露性和脆弱性、灾害种类等内容,综合过程则采取叠加或加权叠加等方式。其次是要素综合。分别计算区域内的致灾因子危险性、暴露性和脆弱性程度,通过灾种量纲,构建灾害风险度评估模型,计算多致灾因子综合危险性和多致灾因子的综合脆弱性,实现多灾种风险的评估。

二是耦合视角。由于现实中各灾害间存在复杂的相互关系,因此科研领域一般结合危险性、暴露性和脆弱性等因素,建立风险评估框架,现有的多灾种间的关系主要包括级联效应、灾害链、多米诺效应等。同时灾害关系机理研究也日益完善,史培军(2020)基于灾害间的关系,提出了灾害链、灾害群、区域灾害系统的理论模型等。然而,灾害耦合视角下的多灾种综合风险研究目前仍处于发展阶段,在耦合规则和模型构建中仍存在一些主观、定性的步骤,风险评估理论方法仍较为欠缺,对量化的多灾种风险耦合模型研究较少。

三是共生视角。在灾害风险管理方面,有学者也尝试运用共生理论,分析复杂环境下,特别是气象、环境、微生物、人员行为等共同诱因作用下的风险相互作用关系,以及强度的联系。基于风险共生关系量化模型,能够对若干种风险共生关系进行比较、排序等,对发生可能性较大的风险采取风险防控措施。

### 1.3.3 灾害风险数据类型

自然灾害的数据分析,根据不同的需求,有不同的分类方法。

(1)从减灾角度来看,自然灾害分析需要的数据包括预防预警数据、监测监控数据、风险评估信息、历史灾损信息、政府相关部门信息、防灾减灾规划等。这一类型的数据主要是从灾害发生的前、中、后3个阶段入手,在不同阶段减轻灾害产生的影响。

(2)从自然灾害的成灾原理分析,灾害数据类型包括:①灾害事件本身的相关数据,如灾害类型、发生频率、强度、时间跨度等;②诱发自然灾害发生的环境信息,包括地质条件、地形坡度、土壤条件、水文条件、植被覆盖状况、土地利用情况等基础地理数据;③灾害发生时的易损对象,如居民点、人口、基础设施等;④应急救援资源的相关信息,如医疗卫生机构、消防机构、应急避难场所等。

(3)从地理信息系统的两种类型来看,包括空间数据、属性数据和多媒体数据3类。空间数据包括矢量数据和栅格数据两部分:矢量数据来自行政区划、水域、道路等基本数据;栅格数据来自遥感影像图、数字地图、数字高程模型等。属性数据则多包括自然和社会经济数据,反映灾害事件信息,也就是灾害本身的信息数据,如灾害类型、频率、发生地点、影响规模和影响范围等。多媒体数据则包括音频、视频、图片等媒体形式的数据,常见的包括灾害实景图片、灾害动态变化的录像、灾情信息的统计报表、灾害报道的文档和各类防灾减灾规划材料等。

同时,从数据类型的表现方式、载体形式和数据来源来看,可以进行如下划分:①从表现方式上看,有图形数据和文字数据两类:图形数据包括地形图、平面图、规划图、影像图等;文字数据包括描述性文字、统计报表、规划和报道材料等。②从载体形式上看,包括传统的纸质材料、表格、文档等,计算机文件形式存放的各种格式图形、表格、磁带、光盘存储的录音和录像等。③从数据来源看,可以分为基础地理数据、遥感观测数据、实地测量数据、技术模拟数据、历史信息数据、统计普查数据、灾情报告及集成等(顾炯,2014)。

一般来说,自然灾害相关数据的获取方式主要是根据综合灾害的具体情况,通过各种人工或技术手段进行调查获取,再进行处理加工、统计总结等最终得到可供参考的数据资料。

前期的灾情调查是通过对灾害相关的情况进行调查走访，获取收集各类基础信息数据。在此基础上运用各种框架，结合一种或多种对自然灾害进行评估研究。

灾情调查的主要手段包括：①受灾地区实地考察。作为最基本的手段，包括专业人员的实地考察和地方政府部门的灾情统计。②历史资料统计分析。③监测预警数据统计。④卫星或者航空遥感影像监测分析。⑤大数据模拟仿真。主要用于对灾害的观测预警、跟踪监测、灾情评估、灾害前兆观测、防灾减灾规划编制等方面。

### 1.3.4 灾害风险因果分析

灾害风险因果分析是指根据突发灾害事件的成因进行分析，找出事故发生的影响因素。揭示区域内各灾种之间的相互关联是区域灾害评估中的重要内容。通常情况下，灾种关系的分析主要可以通过事件树、故障树和事故树等方法。

**1. 事件树**

事件树方法是指以初始事件为起点，按分支事件发生、发展的时间顺序由初始事件推导可能的后果事件。其适用性主要体现在：既可以直观反映整个事件的动态变化过程，预估事故及不安全因素，估计事故发生的可能后果，又可以定量的方法计算各阶段和最终事故概率，从而对可能存在的风险进行定量分析（图1-9）。

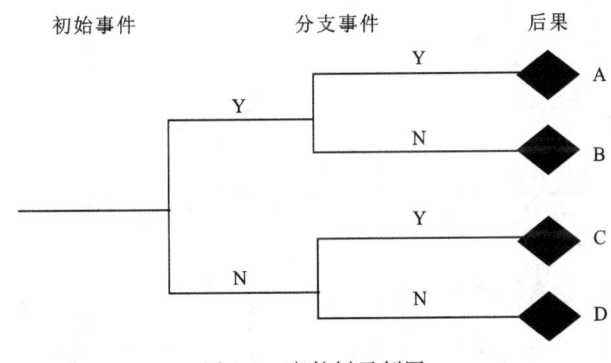

图1-9 事件树示例图

**2. 故障树**

故障树方法是以系统发生故障为分析目标，并以其作为故障树的顶事件，依次向下寻找引发顶事件发生的直接原因，并将这些原因表示为最基础的底事件。该方法可较好地表示事件之间的逻辑和因果关系（图1-10）。

**3. 事故树**

事故树分析起源于故障树分析，是一种自上而下逐级演绎系统故障原因的倒置的树形图。树的最上面是顶事件（即失效事件），最下层是引发顶事件的基本事件，由多个中间事件、基本事件组成。这些中间事件、基本事件均对顶事件构成影响，逐级相连构成一个倒置的树形图（图1-11）。

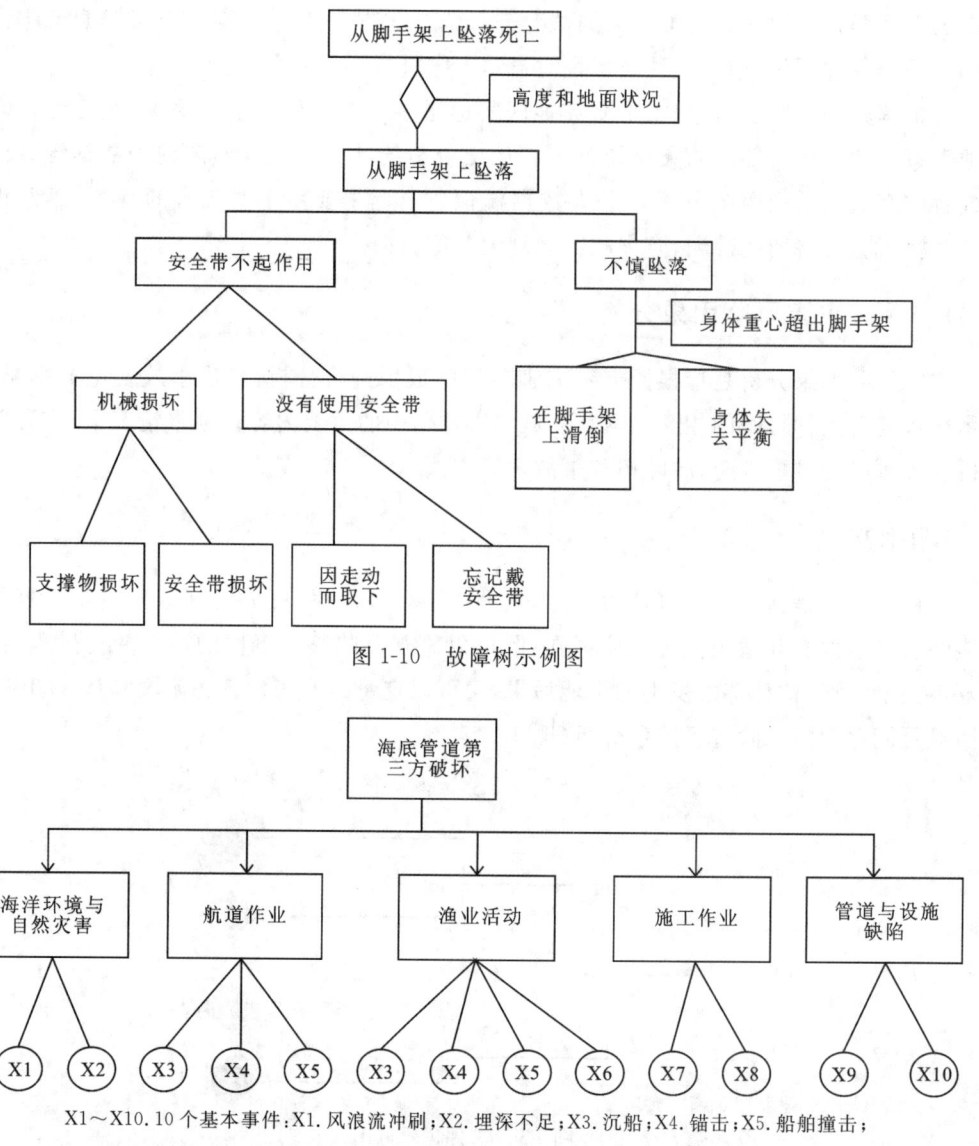

图 1-10 故障树示例图

$X1 \sim X10. 10$ 个基本事件；X1.风浪流冲刷；X2.埋深不足；X3.沉船；X4.锚击；X5.船舶撞击；X6.渔网拖曳；X7.坠物撞击；X8.水上交通繁忙；X9.打孔破坏；X10.管材与施工质量缺陷。

图 1-11 事故树示例图

事故树分析方法可以对引起系统危险性的因素进行辨识和评价，找出事故的直接原因，揭示事故潜在原因，以及选择调整的措施。

## 1.3.5 灾害风险矩阵分析

风险矩阵分析的基本运用过程：首先，明确评估主体及需求，对其进行系统分析，给出项目风险定义；其次，开展风险识别（risk identification），确定需评估风险事态，并采用特定方法进行风险分析（risk analysis），以描述各风险事态的概率和损失水平；最后，参考决策者的风险态度，划分概率和损失等级，建立风险矩阵，并依此对各风险事态进行风险评价（risk evaluation）（表 1-6）。

表 1-6　风险评估矩阵示例图

| 概率等级 | 损失等级 | | | | |
|---|---|---|---|---|---|
| | 1 | 2 | 3 | 4 | 5 |
| 1 | 可忽略 | 可忽略 | 可接受 | 可接受 | 合理控制 |
| 2 | 可忽略 | 可忽略 | 可接受 | 合理控制 | 严格控制 |
| 3 | 可接受 | 可接受 | 合理控制 | 严格控制 | 不可接受 |
| 4 | 可接受 | 合理控制 | 严格控制 | 不可接受 | 不可接受 |
| 5 | 合理控制 | 严格控制 | 不可接受 | 不可接受 | 不可接受 |

如果把发生的概率还有最终的影响程度结合到一起,用以表达某个风险或者是组合在一起的风险存在的大小和等级,这种情况被称作风险的重要性等级(设为 $Z$),等级的最终结果受到概率和影响要素的影响,如果运用函数来表达就是 $Z=F(x,y)$。如果通过矩阵来表达,就是以要素 $x(x_1,x_2,\cdots,x_n)$ 和要素 $y(y_1,y_2,\cdots,y_m)$ 为相关数值,得到一个 $n\times m$ 阶矩阵,而在这一结果当中,行列的交叉处所得到的 $Z$ 值,就是最后的结果。

风险矩阵法的输入一般包括 6 个方面:①确定后果准则(亦称 C 准则);②确定可能性准则(亦称 L 准则);③确定风险重要性准则(亦称 S 准则);④构建关于后果和可能性的二维矩阵单元图;⑤确定特定风险的后果 C 值;⑥确定该后果发生的可能性 L 值。

可能性准则:主要用来识别风险可能发生的概率,通过整数对其进行相关的描述,也就是 1、2、3、4、5。在实际的运用当中,通常把某件一定会发生的事件情况设为 1,那么该事件一定不会发生就设为 0,另外具有发生的可能性,就介于 1 与 0 之间。数学当中的概率通常用 $P$ 来表示,如果把这一类事件最终得出的不一样的结果都加在一起,那么最终得出的概率就是 1。$P$ 值越是接近 1,这件事有很大的可能会发生;如果 $P$ 接近 0,这件事发生的可能性就越小。

后果准则:针对后果准则进行分析,其主要目的就是帮助判断最终识别出的后果,可能形成的严重程度。这种结果通常通过定量、半定量和定性这 3 种方式描述,我们对灾害风险有一定的防控方面的需求,所以把可能出现的风险后果分作不同的后果等级。如果是针对半定量进行,那么通常用 5 以内的数值表示。

重要性准则:就是将前面所说的可能性准则还有后果准则两个准则之间相互作用产生的结果,按重要性的等级进行划分,一共有很重要、重要、中等、低、可接受 5 个区间。制定灾害风险准则时需要基于风险评估的目标、外部和内部环境。对灾害通常采用定性的方法分析风险偏好,将风险偏好分为高、中、低 3 类,以便预测主体根据风险矩阵进行级别判断并作出相应的反应。

在确定风险准则时,考虑的因素应包括如下几个方面:①风险原因的性质和类型,可能出现的后果及如何对其进行测量;②如何确定可能性;③可能性和(或)后果的时限;④如何确定风险等级;⑤利益相关方的观点或意见;⑥风险可接受或可容忍的等级;⑦考虑是否需要组合多个风险,如需要,应考虑如何组合和具有哪些组合方式。

# 第 2 章　灾害系统理论与方法

本章介绍灾害系统理论与方法，并考虑系统方法如何减轻和适应灾害风险。传统的数理工具、测度方法、优化和预测决策技术，以及不断创新的灰色系统理论、不确定性理论和智能算法等，都是灾害风险分析的有力工具。目前，自然灾害风险分析与评估的方法多种多样，大多数结合一种或几种风险分析方法。本章根据自然灾害风险的不确定性，对现有主要的研究方法进行分类和总结，介绍不同方法的技术原理和适用范围。为了提高风险分析结果的科学性和准确性，进一步满足管理层对自然灾害风险分析准确性和强度的要求，需要不断优化和发展风险分析技术与方法。多灾种综合风险分析、灾害风险动态评估和区域间灾害风险分级将成为未来研究的新趋势。

通过本章学习，你将了解以下内容：

(1) 灰色系统基本理论和术语。

(2) 灰色系统建模方法。

(3) 不确定性系统理论与方法。

(4) 灾害系统仿真。

## 2.1　灰色系统理论与方法

### 2.1.1　灰色系统基本原理

灰色系统是专门为不确定系统、系统的系统、小样本问题和低质量信息建模而设计的，它能够通过生成、挖掘和从可用信息中提取有用信息来处理部分已知信息。在自然界中，具有小样本和差信息的不确定系统普遍存在。这一事实决定了灰色系统理论的广泛适用性。

灰色系统用灰色数、灰色序列、灰色方程或矩阵来描述。灰色数，通常简称为灰数，灰数是一个数字，当所述数字的确切值未知时，它表示一个值范围，而不是一个确切值。灰数的范围可以是区间，也可以是通用数集，通常用符号"$\otimes$"表示。灰数表示给定系统中信息不确定的程度。主要有以下几种类型。

(1) 只有下界的灰数：$\otimes \in [\underline{a}, \infty)$，其中 $\underline{a}$ 表示灰色数 $\otimes$ 的下确界。间隔 $[\underline{a}, \infty)$ 被称为 $\otimes$ 的取数域。

(2) 只有上界的灰数：$\otimes \in [-\infty, \bar{a}]$，其中 $\bar{a}$ 表示 $\otimes$ 的上确界。

(3)区间灰数:既有上确界又有下确界的灰数,记为 $\otimes \in [\underline{a}, \overline{a}]$。

(4)连续和离散灰数:这种灰数只有有限个或可数个潜在值,称为离散灰数。如果一个灰数可能在一个区间内取任意值,那么它就是连续的。

例如,某一区域的人数在 10 到 15 之间,那该区域的人数可以是 10、11、12、13、14、15 中的一个。因此人数就是一个离散的灰数。两个区域的距离可以是某个区间之内的任意数,因此它为连续灰数。

(5)黑数和白数:黑数和白数是特殊的灰数。当 $\otimes$ 的上、下界均无穷时,即 $\otimes \in (-\infty, +\infty)$,称 $\otimes$ 为黑数;当 $\otimes \in [\underline{a}, \overline{a}]$ 且 $\underline{a} = \overline{a}$ 时,称 $\otimes$ 为白数。

(6)本征灰数和非本征灰数。本征灰数是指不能或暂时还不能找到一个白数作为其"代表"的灰数。非本征灰数是指凭借先验信息或是某种手段,可以找到一个白数作为其"代表"的灰数。称此白数为相应灰数的白化值,记为 $\tilde{\otimes}$,并用 $\otimes \in (a)$ 表示以 $a$ 为白化值的灰数。

在应用中,灰数实际上指在某个区间或某个一般数集内取值的不确定数。这个区间可以看作灰色数的一个覆盖范围。

公理 2.1(信息差异原理)。"差异"意味着信息的存在。每条信息都必须带有某种"差异"。

公理 2.2(非唯一性原则)。任何具有不完整和不确定信息的问题的解决方案都不是唯一的。

公理 2.3(最小信息原则)。灰色系统理论的一个特点是,它最大限度地、最好地利用了可用的"最少的信息"。

公理 2.4(识别库原理)。信息是人们认识和理解(自然)的基础。

公理 2.5(新信息优先原则)。新信息的作用大于旧信息的作用。

公理 2.6(绝对灰度原则)。信息的"不完整"是绝对的。

灰色系统理论经过近 40 年的发展,已经形成了一门新兴的科学学科,已经形成了由系统分析、系统评价、系统建模、系统预测、系统决策、系统控制、系统优化技术等组成的理论体系。其主要内容包括:

(1)理论体系是在灰色代数系统、灰色方程、灰色矩阵等理论基础上发展起来的。

(2)基于序列算子和灰色序列建立的方法体系。

(3)基于灰色关联空间和灰色聚类评价构建的分析评价体系。

(4)以 GM(1,1)为中心的预测模型体系。

(5)以多属性智能灰目标决策模型为代表的决策模型系统。

(6)创新开发的灰色模型组合系统,以产生新的和实际有用的结果。

(7)优化模型系统,主要由灰色规划、灰色投入产出分析和灰色控制组成。

灰色巨灾预测可以预测巨灾发生的日期,使人们提前采取预防措施,减少巨灾的发生是多种因素共同作用的结果,利用巨灾预测方法可以预测干旱、洪涝、山体滑坡、台风、煤矿事故等灾害的发生,有利于政府、有关部门和公众采取相应的行动,减少灾害对社会的不利影响。灾变预测模型主要是研究灾变日期序列并找出其规律性,通过建立 GM(1,1)模型来预测后续灾变的日期。因此,预测时仅考虑一个因素是不够的,需要将它与其他因素结合起来考虑。

多变量灰色预测模型 MGM$(1,n)$能从系统的维度来描述变量,能较好地反映系统中各变量之间的关系,从而实现对多个变量的预测。该模型综合考虑灾变系统中各变量灾变日期之间的关系,避免了传统单因素灰色灾变预测的不足,从系统维度预测下一次灾变日期。多变量灰色灾害预测模型是巨灾预测模型和多变量灰色预测模型的结合。

### 2.1.2 灰色系统建模

**1. 灰色关联**

灰色关联分析的基本思想是利用现有数据序列的几何曲线的相似程度来判断它们之间的联系是否紧密。曲线越相似,序列之间的关联越紧密,反之则关联性越小。在灰色系统理论中,每个随机过程被看作一个在一定范围内取值或在一定时间变化率上变化的灰色量,随机过程被视为灰色过程。它可以将两个或多个数据序列之间的相关性进行比较和分析。可以适用于大或小的样本,没有传统的分布要求,所涉及的计算量小,可以方便地进行,没有定量和定性结论不一致的问题。

当获得一组数据时,即使这些数据通常是白色数字,它们也被视为灰色过程的白化值。如果考虑定量分析,则需要使用序列算子对选定的特征量和有效因子进行处理,从而将可用数据转换为大小大致相等的相关无量纲值。有时候我们可能需要将负相关因素转化为正相关因素。例如,如果我们发现两个指标之间存在负相关关系,可以通过取它们的倒数将它们转化为正相关的关系。这可以避免在分析中负相关因素所带来的复杂性和困难,使得建模更加简单和有效。

对灰色关联的研究发现,即使客观现象很复杂,相关数据也很混乱,但它们总是代表一个整体,因此隐含着一些组织结构。如果 $D$ 是定义在 $X(0)$ 上的算子,则序列 $D(X(0))$ 记为

$$D(X^{(0)}) = X^{(0)}D = (x^{(0)}(1)d, x^{(0)}(2)d, \cdots, x^{(0)}(n)d)$$

现在,$D$ 被称为一个序列算子。如果序列算子 $D$ 满足:

$$x^{(0)}(n)d = x^{(0)}(n)$$

灰色系统建模和预测系统建模一般要经过以下步骤:
(1)建立思想和概念的语言模型。
(2)考察语言模型中包含的因素以及各因素之间的关系。
(3)定量分析每一个关联关系。
(4)收集各关联关系的输入输出数据值,建立系统模型。
(5)系统研究步骤(4)得到的动态模型。

定义 2.1:假设 $X_i$ 是系统因子,它在序位 $k$ 处的观测值为 $x_i(k)$,$k=1,2,\cdots,n$,则 $X_i = [x_i(1), x_i(2), \cdots, x_i(n)]$ 称为因子 $X$ 的行为序列;若 $k$ 代表时间顺序,则 $x_i(k)$ 称为因子 $X$ 的观测值;在时刻 $k$,$X_i = [x_i(1), x_i(2), \cdots, x_i(n)]$ 是 $X_i$ 的行为时间序列(或序列);如果 $k$ 代表索引序数,$x_i(k)$ 为因子 $X_i$ 的第 $k$ 个索引的观测值,则 $X_i = [x_i(1), x_i(2), \cdots, x_i(n)]$ 称为因子 $X$ 的行为指标序列;如果 $k$ 代表观测对象的序数,$x_i(k)$ 是因子 $X_i$ 的第 $k$ 个对象的观测值,则 $X_i = [x_i(1), x_i(2), \cdots, x_i(n)]$ 被称为因子 $X_i$ 的行为的水平序列。例如,如果 $X_i$ 代表经济

因素，$k$ 为时间，$x_i(k)$ 为因素 $X$ 的观测值，在时刻 $k$，则 $X_i=[x_i(1),x_i(2),\cdots,x_i(n)]$ 是一个时间序列的经济行为。如果 $k$ 是索引的序数，则 $X_i=[x_i(1),x_i(2),\cdots,x_i(n)]$ 是经济行为的指标序列。如果 $k$ 代表不同经济区域或部门的序数，则 $X_i=[x_i(1),x_i(2),\cdots,x_i(n)]$ 是经济行为的水平序列。

早期的灰色关联分析模型主要集中在接近性的测量，包括基于点关联系数的模型和基于全局视角的广义灰色关联分析模型。这些模型包括绝对灰色关联度、相对灰色关联度和综合灰色关联度。

灰色关联分析模型的定义如下式：

$$\varepsilon_{ij}=\frac{1}{1+|s_i-s_j|} \tag{2-1}$$

式中：$\varepsilon_{ij}$ 为两样本 $x_i$ 和 $x_j$ 基于相似性视角下的灰色关联度，也叫相似关联度；分母绝对值内 $s_i-s_j=\int_1^n(X_i^o-X_j^0)\mathrm{d}t$。

$$\rho_{ij}=\frac{1}{1+|S_i-S_j|} \tag{2-2}$$

式中：$\rho_{ij}$ 为样本 $X_i$ 和 $X_j$ 基于接近性视角下的灰色关联度，也叫接近关联度；分母绝对值内 $S_i-S_j=\int_1^n(X_i-X_j)\mathrm{d}t$。

该模型通过计算不同序列之间的点关联系数，来评估它们之间的关联程度。该模型的缺陷是只能处理单个样本，对多个样本之间的关联性分析较为困难。基于全局视角的广义灰色关联分析模型则强调全局视角下的相似性和关联程度。该模型通过计算一个综合的灰色关联值，来确定不同序列之间的关联程度。

在灾害风险方面，灰色系统建模可以帮助分析和评估风险因素。以地震灾害为例，可以使用灰色预测模型来预测地震的发生，并作出合理的应对决策。同时，也可以对历史地震数据进行灰色关联和灰色计量分析，以探究地震发生的规律和趋势。在实际应用中，评估灰色关联分析模型的检验准则和具体的量化标准是非常重要的。目前，常用的检验准则包括相关系数、均方差，以及均方百分比误差等，这些准则可以评估预测模型的准确性和可靠性。

**2. 灰色预测**

灰色预测是灰色系统理论中的另一种方法，它可以根据一定的精度，针对时间序列数据对未来数据进行预测。这种方法的理论基础是灰色数学模型，包括 GM(1,1) 模型、GM(2,1) 模型等，其基本思想是用有限个数据点去拟合数据，然后对序列进行预测。GM(1,1) 模型是灰色预测理论的基本模型，它通过从可用信息中生成、挖掘和提取有用信息来处理具有部分已知信息的不确定系统。

在灰色预测中，首先需要进行灰色化处理，即对原始数据进行预处理，将数据序列转化为新的数据序列，使得该序列具有更好的规律性和封闭性。接着，将灰色化处理后的数据拟合成一个 GM(1,1) 模型或 GM(2,1) 模型，通过计算模型参数来得到预测值。GM(1,1) 模型是用一阶微分方程来描述灰色化后的数据，适用于单变量的数据序列。GM(2,1) 模型通过二次积分方程来描述数据,适用于双变量时序数据的预测。预测模型的精度可以通过计算残差平均百分误差等指标来评估。

灰色预测方法适用于处理小样本或贫信息的时间序列数据,可以用于经济、环境、医疗等领域的预测问题。当数据样本量太少、数据质量太差或数据的变化过程不易解释时,传统的时间序列预测方法往往会失效,灰色预测方法在这种情况下具有很好的应用前景。

### 3. 灰色决策

灰色决策是一种基于灰色系统理论的决策方法,它主要用于处理不完全或不确定的信息。该方法需要综合考虑决策过程中各种因素的重要性和权重,从而帮助决策者对多方案进行评价和选择。灰色决策目标被定义为决策者想要到达的区域,在多个目标之间有一个内部理想点。在决策过程中,定义事件是非常重要的。一个具有明确定义的事件可以帮助决策者更好地认识问题、了解问题及其背景,并从中找到可行的解决办法。值得注意的是,决策并不是简单地选择一个方案,而是需要对多个方案进行比较和评估,以选择最优的方案。

在灰色决策中,首先需要对决策问题进行建模,将该问题转化为灰色系统模型,即建立决策模型或决策分析模型。然后,根据这个模型,通过对每个因素的灰色关联度进行分析,得到各因素对决策结果的重要程度。最后,根据各因素的重要性和权重,计算出每个方案的综合评价值,以备进行决策选择。灰色决策不同于传统的决策方法,它能够处理更加复杂、模糊和不完备的信息,能够对因素之间的相互作用和影响进行全面分析,具有很强的适应性和灵活性。灰色决策还可以结合其他多种方法,如层次分析法、模糊综合评价等,以实现更加准确和科学的决策。

为了寻求最优决策方案,决策者需要确定适当的决策准则和指标,为了使决策策略与预先设定的灰色目标之间的距离能够统一度量,灰色决策分析设计了4种度量程序:效益型目标和成本型目标的效果度量、中等类型目标的低效应测量、中等类型目标的上效应测量。这些程序是根据效益型目标、成本型目标和具有最优中间值的非单调目标这3种决策目标来设计的。然后,基于决策策略到灰色目标在不同目标上的统一距离度量,可以很容易地得到综合效果度量矩阵。

### 4. 灰色聚类

灰色聚类是基于灰色理论的一种聚类分析方法,它可以按照相似性和差异性将数据对象进行分组。与传统聚类方法不同的是,灰色聚类是利用灰色关联矩阵或灰色白化权函数将指标(对象)聚集分层成若干个类别的评估方法,是灰色系统理论的重要组成部分。在灰色聚类中,首先需要将数据对象进行灰色化处理,以减少噪声和数据质量带来的影响。然后,根据处理后的数据对象,利用灰色相似度计算方法,对数据对象之间的相似性进行度量。最后,通过聚类算法,将相似的数据对象分到同一类中,从而得到聚类结果。

在灾害风险分析中,聚类分析可以发挥重要作用,例如对地震灾害、雷电灾害、洪水灾害等进行风险和影响程度的分析。通常,进行聚类分析的思路是使用聚类统计量对变量或样本进行聚类,因此聚类分析的关键在于确定聚类统计量。灾害风险灰色聚类方法通过对灾害风险数据进行灰色化处理,得到具有更好的规则性和可分性的数据对象,再利用灰色相似度计算方法,对数据对象之间的相似性进行度量。然后通过聚类算法,将相似的数据对象分到同一类中,从而获得灾害风险的聚类结果。

灾害风险灰色聚类的步骤如下:①灾害风险数据的收集和整理。包括灾害类型、频率、强度、范围、影响等多个方面。②灰色化处理。将收集到的灾害风险数据进行灰色化处理,以得到可分性更强的数据对象。③灰色相似度计算。根据处理后的灾害风险数据,采用GM(1,1)模型计算灾害风险数据之间的相似度。④聚类算法。通过聚类算法将灾害风险对象聚类成不同的簇,并根据聚类结果判断不同灾害等级的情况。⑤聚类结果的评估和优化。对聚类结果进行检验和验证,如果发现不合理之处,则需要优化模型并重新聚类。

### 2.1.3 基于时间序列预测的灾害灰色系统建模案例分析

**案例 2.1**

1)背景简介

本案例为基于灰色关联分析模型的2000—2012年中国地质灾害趋势分析。选取2000—2012年中国地质灾害(滑坡、崩塌、泥石流、地面塌陷)及人员伤亡、直接经济损失数据,原始数据序列如表2-1所示。

表2-1 2000—2012年中国地质灾害统计表

| 年份 | 滑坡/处 | 崩塌/处 | 泥石流/处 | 地面塌陷/处 | 人员伤亡/人 | 直接经济损失/万元 | 总损失/万元 |
| --- | --- | --- | --- | --- | --- | --- | --- |
| 2000 | 13 431 | 2945 | 1958 | 347 | 1179 | 494 201 | 482 960 |
| 2001 | 3034 | 583 | 1539 | 554 | 788 | 348 699 | 341 167 |
| 2002 | 31 247 | 3097 | 4976 | 521 | 853 | 509 740 | 501 491 |
| 2003 | 10 240 | 2604 | 1549 | 574 | 767 | 504 325 | 496 885 |
| 2004 | 9130 | 2593 | 1157 | 445 | 734 | 408 828 | 401 747 |
| 2005 | 9367 | 7654 | 566 | 137 | 578 | 357 678 | 352 082 |
| 2006 | 88 523 | 13 160 | 417 | 398 | 663 | 431 590 | 425 161 |
| 2007 | 15 478 | 7722 | 1215 | 578 | 598 | 247 528 | 241 831 |
| 2008 | 13 450 | 8080 | 843 | 454 | 656 | 326 936 | 320 634 |
| 2009 | 6310 | 2378 | 1442 | 326 | 331 | 190 109 | 186 913 |
| 2010 | 22 250 | 5688 | 1981 | 478 | 2244 | 638 509 | 617 592 |
| 2011 | 11 504 | 2445 | 1356 | 386 | 244 | 413 151 | 410 740 |
| 2012 | 11 112 | 2152 | 952 | 364 | 293 | 625 253 | 622 350 |

2)模型框架

将地质灾害直接经济损失数据作为参考序列$U_0$,地质灾害(滑坡、崩塌、泥石流、地面塌陷），以及总损失作为比较序列 $U_i$，构建灰色关联分析模型，计算步骤如下：

第一步 以原始数据为基础，确定参考序列 $U_0 = \{y(k) | k = 1,2,3,\cdots,n\}$，以及比较序列 $U_i = \{x(k) | k = 1,2,3,\cdots,N\}$。

第二步 数据无量纲化：由于各指标存在单位差异、数量级不同等量纲性问题，无法进行准确的比较分析，基于灰色关联分析的地质灾害综合评价只有无量纲后才能得到统一的指标。采用最小值标准化法对数据序列进行归一化处理，即以单项参数值除以同类参数的最大值，得到归一到[0,1]之间的单项评价分数：

$$X'_i = \frac{x_i(k)}{\max x_i(k)}, Y'_i = \frac{y_i(k)}{\max y_i(k)}$$

第三步 求关联系数的两极差。
(1) 求参考序列与比较序列的差序列：$\Delta i(k) = |Y'_i(k) - X'_i(k)|$。
(2) 从差序列 $\Delta i(k)$ 中找出最大值和最小值：$\max|Y'_i(k) - X'_i(k)|$，$\min|Y'_i(k) - X'_i(k)|$。
(3) 从不同列的最值中分别找到最大值和最小值。

$$\max|Y'_i(k) - X'_i(k)|, \min|Y'_i(k) - X'_i(k)|$$

第四步 求关联系数：

$$\varepsilon_i(k) = \frac{\min\min|Y'_i(k) - X'_i(k)| + p \times \max\max|Y'_i(k) - X'_i(k)|}{|Y'_i(k) - X'_i(k)| + p \times \max\max|Y'_i(k) - X'_i(k)|} (0 \leqslant p \leqslant 1)$$

第五步 计算关联度：

$$r_i = \frac{1}{N}\sum_{k=1}^{N}\varepsilon_i(k)$$

第六步 计算权重系数：

$$a_i = \frac{r_i(k)}{\sum_{k=1}^{N}r_i(k)}$$

综合评价分数：是由相应指标的单项评价分数与其权重的乘积再累加得到，综合评价分数 $Q = \sum_{i=1}^{N}(\text{单项评价分数} \times a_i)$。

3）模型结果展示

根据灰色关联分析理论，对2000—2012年发生的地质灾害进行了分析，得出各年份地质灾害的关联度和权重系数，具体数据见表 2-2。

表 2-2 关联度和权重系数表

| 影响因素 | 滑坡 | 崩塌 | 泥石流 | 地面塌陷 | 总损失 |
| --- | --- | --- | --- | --- | --- |
| 关联度 | 0.490 | 0.572 | 0.574 | 0.700 | 1.000 |
| 权重 | 0.147 | 0.171 | 0.172 | 0.210 | 0.300 |

根据这些数据，对各年份地质灾害进行了综合评价，评价得分见表 2-3。通过绘制柱状图（图 2-1），展示了历年地质灾害综合得分的变化趋势，代表了历年地质灾害灾情的变化趋势。

表 2-3　地质灾害综合评价得分表

| 年份 | 得分 | 年份 | 得分 |
|---|---|---|---|
| 2000 | 0.487 | 2007 | 0.495 |
| 2001 | 0.431 | 2008 | 0.476 |
| 2002 | 0.695 | 2009 | 0.300 |
| 2003 | 0.552 | 2010 | 0.650 |
| 2004 | 0.444 | 2011 | 0.436 |
| 2005 | 0.354 | 2012 | 0.511 |
| 2006 | 0.682 | 平均分 | 0.501 |

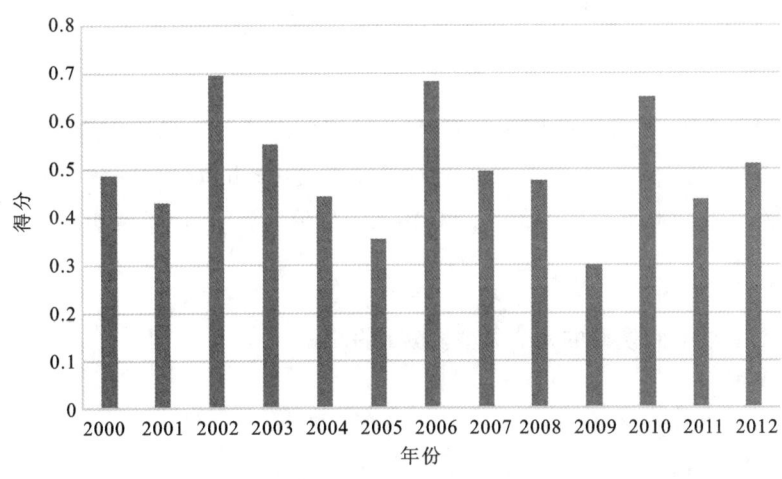

图 2-1　地质灾害综合得分

4) 结果分析

从表 2-2 中可以看出，地质灾害直接经济损失与滑坡、崩塌、泥石流、地面塌陷，以及总损失的关联度分别为 0.490、0.572、0.574、0.700、1.000，由此可知总损失与地质灾害直接经济损失的关联度最大，地面塌陷、泥石流、崩塌次之，滑坡的关联度最小。

根据地质灾害综合评分趋势（图 2-1），地质灾害的年际变化呈现出明显的"周期性"现象。每当经历一次灾害高峰年后，接下来的两三年内灾害的严重程度会明显下降，然后再次迎来下一个灾害高峰年。这种现象可能与地壳运动规律、国家和地方政策倾向，以及资金投入等因素存在某种潜在联系。

**案例 2.2**

1) 背景简介

为了保障城市、生态脆弱区和工农业的用水需求、减轻干旱灾害带来的损失，本案例分析了干旱灾害的发生规律和可调度的抗旱水源，提出了应急抗旱保障措施。通过查询国家统计局网站的数据，可以得知我国 2012—2019 年的干旱受灾面积情况，具体数据详见表 2-4。

表 2-4 我国 2012—2019 年干旱受灾面积

| 年份 | 受灾面积/($\times 10^3 \text{hm}^2$) |
|---|---|
| 2012 | 9 339.8 |
| 2013 | 14 100.4 |
| 2014 | 12 271.7 |
| 2015 | 10 609.7 |
| 2016 | 9 872.7 |
| 2017 | 9 874.8 |
| 2018 | 7 711.8 |
| 2019 | 7 838.0 |

2)模型框架

根据表 2-4 中的数据,可以使用购值 GM(1,1)模型来预测未来几年的干旱受灾面积。我们将 2012—2017 年的干旱受灾面积数据作为建模数据,使用该模型对这段时间内的数据进行模拟,并预测 2018—2019 年的数据。最终建立的均值 GM(1,1)模型如下:

$$\frac{dx^{(1)}(t)}{dt} + ax^{(1)}(t) = b \quad (2\text{-}3)$$

根据最小二乘法得到模型的发展系数及灰作用量。

3)模型结果展示

模拟预测值和相对误差见表 2-5。

表 2-5 模拟预测值和相对误差

| 年份 | 真实值 | 预测值 | 相对误差/% |
|---|---|---|---|
| 2012 | 9 339.80 | 9 339.80 | 0.00 |
| 2013 | 14 100.40 | 13 686.05 | 2.94 |
| 2014 | 12 271.70 | 12 392.93 | 0.99 |
| 2015 | 10 609.70 | 11 221.99 | 5.77 |
| 2016 | 9 872.70 | 10 161.68 | 2.93 |
| 2017 | 9 874.80 | 9 201.55 | 6.82 |
| 平均相对模拟误差/% | | | 3.24 |
| 年份 | 真实值 | 预测值 | 相对误差/% |
| 2018 | 7 711.80 | 8 332.15 | 8.04 |
| 2019 | 7 838.00 | 7 544.89 | 3.74 |
| 平均相对预测误差% | | | 5.89 |

4)结果分析

从表 2-5 的结果可以看出,采用均值 GM(1,1)模型能够较为准确地模拟预测我国近年来干旱受灾面积的变化趋势。该模型的平均相对模拟误差为 3.24%,平均相对预测误差为 5.89%,表现良好。利用灰色预测模型对灾害风险相关指标进行模拟预测,可以为相关部门进行风险评估和决策提供技术支持和理论依据。因此,采用灰色系统建模方法对灾害风险进行评估和决策,具有一定的理论意义和应用价值。

## 2.2 不确定性系统理论与方法

### 2.2.1 不确定性系统分析

不确定系统的基本特征是信息的不完全性和不充分性。信息不完全有 4 种可能:①元素(或参数)信息不完全;②结构信息不完整;③边界信息不完整;④运动行为信息不完整。不确定系统的另一个基本特征是可用数据中自然存在的不准确性。不确定和不准确的意思大致相同,它们都表示与实际数据值的误差或偏差。从不确定性是如何产生的本质来看,它们可以分为 3 种类型:概念型、水平型和预测型。

(1)关于某一事件、对象、概念或愿望的表达的不准确性。例如,所有经常使用的概念,如"大""小""多""少""高""低""胖""瘦""好""坏""年轻""美丽"等,由于缺乏明确的定义,都是不准确的。用精确的数量来表达这些概念是非常困难的。

(2)水平型数据的不准确性,是由研究或观察水平的变化造成的。现有的数据,当从系统的层面来看,也就是宏观层面,或整体层面,或认知层面,可能是准确的。然而,当它们出现在较低的层次上,即系统的微观层次或局部层次时,它们通常会变得不准确。以人的身高为例,其数值可以精确到厘米或毫米单位。然而,如果测量必须精确到万分之一的水平,早期的准确读数将变得极其不准确。

(3)由于事物发展规律多变,预测型(估计型)很难完全理解进化规律,导致不能准确预测未来情形。例如,预计 2024 年全国新生儿数量不超过 880 万;预计未来几年武汉 11 月份降水量为 40~60mm。所有这些例子都提供了预测类型的不确定数。

灰色系统理论关注的是概率和模糊数学难以处理的小样本与差信息的不确定性问题。它的一个特点是用少量的数据构建模型。与模糊数学明显不同的是,灰色系统理论侧重于研究外延明确、内涵不明确的对象。例如,到 2050 年,中国将把总人口控制在 15 亿~16 亿人之间。15 亿~16 亿是一个灰色的概念。它的外延是明确的。然而,如果进一步询问它在上述范围内的具体数字,那么它将无法获得任何有意义和明确的答案。

灾害系统包括灾害环境、灾害因素、暴露对象和条件要素 4 个部分。在灾害环境中,受一定条件因素的影响,灾害因素对暴露对象产生危害,当灾害因素的冲击功率大于暴露对象所能抵抗的阈值水平时,灾害事件就会爆发;否则,灾害事件不会出现。

灾害因素是可能造成灾害性事件的驱动因素。灾害因素有自然灾害因素和人为灾害因素。自然灾害事件在发生之前很难被预测,灾难因子是一个不确定随机变量,灾源中有些因素是不变的,无法准确地检测和测量,这些因素应作为不确定变量。将这些未知因素作为随机变量处理,便可以对灾害系统进行预测。

灾害建模本质上是不确定的:一方面,可用的数据是有限的,有时是基于历史数据的近似值;另一方面,用于模拟灾害行为的算法本身是不确定的,它们只是对现实的近似值,包括许多未知因素,这并不能提供足够的信息来预测可能的损害;最后,所使用的不同方法的选择是基于主观的建模选择,这给所获得的结果带来了不确定性。

灾害预测面临的挑战在于不仅要用数学模型来描述和模拟灾害发生的概率,而且要用数学模型来描述和模拟灾害的任意损害。了解社会政治、经济、资源、环境和自然灾害之间错综复杂的相互依赖关系是一项艰巨的任务,因为:①它需要社区参与和多方合作;②掌握相互依存的复杂社会技术系统的知识;③需要从具有不同程度不确定性的自然系统、人工系统和人类系统中收集各种类型的数据;④需要跨越许多学科来有意义地综合收集到的数据。

### 2.2.2 不确定性系统建模

有许多方法可以量化不确定性的有效性,其中常用的有蒙特卡罗模拟(MCS)或多概率模拟。蒙特卡罗模拟最早可追溯到第二次世界大战时期,其发明者为约翰·冯·诺伊曼和斯坦尼斯拉夫·乌拉姆,旨在提高不确定条件下的决策能力。这种模拟允许通过使用一组相对于固定输入值的估计值来预测一组结果。也就是说,蒙特卡罗模拟产生了一个基于任何具有固有不确定性的变量的概率分布可能结果的模型。然后,通过每次更改最小值和最大值之间的随机数集来重新计算结果。

有必要对灾害系统的潜在行为进行深入研究,甚至预测可能发生的情况,这是准备阶段成功的关键步骤,因为它允许在干预战略和灾害行为之间进行连贯的规划。这项工作的重点是对灾害系统的不确定性行为进行前期预测,因此有学者提出了一个数学模型,将其用于了解、评估和预测灾害的潜在行为。该方法是在不确定性量化工具的基础上提出的灾害定量分析方法。

**1. 灾害模型的不确定性量化:以洪水为例研究**

不确定性量化模型可以定义为基于近似的离散过程,该近似包括对双变量$(W,Z)$的联合分布的依赖性。假定变量$Z$表示与系统相关的不确定性,变量$W$表示系统的响应。在Hilbertian空间中,考虑$W$是$Z$的函数,并假设与变量$(W,Z)$的样本相关的统计信息是可用的。

考虑希尔伯特方法,$W = W(Z) \in \Delta$,其中$\Delta$是标量积的可分离希尔伯特空间,因此,考虑合适的希尔伯特基$\{\Psi_i\} i \in U$,我们处理以下表示:

$$W = \sum_{i=1}^{+\infty} w_i \Psi_i(z) \tag{2-4}$$

$W$和$Z$是概率空间$(\Delta, P)$上的两个随机向量,$\Delta$是$Z$的函数的一个子空间。

从$\Delta$中确定一个元素$PW$,使$PW$是$W$在$\Delta$上的最佳近似值,即期望$PW$。

$$PW \rightarrow W \ for \ u \rightarrow +\infty \tag{2-5}$$

这种近似的概念是在评估事件的概率时用 $PW$ 代替 $W$，使 $PW$ 成为 $W$ 的一个很好的近似，并且概率更接近实际值。然而，这个目标很难实现，所以需要另一种近似，用 $PW$ 代替 $W$，即 $W-PW$ 的差值足够小，以对应目标。

每个区域因洪灾死亡人数的概率密度函数（PDF）是通过推导先前得到的累积分布函数（CDF）来确定的，为此，使用了狄拉克近似的推导。

首先，我们来介绍一下狄拉克函数 $\xi(W)$ 的推导：

考虑一维情况：

$$v(y) = \int \xi(w-y)v(w)dw$$

我们有：

$$\frac{d}{dy}v(y) = v'(y) = -\int v(w)\frac{d}{dy}\xi(u)u = w - y dw$$

然而，$\xi$ 不代表一个通常的函数，那么它的导数在传统的标准函数框架中是不可解释的。在变分框架下工作是相当必要的，其中，$o = \xi'(u)$ 表示变分等式的解：

$$\int o(u)\mathcal{L}(u)du = -\int \xi(s)\mathcal{L}'(u)du, \forall \mathcal{L} \in C(R)$$

通过考虑近似：

$$\xi(w-y) \approx h(w,y,g)$$

并且：

$$v'(y) \approx \int v(w)\frac{d}{dv}h(y,x,g)dw$$

这就给出了近似：

$$v'(y) \approx \sum_{i=1}^{np} U_i v_i \frac{d}{dy}h(o_i,x,g); U_i = \int_{r_i} dw; v_i = v(o_i)$$

**2. 数值分析及结果**

这项工作包括两个主要应用：第一个是考虑已知分布的完整数据，以显示模型的有效性；第二个涉及将模型应用于实际数据。获得的近似值的质量是基于它们的均方根误差（RMSE）来证明的。

RMSE 是一种度量，用于发现模型或估计器预测的值与观测值之间的差异。换句话说，它将应用程序中的变量（$W$）或死亡计数的预测值与应用程序中变量（$Z$）表示的观测值或已知值进行比较。如果 RMSE 值较小，则认为近似的质量较好，通过预测得到的值更接近观测值。

误差平方和定义为：

$$\sum_{i=1}^{n}(W_i - Z_i)^2$$

我们区分了均方误差（MSE），即观测值与预测值之间偏差的平方的算术平均值，而 RMSE 是 MSE 的根。MSE 和 RMSE 分别由以下公式确定：

$$\mathrm{MSE} = \frac{1}{n} \sum_{i=1}^{n} (W_i - Z_i)^2$$

$$\mathrm{RMSE} = \sqrt{\frac{1}{n} \sum_{i=1}^{n} (W_i - Z_i)^2}$$

### 2.2.3 不确定条件下的应急资源分配

在应急资源配置时，决策者将面临一些具有挑战性的问题：①应急资源需求和分配成本的信息具有不确定性和不精确性；②信息不确定或者供应有限，可能无法满足应急资源需求的分配；③不同的救济目标可能相互冲突，如效率和公平。

众所周知，在紧急情况下，不公平可能引发幸存者之间的不和与社会动荡。为了获得决策者最优的应急资源分配策略，建立了一个双目标鲁棒应急资源分配（BRERA）模型，该模型试图在不同不确定性来源下最大化效率和公平性。该方法包括3个步骤：①开发一种双目标启发式粒子群优化算法来搜索 BRERA 模型的 Pareto 边界；②选择一个衡量公平性的系数；③建立基于公平系数约束下决策者偏好的决策方法。最后，通过数值结果验证该方法的有效性。

在应急救援行动中，大多数决策标准关注的是最大化拯救生命和减轻人类痛苦的有效性的效率指标。我们知道，在不同的目标之间确定合适的权重，从而获得理想的解是非常困难的。在实际情况中，用一组已知可能性的离散情景来表示所有的不确定性参数是很困难的。对于某些不确定性参数，我们只能得到它的区间，并假定它属于一个不确定集。因此，在某些实际情况下，鲁棒优化框架并不适用。

鲁棒优化，是一种处理不确定环境下优化问题的方法，目标是生成一组解决方案，这些解决方案对场景设置中输入数据的实现变化不太敏感。鲁棒优化包含两种约束：一个是结构约束；另一个是控制约束。结构约束的输入数据不受不确定性的影响；然而，控制约束受到噪声数据的影响。

假设我们面临灾后阶段初期的紧急资源分配问题，该阶段由一个救济资源中心和多个受灾地区组成。资源中心决定如何有效和公平地分配救灾资源，如食品、水、住所和药品到受灾地区。灾害发生后，与受灾地区的巨大需求相比，资源中心的储备救灾资源供应相当有限，用于分配这些资源的储备资金也不足。

此外，由于缺乏准确的信息，受灾地区的需求是不确定的，由于运输成本、人力资源成本等运营成本的不确定性，分配这些救援资源的成本是不精确的。因此，我们可以建立一个双目标鲁棒优化模型，旨在获得供应短缺和不确定性下公平有效的分配策略。

假定：

(1) 救援资源中心提供的救援资源 $j$ 少于所有受灾地区对救援资源 $j$ 的总需求。

(2) 灾区 $i$ 对救援资源 $j$ 的需求是不确定的。为了表示不确定参数，使用一组可能的离散需求场景。我们还假设场景的概率分布可以由主题专家设计。

(3) 将一个单位资源 $j$ 分配到受影响区域 $i$ 的单位成本是不确定的。假设不确定参数属于不确定集合。

(4) 不同类型的资源(如水、食物、住所、血液等)的效用是不可替代的。

为了便于解释,模型中将使用以下符号和变量:

集合

$I$ 受灾地区集合,索引为 $i \in I$。

$J$ 救灾资源集合,索引为 $j \in J$。

$S$ 需求场景集合,索引为 $s \in S$。

参数

$p_s$ 场景 $s$ 发生的概率。

$d_{ijs}$ 场景 $s$ 下受影响区域 $i$ 对资源 $j$ 的需求。

$q_{ijs}$ 在 $s$ 场景下,受灾地区 $i$ 的一单位资源 $j$ 的效用。

$a_j$ 救灾资源中心的资源 $j$ 总量。

$c_{ij}$ 向受灾地区 $i$ 分配一单位资源 $j$ 的单位成本。

$r_{ij}$ 预留资源 $j$ 在受影响区域 $i$ 中的效用。

$B$ 用于分配救灾资源的储备金总额。

变量

$x_{ij}$ 分配给受影响区域 $i$ 的资源量 $j$。

$\varepsilon_{ijs}$ 场景 $s$ 下受影响区域 $i$ 的超额分配资源量 $j$。

模型

在模型中,效率是通过受灾地区所有救援资源的总效用来衡量的。设 $u_{ijs}$ 为情景 $s$ 下受灾地区 $i$ 的救援资源 $j$ 的效用,设:

$$u_{ijs} = q_{ijs}x_{ij} + r_{ij}$$

在上式中,场景 $s$ 下救灾资源 $j$ 在受灾地区 $i$ 的效用是分配资源 $x_{ij}$ 量的线性函数。而采用线性形式,是因为它的简单性和计算效率。那么,$U_s$ 表示在情景 $s$ 中成为受灾地区救济资源的总体效用。我们可以得到:

$$U_s = \sum \sum ui_{js} \quad \forall s \in s$$

除了效率之外,公平也是本书关注的重点。我们考虑所有救济资源的效用满意率是相等的。设 $\alpha_{ijs}$ 为情景 $s$ 下受影响区域 $i$ 中资源 $j$ 的效用满意率。假设:

$$\alpha_{ijs} = \frac{u_{ijs}}{q_{ijs}d_{ijs} + r_{ij}}$$

式中:$q_{ijs}d_{ijs} + r_{ij}$ 为情景 $s$ 下受影响区域 $i$ 对需求资源 $j$ 的效用。然后,考虑情景 $s$ 下所有 $\alpha_{ijs}$ 的效用满意度的最小值来衡量公平性,用 $\alpha_s$ 表示。因此

$$\alpha_s = \min_{i \in I, j \in J} \{\alpha_{ijs}\} \quad \forall s \in s$$

基于以上所有定义的方程,我们提出带有噪声数据的优化模型:

$$\text{Max} f_1 = \sum_{s \in S} p_s U_s - \lambda_1 \sum_{s \in S} p_s \left[ \left( U_s - \sum_{s' \in S} p_{s'} U_{s'} \right) + 2\theta_{1s} \right] - \omega \sum_{s \in S} \sum_{i \in I} \sum_{j \in J} p_s \varepsilon i_{js} \quad (2-6)$$

$$\text{Max} f_2 = \sum_{s \in S} p_s \alpha_s - \lambda_2 \sum_{s \in S} p_s \left[ \left( U_s - \sum_{s' \in S} p_{s'} \alpha_{s'} \right) + 2\theta_{2s} \right] \quad (2-7)$$

$$\text{s.t.} \sum_{i \in I} x_{ij} \leqslant a_j \quad \forall j \in J$$

$$x_{ij} \leqslant d_{ijs} + \varepsilon_{ijs} \quad \forall i \in I, j \in J, s \in S$$

$$\sum_{i \in I} \sum_{j \in J} c_{ij} x_{ij} \leqslant B$$

$$U_s - \sum_{s' \in S} p_{s'} U_{s'} + \theta_{1s} \geqslant 0 \quad \forall s \in S$$

$$\alpha_s - \sum_{s' \in S} p_{s'} \alpha_{s'} + \theta_{2s} \geqslant 0 \quad \forall s \in S$$

$$\theta_{1s}, \theta_{2s} \geqslant 0, \varepsilon_{ijs} \geqslant 0, x_{ij} \geqslant 0, x_{ij} \text{ are integers} \quad \forall i \in I, j \in J, s \in S$$

式(2-6)目标函数是为了使救灾资源的整体效用最大化,以达到效率优化目的。目标函数的第一项、第二项分别是总体效用的均值和方差,衡量解的鲁棒性。第三项测量了与控制约束相关的不可行性相关的模型鲁棒性。

式(2-7)目标函数最大化最小满意率以反映公平性标准。约束条件确保所有受影响区域的资源 $j$ 分配总量不超过资源中心的资源 $j$ 供给总量。约束条件保证分配到受影响区域的资源数量应小于实际需求与需求不确定性可能导致的资源过度分配之和。约束保证了分配救济资源的总成本必须小于储备资金。

由于模型是一个多目标优化问题,因此可以使用 3 种不同的方法来获得关于如何及何时将决策者的偏好纳入搜索过程的最优解:①先验方法,决策者在搜索过程之前指定他们的偏好;②后验方法,决策者在搜索过程后指定自己的偏好;③交互式方法,决策者在搜索过程中明确自己的偏好。

## 2.3 灾害系统仿真

### 2.3.1 基于 Agent 的灾害模拟环境

基于 Agent 的灾害模拟环境(agent-based disaster simulation environment, ABDiSE)和仿真是自然灾害预测领域的有效工具,它提供了模型元素和工具来支持常见类型的自然灾害的建模和模拟,包括火灾、洪水和泥石流。通过使用它们,小事故(如煤渣接触干树叶)如何发展成大灾难的复杂过程便可以直观和可执行的方式用所需的保真度建模。底层的灾害模型反映了 Agent 活动对象如何移动、连接,以及相互之间与其环境之间的交互。

ABDiSE 是可扩展的,可以添加新的代理类型和外部模拟器,以对新灾难场景的元素和动态进行建模,并定义代理的行为和交互,而无需修改和重新编译框架。ABDiSE 是多线程的,能够利用可用的计算资源来加速模拟。在仿真过程中,每个 Agent 根据自己的行为规范和交互规则,并通过这些规则,考虑到其他 Agent 的行为和环境的状态,评估自己的处境,作出决策和采取行动。

在基于 Agent 的建模环境中,对于术语 Agent 的确切定义并没有统一的定义。在所有定义中,最适合 ABDiSE 的定义是用于控制系统的定义:Agent 是一个封装的计算机系统或系统组件,它位于某些环境中,可以灵活自主地行动以实现其设计目标。ABDiSE 中的 Agent 除了在争用空间等常见的交互外,还可以相互附着,成为联合 Agent。联合 Agent 是实体的模型,如燃烧的树木、被淹的房屋等。

在任何实验中,要模拟灾难场景,用户首先要创建 Agent 的实例。这一步实际上是由 ABDiSE GUI 自动完成的:GUI 弹出后,模拟过程就准备按照用户通过 GUI 指定的方式来执行用户的愿望。从一开始就创建一些 Agent,但让它们保持不活动状态,直到稍后的某个时刻或出现某些条件时,这通常是很方便的。只有当 Agent 处于活动状态时,Agent 的更新方法才会在当前模拟步骤中执行。

Agent 是一个活动对象。它可以与环境和其他 Agent 相互作用。与现有基于智能体模型中的智能体类似,ABDiSE 中的智能体在仿真过程中根据控制它们在各种条件下相互作用的规则相互作用。所有在仿真实验中相互作用的实体都可以建模为 Agent。因此,如果不创建或导入一个或多个 Agent,用户就无法模拟任何灾难场景。

例如,水(一种流体)附着在泥沙混合物上场景。附水的泥沙在给定附水量的情况下,根据泥石流规律或泥石流模拟器的计算结果可以模拟泥石流的生成过程。又如,在森林火灾的场景中,煤渣附着在一棵树上。用户创建一个新的与树连接的 Agent 实例,便可实现森林野火的模拟计算。

### 2.3.2 基于 Agent 仿真的飓风疏散案例分析

Agent 仿真的飓风疏散案例分析,通常有以下步骤。

(1)数据收集:使用气象站、移动传感器和人工智能技术来收集实时气象数据、交通路况和人群行为数据等信息。

(2)预测模型:基于收集到的数据构建智能算法模型,预测飓风疏散出行规划的最佳策略和路线。

(3)系统优化:利用模型进行实时优化,确保疏散计划的时效性。

(4)预警系统:建立智能飓风预警系统,通过可视化技术提供精准的疏散提示和警告。

(5)自适应网络:采用智能网络技术确保疏散过程中的高可靠性和可用性。

(6)疏散指示:在疏散过程中,通过智能指示牌和移动应用程序等交通控制系统提供人群疏散指示。

(7)路线规划:通过基于智能算法的路线规划技术,将疏散路线映射到实际地图上,并考虑交通拥堵和安全因素。

(8)实时监测:利用智能传感器和监测系统提供实时交通状况监测,确保疏散路线畅通无阻。

总的来说,基于智能算法的飓风疏散出行系统可以提供更加准确和高效的疏散策略和路线,确保人员安全迅速地离开危险区域。

以下是一个基于 Agent 仿真的飓风疏散案例的简单描述。

1)场景设定

假设某个地区正在遭受飓风侵袭,需要对该地区的居民进行疏散。在该地区内有许多居民,以及一些车辆和道路。

2)模型设计

设计一个多代理仿真模型,其中包括以下几个主要元素。

(1)Agent:模型中的代理,表示居民和车辆等参与疏散活动的实体。

(2)Environment:模型中的环境,表示地图、道路、建筑和地形等。

(3)Behavior:模型中的行为,表示一个Agent在特定条件下采取的行动,如避让、前进、后退、等待、转向等。

(4)Communication:模型中的通信,表示一个Agent如何与其他Agent进行信息交流和协作。

3)仿真实验

在模型设计完成后,进行基于Agent仿真的飓风疏散出行实验。具体实验步骤如下:

(1)基于真实道路地图和车流数据等信息,初始化模拟环境。

(2)随机生成一些目的地,代表居民和车辆等的终点位置。

(3)在每个时间步中,根据已有的行动策略,计算每个Agent的下一步动作。

(4)对于车辆Agent,根据车辆行驶速度和交通拥堵等因素,计算车辆到下一个目的地的到达时间。

(5)对于行人Agent,根据行人行走速度和存在障碍物的情况,计算行人到下一个目的地的到达时间。

(6)对于不同Agent之间的交互,可以考虑交通标志、信号灯、路障等。

(7)对每个时间步长的结果进行可视化,展示出所有居民和车辆等在地图上的实时位置和状态。

4)结果分析

在实验完成后,可以对模拟结果进行分析,包括以下几个方面。

(1)疏散成功率:计算成功疏散的人数和车辆数,确定是否达到预期目标。

(2)安全性:评估人员撤离的安全性,避免在撤离途中造成更大的伤害。

(3)操作性:评估实验的可操作性,以便更好地优化模型。

基于Agent仿真方法在飓风疏散出行方案制定和优化中的应用,可以为实际的紧急疏散事件提供一定的参考价值。

### 2.3.3 灾害影响的系统动力学仿真

系统动力学(system dynamics,SD)的主要目标是了解系统中的组件如何相互作用。系统组件之间的相互作用是通过反馈循环完成的,这意味着一个组件的变化或增减会影响到其他组件的增减变动。在SD建模中,需要将研究问题作为一个完整或综合的"系统"来分析。

SD模型是一种刻画复杂系统随时间变化的非线性行为的方法,其思想是利用存量、流量、内部反馈回路和时间延迟等信息来分析系统行为变化。进行动态模拟试验可以阐明各种影响因素之间的相互作用和相互关系。为了提高我们学习和管理灾害系统的能力,我们需要能够捕捉反馈过程、存量和流量、时间延迟和其他动态复杂性来源的工具。这些工具包括因果映射和仿真建模。

因果循环图、存量、流程图是SD建模中使用的两个重要的绘图和模拟工具,它们有助于捕捉系统组件之间的动态相互作用,并模拟系统随时间的行为。因果循环图将系统的基本机制概念化,这些机制被称为反馈循环。换句话说,它是显示系统组件之间因果关系的可视化工具。存量和流程图是系统行为的量化表示。

在模拟之前,必须估计参数和初始条件(例如,与采用者接触后采用的概率和接触频率)。这些参数可以使用统计方法、研究数据、类似灾情历史、专家意见和任何其他相关数据来源(定量或判断)来估计。

**案例2.3 自然灾害社会脆弱性的系统动力学模型:城市的灾害风险评估**

我们在这里引入系统动力学(SD)建模方法,模拟未来人口的社会经济和人口特征。在此过程中,构建了因果循环图(CLD),以可视化与社会脆弱性相关的相互关联变量之间的因果关系。以实证数据为基础,运用层次分析法(AHP),将CLD转化为存量流图(SFD),生成社会脆弱性指数。然后,通过同时关注自然灾害的社会脆弱性和严重程度,对一个城市进行灾害风险评估。

社会脆弱性指标可用于量化社会易受自然灾害影响的程度。社会脆弱性指数通常可通过综合人口统计、社会经济地位、人口结构、住房和社会依赖等因素而测得。自然灾害对受灾地区的影响因社会经济优势、劣势及居民的脆弱性而异。

SD建模步骤如下:

步骤1 考虑系统的结构及其相互连接的元素之间的关系,确定变量之间的关系,使用相互关系图来测试变量之间的关系。

步骤2 绘制因果循环图(causal Loop Diagram,CLD),描述系统模型各变量之间的主要因果关系。因果关系链接的极性表明变化发生的方向。负极性表明因果关系朝相反的方向发展,例如,更多的死亡导致人口减少。相反,正极性表明因果关系朝同一方向发展,例如,人口越多,死亡越多。

步骤3 绘制存量和流程图(stock and Flow Diagram,SFD)。SFD是系统行为的可量化表示,比CLD更详细。它构成了模拟系统未来的代数模型的基础。在SFD中,存量是一种积累,流动改变存量的数量。SFD图中有3个符号:用矩形表示的存量,用带阀门的箭头表示的流量,以及用小云表示的源节点和汇节点。

步骤4 CLD转换为SFD。SFD模型包含多个存量变量。例如,代表城市人口或脆弱集群规模的存量变量。这些存量变量因流入和流出而改变。例如,移民和出生的流入增加了总人口的存量。相反,由于死亡和人口外流,这一存量减少了。

步骤5 仿真分析。这一步进行模型模拟,以提供一种机制来模拟设定期间内结果变量的变化程度。模型模拟的时间和步长可自行设定。基于仿真分析结果,可以对比结果变量的变化及相关变量的规模。

步骤6 模型验证。进行模型验证,验证观测数据与模拟数据的匹配性。利用历史的观测数据,通过测量观测到的城市社会脆弱性之间的差异来评估模型的有效性。这可以通过使用两个统计度量来实现,即最大相对误差($M$)和标准误差($E$)如下所示。

$$M = \max \left| \frac{P_{pi} - P_{oi}}{P_{oi}} \right|$$

$$E = \frac{\sqrt{\frac{1}{n(n-1)} \sum_{i=1}^{n} (P_{pi} - P_{oi})^2}}{\frac{1}{n} \sum_{i=1}^{n} P_{pi}}$$

式中：$P_{pi}$ 为结果变量的第 $i$ 个预测值；$P_{oi}$ 为相应的观测结果；$n$ 为测量次数。

通过产生的 $M$ 和 $E$ 的低值（<5%），验证所提出的模型模拟未来模型变量的能力。

步骤 7　敏感性分析。首先进行多变量敏感性模拟，以检验所提出的 SD 模型的可靠性。这可以通过改变易受攻击集群的大小来实现。然后，根据脆弱性聚类对模型输出不确定性的相对贡献，对脆弱性聚类进行比较。

# 第2篇

# 方法篇

# 第3章 灾情统计理论与方法

本章阐述灾害的测量、统计和评估,这是灾害风险管理的研究基础。通过测量,可以对灾害损失和损害进行各种观察和统计。本章主要从技术和方法的角度对灾害的测量与评价进行了探讨。需要回答的两个关键问题如下:一是如何确定灾情统计的内容和范围;二是如何提高测量的针对性、精度和准确性。前者侧重于灾害造成的损失和损害,即灾害问题;后者包括持续时间、形式、强度和规模。广义上的灾害测量,特别是对严重灾害的测量,通常包括对单一灾害的危害、灾害形成环境与承灾体的全面和系统的测量。灾害测量包括多种手段、方法、技术,这些手段、方法、技术通常具有不同的测量程序、标准和精度要求。

通过本章学习,你将了解以下内容:

(1)灾害调查。
(2)灾害统计。
(3)灾害数据分析。
(4)灾害风险评估。

## 3.1 灾情统计方法

### 3.1.1 灾害调查

灾害调查包括在灾区进行实地调查,通过不同类型的观测仪器设备进行测量,或从各个监测站收集网络数据。具体来说,对自然灾害、环境(生态)灾害、人为灾害的调查有不同的程序和方法。

实地调查是指灾害发生后,由专业部门和专家组成实地调查小组,制定调查程序,组建由多学科、多部门、多岗位、成员背景组成的调查组,根据调查要求和调查目的开展调查工作。

对于自然灾害,现场调查主要包括:①人员伤亡情况;②建筑损坏情况核实;③经济损失和损害;④农业损失和损害;⑤产业服务损失与损害(第二、第三产业);⑥基础设施(交通、市政公用设施、水利设施、电力设施、电信设施、无线电通信设施、电力设施等)的损失和损坏;⑦自然资源、生态系统和环境破坏的损害。除上述7项外,还应特别强调人为原因和自然原因的作用。

**案例3.1 2010年4月14日青海玉树地震灾害现场调查(房屋损失与破坏)**

2010年4月14日,中国青海省玉树县发生7.1级地震。地震发生后,中国地震局和国家防灾减灾减灾委员会(简称国家减灾委员会)先后启动了一级地震应急响应,国家减灾委员会派出专家组,第一时间开展地震灾害调查。在为期一周的实地调查中,专家组在高分辨率遥感影像数据的基础上开展了详细的实地调查工作,获得了房屋和基础设施损坏和损失的第一手数据,为玉树地震灾害损失评估的顺利完成奠定了坚实的基础。

此次实地调查的主要项目如下:住房的主要结构类型。灾区房屋结构类型主要有钢-混凝土结构、空心砖-混凝土结构、空心砖-木结构、土建结构和片状结构。钢-混凝土结构约占10%;空心砖-混凝土结构约占15%;空心砖-木结构约占30%;土建结构和片状结构约占45%,片状结构仅占少数。

地震后,不同的房屋结构类型造成的破坏情况不同。根据现场调查,灾区钢-混凝土结构房屋的损失率为30%,平均成本为2000元/$m^2$。房屋的破坏特征是整体倾斜,或者一层完全被压碎而不是倒塌。灾区砖混结构房屋的损失率为60%,平均成本为1500元/$m^2$。镇上寺庙建筑的街铺和私人住宅,在地震中受损严重,只有少数倒塌。土建房屋的损失率为100%,灾区有大量此类房屋被毁或倒塌;空心砖木结构房屋的损失率为85%,在灾区,房屋不多,小部分是住宅,大部分是仓库、谷仓和牛粪房。

通过对各类房屋的实地调查,房屋地震破坏的主要原因如下:

(1)许多房屋的基础很浅,特别是私人住宅,基本没有基础,而且是用空心砖建造的,直接在岩石表面之上,呈片状等。这种基础缺乏刚度,可能过于灵活,无法承受地震的震动,这是造成大量房屋被毁的重要原因。

(2)大部分建筑直接使用泥浆,水泥用量少。由于水泥价格昂贵,筑墙用的水泥很少。许多房屋在空心砖之间直接使用泥浆作为填充物,导致承重墙本身非常脆弱,无法有效抵抗地震力的影响。

(3)藏式屋面主墙或承重柱难以承受。藏式屋面多采用钢筋混凝土就地浇筑,配以琉璃瓦装饰,外表很美,也很重;土建结构房屋的屋顶为保温而覆盖了大量的黄土,其重量过大。

根据各监测站的监测数据,可以识别灾害的时间、地点、范围、强度等信息。该方法可以给出灾害因素和某些灾害损失的绝对值。通过进一步在场地内进行插值,可以实现基于网格的灾害统计分析。

中国现有的自然灾害(地震、气象、水文、海洋、土地、农业、林业等)和环境(生态)灾害监测系统都是以台站网络为基础的,包括全国地壳运动与地震监测网、地质灾害监测网、风暴潮监测网、赤潮灾害监测网、环境监测网、气象卫星系统、海洋卫星监测系统、"环境与灾害监测预报小卫星星座"系统、中巴国土资源卫星监测系统、国家野外生态系统定位与监测系统。

除此之外,基于地面光谱特征的遥感技术,也已成为灾害调查中最重要的方法之一。利用遥感方法获取的信息,可以快速、全面地进行灾害调查。一般遥感可分为基于装载平台的航空遥感和空间遥感。根据获取信息的方式可以分为主动遥感和被动遥感。根据观测的方式又可分为自上而下的空中观测和自下而上的地面观测,以及自上而下的地面观测。在遥感技术使用的过程中,要特别注意尺度的影响。

### 3.1.2 统计指标

灾害统计是指根据灾害特点设计统计指标,从而形成灾害损失统计表、完整说明书等相关文件。中国灾害统计主要包括城乡居民住房损失、非居民住房损失、灾区受灾人口、居民家庭财产损失、工业损失、农业损失、服务业损失、公共服务系统损失、基础设施损失、资源环境损失等方面。

根据统计内容,将损失和损害分为破损数量和经济损失。通常,自然灾害损失统计的范围如下:

(1)受灾人口指标。受灾人口指标主要包括受灾人口、因灾失踪人口、因灾死亡人口、因灾受伤人口、缺乏饮用水人口、需要过渡安置人口、紧急安置人口等。其中,对于需要过渡安置的人口,应分别统计妇女、老人(65岁以上)、儿童(14岁以下)、"三非"(即无身份证件、无正常居住证、无收入来源的人)和"三单身"(即单身子女、单身老人、单身残疾人)的人数;紧急安置人口分为集中式安置人口和分散式安置人口。

(2)经济损失指标。经济损失指标主要包括居民家庭财产损失、房屋损失、工业损失、农业损失、服务业损失、公共服务系统损失和基础设施损失。

(3)家庭财产损失统计指标。家庭财产损失统计指标包括受灾家庭人数、生产性固定资产、耐用消费品和其他财产损失指数,细分为农村居民家庭财产损失和城镇居民家庭财产损失2类。

(4)建筑损失统计指标。建筑损失统计指标包括农村房屋损失、城市住宅损失和非住宅损失3种类型的建筑损失。房屋损失一般分为一般受损房屋、严重受损房屋和倒塌房屋,损失统计一般包括不同结构类型的损坏数量和经济损失指标。

(5)产业损失统计指标。产业损失统计指标分为规模(资质等级)以上产业和规模以下产业,分别设计受损企业、车间和仓库、设备、原材料、半成品和产成品的良好数量和经济损失指标。

(6)农业损失统计指标。农业损失统计指标分为五大类进行统计,即种植业、林业、畜牧业、渔业、农机,每类中主要包括受灾地区农用地、牲畜死亡数量、机械损坏数量等指标。

(7)服务业损失统计指标。服务业损失统计指标分为金融、住宿餐饮业、批发零售业、文化体育娱乐、农林牧渔服务业及其他服务业6类,主要包括经济损失、受损设备数量、受损节点数量3类指标。

(8)基础设施损失统计指标。基础设施损失统计指标分为公路、铁路、水路、航空四大类损失指标。

(9)公共服务体系损失统计指标。公共服务体系损失统计指标主要包括教育、科技、卫生、文化、新闻出版、广播电视、体育、社会保障和社会服务、社会管理、文化遗产等方面的损失指标。

(10)医疗卫生系统指标。医疗卫生系统指标分为四大类,即卫生保健、计划生育、食品药品监督管理和其他医疗卫生系统。

(11)教育系统指标。教育系统指标主要包括高等、中等、小学、学前和专业等各类教育机构或学校。

(12) 文化系统指标。文化系统指标主要包括图书馆、档案馆、博物馆、文化馆、剧场(电影院)、城镇多用途文化馆、社区图书馆(文化室)和宗教场所八大类文化设施。

(13) 社会保障和社会服务体系指标。社会保障和社会服务体系指标分为社会保障体系和社会服务体系两大类;其中,社会保障体系指标主要包括党政组织、群众组织、社会团体和其他会员组织、国际组织等。

(14) 资源环境损失指标。资源环境损失指标包括土地资源和矿产破坏、自然保护区和野生动物保护区破坏、风景名胜区破坏、森林公园破坏、湿地公园破坏和环境破坏等。

### 3.1.3 数据类型

灾情统计的数据类型通常分为定性数据和定量数据。定性数据(qualitative data)是用以描述事物性质、规定事物类别的一类数据,往往采用文字表述,主要包括分类数据和顺序数据。分类数据是只能归于某一类别的非数字型数据,用文字来表述对某事物分类的结果,其数据类型的表现为类别。顺序数据则是只能归于某种有序类别的非数值型数据。定量数据(quantitative data)是指以数量形式存在的可以对其进行测量的事物属性数据,测量的结果用一个具体的量来表示。

从灾害风险数据类型出发,灾情统计数据类型分为 4 种,分别是事故数据、人因错误数据、气象灾害数据和农业灾害数据。

事故数据是指由于人为灾害而产生的一系列数据,涵盖了人为灾害包括的各种类型事故的数据。事故数据具有时间特性和空间特性。事故数据的时间特性是指事故的特殊性决定了不同时段和不同时期的事故数据具有不同的分布特性;事故数据的空间特性是指由不同地区的空间、经济发展和地形地貌等异质性因素直接导致的事故发生频率的差异。

目前,国内外通用的灾情统计指标有绝对指标与相对指标、事故频率指标与事故严重率指标,以及千人负伤率与致命事故比率等。其中致命死亡率(fatal accident rate, FAR)指特定人群暴露在危险之中累积小时的死亡数量,其计算公式如下:

$$FAR = \frac{\text{预计死亡人数}}{\text{暴露在危险下的时间(小时)}} \qquad (3-1)$$

人因错误数据是指在灾情统计分析的过程中,由于人的参与而产生的失误或错误操作造成的数据项的缺失、数据异常等问题,在数据上报的过程中由于人因干预而出现的数据失真等问题,以及数据管理部门等工作人员出于相关利益而主观对数据造假,包括修改数据、私自删除甚至凭空捏造数据等导致人为错误数据产生的情况。

气象灾害数据是关于全球各地发生的不同类型气象灾害及其对生命和财产造成的损失的数据。气象灾害的形式和种类非常多,常见的有暴雨(雪)、台风(热带风暴、强热带风暴)、冰雹、雷暴、大风、龙卷风、沙尘暴、高温、低温、大(浓)雾、冻雨、结(积)冰、霜冻、干旱、寒潮、洪涝、积涝、热浪、干热风和连阴雨等,共七大类 20 多种,如表 3-1 所示。

农业灾害数据是指与农业灾害相关的反映农作物受灾程度的数据资料。农业灾害的表现形式通常包括农作物、土地和农业设施被破坏、水质和农地土壤受污、农用土壤质量退化和

表 3-1 灾害的主要影响、危害与次生危害

| 灾害总称 | 主要影响及危害 | 次生危害 |
|---|---|---|
| 干旱 | 作物歉收,疾病(中暑等),人畜用水困难 | 地质灾害(土壤沙化),农林灾害(森林、草原火灾,病虫害),饥荒 |
| 洪涝 | 河流泛滥,山洪暴发,毁坏庄稼,内涝渍水,作物歉收,人畜伤亡,建筑物资受损,交通通信受阻 | 地质灾害(崩塌、滑坡、泥石流),农林灾害(病虫害),水圈灾害(洪水、内涝) |
| 热带风暴（台风） | 河流泛滥,山洪暴发,内涝渍水,毁坏庄稼,作物歉收,人畜伤亡,建筑物资受损,海滩洪水,交通通信受阻 | 地质灾害(崩塌、滑坡、泥石流),水圈灾害(洪水、内涝、巨浪) |
| 冷冻 | 作物歉收,庄稼、林木、人畜冻害,牧场积雪,牲畜死亡,雪崩,电线、道路结冰,交通通信受阻,交通事故 | 农林灾害(庄稼、林木冻害),水圈灾害(江、湖、河、海结冰,凌汛) |
| 局部风暴 | 山洪暴发,毁坏庄稼,人畜伤亡,建筑物资受损,交通通信受阻,空难,火灾 | 农林灾害(森林、草原火灾) |
| 连阴雨 | 影响作物生长发育(烂秧)、物资霉变 | 农林灾害(病虫害) |
| 其他(浓雾、沙尘暴、大气污染等) | 交通通信受阻,空难,疾病,建筑、物资腐蚀,疾病等 | 农林灾害(作物、林木疾病),水圈灾害(水污染),地质灾害(沙漠化) |

耕地塌陷等。农业灾害数据包括农业灾害损失数据,它主要涉及农作物和农用设施及土地两部分。农作物灾害的数据指标通常有经济损失、成灾面积、受灾面积和绝收面积等。

## 3.2 灾情统计分析与应用技术

### 3.2.1 时间序列数据的处理与分析

时间序列数据通常在整体上呈现出某种周期性、趋势性的变化。由于时间序列的顺序性,它所描述的现象在顺序中也是紧密联系的,每个时刻的前后变量不独立,就不满足样本变量独立同分布的假设。时间序列因为受未知偶然因素的影响,通常表现出一定的随机性。

时间序列数据有一些数字特征,主要包括均值函数、方差函数、自协方差函数、自相关函数等。时间序列数据反映事物随时间变化而变化的规律,其变化受到长期趋势、循环波动、季节性变化、随机波动等因素影响。

(1)长期趋势($T_t$)。长期趋势是指序列在较长的一段时间内,呈现出的一种递增、平稳或递减的稳定发展态势,通常是由经济现象引起的。

(2)循环波动($C_t$)。循环波动又称周期波动,通常由于受各种经济因素影响而形成从低到高再由高至低的反复循环波动。

(3) 季节性变化($S_t$)。季节性变化指事物或现象呈现出的与季节相关的稳定的周期波动,其波动的长度与幅度固定。

(4) 随机波动($I_t$)。随机波动又称不规则变动,指序列受除上述因素以外的其他不可预测的偶然因素的影响而产生的波动。

时间序列$\{X_t, t \in T\}$可以由以上4种因素组合成函数$X_t = f(T_t, S_t, C_t, T_t)$。基于4种因素的相互作用模式,可以对时间序列进行分解,通常分解方法有加法模型和乘法模型。

加法模型:

$$X_t = T_t + S_t + C_t + I_t \tag{3-2}$$

乘法模型:

$$X_t = T_t \times S_t \times C_t \times I_t \tag{3-3}$$

一个时间序列可能包括上面4种因素的任意组合。加法模型和乘法模型的选择标准通常采用观察法,前者适合数值偏离长期趋势的变化不随时间而改变;当数值偏离长期趋势的大小随时间改变而增加时,则采用后者。

在消除随机扰动和误差后,得到的平滑序列,能大体反映出本质规律。比较简单且常用的平滑方法有简单移动平均法和指数平滑法。

简单移动平均法计算观察对象的均值,并将均值作为下一期的预测值。在计算过程中,规定多少个观察对象是简单移动平均法需要尝试的参数。一个新的观察值意味着减去上一期均值计算最早的值,下一期的计算则需要再加上最新的预测观察值。

设时间序列为$x_t, x_{t-1}, \cdots, x_{t-M+1}$,则简单移动平均法的公式为

$$F_{t+1} = \frac{x_t + x_{t-1} + \cdots + x_{t-M+1}}{M} \tag{3-4}$$

式中:$x_t$为当期观察值;$F_{t+1}$为预测值。

指数平滑法从预测误差入手,不考虑较多的历史数据而在预测中加入本期的预测误差$e_t = x_t - F_t$对未来进行预测,计算公式为

$$F_{t+1} = \alpha x_t + (1-\alpha)F_t, 0 \leqslant \alpha \leqslant 1 \tag{3-5}$$

式中:$\alpha$为平滑系数。

添加权重后,指数平滑法不需要存储大量的历史数据,只需要少量观察值、预测值和权重就可以进行预测。指数平滑法对初值的确定通常有两种方法:取首期的真实值和取前几期的均值。指数平滑法适用于平稳时间序列,平滑常数通常根据最小均方差原则确定。

在灾情统计领域,时间序列数据表现为按季度、年统计地区自然灾害的发生频率、经济损失、受灾人数、受灾范围等。通过时间序列模型,我们可以预测和控制灾害的未来行为,进而对系统进行修正和重新设计,以实现对灾害事件的利用和改造目标。

**案例3.2 基于LSTM的滑坡位移预测模型**

LSTM模型是在RNN深度学习模型基础上的改进,可以解决梯度爆炸和梯度消失的缺陷。LSTM模型具有"记住"输入信息的能力。LSTM隐藏层的基本单元是存储单元,包含输入门、遗忘门和输出门。

在LSTM的3个门控单元中,遗忘门可以控制在$t-1$时刻有多少信息可以传输到单元

状态;输入门可以控制在 $t$ 时刻单元状态中可以保存多少输入信息,并可以调整旧预测对新预测的影响;输出门决定有多少信息可以传输到 LSTM 的输出,它可以控制过去的趋势对新的预测结果的影响。

LSTM 变量如下:

$$f_t = \sigma(w_f \cdot [h_{t-1}, x_t] + b_f) \tag{3-6}$$

$$i_t = \sigma(w_i \cdot [h_{t-1}, x_t] + b_i) \tag{3-7}$$

$$o_t = \sigma(w_o \cdot [h_{t-1}, x_t] + b_o) \tag{3-8}$$

$$C_t = f_t \cdot C_{t-1} + i_t \cdot \tilde{C}_t \tag{3-9}$$

$$h_t = o_t \cdot \tanh(C_t) \tag{3-10}$$

$$\tilde{C}_t = \tanh(W_c \cdot [h_{t-1}, x_t] + b_c) \tag{3-11}$$

式中:$t$ 表示时间;$f_t$ 表示遗忘门;$w_f$ 表示遗忘门的数量;$w_o$ 表示输出栅极的权重;$w_i$ 表示遗忘门的输入;$h_t$ 为最终输出数据;$x_t$ 表示输入数据;$b_f$ 表示遗忘门对应的偏置值;$i_t$ 表示输入门;$b_i$ 表示输入门对应的偏置值;$o_t$ 表示输出门;$b_o$ 表示输出门对应的偏置值;$b_c$ 代表暂时偏见;$C_t$ 表示单位状态;• 表示矩阵的乘积;$\tanh$ 表示激活 Tanh 函数。

滑坡位移预测过程:

步骤1 由于滑坡总是受到自身地质属性和外部因素的长期影响,将滑坡位移作为时间序列数据分析。

步骤2 滑坡的趋势位移主要受滑坡本身的影响,趋势位移数据具有时间序列性质。因此,使用趋势位移来训练 LSTM 模型,然后预测趋势位移。

步骤3 周期位移主要受环境影响,周期项的变化不如趋势位移稳定。滑坡地位于长江流域,主要受降雨和水库水位的影响。周期位移随季节降水和水库水位的变化而变化。由于周期项在每个周期内都有相似的变化,所以我们在训练和预测时需要充分利用所有相似的变化信息。因此,连接了一个全连通层,每个节点都具有所有周期内的信息。

$$D = T + P \tag{3-12}$$

式中:$D$ 为滑坡累积位移;$T$ 为位移趋势项;$P$ 为位移周期项。

步骤4 在公式(3-12)的基础上,将步骤2得到的趋势位移与步骤3得到的周期位移相加,即可预测出滑坡的预测位移。

步骤5 经过以上步骤,得到最终的滑坡预测位移。

步骤6 验证修正模型的预测性能。将该模型应用于两个实际滑坡,并将预测的累积位移与其他预测模型和实测位移进行比较。最后的对比结果验证了所提模型的准确性。

为了准确估计模型的预测能力,采用3个评价指标来评估模型的性能和准确性:平均绝对误差(MAE)、均方根误差(RMSE)和平均绝对百分比误差(MAPE)。MAE 是一个基本的评价指标,反映了预测值与实际数据之间的总体差距。

3个评价指标的计算方法如下:

$$\text{MAE} = \frac{1}{n}\sum_{i=1}^{n}|\hat{y}_i - y_i| \tag{3-13}$$

$$\text{RMSE} = \sqrt{\frac{1}{n}\sum_{i=1}^{n}(\hat{y}_i - y_i)^2} \tag{3-14}$$

$$\text{MAPE} = \frac{100\%}{n}\sum_{i=1}^{n}\left|\frac{\hat{y}_i - y_i}{y_i}\right| \tag{3-15}$$

$$R^2 = 1 - \frac{\sum_{i=1}^{n}(\tilde{y}_i - y_i)^2}{\sum_{i=1}^{n}(\bar{y}_i - y_i)^2} \tag{3-16}$$

式中：$n$ 为数据点个数；$\bar{y} = \{\bar{y}_1, \bar{y}_2, \cdots, \bar{y}_n\}$ 为平均值；$\hat{y} = \{\hat{y}_1, \hat{y}_2, \cdots, \hat{y}_n\}$ 为预测值；$y = \{y_1, y_2, \cdots, y_n\}$ 为实测值。$R^2$ 分数表示模型所解释的方差比例，用于评估模型对目标变量的解释能力。$R^2$ 分数介于 0 到 1 之间，数值越接近 1 表示模型的拟合效果越好。

### 3.2.2 空间数据的处理与分析

空间数据从分析方法上来讲有 3 种类型：点数据（point data），不涉及任何属性值的空间位置；线数据（line data），表示线状地物或点之间的联系，如道路、公共设施走廊等；多边形数据（polygons），也称区域数据（regional data）、面数据（areal data），包括规则多边形（如遥感卫星的图像像元）和不规则多边形（如社会经济行政单元）。

点数据，假如 $Z(s)$ 是点 $s \in D$ 上的随机向量，则点数据就是标注点的过程，如果 $Z(s) = 1$（退化随机变量），$D$ 是随机的，即为空间点过程。如某个地区遭受电击的位置、病毒携带者的居住位置等。

多边形数据，也称格数据（lattice data）、面数据。如用节点表示的格网、自治区里各乡镇的病毒携带者数目、城市道路系统各路段车辆日事故数等。

空间数据（spatial data），也称地理统计数据，是指凡带有空间坐标的数据，可分为矢量数据和栅格数据两类。如各地气象台站的气象数据、不同海拔测量的空气密度值、河流湖水海洋中的污染物浓度等。多边形之间的邻接关系实现和表达了格数据的空间关系。

为了表示空间数据，我们需要分离数据类型。这些数据类型可以分为以下 3 类。

栅格数据类型：栅格数据类似于我们在谷歌地球上看到的卫星图像数据。整个区域被划分为网格［即行与列及其交点（也称为像素）］。

矢量数据类型：矢量数据类型的例子有点、线和多边形。向量映射是这 3 种数据类型的组合。

图数据类型：这里的数据表示为节点、边和路径。GPS 设备将其用于导航和路由。这里 GPS 设备可以用路口作为节点，用分段作为边，这个完整的模型作为图。

灾害风险的空间评估的通用框架包括 3 个部分，即潜在灾害情景的构建、灾害模型支持的不同灾害情景分析，以及阶段损害曲线（即在不同灾害级别下对承灾体的损害曲线）对承灾体的损害生成。

在 ArcGIS 软件中，可以为栅格层计算几个单元统计数据：①MEAN，计算输入的平均值；②MAXIMUM，确定输入的最大值；③MEDIAN，计算输入的中位数；④MINIMUM，确定输入的最小值;⑤ RANGE,计算输入的范围(最大值和最小值之间的差值);⑥STD,计算输入的标准差。

空间自相关性(用 Moran's I 或半变异函数检验)是地理空间上分布对象总体普遍具有的特性。除此之外,空间分异性(用地理探测器 q 统计检验)和可变面元问题是另外的地理空间上分布对象总体可能具有的特性。

### 3.2.3 灾情风险评估与地图

灾害风险评估采用特定的地理单元进行度量,即在风险评估中采用最小的空间单元作为评价单元,综合各种来源的异构数据,确定高灾害概率区域。在实际应用中,有 5 种常见的评估单元:像素、网格、斑块、样本和地理区域。网格单元的信息量和精度取决于网格单元的大小;但是,网格的大小应根据研究区域的特征、尺度等因素来确定。较小的网格尺寸增加了数据处理需求,而较大的网格尺寸可能不够精确。

在灾害风险评估过程中,评估指标体系是评估制图前的关键工作。灾害是各种诱发因素相互作用的产物。诱发灾害因素的变化直接影响着灾害的孕育、爆发、演变和后果。在自然灾害系统中,致灾因素是自然灾害发生的原因。这些因素是灾害发生的直接原因,在灾害风险评估中起着至关重要的作用。

灾害风险地图是一个社区或地理区域的地图集,它确定了可能遭受灾害造成的严重破坏的地方。风险图的作用是确定在一段时间内发生特定危害的可能性及其强度和影响范围。灾害风险图旨在通过模糊概率定义的自然灾害风险等级进行可视化。

灾害风险评估与地图制作步骤如下:

步骤 1　确定因素的权重得分和排名,然后将其转换为栅格格式。计算一个地区灾害风险的指标有 3 个组成部分:风险、脆弱性和能力。

联合国国际减灾战略建议的风险评估方法:

$$R = \frac{H \times V}{C} \tag{3-17}$$

式中:$R$ 为 Risk;$H$ 为 Hazard;$V$ 为 Vulnerability;$C$ 为 Capacity。

式(3-17)是将潜在危害与脆弱性联系起来的风险评估方法。

能力与脆弱性分析中使用的指标主要是暴露和损失信息,常采用综合评价法进行测度。脆弱性分析包括经济脆弱性、社会脆弱性等,用于分析的信息可以来自相关统计数据和基本地图信息。

步骤 2　危险性识别。确定灾害风险阈值,对灾害风险区进行极高风险、高风险、中度风险和低风险的划分。划分阈值时取决于平均值($\bar{x}$)和标准差(SD)。

步骤 3　利用 ArcGIS 中的地图计算器对所有空间信息进行叠加分析,分析潜在地区的灾害风险。在不同情况下作出选择时,可以调整值或权重得分进行重新分析。

步骤 4　验证和决策。为了确保风险地图中使用的系数和参数能够合理地模拟实际事件,有必要对照卫星图像的历史数据对模型进行测试。当预测区域与历史区域之间存在可接受的一致性时,该模型被接受。一旦模型得到验证,该模型就可以用于决策制定。

我们引入焦点图的概念,作为一种有用的工具来量化采样的空间概率。

焦点图可以被解释为空间变化的包含概率的表示,即区域框架的每个点被选择并包含在样本中的概率。焦点图的应用必须考虑复合指标的基本构建模块或处理阶段,即归一化、聚合、加权。当可用的数据很少时,可以考虑基于几个组成部分组合的聚合概率来简化问题。

焦点图可以显示出灾害风险的势力分布。焦点图有两个目的:①根据最终用户的兴趣或关注,即一种或多种自然灾害引起的潜在风险/损失,直观地表示一个地区的热点;②根据现有数据(指标),对所需的信息收集和抽样密度进行一致的估计,以便精确和有效地推动信息更新过程。

为了制作专题地图,常常需要从地理空间数据,如陆地卫星图像、SRTM DEM、地形图,以及人口密度、减轻灾害的基础设施的可用性、面临灾害的人的认识或人们对自然灾害的准备等统计数据中获取若干层数据。

## 3.3 灾情风险感知与预警

### 3.3.1 风险感知的概念及方式

风险感知是指人们对风险的态度、信念和直观判断。广义上也可指人们对风险的一般评价和反应,包括对环境不确定性的评估概率、可控概率和评估置信度。在时间和功能方面,灾害风险感知是公众将对灾害风险的判断与自身情况相结合,作出选择与行动以避免灾害或减少灾害带来的损失。

灾害风险感知,通常需要根据灾害的易感性和危险性对灾害危险区进行分类,采用问卷调查(questionnaire)、平均最近邻比(ANN)、核密度估计(KDE)和标准差椭圆(SDE)模型分析灾害风险的空间分布特征。然后,构建回归模型来识别灾害空间分布的主要影响因素。对于解释变量,通常要根据以往的研究和实地调查,将变量分为地质地形、人类活动、气候和生态等维度因素。

风险感知的操作化通常由3个部分组成:感知可能性、感知严重性和感知易感性。第一,感知可能性是指灾难发生的概率。第二,感知严重性是指危害可能造成的危害程度。第三,感知易感性是指个体对危险的脆弱性。风险感知的多维性意味着其对保护行为的多重影响。感知到的可能性涉及认知评估,感知到的严重程度会导致一种情绪感受,感知到的易感性取决于一个人的自我效能感。这些影响可能对保护行为有直接和间接的影响。

发现风险感知与对各种自然灾害的保护行为显著相关,如台风、地震、洪水、山体滑坡和野火。风险感知水平越高,越能激励人们采取保护行为,反之亦然。政府和政策制定者对人们的保护行为与其对灾害风险感知之间的联系非常感兴趣,因为大多数政策和社会管理都是基于考虑由感知的灾害风险水平而设计的。当人类感知到风险时,他们会有动机作出行为调整。

**案例 3.3 以 NDVI 时间序列遥感识别汶川地震滑坡分布**

随着 QuickBird、IKONOS、SPOT 等卫星的问世,高分辨率和超高分辨率遥感卫星图像成为滑坡目视识别的重要信息源。此外,还可以利用滑坡前后高分辨率 DEM 的差异来识别滑坡的空间分布和滑坡的体积。然而,由于时间分辨率低、重访周期长、受云影响等原因,高分辨率和超高分辨率卫星存在图像不足的问题。利用卫星图像进行滑坡识别,主要是比较滑坡前后同一区域的图像,该方法一般可分为两大类:基于像元尺度的滑坡识别方法和基于图像形态学、分割和模式识别的滑坡识别方法。

随着光探测和测距(LiDAR)技术的引入,可以精确测量单个滑坡。同时,随着永久散射体(PS)技术的应用,雷达干涉测量(InSAR)也可以用于监测毫米级的表面微小变形。美国宇航局的 MODIS 安装在 Aqua 和 Terra 卫星平台上。它有 250m、500m、1km 等几种空间分辨率,其中宽的空间分辨率带来了重访周期短、成本低等优点。通过监测研究区域植被覆盖和土地利用类型的变化,对滑坡分布进行识别。

### 3.3.2 基于机器学习的预测

机器学习、统计学习理论是密切相关的知识和方法,可以分为两类独立的方法:监督学习和无监督学习。监督学习试图估计一组解释因素 $x$ 与一个或多个响应变量 $y$ 之间的未知关系。也就是说,监督学习试图估计 $y=f(x)$ 的关系。然后,这种关系通常用于在某些未观察到的、可能的未来情况下,给定一组新的输入 $x$,对 $y$ 的值或概率分布进行预测。这种习得的关系也可以用来深入了解 $x$ 中不同的解释因素对 $y$ 的影响。应该注意的是,监督学习方法可以产生点估计或概率分布作为预测,分位数回归森林和用过去数据训练的贝叶斯网络等方法都是概率方法的例子。

与监督学习不同,无监督学习不涉及 $y$。相反,它寻求理解和建模 $x$ 元素之间的关系,以提供对问题的洞察或帮助进行进一步的分析。在灾害风险预测领域,有 3 个关键特征对机器学习方法的成功至关重要。它们是:

(1)大型训练集具有明确标记的类(用于分类)或明确可测量的结果(用于回归)。

(2)用于训练模型的训练数据代表了模型将用于进行预测的未来情况。

(3)解释变量和响应变量之间的关系在未来的情况下与在训练集中是相同的。

如果解释特征和响应变量之间的关系不是静态的,那么即使是代表未来条件的大量训练数据也可能是不够的。也就是说,如果模型学习到的 $x$ 和 $y$ 之间的关系不是未来将存在的关系,则不应期望模型提供准确的预测。这里需要进行关键的澄清,特别是在自然灾害的背景下。需要静止的是 $f(x)$,也就是 $x$ 和 $y$ 的关系。用 $x$ 表示的现象不一定要静止,只要 $f(x)$ 是静止的就行。例如,预测飓风造成的停电问题。影响电力系统的飓风的特征用 $x$ 来描述。模型学习 $x$ 和 $y$ 之间的关系 $f(x)$。只要满足前两个条件,并且模型达到足够的精度,那么只要 $f(x)$ 没有变化,即使危险本身不是固定的,它也应该在未来的情况下适用。

使用机器学习方法进行自然灾害风险分析的挑战:

(1)需要获得足够大且具有代表性的训练数据集。对于罕见的危险(如影响电力系统的强烈太阳风暴),可能难以收集足够大的数据集,并包含足够多样化的事件集,以支持使用机器学习方法。

(2)验证问题。这个问题与第一个问题相关。机器学习模型验证的传统方法是将一部分数据放在一边,在剩下的数据上训练模型,然后在保留的部分上测试模型。一些使用 k-fold 交叉验证,而另一些使用重复随机交叉验证。过于简单的模型在应用中会产生高偏差和低方差;过于复杂的模型可能会产生过拟合和高方差。

(3)很难将模型的准确性和任何机器学习模型结果的不确定性以一种使决策者容易理解和可以用来改进决策的方式传达给决策者。例如,考虑一个模型,该模型估计从灾害中电力恢复所需的人小时数的累积密度函数(CDF),向决策者提供诸如置信区间之类的汇总度量会导致误解和丢失大部分概率信息。

在灾害风险识别与预测中,基于机器学习的数据分析是为了预测即将发生的事件或事件风险,它的目的是尽量减少危机事件和灾难的不可预测性。近年来,几乎所有学科都存储了大量的数据。地球科学也不例外。非常大的时间序列或高分辨率卫星和航空图像是有价值的信息来源。然而,从如此庞大的数据中提取灾害风险并不总是用标准的统计技术来完成的。随着机器学习技术的快速发展,用于提取相关模式、高性能计算和数据可视化的机器学习方法正在被广泛而成功地应用于自然灾害相关数据中。

机器学习已在灾害管理各个应用领域得到广泛应用,如灾害风险评估、脆弱性评估、预警系统、灾害检测、事件映射、损害评估、灾害救援和资源分配。用于灾难风险识别的机器学习技术由几种 ML(machine learning)和 DL(deep learning)方法组成。机器学习(ML)方法包括决策树(DT)、随机森林(RF)、支持向量机(SVM)、K-最近邻(KNN)聚类算法、贝叶斯方法 novel bayesain,NB)和逻辑回归(LR)。此外,深度学习方法(DL)包括不同的人工神经网络(ANN)架构,如卷积神经网络(CNN)、循环神经网络(RNN)、多层感知器(MLP)、长短期记忆神经网络(LSTM)。

一些智能算法,如神经网络、灰色理论、支持向量机(SVM)和遗传算法,已经被应用于灾害预测。这些方法在一定程度上提高了灾害的预测性能,但单一预测模型对灾害风险预测的准确性和泛化能力有待提高。这些技术利用了来自多个来源的不同类型数据,这些数据的来源包括卫星图像、无人机、社交媒体、众包、地理信息系统(GIS)和无线传感器网络。利用人工智能分析和处理来自各种数据源的大数据,以便在灾害管理中作出明智的决策,这是一个越来越普遍的趋势。

支持向量机(SVM)是分类和回归问题中最简单但最有效的机器学习算法之一。它是一种监督学习方法,这意味着它需要一个已经标记的训练集,但通过支持向量聚类,它也可以对未标记的数据进行分类。支持向量机的思想很简单,它创建了一个分离的超平面,将数据放在各自的类别中,同时尽量最大化利润。$n$ 维欧几里得空间中的超平面被定义为该空间的平面 $n-1$ 维子集,它将空间分成两个不相连的部分。边距是超平面与每个类别中最近的元素之间的最小距离。最大化边际本质上使模型更清楚地区分类别,从而使其更有可能作出更好的预测。虽然 SVM 以线性方式处理向量,但它也可以使用核技巧进行非线性分类。

现代灾害管理的许多研究都以支持向量机(SVM)为出发点,在不需要更复杂的深度学习系统的情况下,有时会取得很好的效果。为了有效提高地质灾害响应能力、容灾能力,减少人员和财产损失,利用核技巧,将数据在多维空间中扩充,其中特征可以用线性超平面以更容易分离的方式表示。当恢复到原始平面时,超平面以非线性变换进行投影。核技巧使得支持向量机能够学习复杂数据集的不变特征,同时保持其简单快速的处理性质。通常,位置信息能否有效融合,是监测地质灾害发生、有效识别存在风险的关键。针对信息空间位置数据的不同属性和维度,在机器学习中,模糊推理与支持向量机的相似性和互补性是两者融合的基础。

CNN架构基于卷积层(convolutional layers,CL)。在这些层中,数据通过 $n \times m$ 的表格乘法进行传播和应用,表格过滤器也称为核,其中 $n$ 在大多数情况下等于 $m$。此过程根据应用于输入数据的过滤器生成输入数据的不同表示形式。在每个表示中都揭示了各种特征,这些特征被投射到特征映射中,这些特征映射量化了卷积层的每个滤波器产生的刺激。作为卷积的结果,将生成输入数据的多个唯一转换。卷积中使用的核的数量和大小是整个网络性能的关键。在卷积步骤之后,数据通过池化层(PL)传递,池化层对卷积结果进行分组,并通过保留数据的每个部分的最大值、最小值或平均值,只将最重要的结果保留到网络中。根据网络的深度,整个过程要重复几次,然后将数据在一维空间中平面化,以便将其输入处理分类的全连接层(FL)。

LSTM是灾害管理中常用的文本分类神经网络。LSTM是一种递归神经网络(RNN)。RNN是一种网络,它对一组连续数据中的每个元素循环地应用相同的计算,同时将一些信息传递给下一次迭代。因此,在每个时间步,对输入数据进行预测,进而影响未来的预测。该操作允许网络理解复杂的文本数据,并根据句子中单词的位置数据提取信息。LSTM与常规RNN的不同之处在于它们的内部细胞结构。LSTM中最重要的超参数是学习率和网络大小。在LSTM中,超参数可以独立调优,这可以节省大量的训练时间,通过机器学习和大数据技术,可以实现对洪水、地震、滑坡、火山和海啸等灾害的预测。

### 3.3.3 基于系统仿真的预测

灾害风险预测及灾害管理中最常用的仿真建模技术有4种:系统动力学(SD)、蒙特卡罗仿真(MCS)、离散事件仿真(DES)和基于Agent的仿真(ABS)。在这4种技术中,ABS是最新和最强大的仿真技术,用于解释网络中自主个体的行为和相互作用机制。这些技术在决策、评价和评估灾害风险,以及分析各种灾害救援和恢复计划方面提供了更高的精度。

SD已被应用于应对日益增加的全球气候灾害。随着气候变化、地震和冰暴等自然灾害的增加,SD已被用于:①评估气候变化下极端降水、干旱等对社会生态系统的影响;②管理灾难发生时人群和危险动态的不确定性;③确定如何应对冰暴干扰的因素;④探索构造物的动力性能和抗震性能;⑤探索在时间、空间和通信约束下灾害环境中异构Agent的动态任务分配;⑥复杂灾害系统风险的评估。

MCS应用涉及灾害频率的不确定性估算,被广泛应用于灾害风险建模之中。例如,确定气候变化对极端洪水的影响,以及火灾走势分布。该技术还被用于估计可能的河流流量,可以支持灾害管理中的决策;用于评估地震等灾害风险下网络的可靠性和预期性能等。MCS已被用作提供比DEA方法更准确的洪水分位数估计的工具。

基于Agent的仿真技术,广泛应用于针对灾害中复杂的疏散决策过程。在自然灾害方面,例如,利用ABS模型来捕捉飓风期间的家庭疏散出行决策并将其转化为活动计划,以半群行为为基础表示乘客在交通枢纽（如公交车站、火车站）之间的转移，预测城市场景下行人的地震疏散，并协助道路管理者在灾难事件发生时作出适当的决策。此外，ABS也常应用于灾区救援。例如，地震、洪水和火灾的应急疏散、应急避难场所规划和疏散道路评价、城市火灾和地震的灾后恢复、应急物资的分配，以及私营和救济组织之间的救灾协调等。

DES提供了一种直观和灵活的方式来表示复杂的系统。DES在灾害环境中的应用还不广泛，但已经被用于研究火灾和地震等相关问题。例如，灾害准备建模（大规模灾害，基于地理信息系统的系统，适当的预警系统）数据系统已被用作在任何重大关键事件发生之前定位灾害位置和救援服务的工具，以便国家以最佳方式作出反应，以促进大规模灾害环境中的决策过程。此外，DES还被用于灾后恢复过程中的规划和更好的决策准备，特别是承灾体的系统恢复和灾后韧性提升。

ABS的应用在过去几年中有所增加，包括应用于灾害问题。在这种技术中，系统被认为是相互交互的称为代理的自主决策实体的组合。ABS似乎是地震、洪水和火灾研究中另一种流行的模拟技术，大多数研究都属于灾难救援和疏散类别。尽管目前的风险管理技术强调需要动态方法来识别风险，评估者也必须考虑到可用的系统知识。这些例子包括系统在威胁下的动态行为、人类代理的角色，以及这些代理的知识可用性。

# 第4章　灾害风险情景分析理论与方法

本章介绍灾害风险情景分析理论与方法的发展,并介绍其在灾害风险管理中的应用。灾害风险情景分析是主要研究风险形成规律和风险情景控制技术的一个分支。它包括风险情景识别、风险度量与评价、风险分析和数据处理等功能。灾害风险情景分析与应急管理有着错综复杂的联系。一方面,大量的实际风险需要应急管理活动;另一方面,在应急管理的各个阶段都需要对可能存在的风险情景进行识别、评估和控制。因此,灾害风险情景分析的理论与方法应贯穿于应急管理的全过程。科学、全面的灾害风险情景分析有利于开展积极有效的应急管理活动。

通过本章学习,你将了解以下内容:
(1)灾害风险情景。
(2)灾害风险分析。
(3)灾害风险建模。
(4)灾害情景分析。

## 4.1　灾害风险情景

### 4.1.1　风险分析与风险情景分析

风险分析是进行定量的风险度量和定性的风险评价。风险度量是利用概率论和数理统计对历史损失数据进行分析,估计出特定风险事故造成损失的频率和严重程度。风险度量主要涉及两种技术:①估计损失频率。损失频率是指单位时间内损失增加的平均次数。通过数据积累和观察,人们可以发现损失的频率。②估计损失的严重程度(每项损失的可能规模)。测量损耗频率最常用的方法是概率法。定性的风险评价是指通过观察、调查与分析,并借助专家的经验、专业标准和判断等对风险进行定性评估的方法。风险分析包括3个要素:风险因素、风险事件和风险损失。这3个要素之间存在一定的因果关系。具体来说,风险因素导致或增加风险事件发生的概率,风险事件(如果发生)造成风险损失。这3个要素共同构成了风险形成的过程。

情景分析是一种基于假设的方法,通过对一系列可能的场景进行描述,从而得到一系列场景的预测集合,并对其进行全面的综合评估。情景分析联系过去、现在与将来,对将来可能发生的事件进行全面分析。它承认将来的发展是多元化的,存在着许多可能的发展方向,且产生的结果也是多元的。

风险情景分析是要对未来不利事件可能出现的一系列情景进行过程分析,并对其结果进行评估,最后给出该不利事件的未来发展态势。它实际上是一个获取有关风险事件、风险因素、损失暴露、危害和损失的情景信息的过程。在风险事件发生前准确发现风险情景是风险识别的基础。只有发现风险情景,才能有效地改变风险因素的存在状况,防止风险因素的增加或积累,从而选择具有高度针对性的风险管理方案。风险情景分析的方法多种多样,可归纳为风险情景分析与调查、风险因素预分析、风险情景图解分析、风险情景事后分析等。

### 4.1.2 风险情景与评估

灾害风险情景是对灾害事件条件、成因、类型、水平及其影响等的表征,常表现为灾害的时间跨度、空间尺度、灾害类型、灾害危害、灾害的人为因素、灾害风险水平等方面的描述。例如,台风、暴雨、洪水等灾害的空间分布(例如,县域尺度)、时间跨度(例如,未来10年、20年、50年和100年)和风险大小。灾害风险情景分析在很大程度上取决于所考虑的领域和解决的目标,需要通过实施风险评估、绘制地图的过程,制定一个灾害预防的整体框架,以减少不同类型的自然灾害所造成的经济社会影响,以及政治和生态影响。

就自然灾害而言,一般可分为两个主要领域类型:①水文气象灾害(即洪水、风暴、缺水、极端温度事件;森林火灾);②地球物理灾害(即滑坡、雪崩、地震和火山爆发)。由于气候变化造成的灾害越来越多,一些国家已经开始制定一些重要的数量指数,以评估与自然灾害风险情景有关的具体情况。比如,联合国开发计划署(The United Nations Development Programme,UNDP)编制了灾害赤字指数,以评估一国按灾害死亡人数量化的经济脆弱性。在城市层面,一些国家利用世界风险指数(WRI)、人类发展指数(HDI)和空间格局分析创建灾害风险指数(DRI),将减少灾害风险和适应气候变化相结合,创建城市韧性框架,随后创建城市韧性指数,并进行脆弱性排名,这种与自然灾害风险情景相关的评估也越来越受到重视。

对于灾害风险的评估和适应对策大多采用"情景驱动",通常被视为一种标准的研究方法或途径,主要包括以下7个步骤:①定义问题(明确研究领域、研究内容、选择敏感部门等);②选择适合大多数问题的评价方法;③选择检测方法,进行灵敏度分析;④选择和应用灾害变化的情景;⑤评估对生物、自然和社会经济系统的影响;⑥评估自发调节措施;⑦评估适应策略。

### 4.1.3 灾害风险表征

灾害风险研究的成果通常以风险图、风险曲线或风险指数等形式来表征。这些方法用于展示和描述灾害风险的特征和趋势。

在风险制图研究领域,利用时间序列卫星图像进行洪水灾害制图和洪水风险评估已逐渐得到广泛应用。

在风险曲线研究领域,构建易损性曲线可以准确定量地表达未来灾害因素强度与受灾体易损性之间的关系。易损性曲线,也被称为损伤曲线或损伤函数,是用来评估不同灾害强度与相应损失之间关系的一种工具。构建易损性曲线的方法包括基于专家权重易损性指数分析的易损性曲线、基于频率分析的洪水风险曲线、基于各种统计方法的易损性曲线、基于概率预测和简单损失模型的损失曲线。脆弱性曲线法已广泛应用于洪水等自然灾害风险分析。

在风险指数研究领域，建立区域灾害风险指标体系是开展区域灾害风险分析及区域间风险对比、评价各因子对区域风险影响程度的一种有效手段。根据灾害类型或研究目的的不同，研究者建立了不同的风险指标来分析地震、飓风、干旱、洪水、降雪、山体滑坡等灾害的风险。

## 4.2 灾害风险分析

### 4.2.1 灾害风险评估

风险评估常被认为是回答以下3个问题：①什么可能出错；②有什么可能性；③有什么后果。除此之外，灾害风险评估也越来越关注这些评估背后的背景状态，以及这些评估灾害风险的不确定性。

灾害风险分析是决策者出于各种原因使用的一项重要工具，包括确定应如何及在何处进行灾害风险分析，对资源分配的优先次序进行排序，以及评估应在何种程度上实施减轻或预防战略。这种分析可能极其复杂，涉及定量和定性两个方面。其中定量分析的两个重要组成部分是：①对风险估计所需变量的统计描述，例如频率和影响；②对要分析的概率或情景范围的决定。

灾难数据中普遍存在肥尾分布的现象。肥尾分布通常由 $y=ax^{-\alpha}$ 形式的幂律表示，其中 $y=$ 频率，$x=$ 幅度，但也存在于其他分布中，如指数或对数正态分布。由于对数定律的 $\log(y)=\log(a)-\alpha\log(x)$，这意味着绘制的数据应该近似对数图上斜率为 $-\alpha$ 的直线。指数 $\alpha$ 越接近于零，概率分布的尾部越肥。$\alpha$ 值越小，表明尾部越肥。与正态分布相比，肥尾数据集的前几个事件将占累积影响的相对较大比例。正态分布适合于相互独立的随机数据。然而，造成灾害风险的因素远非独立的；它们动态地相互依赖。当事件是相互依赖的，增长是随机但成比例的，那么分布遵循幂律。

灾害风险分析应考虑肥尾的重要性，尤其在对特定风险和减轻、预防战略进行优先排序方面。然而，在肥尾存在的地方，评估成本和收益的标准方法可能是不够的。例如，仅依赖于标准的成本效益分析对于确定防灾投资程度是不可靠的，因为肥尾分布的大方差很重要，如果不想严重低估风险，就应该将罕见事件或肥尾纳入灾害风险分析。如果可能的话，这应该包括最坏的情况。

由于危害、暴露或脆弱性这3个因素通常可以用幂律方程很好地表示，那么灾害风险也可以用幂律方程表示。幂律很好地代表了许多危害的频率-风险分布，例如地震、停电、山体滑坡、飓风和森林火灾。幂律代表了一些暴露，城市人口和金融资本就是两个例子。在人口和资本集中的地方，灾害发生的可能性更大。此外，沿海地区附近的人口经常面临严重的灾害，如飓风和海啸，人口密度作为离海岸距离的函数似乎有一个肥尾分布。由于社会财富分配遵循幂律，而贫困已被证明是社会脆弱性中最重要的因素之一，因此脆弱性应该遵循幂律。

当然，除了贫穷之外，还有许多其他因素造成脆弱性，这些因素可能符合也可能不符合幂律。

### 4.2.2 灾害风险评估方法

**1. 概率统计方法**

概率统计方法可用于探究大规模自然灾害中的随机现象规律，使我们能够确定某一判断是否能够以相当高的概率保证正确。该方法广泛应用于灾害风险建模、气象灾害风险分析、地质灾害风险区划等。

**2. 模糊数学方法**

模糊数学方法在处理自然灾害的不确定性方面具有很大的优势。它能较好地解决模糊和难以量化的问题。然而，由于自然灾害风险受多种因素的影响，该种方法在复杂性控制上较弱。此外，使用该种方法也存在着难以描述指标间关系的问题。

**3. 灰色系统法**

灰色系统理论的定量基础是生成数，它突破了概率统计的局限性，使结果不是基于大量以往数据的经验统计规律，而是现实的生成规律。灰色系统理论方法包括灰色关联分析、灰色聚类、灰色预测、灰色决策、灰色规划、灰色投入产出、灰色博弈、灰色控制系统等（孙瑞玲，2022）。这些方法在自然灾害风险分析中逐渐受到越来越多的关注。例如，基于灰色聚类的区域气象灾害损失评估、基于灰色关联的热带气旋灾害风险评估、灰色灾害年预测模型等。

**4. 信息熵**

熵是表示分子状态无序程度的物理量。信息熵是对系统的不确定性和无序程度进行量化描述的一种方法。采用信息熵法确定灾害风险指标权重，能有效反映指标体系的无序程度，减小主观偏差，具有较强的客观特征。自 20 世纪 80 年代以来，信息熵法逐渐应用于灾害风险分析之中，熵值成为评定系统扰动和自然灾害强度的定量指标。例如基于"灾害熵"的概念，对区域泥石流灾害风险进行的分类。

**5. 采用综合的不确定性分析方法**

因为自然灾害通常呈现出多重叠加的复杂现象。因此，我们需要研究一种全面的评价方法，以弥补单一不确定性分析方法的不足之处。多种分析方法的综合运用已成为自然灾害风险不确定性分析的趋势，已广泛应用于地质灾害、冰灾、洪水灾害等风险分析。例如，基于模糊隶属度、灰色数和未确知数的风险计算模型。

**6. 定性分析方法**

定性研究的关注点不在于操作变量或验证假设以回答问题，而是通过观察来描述和理解，随后将研究结果转化为观点、感受和经验的表达。这使研究人员能够将他们的知识和经验与他们对不利风险的理解结合起来,使风险评估的信息更加丰富。这在数据不足的情况下更为适用。然而,这种方法也存在缺点。首先,该方法较为主观,研究结果较为抽象,难以量化;其次,由于数据的收集是基于研究人员的个人观察,而研究对象是一个特定的群体,因此很难将结论推广到更广泛的场合。

**7. GIS 技术方法**

GIS 技术方法是被广泛应用于地质灾害、洪水灾害和雷电灾害风险分区中的最佳方法之一。此外,GIS 技术方法与其他方法的结合,也被广泛应用于自然灾害风险的评估中。例如,应用系统评估方法,将计量经济学中的有关方法与 GIS 技术方法相结合,用于评估热带气旋造成的灾害风险;基于 ArcGIS,利用信息模型对滑坡灾害生态风险进行定量评估;使用雨水管理模型和 GIS 技术方法对城市地区进行简单二维淹没分析等。

### 4.2.3 灾害风险建模

建模是量化灾害风险的有效方法。例如,结合全球尺度自然灾害对人类损失影响程度的因子模型,并利用 GIS 技术方法对干旱、洪水、飓风和地震等自然灾害进行建模,这些数据与人口分布模型叠加以提取人类暴露量,能够快速分析旅游地灾害形成特征及风险脆弱性的旅游业快速风险评估。

**1. 集合预报技术**

集合预报技术是一种短期天气预报的数值预报产品。它的发展、应用为提升暴雨预报和暴雨洪水风险分析能力提供了一种创新型工具。例如,综合概率水文气象预报系统包括定量降水概率预报分系统、河流水位概率预报分系统和洪水预警决策分系统,可用于分析和量化洪水预报的不确定性。

该技术能够定量估计天气预报的不确定性。传统天气预报具有不确定性,且每天都在随着天气状况的变化而变动,而集合预报则为我们提供了对这种日常不确定性变化的更精确估计。尽管该方法具有较强的可应用性,但由于其具有专业性强的特征,因此该方法目前仅应用于暴雨洪水预报领域,未来需要进一步拓展其应用到其他灾害预报领域。

**2. 情景分析法**

情景分析为区域自然灾害风险分析带来了一种创新性方法,同时为深入研究自然灾害风险的时空尺度提供了新的思考路径。尽管情景分析能够综合考虑各类自然灾害,然而在一定程度上,该方法依赖于管理者的直觉,存在缺乏程序化模式的问题,导致分析过程相对复杂,难以轻松操作。此外,情景设置是否科学合理、情境设置是否复杂和存在短期效应等问题在短期内由于无法有效解决且存在伴生的局限性,因此也直接影响了评价结果的可靠性和可行性。

情景分析具有以下特点:①充分意识到未来的发展具有多样性,存在多种可能的发展趋势,因此预测结果将呈现多维度的特征;②将决策者对未来的群体意图和期望纳入情景分析的关键考虑因素,并在整个分析过程中与决策者保持开放的信息交流;③形成定量分析和定性分析"双向嵌入"的局面,形成了一种独特的、定性与定量相结合的新型预测方法。

**3. 灾害链分析**

灾害链,级联灾害"灾害链"描述了自然灾害之间的连锁关系,即一个或多个灾害(母灾害)导致其他灾害(子灾害)。根据母灾害与子灾害的关系,灾害链可以分为直链、发散链、集中式链和复杂网络。在灾害链中,灾害数量增加,其影响可能超出预期。因此,识别和总结不同的灾害链是很重要的。通过对不同类型灾害链的统计分析,总结出灾害链分布的时空特征及其形成规律。

灾难链分析可以分为定性分析和定量分析两类。定性方法涉及澄清灾害链的模式和特征。一般是对已有的数据进行统计分析。数据的来源包括历史记录、地方当局编年史、官方公共记录、数据记录或现有统计数据。例如,根据美国地质调查局(USGS)公布的数据,计算特定阶段的强震频率;根据报刊获取的灾情数据,总结干旱、地震、雪灾和寒潮的灾情链,以及灾害生态系统中的级联(链)过程。

除定性方法外,多种模型和方法为定量或半定量地获得灾害链发生概率、灾害强度和受害者脆弱性提供了可能。这些风险评估模型和方法包括概率分析模型、系统仿真模型和复杂网络模型。

概率分析模型通常计算母灾之后子灾发生的概率。一般的方法是列出由母灾难引起的可能的子灾难,通常以灾难事件树的形式表示,然后计算相关的概率。例如,地震灾害事件树,并将其结构分为串联型、并联型和串并联型。

系统模拟是指为灾害链设计模型,并利用人工或计算机模拟灾害演变来确定相关风险。例如,山区滑坡、堰塞湖和突发性洪水灾害链的系统模拟,应用了广泛使用的双曲守恒定律系统,该系统由深度平均质量和动量方程推导而来。此外,复杂网络模型可将灾害链中的每一种灾害作为一个节点,利用复杂网络理论来研究灾害链的演化过程。一般情况下,通过案例或逻辑判断列出可能的子灾害后,构建复杂网格,然后计算网络的演化过程。灾害链中的事件和关系在复杂网络中高度抽象,应考虑如何充分表达灾害链的时空特征。

## 4.3 灾害风险情景分析

### 4.3.1 多灾害情景分析

多灾害情景的风险分析不是一项简单的任务,它包括许多特征:多重危害、脆弱性、多重风险等。由于灾害的发生往往是一个复杂的过程,抽象程度往往较高,模型精细化程度不足。特别是,与脆弱性相关的考虑需要更多地纳入危害建模。例如,自然灾害发生时的受害者分布、灾害影响的叠加、对多米诺骨牌效应的脆弱性等。此外,在多重灾害的情景风险中,一般倾向于关注一个地区的所有灾害,并以某种方式将风险加在一起。

**1. 人为危害**

人为危害是由人类活动导致生态环境失衡而产生的危害。这种不平衡往往出现在这样一个时间尺度上,以至于人类活动与自然灾害之间的触发关系无法被直接清晰地看到。人为引起的自然灾害一般可分为 4 类:①地质灾害,包括地震、滑坡、地表沉降和火山喷发;②极端高温、低温、干旱、雾霾、沙尘暴等大气灾害;③洪水、海岸侵蚀等水文灾害;④生物(生态)灾害,包括森林火灾和生物入侵。

**2. 多米诺骨牌效应**

在工业系统中,多米诺骨牌效应通常由火灾、爆炸和有毒物质引起。通过对事故区域、危险化学品、原因、后果、地点和扩展顺序等事故数据的分析,可以总结出不同情景的特点。然而,更重要的是定量计算由损伤因素引起的升级概率。

对于火灾引起的多米诺骨牌效应,热辐射可能会降低容器的结构强度,压力容器内的压力可能会增加,火焰可能会直接点燃目标设备。对于爆炸引起的多米诺骨牌效应,爆炸产生的冲击波和碎片会进一步引起目标设备的破坏,产生新的冲击波和碎片。有必要确定目标设施被摧毁的情况,并分析升级导致目标设施被摧毁的概率。此外,还需要计算弹道方程和碎片击中或穿透设备的概率。

**3. 并发灾害**

由于并发灾害的影响难以预测,它们往往造成比预期更大的影响和损失。而且由于这种不确定的相互作用,很难用定性或定量的方法进行风险分析,案例研究是主要的研究内容。同时发生的灾害具有更多的潜在后果,因为灾害之间的物理相互作用通常会产生意想不到的灾难性后果。

### 4.3.2 动态风险情景识别

基于动态风险情景的不完全信息,通过贝叶斯网络计算综合场景空间中所有可能结果的概率,进行灾害情景的概率估计和情景识别。贝叶斯网络是由节点组成的,其中节点代表系统变量的概率分布,而边则表示这些变量之间的概率依赖关系。节点可以是依赖的,也可以是独立的。节点,它通过边际概率来描述。假定节点 $X$ 代表边际概率为 $P(X)$ 的父节点,节点 $Y$ 代表其先验估计为 $P(Y)$ 的关联子节点。$P(X|Y)$ 表示似然,即给定 $Y$ 时 $X$ 的条件概率。后验分布,即 $Y$ 在给定 $X$ 下的概率,表示为 $P(Y|X)$。

$$P(Y|X) = \frac{P(Y|X) \cdot P(Y)}{P(X)} \tag{4-1}$$

假设 BN 具有 $(N, E)$ 的结构,其中 $N$ 表示随机变量(即节点),$N=\{n_1, n_2, \cdots, n_m\}$ 表示节点之间具有条件相关概率的边,$Par(n_i)$ 表示随机变量 $n_i$ 的父节点集。未在此集合中列出的节点在条件上独立于 $n_i$。为了计算有 $M$ 个节点的 BN 的联合概率分布,可以应用链式法则[见式(4-2)]。

$$P(N) = \prod_{i=1}^{M} P(n_i | \text{Par}(n_i)) \tag{4-2}$$

对于一个情景因素,可以计算后验概率,以改进对尚未确定的其他情景因素的估计。因此,可以对当前的总体情况进行概率估计,从而增强态势感知。在情景因素分析中,除了灾害的原因和类型外,是否有应急人员和是否有应急所需资源也是相关的情景因素。另一个相关的情景因素是灾害时间,这表明人们是否在场(在紧急情况发生的地方)。因此,考虑的场景因素包括灾害时间、灾害原因、灾害类型、应急资源的可用性和应急人员的可用性。

对于每个情景因素,必须定义因素状态,以充分描述每个相关的结果。因此,必须在因子状态描述的分辨率(即因子状态的数量)和分析的复杂性之间进行权衡。例如,情景因子"灾害时间"的因子状态可以用连续的时间尺度表示。这样就可以详细描述这一因素,但也会增加分析的复杂性。另外,说明危害是否在正常工作时间内或工作时间外发生就足够了,并且可以最大限度地减少分析的复杂性。通常,如果不需要因子状态的高分辨率,则应考虑更大的间隔。

### 4.3.3 城市灾害风险分析

城市越来越多地面临各种自然和人为灾害,包括干旱、洪水、地震、风暴和火山爆发。城市化发展、人口迁徙与增长、经济扩张导致了人口和资源向高风险地区的集中,城市居民和基础设施更容易受到自然灾害的影响,这使得城市地区的社会和经济受灾程度高于农村地区。城市的自然、社会、经济和环境构成影响着居民面临的风险和脆弱性水平。具体而言,城市风险的评估需要考虑诸多因素,包括贫困水平、城市化速度,以及对灾害风险或气候变化的认知等。因此,在进行灾害风险分析时,沿海城市、旱地城市、内陆和高海拔城市等城市应该根据其特殊条件有所区别。

沿海城市往往建在低洼的土地上,容易受到与气候变化相关因素的影响,如海平面上升、洪水和海岸侵蚀;旱地城市长期面临降水量稀少、气候干旱、更频繁的沙尘暴天气和水资源相对短缺的问题,基础设施薄弱则可能会加剧这些影响的负面效应;内陆和高海拔城市则更易受到来自降水模式变化所带来的气候变化的影响。在这些城市中,小洪水对人们的生活和生计的影响比大型灾害更为频繁。

在许多城市,收集可靠、准确和及时的灾害风险数据仍然是一项艰巨的任务。一般情况下,可将孕灾环境分为自然、社会两类。自然环境包括地形、地势、水文、气候、植被等;社会环境包括三次产业结构、交通网络、公共设施、人口结构等。通过对这些孕灾环境数据的分析,可以了解致灾因子时空分布的特征,以便了解该城市特定灾害模式的总体趋势、灾害风险、暴露性、脆弱性等。同时,这些不同数据集的汇编将有助于城市政府了解某些因素对灾害发生率和频率的影响程度。一旦编制了有关历史和预期未来灾害趋势的具体信息,就可以将影响城市的潜在灾害作为地理参考,并将其用作风险绘图的重要输入。

城市灾害风险评估一般要反映以下实际情况:①城市社区的风险评估,根据对危害和脆弱性问题的家庭调查提供更完善与详细的分析,确定人口、住房、福利、人类发展和投资变量,定性地编纂城市各区域内选定的变量,以了解社区贫困和环境退化对灾害风险的影响。②通过模型制定损失情景,包括对城市面临的每种灾害类型的详细评估,并确定在灾害期间可能受损的建筑物和其他基础设施的位置和特征。如果城市有建筑、土地利用/土地覆盖、建筑面积和高度评估的信息,可用于估计城市的暴露特征,然后可与适当的脆弱性模型结合使用。如果这些资料不存在或陈旧,遥感和地理信息系统可用于评估建筑面积、建筑物数目、个别建筑面积和高度。

# 第 5 章　灾害损失评估方法

本章阐述灾害损失的定义、形成机理、评估要素、评估方法及其在灾害损失评估中的应用。灾害损失评估侧重于评估依据、目标、时效性（正常、紧急、恢复、重建等）、范围和级别的划分，以及直接损失和间接损失的估算。评估有助于更好地了解灾害的影响，以及受灾地区所遭受损失的类型和程度。灾害损失评估一般包括以下步骤：确定目的，确定利益相关者和可用资源，确定区域和时间框架，选择评估类型，建立关于危害、人员、资产和活动，以及损失类型的信息库，测量损失，分析并呈现与评估目的一致的结果。通过对灾害损失的各种观察和统计，评估灾害损失的规模和范围，有助于支持应急资源在地方、社区、受灾地区之间的分配。

通过本章学习，你将了解以下内容：
(1)灾害损失定义。
(2)灾害损失形成机理。
(3)灾害损失评估方法。
(4)灾害损失评估类型。

## 5.1　灾害损失评估基础

### 5.1.1　灾害损失定义

什么是灾害损失？什么是间接损失？灾害损失没有单一的定义。然而，从经济角度来看，自然灾害可以定义为对经济系统的功能造成扰动的自然事件，对资产、生产要素、产出、就业或消费产生重大负面影响。这些自然事件的典型例子包括地震、风暴、飓风、强降水、干旱、热浪、寒流、雷暴和闪电。灾害以多种方式影响经济体系，而定义灾害的"损失"是棘手的。这些类型通常分为直接损失和间接损失。

直接损失是灾害物理现象的直接后果，如大风、洪水淹没或地面震动的后果。直接损失通常分为直接市场损失和直接非市场损失（有时也称为无形损失）。间接损失包括所有不是由灾害本身引起的损失，而是由其后果引起的损失。为什么间接损失很重要，一个显而易见的例子是不同重建速度的灾害情景之间的差异。在损失方面，一方面，由于有效的重建过程，所有直接损失都可以在几个月内修复，另一方面，重建效率低下，需要数年时间，带来的间接损失相对较大。对于同样数量的直接损失，后一种情况下的损失影响要大得多。

间接损失,通常有以下特征:首先,间接损失是由次生效应造成的,而不是由危害本身造成的。间接损失可能由危害破坏或业务中断引起。如果损失跨越的时间更长,空间更大,或者发生在与灾害本身不同的经济部门,那么损失就是间接的。根据这一定义,农业产量的减少和农民收入的减少被认为是直接损失,而对与农业-文化部门进行贸易的其他经济部门的影响是间接损失。对于类似破坏资本的灾害(洪水、地震、风暴),"间接损失"一词通常被用作"产出损失"即灾害引起的经济生产的减少。

间接损失可以是市场损失或非市场损失。有时,灾害的非货币间接后果也包括在内,如对贫困或不平等的影响,税收的减少或国家债务的增加。间接损失可能包含"负成本"成分,即重建所创造的额外活动所带来的收益。这些收益可以在受影响的区域(如建筑部门)或在另一个区域(如建筑部门)实现。

市场损失是指在市场上交易的商品和服务的损失,其价格很容易观察到。尽管干旱或热浪直接影响经济产出(特别是农业部门),但大多数灾害(地震、洪水等)造成的直接市场损失是资产损失,即对建筑环境和制成品的破坏。这些损失可以估计为毁坏或损坏资产的修理或更换费用。由于建筑和制成品可以在现有市场上买到,所以它们的价格是已知的。因此,可以使用观察到的价格和实物损失清单来估计直接市场损失,这些实物损失是可以观察到的。

非市场直接损失包括所有不能通过在市场上购买而修复或更换的损失。对他们来说,没有一个容易观察到的价格可以用来估计损失。除此之外,对健康的影响、生命的损失、自然资产的破坏和生态系统的损失,以及对历史和文化资产的破坏都是如此。有时,非市场影响的价格可以使用间接方法建立,但这些估计很难达成共识。

灾害损失需要通过比较实际灾害影响和反事实情况(即在没有灾害的情况下会发生的情况)来计算。例如一场灾害可能导致一个地区脆弱的经济活动永久消失。在这种情况下,灾害不是一个暂时的事件,而是对一个地区的永久性负面冲击。此外,重建可以用来发展新的经济部门,具有更高的生产力,并导致一个可以被认为比灾害情景更理想的最终情况。这种改善可以被看作是灾害带来的好处。然而,很难明确地将这种利益归因于灾害,因为同样的经济转变在没有灾害的情况下也是可能的。

根据评估的目的,某些损失组成部分必须包括或不包括在分析中。最重要的是,不能独立于评估的目的来确定灾害的损失。实际上,不同的经济主体对不同类型的损失感兴趣。例如,保险公司主要对可以投保的后果感兴趣。这主要包括可保资产损失的损失(如房屋和工厂受损),以及灾难造成的短期业务中断(如在电力恢复之前无法生产)。对于受影响的家庭来说,可保险资产也是一个主要组成部分,但其他成本类别也同样重要。如生命损失、健康影响和日常生活受到干扰。此外,家庭不仅关心他们的资产,还关心他们的收入(可能因商业中断或失业而减少),以及他们的消费能力(即商品和服务的可用性)。

### 5.1.2 灾害损失形成机理

区域灾害系统由灾害触发危险源、灾害形成环境和风险要素组成。灾害损失是这3个组成部分共同作用造成的,可以直接用风险要素的多样化后果来表示。灾害触发危险源是能够引起灾害的促发因素,可分为原发危险源和次生危险源,包括自然危险源(如地震、台风)、技术危险源(如爆炸、有毒物质释放)和社会危险源(如人群拥挤、恐怖事件)等类别。处于危险中的元素是暴露于危险中的人员或工件的清单,其本质特征是某些脆弱性。形成危害的环境是处于危险中的要素所处的位置,以及产生原始危害和次生危害的条件。

识别风险要素是危害风险评估的重要组成部分。城市地区是一个综合的自然和社会经济系统,面临风险的要素涉及城市的方方面面,包括人类、人工制品(如人类生活和生产的关键基础设施)和自然环境因素(如森林、丘陵和河流)。风险要素最能体现城市的特征,是构成城市灾害风险情景的最复杂因素,也是造成不同城市区域风险差异的主要原因。

灾害损失的风险因区域灾害系统的差异而不同。在应急管理和风险防范方面,很难预测某一地区会发生哪种类型的灾害,特别是非常规突发事件和极端事件,而提取和分析某一区域灾害系统的灾害形成环境特征和风险要素是可行的。因此,从某种意义上说,灾害损失风险之间的差异主要体现在不同地区相似灾害条件下风险要素和形成灾害环境的差异。因此,危险形成的环境和风险要素选择是不同地区灾害损失评估的关键。

风险要素是增加或减少灾害损失的充分条件,形成风险的环境是风险要素和灾害触发风险的背景条件。除了在相似灾害的前提下对形成灾害的环境和风险要素的基本信息要求外,根据灾害后果的机制,还需要回答另外两个重要问题:

(1)要素是否暴露于某种形成灾害的环境中?暴露程度如何?换句话说,不同类型的风险要素在不同的灾害形成环境中分布不均匀,这导致即使在同一地区,不同的灾害形成环境中灾害损失风险也不均匀。

(2)有风险的元素对遭受某种损害是否敏感?敏感程度如何?由于受到损害的不同风险要素表现出不同的灾害后果,因此有必要根据风险要素的固有敏感性(通过物理或社会指标体现)来确定可能发生哪种后果,以及发生何种程度的后果。一旦这两个条件同时满足,就会产生一定的灾害损失。

实际间接损失的大小取决于4个因素:①经济边界的划定(城市、标准大都市统计区、州或国家);②经济一体化程度;③灾前经济状况(失业水平和以进口替代区域生产的商品和服务的能力);④收到的外部援助(保险赔付和应急管理拨款)的数量。正是因为这些因素因地区和时间的不同而有很大差异,所以很难找到一条将间接损失与直接损失联系起来的简单经验法则。

如果经济的所有部门都受到相同程度的破坏,则不存在间接损失。在这种情况下,所有损失都被认为是直接损失。如果只是一个小的关键部门被摧毁,没有替代品(没有进口、库存或过剩产能),则是主要损失。在这种情况下,与依赖于关键部门的工业所遭受的主要远期损失相比,关键活动的直接损失似乎较小。如果该地区有充足的过剩产能,且重建资金来自外部来源,则间接损失为负(意味着该地区的经济收益)。这些情况产生了典型的需求驱动型复苏,其中区域产品与重建支出呈比例增长(即建筑产出乘数乘以重建支出)。

## 5.1.3 灾害损失评估原则

按照经济学的理论,成本应以所使用(或破坏)的资源的价值和代表资源有效分配的价格来衡量,而不一定以市场价格来衡量。这为避免重复计算和涵盖所有资源(包括非市场资源)

提供了基础。在产出方面,社会产出又可划分为总产出[生产或销售的总价值,包括中间产品(用于生产其他产品的工业产品)的生产]和净产出(最终产品的价值)。在收入方面,净产出相当于对主要生产要素(劳动力、资本、自然资源)的回报。

如果以损失的生产或销售来衡量,业务中断损失是毛额损失;如果以损失的工资、利润和特许权使用费来衡量,业务中断损失是净额损失。当计算经济学家所谓的"福利"(福祉)时,问题就更加复杂了,通常使用生产者和消费者剩余的概念。前者相当于经济利润,或企业净收益(包括扣除市场投资回报率和扣除折旧)。后者包括消费者对超过其市场价格的商品和服务的满意度,这是一个很难衡量的概念。

经济学中公认的基本区别之一是存量和流量之间的区别。存量指的是在一个时间点上的数量,而流量指的是库存在一段时间内的服务或产出。财产损失代表股票价值的下降,通常会导致业务流的减少。业务中断损失是一种流量度量,但仅部分源于公司自身的财产损失。尽管实践中,财产损失估计一直是灾害损失报告的主要构成,但流量计量在许多方面都优于库存计量。首先,即使没有财产损失,直接的业务中断损失也可能发生,因此代表了更广泛的损失范围。例如,一个工厂可能在地震中毫发无损,但如果由于地震引起的发电站、变电站、输电线路或配电线路损坏而导致电力供应中断,则可能被迫关闭。

按照资产评估理论,一项资产的价值是其运营的未来净收益折现后的流量。因此,对于普通财产损失,存量和流量措施是相同的事情。在自然灾害的情况下,财产损失评估就复杂了。如果一台使用寿命为一年的机器被毁坏,或者一年内不更换,我们可以取机器价值,也可以取损失的生产价值,但不能两者都取。然而,更有可能的情况是,机器的使用寿命为10年,只有3周不使用,维修成本和损失的产品价值不可能相等,在这种情况下,灾害损失评估可能也会倾向于接受两种损失中较大的那一种,这将重复计算直接流动损失。

除了一些存量/流量重叠外,还应注意避免其他类型的重复计算危险损失。许多商品和服务具有不同的属性,所有这些损坏/中断都应该被计算在内(例如,水力发电大坝提供电力,其后面的水库提供娱乐机会,以及防洪)。然而,重要的是:某些商品和服务不能同时产生所有这些属性的最大值,只能计算其中一种或另一种,或者两者的某种平衡(例如,一条河可以为游泳者提供服务,或者它可以成为废物储存库,但不能同时提供这两种属性)。

事实上,每次灾害发生后,媒体、保险公司和国际机构都会发布大量关于"灾害损失"的评估报告。然而,这些不同的评估基于不同的方法论和方法,它们往往会得出截然不同的结果。除了技术问题外,这些差异是由灾害影响的多维性及其巨大的再分配效应导致的,因为不清楚灾害损失评估中究竟应该包括什么或不包括什么。灾害损失评估目标的模糊导致了很多损失统计的术语。例如,直接损失、资产损失、间接损失、产出损失、无形损失、市场和非市场损失、福利损失,或这些的任何组合。这也使得几乎不可能比较或汇总基于如此多不同假设和方法的灾害损失统计。

一个常见的误解是:间接损失等同于收入损失吗?从术语上讲,间接损失是指除直接损失以外的任何损失。直接损失是自然灾害的物理性致灾因素(大风、淹没等)造成的人员伤亡和物质破坏,包括建筑物自身破坏、室内外财产损失、基础设施的损失,以及对资源造成的破坏损失等,是致灾因素的直接后果,可确切统计出实际损失价值。间接损失是指直接损失的后续影响,是灾害造成物质破坏后,导致正常的社会经济活动受到影响造成的经济损失,主要包括救灾投入,灾后的重建费用,企业减停产、搬迁、延期交货违约、原材料价格上涨、库存不能及时销出等造成的损失,工资收入损失,地价变化,公共服务部门(水、电等)损失等。间接损失的划分比较困难,难以用定量的方法进行计算。

因此,明确灾害损失评估的重点内容是十分重要的。评估原则应当注意强调"标准和程序",强调"科学、客观、实事求是"。灾害损失评估的内容包括对人口伤亡损失、直接经济损失、财产损失等进行综合评估。灾害损失范围评估是指根据受灾程度确定灾害损失范围和划分受灾地区;灾损定量评估着重对受灾范围内的人员伤亡、住房、居民家庭财产、基础设施、产业、公共服务体系和资源环境的数量评估。重大灾害的直接经济损失评估是基于毁损数量的评估,计算经济损失的价值,即重置成本。包括灾害救援费用、因工作和生产暂停造成的间接经济损失、受灾生态系统的影响和重建成本,不宜包括在直接经济损失统计中。

## 5.2 灾害损失评估技术

### 5.2.1 灾害损失评估要素

灾害损失评估是一个系统工程,项目中隐藏着各种不确定性,如无序性、差异性、随机性、模糊性、不稳定性、不可预测性等。灾害损失评估的不确定性分析如下。

(1)从灾害的角度:灾害的产生是不确定的。有几个因素,如自然、社会、人为等。单一因素以不同的方式和不同的力量影响着灾难。例如,台风在海上或沿海移动时产生的影响是完全不同的。灾害通常会以不同的过程产生,或长或短,或慢或快。灾害通常以复杂的形式呈现,如死亡人数、经济损失、社会不稳定。此外,一些严重的灾害还会引发一系列的次生灾害。

(2)从数据的角度来看:灾害的统计数据是不精确的,甚至是遗漏或错误的。虽然数据是精确的,但通常数据所描述的含义被忽略了,特别是灾害统计阈值边界附近的数据。例如,在统计死亡人数时,提供 100 的阈值,如果该值低于该阈值,则将灾害分类为小灾害,否则将灾害分类为大灾害。如果值为 99 或 101,则将灾害分为两个不同的类别。但实际上,99 和 101 之间的差值是 2。因此,灾害损失评估无法用精确的模型或特定的方法进行分析。

(3)从问题的角度来看:对于给定的灾害,有许多特殊的实际或潜在的影响,如地点、社区、灾害,很难找到一个统一的因素集。由于评估因素的主观选择,传统的精确模型无法提供客观的灾害损失评估结果。灾害损失评估的重要目的之一是减轻灾害和防御灾害。在提出决策时,必须全面考虑地区差异的不确定性,包括救灾能力、社会经济地位等。

基于此,灾害损失评估涉及的要素包括:①灾害情景。收集灾害发生的情景信息,以对受灾害影响的每个部门的灾后情况进行了解。②评估框架。考虑灾害损失评估的不确定性,确定合适的评估框架,明确评估目的。③灾害数据。根据灾害损失数据的来源和数据管理过程中的不确定性情况,对不同类型的不确定性进行表征,确保灾害损失数据收集的质量,以保证其有用性。④评估方法。要在灾害数据的基础上,提出一种不确定性的量化方法,以衡量灾害损失的总体不确定性。

### 5.2.2 灾害损失评估方法

目前,常用的灾害损失评估方法有以下几种。

(1)人力资本法。人力资本法又称工资损失法,是以收益损失为依据,对因灾害造成的过早死亡进行估算。按照边际劳动生产力原理,在一定时期内,个体劳动的价值就是寿命或时间的价值。根据年龄、性别、受教育程度,以及个人将来的收入,将个人的劳动价值转换为当前价值。

(2)影子估价法。影子估价法是指当灾害造成财产或物质损失时,需要重新创造这些资产的成本。

(3)市场估价法。市场估价法是根据当时的市场价格购买受损资产,然后用成本来估计财产损失。它可以反映受影响的财产或材料的现值。这种方法适合于更充分发挥市场机制作用的国家,主要是发达国家和发展中国家。

(4)调查鉴定法。调查鉴定法基于调查,根据灾害数据之间的某种内在联系或趋势,推断出当年的损失。这种方法适合于没有有效的定量数据时使用。

(5)比例系数法。采用比例系数法对灾害间接经济损失进行评估。首先评估灾害的直接经济损失。然后,将直接经济损失的基础乘以一个比例系数作为间接经济损失的价值。

(6)生命健康损失的评估。生命健康损失定量评估是一项较为复杂的工程。目前,国际上常用的方法是人力资本。定价时要考虑的因素有作为人的载体自身的身体状况、道德素质的培养、对行业的熟悉程度,以及与企业的紧密合作关系等。具体计量模型主要有历史成本法、重置成本法、机会成本法、未来收益折现计量法、随机补偿法、公允价值法等方法。

(7)人类创造财富的损失评估。人类创造的财富损失包括固定资产损失、固定资产专项损失、物化流动资产损失和其他物质财富损失。一般固定资产的损失包括运输工具、建筑物、机械设备的损失,桥梁、道路、隧道、涵洞、水工构筑物损失等固定资产的特殊损失。物化流动资产损失包括原材料、燃料、半成品、成品、货物和物化流动资产损失。其他物质财富损失包括农产品、水果产品、水产品和畜产品损失。

(8)一般固定资产、实体化流动资产等物质财富按照市场计价方法,采用当期市场价格重新购买同类资产进行成本估算。对于一些价值较高的特殊机械设备,在难以获得市场价格信息的情况下,可以采用重置成本法(或重置成本折旧法)来估计损失。具体评估还应考虑残值、场地清理费用、新设备运输安装费、资产报废(赵领娣和任林军,2008)。特殊固定资产需要特殊的土地、劳动力、资金等投入,且价格确定较为复杂,需要采用影子价格来确定。影子价格的确定最关键的是影子汇率的确定。

### 5.2.3 灾害损失评估步骤

基于区域灾害系统理论,在原始灾害触发风险相似前提下的城市灾害损失相对风险评估,整个过程包括识别和评估不同领域的风险成分,对这些领域的重要性进行排序,并结合这些信息来预测这些领域之间的相对风险。

步骤1:根据应急启动标准列出本区域的重要评价目标,并确保灾害损失风险评估结果能够满足政府应急机构和组织的决策需求。一般在应急预案中,根据灾害损失的严重程度,将应急响应分为不同的级别。它们通常是对危险因素后果的描述,例如"国家自然灾害应急救援预案"中对死亡或流离失所者人数、建筑物的破坏和直接经济损失,以及受影响的死亡和失踪人数、直接经济损失等的相关规定。

步骤2:识别风险要素。不同类型的灾害触发风险会作用于不同类型的风险要素。描述风险要素、暴露性、风险形成环境、敏感性和灾害后果之间的潜在关系,是每个区域灾害风险评估的基础。此外,在不同的地区,存在着不同类型、数量或结构的风险因素。根据一个区域的具体情况确定面临危险的因素也是一个必要的先决条件。

步骤3:根据灾害后果的形成机制,基于危险要素的分布特征和暴露性及敏感性分析,建立风险损失评估模型,反映风险要素与灾害后果之间的映射关系,阐述待评估地区不同灾害形成环境中风险要素潜在灾害后果产生的条件和路径。

步骤4:根据评估模型确定价值或排序方案,以便计算评价目标的相对风险。排序方案的建立,使评价目标的相对风险得以计算,是本步骤的主要任务。一般情况下,一种风险要素分布越密集,风险系数越高。

步骤5:从多维度计算相对风险,通过乘法将相对值和等级组合起来。最终的区域灾害损失风险评分是通过将风险要素的相对值、暴露等级、孕灾环境的相对丰度和敏感性等级的乘积相加,计算出每个风险区域的灾害损失风险评分。

在实施灾害损失相对风险模型时,不确定性是不可避免的,因此探索造成不确定性的因素是很重要的。在该模型中,最大的不确定性来自暴露水平和敏感系数的等级分配。

## 5.3 灾害损失评估

### 5.3.1 农业用地灾情损失评估

本节主要从直接损失与间接损失两方面对农业用地进行灾情损失评估。依据综合性、代表性、科学性、可操作性原则,参照承灾特征和国民经济类型划分,将农业用地的灾害损失进行划分,主要包括社会损失和经济损失两大类(表5-1)。

表5-1 农业用地灾害损失分类表

| 灾害总损失 $L$ | 社会损失 $S$ | 人员损失 $T$ | | 人员生理心理创伤、生活行为方式的改变等 |
|---|---|---|---|---|
| | | 社会发展 $G$ | | 人口流失、生态环境恶化造成当地发展减速、停滞甚至倒退 |
| | 经济损失 $E$ | 直接损失 $D$ | 自然资源损失 $D_1$ | 动植物资源损失 $D_{11}$ |
| | | | | 水资源损失 $D_{12}$ |
| | | | 关键设施损失 $D_2$ | 农业设施损失 $D_{21}$ |
| | | 间接损失 $I$ | 救灾重建投入 $I_1$ | 救灾直接投入(物质和费用)$I_{11}$ |
| | | | | 灾后重建费用 $I_{12}$ |
| | | | 社会经济损失 $I_2$ | 农业减(停)产损失 $I_{21}$ |
| | | | | 关联产业损失 $I_{22}$ |
| | | | | 宏观经济影响 $I_{23}$ |

**1. 农业用地灾情的直接损失评估**

农业用地灾情的直接损失主要包括自然资源损失 $D_1$ 中的动植物资源损失 $D_{11}$、水资源损失 $D_{12}$；关键设施损失 $D_2$ 中的农业设施损失 $D_{21}$（表5-1）。

（1）计算出资源的综合价值，将资源损失量与资源综合价值相乘得到这部分资源损失（殷杰等，2011）。其公示可表示为

$$D_1 = \sum_{s=1}^{m} C_s \times M_s + \sum_{s=1}^{m} C_y \times Q_y \tag{5-1}$$

式中：$C_s$ 为动植物资源的损失量；$M_s$ 为动植物资源的市场价格；$C_y$ 为水资源的损失量；$Q_y$ 为水资源的综合价值。

**2. 农业用地灾情的间接损失评估**

农业用地灾情的间接损失主要包括救灾重建投入 $I_1$ 中的救灾直接投入（物质和费用）$I_{11}$、灾后重建费用 $I_{12}$；社会经济损失 $I_2$ 中的农业减（停）产损失 $I_{21}$、关联产业损失 $I_{22}$、宏观经济影响 $I_{23}$（殷杰等，2011）。

其中，救灾、搬迁安置费用和灾后重建费用，数据来源于政府公布的统计数据。社会经济损失中农业减（停）产的损失，由灾前单日产值减去灾后单日产值，再乘以减（停）产天数计算，其公式为

$$I_{21} = \sum_{s}^{m} (P_s - A_s) D_s \tag{5-2}$$

式中：$P_s$ 为农业额灾前单日产值；$A_s$ 为灾后单日产值；$D_s$ 为农业的停产天数。

关联产业的损失可利用往年年均产值乘以年均增长率减去灾年产值，其公式为

$$I_{22} = \sum_{s=1}^{m} (K_s \times R_s - M_s) \tag{5-3}$$

式中：$K_s$ 为关联产业往年的年均总产值；$R_s$ 为关联产业的年均增长率；$M_s$ 为关联产业灾年的总产值。

对于灾害的宏观经济影响的评估主要分4个部分，即GDP增速减缓造成的损失、总投资损失、物价和通货膨胀损失，以及金融期货股票价值损失，其计算公式为

$$I_{23} = \text{GDP} \times R + (T - V) + \text{GDP} \times N + (H - F) \tag{5-4}$$

式中：GDP为受灾区域的生产总值；$R$ 为GDP减缓的增长率；$T$ 是总投资额；$V$ 是实际投资额；$N$ 为通货膨胀率；$H$ 为金融期货股票灾前市值；$F$ 为金融期货股票灾后市值。

### 5.3.2 住房灾情损失评估

**1. 评估范围**

住房部门的灾害损失评估包括：①住宅及其设备（家具、电器、卫生设施和一般设备），以及水、卫生、电力和通信设施的室内部分全部或部分毁坏；②全部或部分毁坏公共建筑物；

③全部或部分破坏公共空间。

**2. 评估步骤**

步骤1：了解灾难发生前住房部门的信息：住房的数量及其主要特征，如类型和条件。包括数量上（如现有家庭的住房数目）和质量上（如墙壁、地板和屋顶材料）的细节，供水、照明和污水处理服务的供应情况和数据，以及受灾地区房屋合格标准或不稳定等信息。这些资料可以从下列来源获得：①人口和住房普查、住户调查，以及国家统计局或机构提供的统计公报和年鉴；②政府部门财产登记、定期住房调查，以及建筑许可证等资料。

步骤2：直接损失估算。确定灾害对住房存量的影响：①住房（房屋、公寓大楼、小屋、集体或个人的临时住房）；②住房单位的家具和设备关于损失的初步资料（这些数据必须通过实地考察加以证实）；③住宅及其家具的破坏程度，以及它们的重置价格。最好在准备这些估价时咨询相关的国家代理机构、专家，以及相关设备的生产商、分销商或商家，以便对家具进行估价。

直接被毁或受影响的主要资产类别是：①住宅。按重置成本计价住宅的损害，需要有关被毁或受损的建筑面积，以及具有给定特征的住宅每平方米当前平均价值的信息。②家用设备。为了计算重置价值，可以从商业价目表中获得数据。③其他损害。例如公用设施连接（水、污水、电和煤气）。如果灾难破坏了这些基本服务，住宅即使没有遭受严重破坏，也很可能无法居住。④公共使用的建筑物。重置成本根据建筑面积和每平方米的建筑成本进行估算，然后按适当因素进行折旧。

关于住房的资料也必须按照上述住房类别进行分组：住房、公寓、不合标准的住房、其他类型的住房。对于每一个类别，必须确定地理位置（城市、农村或城郊），以及使用的建筑材料，每套住宅的房间数量和所有权状态（个人或集体，租赁或拥有，公共或私人）。在估算时还应考虑建筑损坏严重但仍可修复（包括有裂缝、变形或部分损坏，或者有损坏，但必须维修和加固，以及不受影响或轻微损坏等情况）。

步骤3：间接损失估算。①额外费用。估算因毁坏或损坏而无法居住的房屋所支付或估算的租金价值。计算方法如下：计算受影响（部分或全部摧毁）的住房和不得不撤离的住房的估算租金的成本。②更换或重建成本。根据每个临时住宅或重建住宅的平方米数量和建筑单位成本，以及登记的家庭数量来估计。

当灾难发生后，住房无法居住时，从建立临时住房单元开始，到将住房恢复到灾前状态所需的经费包括处理所有这些阶段所需的资源。重建时还须考虑包括防止今后发生类似事件的预防和减轻措施，而且必须考虑到质量、技术、设计和施工等方面的改进标准，以便在估计损失价值的同时估计重建需要的价值。

### 5.3.3 汶川地震灾害损失评估案例

评估原则：①科学、客观、公正，符合余震要求的汶川地震重建工作方案；②以行政县为基本考核单位，重点研究四川、甘肃、陕西三省的灾害损失评估，考虑其他受影响省（区、市）的受影响情况；③综合考虑受灾省（区、市）和行业主管部门上报的灾害损失数据，对城乡住房、基础设施、公共服务设施、农业生态、工商企业的灾害损失进行全面系统的评估;④综合评估与重要灾害指标评价相结合,充分考虑固定资产的累积性、可替代性等特点。

评估依据:①四川、甘肃、陕西三省人民政府和统一报送的《汶川地震灾害损失统计报告》;②有关部门向民政部报送的灾害损失报告,以及国家统计局提供的相关数据;③民政部自然灾害情统计系统上报的汶川地震灾情数据,综合灾害指数由民政部、中国地震局、国家汶川地震专家委员会在《汶川地震灾区评估报告》中提出;④专业人员和工作组实地考察后提交的评估报告。

评估原则:①简单明了,满足《汶川地震灾后重建方案》的要求;②综合考虑灾害程度、地震烈度和地质灾害的影响;③依靠科学,充分利用多种途径获得的灾害资料;④保持县域的整体性,即以县级行政区域为评价单位;⑤设法与国家宣布的政策和措施保持一致。

灾害评估依据范围:评价依据《汶川地震灾后重建方案》确定:①地震部门提供汶川8.0级地震烈度分布图;②原国土资源部、民政部、水利部等有关部门应提供其他地震引发的塌陷、滑坡、泥石流、堰塞湖等次生灾害分布图;③各级民政部门应当提供人员伤亡、房屋倒塌、损坏情况、转移人员数量等统计资料;④利用典型受灾地区的遥感数据获得房屋倒塌、交通中断、耕地破坏和植被破坏的分布图;⑤灾害资料应由专业人员、工作组到灾区实地考察、调查、核实。

评价指标:包括地震烈度、塌方、滑坡、泥石流等次生灾害,以及人员伤亡、房屋倒塌损坏等。

评价数据:遥感数据、实地调查数据、民政部灾情统计数据。

灾情分类:根据灾害范围评价的原则和指标,综合考虑灾区灾情,划分灾情类型。根据以下情况,将灾区分为极重灾区、重灾区、轻灾区和受灾地区4种类型。

(1)地震烈度:一般将地震烈度为9度的地区划分为极重灾区;地震烈度为7~8度的地区一般划分为重灾区;地震烈度为5~6度的地区一般划分为轻灾区;地震烈度在5度以下的地区则被列为受灾地区。

(2)次生灾害:对于塌陷、滑坡、泥石流等次生灾害,灾害范围评价指标如下:500万 $km^2$ 以上的灾区一般被划分为极重灾区;100万~500万 $km^2$ 的灾区一般被划分为重灾区;10万~100万 $km^2$ 的灾区一般被划分为轻灾区;小于10万 $km^2$ 的灾区一般被划分为受灾区。

(3)人员伤亡、房屋倒塌损坏:当地民政部门通报的地震或次生灾害造成的伤亡人数达到10万人,或转移安置比例达到2000万人,或房屋倒塌和严重损坏加起来达到25万间的地区,一般归为极重灾区;当地民政部门报告的地震或次生灾害伤亡人数达到1万~10万人,或转移安置比例达到1000万~2000万人,或倒塌和严重受损房屋总数达到10万~25万间的地区,一般归为重灾区;当地民政部门通报的地震或次生灾害伤亡人数不足1万人,或转移安置比例达到500万~1000万人,或倒塌和严重受损房屋总数达到1万~10万间的地区,一般归为轻灾区;当地民政部门通报的地震或次生灾害伤亡人数低于1万人,或转移安置比例低于500万人,或倒塌和严重受损房屋数量低于1万间的地区,一般划为受灾地区。

(4)通过遥感抽查数据分析,建筑物倒塌率超过60%的抽查区域一般被划分为极重灾区;建筑物倒塌率在40%~60%之间的抽查区域一般被划分为重灾区。

(5)通过实地调查数据分析,基本受损或造成交通损害20%以上的区域一般被划分为极重灾区;基本受损或造成交通损坏5%～20%的地区一般被列为重灾区。

2008年6月7日,民政部根据川、甘、陕三省人民政府发展和改革委员会等20多个部门的意见,发布了《汶川地震灾害损失统计表》(共13类、25项表述、229项统计指标)。灾区各县(市、区)政府认真组织,及时填表,并将汶川地震灾害评估报告和统计结果等文件报送民政部。民政部联合国家汶川地震专家委员会对汶川地震灾害损失进行了综合评估,结果表明汶川地震灾害的直接经济损失为9 589.01亿元(表5-2)。

表5-2 汶川地震直接经济损失综合评价结果(据中国国家减灾委员会—科技部抗震救灾专家组,2008)

单位:亿元

| 类型 | 四川省 | 甘肃省 | 陕西省 | 总计 |
| --- | --- | --- | --- | --- |
| 直接经济损失总额 | 8 847.92 | 499.04 | 242.06 | 9 589.01 |
| 1 农村房屋损坏 | 1 447.0 | 197.7 | 37.3 | 1 681.99 |
| 2 城市住宅和非住宅房屋损坏 | 2 344.5 | 88.2 | 31.8 | 2 464.41 |
| 2.1 城市住宅房屋损坏 | 1 149.8 | 26.0 | 9.1 | 1 184.93 |
| 2.2 城市非住宅房屋损坏 | 1 194.7 | 62.1 | 22.7 | 1 279.49 |
| 3 农业损失 | 363.12 | 5.53 | 11.95 | 380.60 |
| 4 工业损失(含国防工业) | 888.22 | 21.11 | 17.71 | 927.04 |
| 5 服务业亏损 | 757.75 | 12.78 | 5.16 | 775.69 |
| 6 基础设施损失 | 1 806.61 | 114.93 | 87.42 | 2 008.96 |
| 6.1 运输设施损失 | 519.23 | 62.92 | 11.46 | 593.61 |
| 6.2 市政公用事业损失 | 378.07 | 10.66 | 2.40 | 391.14 |
| 6.3 水利电力设施损失 | 382.88 | 22.13 | 13.08 | 418.10 |
| 6.4 无线电和通信设施损失 | 22.07 | 2.50 | 0.73 | 25.30 |
| 6.5 铁路设施损失 | 173.19 | 1.09 | 53.94 | 228.23 |
| 6.6 电力设施损失 | 267.00 | 3.57 | 4.27 | 274.84 |
| 6.7 通信丢失 | 39.52 | 10.23 | 4.27 | 274.84 |
| 6.8 气象损失 | 3.83 | 0.16 | 0.36 | 4.34 |
| 6.9 运动损失 | 20.83 | 1.66 | 1.17 | 23.66 |
| 7 社会事业损失 | 532.56 | 29.07 | 30.44 | 592.08 |
| 7.1 社会事业经济损失(教育系统) | 270.12 | 15.35 | 20.20 | 305.67 |
| 7.2 社会事业经济损失(卫生系统) | 82.15 | 9.73 | 7.38 | 99.25 |
| 7.3 社会事业经济损失(文化系统) | 23.05 | 0.78 | 0.41 | 24.24 |
| 7.4 社会承担经济损失(技术系统) | 5.16 | 0.09 | 0.01 | 5.26 |

续表 5-2

| 类型 | 四川省 | 甘肃省 | 陕西省 | 总计 |
|---|---|---|---|---|
| 7.5 社会事业经济损失(社会福利制度) | 24.03 | 1.52 | 0.98 | 26.53 |
| 7.6 社会事业经济损失(环保系统) | 110.63 | 0.34 | 0.36 | 111.32 |
| 7.7 社会事业经济损失(地震局系统) | 0.39 | 0.02 | 0.02 | 0.41 |
| 7.8 社会事业经济损失(计划生育制度) | 2.63 | 1.25 | 1.10 | 4.98 |
| 7.9 社会事业经济损失(宗教系统) | 14.42 | — | — | 14.42 |
| 8 居民财产损失 | 306.96 | 14.58 | 11.39 | 332.93 |
| 9 土地资源流失 | 233.80 | 8.32 | 5.87 | 248.00 |
| 10 自然保护区损失 | 45.66 | 1.14 | 0.18 | 46.97 |
| 11 文化遗产损失 | 74.94 | 3.52 | 1.34 | 79.80 |
| 12 生物多样性丧失 | — | — | — | — |
| 13 矿山资源损失 | 46.81 | 2.23 | 0.98 | 50.03 |
| 14 其他损失 | — | — | 0.51 | 0.51 |

# 第3篇

# 实践篇

# 第 6 章　灾害应急避难与灾后重建

本章介绍灾害应急避难与灾后重建的理论与方法。内容包括应对突发事件的事前预防、事发应对、事中处置和善后恢复的全链条过程,应用科学、技术、规划与管理等手段,保障公众生命、健康和财产安全,促进社会和谐健康发展的有关活动。设立应急避难所的直接目的是在灾害发生时和灾后帮助灾区的灾民和伤者,设施选址决策起着至关重要的作用,并直接影响救援行动的绩效。就灾害管理的领域而言,重建包含了短期措施与长期措施,如短期的基本生活维持系统之建立,以及长期的回复到原有生活方式之一切作为。灾后重建与恢复属于灾害管理的重要环节之一。

通过本章学习,你将了解以下内容:

(1)应急疏散。
(2)应急避难所选址。
(3)应急避难体系构建。
(4)灾后重建与恢复。

## 6.1　应急避难服务与疏散

### 6.1.1　服务范围划分方法原理

应急避难场所规划可将城市综合防灾目标在城市空间上具体深化、落实,主动为未来应急避难场所的进一步建设预留空间,为各种应急避难演习、防灾宣传提供场所。目前的应急避难场所尚处于探索研究和初步试验阶段,人们对其不甚了解,其规划原则及程序也有待更进一步探讨。

假设避难所数量、位置一定,并且其总容量能够容纳所有居民,为了确定避难所的服务范围,必须考虑一些必要的因素,其中包括每个避难所的容量、居民的空间分布,以及居民到达指定避难所的旅行成本。一个基本原则是,居民应该被指定到尽可能近的避难所,如果最近的避难所容纳不了,则指定他们到其他避难所。正因为如此,一个避难所的服务范围就可能在空间上被分割为几个独立的区域,也就是说一些居民必须穿过其他避难所的服务范围,才能到达指定的避难所。因此,除了减少总旅行成本和避难所的容量限制,服务范围的空间连续性也是必须考虑的因素。维持空间连续性,意味着每个避难所的服务范围形成一个同质区域,用单个多边形即可包括,而且这些多边形覆盖了整个居民区,在空间上具有排他性。

目前，已经存在多种公共设施的服务范围划分方式，如预警警报器、雷达气象站、消防站，以及特快列车车站等。划定一个设施的服务范围的最简单方法，就是将其看成某一特性的影响范围，比如，避难所容量规模的吸引力、消防站的允许响应时间、警报器的最大影响范围，以及车站的可接受步行距离等。这种方法通过地理信息系统软件的缓冲分析即可实现。但是，这种服务范围往往是重叠的，而且基于距离的运算难以同时体现设施的容量和需求的空间分布。

由于每个避难所容量有限，有时指定居民到最近的避难所并不妥当。因此，一个预先划定的疏散图，明确指定每个居民或团体（如一个街区）应疏散到哪个避难所，对在灾难事件中保护居民是十分关键的。在此疏散图中划定的避难所服务范围必须有排他性并且覆盖整个居民区。

处理居民的空间不均匀分布问题，可以将整个居民区划分为若干具有排他性的空间单元，根据居民分布状况将其归入不同的空间单元。一个空间单元通常小到一个街区，并假设空间单元内部的居民是均匀分布的。值得注意的是，空间单元越小，这种假设就越合理，而且，空间单元的大小和数量是由人口统计数据的详细程度决定的。一个空间单元（如一个居民区）在算法中作为一个需求点来处理，而每个避难所则代表居住区内的一个点。

### 6.1.2 疏散方法

**1. 疏散方法原理**

疏散问题可分为两种类型：小规模疏散和远距离区域疏散。小规模疏散一般是指紧急情况迅速而猛烈地影响小区域的疏散类型。在城市，紧急避难所位于安全的地方，便于迅速疏散。一般来说，小规模的疏散是通过步行而不是开车进行的。然而，在山区或集水区，道路可能因山体滑坡或崩塌而堵塞或关闭。因此，大多数网络分析方法的研究都集中在网络密度、网络 $K$ 函数和道路网络脆弱性上，以及分析沿道路网的行人和车辆疏散行为，以改善当地的防灾准备。此外，根据突发事件发生后主体和行动的不同，长距离区域疏散可分为自主疏散、建议疏散和强制疏散。当人们收到灾难通知时，自发或有准备地进行自主疏散和建议疏散。强制疏散是对紧急情况的紧急反应，通常由车辆向紧急避难所进行。

在道路容量受限的网络中，利用一些线性规划方法可以生成优化的疏散路径，但这些方法往往需要使用者事先估算含未知因素的参数值，如总疏散时间的上限，这些参数值的正确与否将极大地影响方法结果，此外，线性规划方法通常也比较费时，不适用于大尺度问题。为此，Lu 等(2005)提出了一种用于容量受限道路网络路径规划的启发式算法，其与线性规划方法相比更为经济和快速，但其一些假设条件往往与现实不符，如该算法假定道路交叉口同样具有容纳大量疏散人流的能力。此外，在确定每个疏散组的规模时，该算法利用每条疏散路径的第一个路段容量作为唯一标准，而忽略了疏散目的地与疏散路径的邻接关系等其他现实因素。

**2. 有组织分阶段疏散**

灾害事件往往迫使大量居民离开住所，疏散到集中避难所或其他类型的安全地带，以避免人员伤亡。这些紧急疏散按时间组织形式可分为同时疏散和分阶段疏散两类。在同时疏散的情况下,一旦发出疏散命令,所有的疏散者(如车辆和行人)同时出发;而在分阶段疏散的情况下,首先需要根据所有疏散者的地理位置将其分组,然后各组按照其既定时间出发,沿着其既定的疏散路线开始疏散。然而,在突发事件引起的大规模疏散过程中,有限的交通基础设施往往无法满足短期内生成的大量交通流。有研究表明,当疏散者产生的交通流量远远大于交通基础设施提供的承载量时,分阶段疏散比同时疏散更加有效。这主要是由于同时疏散往往伴随着自发性行为,当面对有限的交通基础设施时,自发性行为极有可能导致混乱和冲突,从而严重拖延疏散过程。因此,针对极端灾害事件,相关部门有必要事先制订分阶段疏散计划,能在充分考虑交通基础设施、待疏散人员总量及空间分布差异等因素基础上优化疏散过程。

**3. 基于机动性的疏散**

机动性是指难民向紧急避难所移动的模式。行人出行、公共交通或汽车拥有量的可行性决定了不同的机动性权重。我们将这种移动性测量应用于不同的交通方式,包括步行、驾驶、骑自行车和乘坐公共汽车,以确定它们如何影响空间分隔。一般来说,可以使用3种类型的空间分隔:欧氏距离(直线距离)、曼哈顿距离(沿直角三角形两侧的距离,其底边是欧几里得距离)和最短网络路径。

可达性研究中最常用的测量方法是最短网络路径,其次是欧氏距离。由于实际的街道网络距离和直线距离提供了不同的空间分离措施,因此使用实际的街道网络距离和直线距离构建流动性和空间分离的框架。根据道路封闭的百分比评估不同空间距离的疏散行为。

空间距离是通过将应急避难所的空间分布与疏散行为方法相结合来确定的。一般来说,庇护所的选择与受害者住所的距离有关。然而,影响疏散选择的因素很多,包括物理环境特征、熟悉度、可达性、习惯和安全性。

道路连通性是直接与应急避难所相交的线的数量,相邻道路网络超过阈值的道路连通性通过相交道路数据层来检索。计算道路总连通性与整个道路网连通性的关系,作为灾害可能造成的最大道路封闭的指标。

可达性通常被定义为一个地方与另一个地方的相对接近度,是评估紧急疏散需求分布、计算避难所可达性和优化疏散目的地的一种方法。

## 6.2 应急避难体系构建

### 6.2.1 应急避难系统

**1. 避难空间服务区划**

避难空间是指可容纳受灾居民且含有避难基本生活设施的安全场所,其场所的选择要综合考虑场所的安全性、可达性和有效性。不同灾种对避难场所的具体要求也不尽相同。就防洪避难而言,应注意以下原则。

(1)场地的安全性。避难场所的选择应该远离受淹区域,地势相对较高,场所抗洪能力强,保证不受洪水的袭击,尽量减少避难次数。

(2)场地的可达性。尽量靠近交通干道,保证快捷避难及避难转移,且处于一定的服务半径内,确保与医疗、公安系统之间的紧密联系。

(3)场地的有效性。避难场所应按人均避难生活所需面积提供一定容量的空间,且配置有水电等基本生活设施,根据场所规模界定其服务等级,如临时避难或固定避难。

假设所有的避难所位置都已确定,总容量能够容纳所有居民,为了确定避难所的服务范围,必须考虑的因素包括每个避难所的容量、居民的空间分布,以及居民到达指定避难所的旅行成本。基本原则是,居民应该被指定到尽可能近的避难所,如果最近的避难所容纳不了,则指定他们到其他避难所。这就会导致一个避难所的服务范围可能在空间上被分割为几个独立的区域。即一些居民必须穿过其他避难所的服务范围,才能到达指定的避难所,这种情况将直接增加大规模疏散过程中人员有效迁移的难度。当到达一个非指定的避难所后,人们往往不愿继续迁移,而且会造成大量相邻避难所服务范围内的交通流冲突。因此,除了减少总旅行成本和避难所的容量限制,服务范围的空间连续性也是必须考虑的因素。

目前,已经存在一些方法,用来划定服务范围、影响范围、控制范围、缓冲区、各种设施腹地等。但几乎没有一种方法全面考虑了上述约束条件及目标。有些方法假设设施的容量无限大,而且居民被分配到最近的设施,然而,如果这些设施没有优化选址,则很可能导致避难所过于拥挤。另外一些方法假设需求点在空间上均匀分布,而且服务点容量越大,其服务范围越大,但这种假设是不合理的,因为居民通常呈不均匀空间分布。还有一些方法把总旅行成本最小化作为主要制约因素,而服务范围的空间连续性则退居其次。综上,应从避难场地的适宜性、可达性方面建立多目标多因素条件下避难服务区划算法。

**2. 避难过程模拟**

从灾害发生过程的动态角度,分析某一给定灾害危险性情景下人群的时空活动特征并估算受灾避难人口数量及空间分布。借助网络分析方法,结合防洪避难的特定需求构建应急疏散模型,利用 GIS 平台研发专门的模拟工具,通过 GIS 强大的空间分析功能和可视化功能实现应急预案编制的智能化、可视化和表现形式的多样化。

**3. 应急预案编制**

城市灾害应急预案体系应包括灾害应急指挥系统(灾害应急的中枢系统)、灾害情报体系(监测预警系统和灾害情报的收集传递系统)、救灾抢险体系(专业化的救抢险队伍)、急救医疗体系(灾害时指定的应急医疗机构、灾害定点医院网络体系)、应急避难体系(避难设施,避难所运营与管理,救灾物资的储备、调拨和分配)、交通管理体系(对道路受害状况进行预测、铺设临时道路、架设应急桥梁;设定隔离危险区、实施交通管制)6 个方面。其中,应急疏散预案贯穿于整个应急预案体系,具有最直接的指导意义。它主要用于特定灾害情景下人群的紧急转移,具有针对性和时效性。由于编制预案是在事件发生之前,假设的场景毕竟不能完全代替实际情况,因此应急预案要具有一定的代表性和可调性。而最理想的办法是对所有已经发生过的和可能发生的事件进行深入研究,建立不同的环境要素组合而成的所有可能发生的突发事件场景,并逐一制定预案。

考虑到人力和财力的限制,较为可行的方法是在众多的可能场景中选择出最具代表性的场景,并制定相应的预案,以保证这些预案具有最大的柔性,在实际应用中可以用最快的速度和最小的代价进行扩展或变换。就台风风暴潮灾害而言,必须根据洪水演进模式和人员转移耗费时间来推导预警和疏散前置时间以启动通告和转移计划,并以地图可视化的方法来展示不同场景下的动态疏散过程,由此可以适时掌握疏散信息,根据可能出现的意外情况来变更或修正疏散策略,追求应急疏散避难效益的最大化。

### 6.2.2 城市防灾公园体系

**1. 防灾公园构成**

防灾公园属城市应急避难所的一种主要类型,是重要的避难空间与物资空间,城市应当合理配置各种类型的防灾公园。通常主要依据避难人员停留时间与需求作规划,配置具有二级避灾据点机能的防灾公园作为中心防灾公园或固定防灾公园,合理布局并规划建设一级避灾据点机能的紧急防灾公园。由避难通道紧密联系的中心防灾公园、固定防灾公园和紧急防灾公园形成防灾公园体系。

1)中心防灾公园

中心防灾公园是容量较大的城市和区级公园绿地,为多个居住区的受灾市民服务,可用作抗震救灾指挥中心、医疗抢救中心、抢险救灾部队的营地、外援人员休息地等。此类公园规划的目的,主要是提供大面积的开放空间,作为安全生活的场所,提供灾后城市复建完成前进行避难生活所需的设施,也是当地避难人员获得情报信息的场所。需要有较完善的生命线工程要求的配套设施,如公用电话、消防器材、厕所等。另外,还要预留安排救灾指挥房、卫生急救站及食品等物资储备库的用地、直升机停机坪等。

2)固定防灾公园

固定防灾公园用作灾害时人们较长时间避难和进行集中救援的重要场所。主要以暂时收容无法直接进入中心防灾公园的避难人员为主,以等待救援的方式,经由引导进入层级较高的中心防灾公园,配备自来水管、地下电线等基本设施。此类防灾公园是整个防灾公园体系规划中最重要的环节,对受灾市民防灾避难,以及避免和减少伤亡十分重要。

3)紧急防灾公园

紧急防灾公园是灾害发生3分钟内人员寻求紧急躲避的场所。针对这种个人自发性避难行为,指定区域内现有的开放空间为主要对象,设置在居民区、商业区等人员聚集附近。通过对阪神大地震公园破坏情况的研究,D级无破坏类别中,街区公园的比例最高,占73.1%且最接近居民,是最适合紧急避难的公园。

**2. 防灾公园特征**

1）充分发挥各级防灾公园的作用

各类防灾公园在灾后不同避难时序发挥不同作用。中心防灾公园是整个安全避难过程中的中心和避难路线的终点，固定防灾公园是固定避难场所的一种，是避难行为的中转站，紧急防灾公园的主要用途是供避难者临时避难或作安全避难通道，这样的功能划分有利于有组织、有秩序地避难疏散和集中性救援。灾害发生后，住宅中的居民或正在上班的职员可在紧急防灾公园躲避灾害，以及建筑物、住宅倒塌及其落物造成的危害，进行紧急避难；随后，以家庭、单位为单元的集体通过避难道路转移到避难的集合地和避难中转地——固定防灾公园，最后到达中心防灾公园，进行较长时间避难，这里避难者可以得到基本生活保障和安全保障；避难道路为居民避难提供安全通道。防灾公园的规模越大，容纳的避难者人数就越多。人均有效避难面积越大，越有利于救灾物资集中性储备。救灾设施与设备的集中性配置也有利于对避难者的集中性救援和保障避难者的安全生活。综合利用各类防灾公园的功能，可以形成综合安全防灾体系或综合防灾安全链，最大限度地发挥防灾公园的防灾功能。

2）分级配置、按需配置抗灾救灾设施、设备与物资

防灾隔离带不设抗灾救灾设施，只作避难者暂时停留的场所；紧急防灾公园消防设施还可供应居民急需的部分物品与饮用水；固定防灾公园则需配置消防设施、广播通信设施储备仓库和抗震储水槽等灾后救援设施与物资，为较长时间避难提供基本生活条件和安全保障；而中心防灾公园要配置应急指挥中心、居民活动中心、直升机停机坪等弹性空间。

3）符合避难疏散的基本规律

严重灾害发生后，扒救埋压在废墟中的灾民和避难疏散是两项极其紧急的任务，如果是临灾预报则只组织避难疏散。无论哪种情况，居民通常都是在住宅附近的绿地或空地上集合，家人团聚或居民聚齐后，经由预先确定的安全避难道路到固定或中心防灾公园避难。依序由紧急防灾公园、固定防灾公园或中心防灾公园的转移过程符合避难疏散的基本规律，有较高的科学性、可行性和安全性。

4）满足避难疏散的安全要求

居民避难疏散过程是从离居民点最近的紧急防灾公园向较远的固定防灾公园转移的过程。在这个过程中，疏散逃生方向和避难道路是预先确定的，然后经过防灾减灾教育与演习，以起到消除避难居民避难疏散的恐慌心理和不安全感的作用。

**3. 防灾公园布局原则**

1）综合防灾、统筹规划原则

除了防灾公园以外，广场、体育场、操场、停车场、学校、人防工程、寺庙、空地等都可以选作避难场所。配置防灾公园应当考虑对城市多种灾害的综合防灾，配合其他各类避难场所统筹规划。例如，涵盖生态绿地系统、防灾绿地系统、景观绿地系统和游憩绿地系统的功能性绿地系统。防灾绿地系统主要包括防灾路径、防灾空间、防火绿道和缓冲绿地等。

2)均衡布局原则

即就近避难原则,为了使市民在发生灾害时能够迅速到达防灾公园,防灾公园应比较均匀地分布在城区。从1995年阪神大地震震灾调查中得知,只要公园在可通行范围之内,距离与避难行为几乎没有相关关系。从这个意义上说,公园设置标准必须考虑与人口密度相对应的合理分布。

3)通达性原则

为使灾害发生时避难人员顺利抵达并进入防灾公园进行避难活动,防灾公园的布局要灵活,要利于疏散,居民到达或进入防灾公园的路线要通畅。

4)可操作性原则

防灾公园的布局要与户外开敞空间相结合、与人防工程相结合,利用具有防灾避险功能的绿地作为防灾公园的场地,以及连接这些场地的道路,划定防灾公园用地,并配置与之配套的应急疏散通道。

5)平灾结合原则

将有一定规模的已定防灾公园建成具备两种功能的综合体:一是平时履行休闲、娱乐和健身等功能;二是配备救灾所需设施和设备,在发生地震、火灾等突发公共危机事件时能够发挥避难场所的作用。

6)步行原则

居民到防灾公园避难一般步行而至。因为严重灾害发生后,防灾公园用地比较紧张,内部一般不设停车场,较多的私人汽车进入其中将给公园管理带来困难。而且,地震灾害发生后,城市道路不同程度地遭受破坏,且道路上人多、车多,避难路线甚至城市道路一般都很拥堵,乘坐私人汽车避难有可能消耗更多的时间,冒更大的风险。

**4. 防灾公园服务域**

1)服务半径

根据日本阪神大地震的经验教训,避难距离以步行15分钟的路途为极限。防灾公园服务范围的确定要考虑灾害发生规律、避难疏散的时序与救援活动,宜以周围或邻近的居民委员会和单位划界,这样便于防灾公园的管理与有组织疏散。还应考虑河流、铁路等的分割和避难疏散道路的安全状况。

(1)中心防灾公园:应满足步行0.5～1h之内到达的要求,服务半径2～3km以内。

(2)固定防灾公园:"9·21"中国台湾南投县集集镇大地震的调查表明,大多数的避难据点均在灾区居民步行可及范围内,为500～600m。由此可以发现多数人的避难行为仍以500m为避难据点距离上的边界范围,所以在规划固定防灾公园服务半径时可作为重要参考依据。要求以步行5～10分钟内到达为宜,服务半径500m。

(3)紧急防灾公园:发生灾害后的第一阶段中人的自发避难是在较短的时间内进行的,能够步行到自己熟悉的社区周边的安全场所,然后再进行有组织的疏散转移等。因此在社区周边步行3min的距离内应该均设置紧急防灾公园,服务半径为300～500m。

### 2）服务规模

根据日本关东、阪神大地震的经验,针对灾害性状,各级防灾公园的规模如下。

(1)中心防灾公园。场地面积一般应达到 50hm² 左右或大于 50hm²,即使公园四周发生严重大火,位于公园中心避难区的避难人群依然安全。

(2)固定防灾公园。场地面积一般在 10~50hm² 之间,若总面积为 25hm²,公园两边发生严重火灾,避难者受到火灾威胁时,向无火灾的两边转移,仍有安全保障;若总面积为 10 hm²,公园一边发生严重火灾,避难者也有安全保障。

(3)紧急防灾公园。场地面积一般不小于 1hm²,考虑至少容纳 500 人。

各级防灾公园用地可以各自连成一片,也可以由毗邻的多片用地构成。从防止次生灾害的角度考虑,作为固定避难疏散场所的防灾公园,宜选择短边 300m 以上、面积 10hm² 以上的区域。如果公园的面积不够 10hm²,和周边的公共设施及其他设施共用一体也可以,但公园的总有效面积必须满足避难疏散的需求。

**5. 避难空间规划**

避难空间规划是指从防灾减灾的角度合理利用公园的土地,以配置防火林带、应急避难疏散区、地下人防空间,以及确保避难路线为中心,实现各个空间的防灾功能互补,有效利用公园内的各种空间资源。为确保居民安全避难,还必须充分考虑居民从社区到防灾公园的避难道路,以及与其他道路和设施的关系。

### 1）防救灾通道规划

防灾公园的道路分为两种:一种是从居民住宅到紧急防灾公园再到固定防灾公园的避难疏散道路;另一种是固定防灾公园或中心防灾公园内部的避难疏散道路与消防通道。合理的路网设计将直接关系到灾害发生后的逃生路线是否通畅,因此兼作避难疏散通道的道路宽度、密度等指标应满足避难区域内的人群在避难时,能绕过最少障碍,以最快速度到达此区域内的防灾公园。

### 2）周边避难道路

周边避难道路是从居民住宅到紧急防灾公园再到固定防灾公园的避难疏散道路,道路系统在对应灾害发生的时序上,是第一个开始运作的防灾空间系统,灾民自发性避难行动也是依靠道路完成的。另外,道路系统与其他防灾空间系统息息相关,各空间系统功能的发挥都需要借助道路的正常运作。道路系统能否在灾后发挥必要的防灾功能,直接影响避难与救灾的成效,也直接影响灾害伤亡的可能程度。

### 3）出入口设置

依出入口所连接周边避难道路的属性,将公园出入口分为输送、救援出入口,消防出入口,服务性出入口,以及紧急避难出入口 4 个层级。

(1)输送、救援出入口:连接输送、救援通道,作为受灾地区救援人员及车辆运送物资、器材到公园内的出入口。

(2)消防出入口:连接消防通道,作为消防车辆进出公园投入灭火行动的出入口。

(3)服务性出入口:作为垃圾车进出公园的出入口。

(4)紧急避难出入口:连接紧急避难道路,作为避难人员紧急进出的无障碍出入口。

### 6.2.3 应急避难保障体系

**1. 城市地下空间综合防涝保障**

地下空间防涝设计,一是在入口处设计"驼峰",高出道路200~400mm,二是内部设计一定能力的排水设备,但这些主要参照50年一遇、100年一遇防洪标准设计,难以抵御千年一遇特大暴雨洪涝灾害。

**2. 应急避难场所现代化建设**

一是要建立采储结合、节约高效的应急物资保障体系,健全应急物资保障网络,优化重要应急物资产能和区域布局;二是建立市、县、乡(镇、街道办事处)三级应急物资生产、储备、调拨及紧急配送体系,实现共建共享;三是各级物资储备库探索建立食品、饮用水储备物资与商超定期流转机制,防止食品、饮用水过期;四是针对区域内某种灾害高发期,有关职能部门可以要求本系统及辖区单位组建救援队伍、储备救援物资和抢险工程装备,并进行检查验收,实行信息化管理,随时掌握应急物资装备类型、数量、存放地点、维护保养情况;五是针对城市社区主要灾害为火灾,规范社区小区微型消防站建设,便于人们扑救初期火灾。

## 6.3 应急避难所选址

### 6.3.1 避难所选址原则

(1)安全性。避难所是受灾人员安置场所,提高避难所的安全性,也是对避难人群安全性的保障。疏散路径的安全性,指路径是否会受灾害影响、受灾人员能否安全通过路径等。

(2)容纳性。要求避难所能够为避难人群提供基本的生活场所,满足基本的吃住需求,保证人均面积等;然后,所选避难所需要具备服务区域范围内的应急救援需求的能力,可用避难面积、可容纳的避难人数要满足受灾人群的避难需求。

(3)可达性。指疏散距离和疏散时间的可实施、可接受性及安全性,其中城市应急避难步行疏散距离最好不超过0.5km,步行疏散时间10min之内更合适;对于偏远山区的村镇居民前往进行地质灾害应急避难所的疏散距离在1~5km的范围内是合适的。

(4)连通性。避难所应该选在交通便利的地方,即灾害发生前后,避难所均可保持与外界的人员交流和交通的通畅。疏散路径应该是道路状况良好、交通方便的道路。

(5)熟知性。避难所应选择当地居民熟知的设施和场所,有利于更好地完成疏散工作,保障受灾人员的安全。

(6)可使用性。首先,避难所要有基础设施或场地;其次,避难所应是可维护且可以在一段时间内供避难人群生活的设施或场地。

(7)经济性。避难所的建设、维护等都需要成本,经济性是指在避难所能满足上述几项基本原则的基础上(即能够在最短的时间范围内或距离范围内将人员疏散至安全可用场所,且能保障避难基本需求和安全性),合理地节约成本。

### 6.3.2 避难所选址的关键标准

灾害情况下避难所选址的关键标准如下:

(1)有利地形。可以根据其土壤硬度、地形、坡度和树木的存在来确定。土壤应该足够坚硬,以便于施工,并且应该较少受流水或大雨的影响。建立掩体时,土地坡度不宜过大,尽量避免在丘陵地带。对于炎热的条件,树木的存在是一个主要要求。沼泽地不适合建立临时避难所。

(2)电气基础设施。在紧急情况下,许多设备,如电炉、加热器、医疗器械等也需要电力才能运行,因此需要相对完善的电力基础设施。

(3)卫生系统。庇护所应设在有清洁水源和良好排水系统的地区。

(4)社区基础设施。避难所应防止内涝和落后的污水处理基础设施导致疾病和感染的传播。

(5)安全和安保。这些地点应该最不容易受到任何进一步的灾难的影响,并且应该位于更安全的地区。

(6)运输能力。应具备良好的陆上、空中交通环境,在紧急情况下向受灾人口提供救济物品,并将人们运送到和运出避难所。应急掩体应适于直升机降落。

(7)可达性。可达性通常由距离、时间和成本决定,反映路网连通性、空间距离,以及疏散时长等信息。通过可达性计算,对紧急避难所可能提供的服务能力进行排序。

### 6.3.3 避难所选址模型

**1. P-中位数模型**

P-中位数模型把公共设施区位问题抽象为:在 $N$ 个可能的地点中选取 $P$ 个地点建立公共设施使得总加权(平均)施行距离最小,P-中位数模型的目标为追求总加权距离最小,即从系统的效率角度出发其仿真结果仍可显示公平效果,当公共设施数目一定时,P-中位数模型是唯一有效而迅速的配置方法,同时具有简单明了、控制变量少、运算较迅速的优点。

一个典型的 P-中位数模型往往假设:①DP 个设施均提供同质服务,同时各分区需求者没有选择偏好,单纯以距离远近作为选择的依据;②各分区必须仅由一个设施服务,而每个设施的服务容量假设为无限制;③人的行为是理性的,会利用相同的最短路线,移动至相同的设施,同时路况是固定的,无论何时均不变。在实际中,每个避难所能容纳的人数是有限的,当一个避难所的人数达到上限以后,其他需疏散居民应按就近原则安排到最近的其他避难所。因此,在避难所选址问题中,有容量限制的 P-中位数模型(约束 P-中位数模型)更符合现实中的避难所选址。

基于约束 P-中位数模型的避难所选址的基本步骤:每个需求点原则上都要被指派到距离

自己最近的中心点,但是由于簇的容量约束这个原则并不能一定被满足,特别是在对应的簇容量较紧的情况下许多需求点被指派到远离自己的中心点,而出现所划分的簇不连续、间隔分布的情况。因此,首先采用基于替换插入机制的划分应急避难所服务范围算法作为指派算法来构造解,然后用基于外包矩形的局部搜索方法来提高邻域解搜索的效率,最后结合了路径重连算法,扩展邻域解的搜索范围,来提高解的质量。

由于疏散距离/时间是大多数灾害最重要的因素之一,因此 P-中位数模型广泛应用于不同类型灾害应急避难所选址中,其目标是使距离或疏散时间的总和最小。此外,P-中位数模型的目标是全局的,这使得它适用于大多数灾后影响范围广的灾害。P-中位数模型在应急避难所选址中的应用很少。这是因为 P-中位数模型的目标忽略了全局效率,它并不适用于大多数灾后影响范围广的灾害。它的应用主要集中在消防站、医院等处理局部或个别事件的选址上。

**2. 覆盖模型**

覆盖模型主要利用设施点的数量和覆盖半径来确定设施点的数量,以保证每个设施点的最优覆盖数量和最大覆盖面积,同时设施总数最少或设施总建设成本最低。

**3. 多层次选址-分配建模**

根据经济地理学中的区位分析模型,考虑了服务范围、可达性和出行距离等因素,对应急避难场所的服务范围进行分析,将设施服务的范围转化为数学规划问题,以最大化或最小化最优或可行的位置。具体而言,在场地容量限制下,利用地理信息系统(GIS)软件模型确定应急避难场所的实际服务范围,并结合城市实际用地和建设位置对空间布局进行调整。

通过选址、分区、优化 3 个步骤,实现优化布局的全过程:①构建适合不同级别应急避难场所的多层次选址模型体系,并将模型应用于建川县城应急避难场所的实际选址,验证构建模型的科学性和有效性;②建立适合小山区城市应急避难所服务范围划分的方法,并利用地理信息系统技术将结果可视化;③结合紧急避难所范围内的人口和城市土地使用情况,调整紧急避难所的位置和数量。

**案例 6.1　滑坡灾害应急避难所两阶段选址布局**

滑坡灾害中应急避难所的选址布局研究重点之一是准确识别滑坡点的危险性,重点之二是研究如何科学高效地优化应急避难所选址布局。滑坡灾害发生后,应急避难所作为受灾居民的过渡性场所,科学的选址布局能够及时疏散受灾区域居民,降低灾害带来的损失。由于山区地形条件复杂、人员分散,且可选应急避难所较少,不合理的应急避难所选址布局可能导致居民疏散距离过远、覆盖人群不全等问题,因此,山区应急避难所如何合理设置显得尤为重要。

赵佳佳等(2022)针对滑坡灾害提出了滑坡点评价—避难所选址的两阶段方法,采用 BP 神经网络对滑坡点进行危险性评价,将危险性较大的滑坡点作为避难所选址布局的重要依据,在此基础上对避难所进行选址布局,合理疏散滑坡高危险区内居民,提高疏散效率。第一阶段对研究区域全部滑坡点进行危险性评价,根据相关文献汇总并考虑研究区域特有地形条件,选取特征指标,采用 BP 神经网络识别出危险性较大的滑坡点,并将其作为避难所选址布局的重要依据之一;第二阶段考虑避难所选址的公平性、安全性、可达性和经济性,以避难所与滑坡点距离最小值最大、避难所与受灾点距离最大值最小、避难所数量最小为目标建立多目标选址模型,并对模型进行求解,得到 Pareto 最优解集,选取解集中总疏散距离最小的方案作为最优方案。

## 6.4 灾后重建

当灾害来临时,无论是自然灾害还是人为灾害,它们都会给人们的生活和社会造成巨大的破坏。然而,在灾后的废墟上,人们会团结一致,努力展开灾后重建工作,恢复生活的秩序。本书将围绕灾后重建的背景、流程、必要性、方法和相关实际案例展开探讨,旨在深入了解灾后重建的重要性与挑战。

灾后重建是指在自然灾害、战争或人为事故等灾难事件发生后,进行重建工作,恢复受灾地区的社会经济秩序和基础设施。灾害带来的破坏常常给人们带来深深的痛苦和困惑,而灾后重建则是为了帮助灾民重建家园,重拾生活希望,并为未来提供更好的保障。首先,灾害发生后,受灾地区的基础设施被严重破坏,包括房屋、道路、桥梁、供水和电力系统等。这些设施的破坏会严重影响灾民的基本生活,甚至会导致生命和财产的丧失。其次,灾害还会对受灾地区的经济造成巨大冲击,导致当地产业几乎瘫痪,人民生活水平急剧下降。最后,灾后重建的背景还包括政府的责任和义务,有责任保障人民的基本权益,为受灾地区提供必要的帮助与支持。灾后重建不仅仅是简单地修复受损设施和恢复经济,更重要的是要从根本上改变受灾地区的发展模式,提升其抗灾能力和可持续发展水平。

### 6.4.1 灾后重建的流程

灾后重建的过程通常可以分为几个主要阶段:评估阶段、规划阶段、实施阶段和监测与评估阶段。首先,在评估阶段,专业人士会对灾区的破坏程度、灾民需求、资源情况等进行全面的调研和评估,为后续工作提供重要依据。接着,在规划阶段,利用评估结果制定详细的规划方案,包括重建的目标、范围、时间表和预算等。随后,实施阶段开始,重建工程按照规划方案进行实施,包括基础设施的修复、灾民安置和社区重建等。最后,在监测与评估阶段,对重建效果进行持续监测和评估,对重建过程进行总结和反思,为未来的灾后重建提供经验。

**1. 评估阶段**

评估阶段是灾后重建的起点,其目的是全面认识受灾地区的现状和需求,为后续的重建工作提供参考。评估工作的内容包括灾区的破坏程度、灾民的基本需求、资源的供需情况等。评估结果将决定灾后重建工作的规模和方向。

**2. 规划阶段**

规划阶段是制定灾后重建方案的关键阶段。在规划阶段,根据评估结果制定详细的重建规划,包括重建的目标、范围、时间表和预算等。规划过程中需要综合考虑灾民的利益、环境保护、经济发展等各方面的因素,并确保规划的可行性和可持续性。

**3. 实施阶段**

实施阶段是将规划方案付诸实施的阶段。根据规划方案,组织实施重建工作,包括基础设施的修复、灾民的安置和社区的重建等。实施阶段需要协调与合理利用各类资源,确保重建工作的高效进行。

**4. 监测与评估阶段**

监测与评估阶段是对重建工作进行持续监测和评估的阶段。通过对重建效果进行跟踪监测,及时纠正和改进工作中的问题,为未来的灾后重建提供经验教训。监测与评估工作还可以为决策者提供决策依据,为公众提供透明的信息和数据支持。

### 6.4.2 灾后重建的必要性

**1. 维护人民安全与基本权益**

灾后重建是保障人民基本权益的重要手段之一。在灾害发生后,为了确保灾民的基本生活和安全,进行灾后重建是不可或缺的。重建工作可以修复基础设施、恢复道路交通线路、修复供水和电力系统等,为灾民提供基本的居住条件和生活保障。

**2. 促进社会经济发展**

灾后重建不仅仅是恢复原有的基础设施,更是一个可以重塑经济、调整产业结构的机会。通过合理规划和科学布局,可以促进灾区经济的快速发展,带动就业增长,促进灾民生活水平的提高。

**3. 增强社区的抗灾能力**

灾后重建不仅是简单地重建受灾区域,更是为了增强社区的抗灾能力。通过改造建筑、加固基础设施、加强灾害防护意识和能力培养,可以提高社区面对灾害的适应能力,减少未来可能的人员伤亡和财产损失。

### 6.4.3 灾后重建的方法

**1. 多方合作**

灾后重建需要政府、社会组织、企业和民众的共同参与和支持。政府应当起到组织协调和资源整合的作用,社会组织和企业可以提供技术支持和物资捐赠,而民众的参与则可以增强灾后重建的主体性和可持续性。多方合作是灾后重建过程中一个至关重要的原则。灾后重建事务涉及各个利益相关方,如政府、非政府组织、捐赠机构、国际援助机构和受灾地区的居民等。政府在灾后重建中扮演着主导的角色,负责协调各方合作、规划重建目标、分配资源并监督重建过程。非政府组织和捐赠机构通常提供资金和物资的支持,同时也参与到具体的灾后重建计划和项目中。国际援助机构在一些特殊的情况下,也会提供援助和技术支持。社区参与和自治对于灾后重建来说也是至关重要的因素。社区居民是灾后重建的直接受益者和参与者,他们对于重建的需求和意见应得到充分的尊重和考虑。社区参与包括居民参与决策过程、提供意见和反馈、监督重建工作等。社区自治则指的是鼓励社区居民自主组织和管理,通过建立居民委员会、社区合作组织等方式,提高社区的自治能力和参与度。通过社区参与和自治,可以增强居民的归属感和参与意识,提高重建工作的针对性和可持续性。而居民作为灾后重建的直接受益者和参与者,应该在重建过程中积极地参与到决策和方案实施中。通过多方合作,可以充分利用各方的优势和资源,实现灾后重建的协调和高效。

**2. 可持续发展**

可持续发展是灾后重建的重要目标,灾后重建需要注重可持续发展的理念。在规划和实施过程中,要考虑环境保护、资源利用和社会发展的平衡,采用可再生资源、节能环保的技术和材料,避免对环境造成二次污染,实现经济、社会和环境的协调发展。灾后重建不仅仅是简单的修复和建设,更应当注重长期的可持续发展。可持续发展包括经济、社会和环境3个方面的平衡。在经济方面,灾后重建应当注重发展可持续的产业和经济模式,促进就业和经济增长。在社会方面,应注重提供贫困人口的社会保障和援助,减少社会不平等现象。在环境方面,灾后重建应当采用环保的技术和材料,推动可再生能源和低碳发展,减少环境污染和资源浪费。通过将可持续发展的理念纳入灾后重建的规划和实施中,可以实现经济的稳定、社会的公平和环境的保护。

**3. 创新技术与智能化**

灾后重建可以利用创新技术和智能化手段,提高重建效率和质量。例如,可以利用先进的建筑材料和设备,采用智能化的管理系统和远程监控技术,使重建工作更加高效、智能化,提高灾民的生活质量和工作效率。随着科技的进步和创新的推动,新兴技术能够在灾后重建中发挥重要作用。例如,先进的建筑技术和工艺能够提高建筑品质和安全性,同时降低成本。物联网技术和传感器可以用于灾后监测和预警,及时掌握灾害风险,提供早期警示和及时响应。而人工智能和大数据分析则可以在灾后重建的规划和决策中提供更准确的数据支持和智能化决策。通过引入创新技术和智能化手段,可以提高重建工作的效率和质量,同时也有助于减少人力工作和提升安全性。

### 6.4.4 灾后重建中的挑战与应对

**1. 资金与资源问题**

灾后重建的规模庞大,往往需要巨额资金来恢复基础设施、建设住房、提供教育医疗服务等。然而,由于灾害的突发性和严重性,国家财政面临压力,靠与灾区近邻地区的财政支援往往难以满足重建需求,加之国际援助和捐助也存在分配不均的问题,有些地区可能会因此受到重建资源的限制。为了应对资金与资源问题,应加强灾后重建资金的整合和利用效率。一方面,可以通过设置灾后重建专项经费,并建立相应的财政拨款机制,确保重建资金的到位和使用。另一方面,应鼓励社会资本参与,通过公私合作模式引入私人投资、创立重建基金等方式,拓宽重建资金来源,减轻财政压力。在灾后重建中,各方面的资源分散且不充分利用的情况较为常见。此外,可以建立重建资源信息平台和统一调度机制,集中统计、管理和调配各方面的重建资源,避免资源浪费和重复建设。同时,可以通过促进重建产业的培育和发展,挖掘区域性优势产业,提高资源利用效率,为重建提供可持续的发展动力。

**2. 社会冲突与协调问题**

社会冲突与协调问题是灾后重建中不可忽视的挑战。在重建过程中,由于资源有限和利益分配不均,各方面之间可能产生矛盾和纷争。例如,有些地区可能会因为重建项目的选择与规划而引发争议,一些受灾群众可能抱怨得到的补偿和救助不够。这些社会冲突如果不能得到适当的解决,有可能阻碍重建进程,甚至引发更大范围的社会动荡。相关方应加强沟通与协调,解决各方的利益诉求,维护社会稳定。同时,加强社区参与和决策机制的建设,使民众能够更好地参与重建决策,减少冲突的发生。和相关方应加强沟通与协调。一方面,应建立起权威和透明的信息发布渠道,加强与灾区居民的沟通,及时向他们提供重建进程的相关信息,消除误解和不满。另一方面,还应该积极听取各方的意见和诉求,开展广泛的社会参与,通过多元化的决策机制,确保各利益方的权益得到保护,避免冲突的发生。

**3. 环境保护与可持续发展**

灾后重建需要注重环境保护和可持续发展,避免对环境造成二次破坏。应采取科学的修复和重建方法,选择可再生能源和环保材料,提高资源利用效率和能源利用效率,实现经济、社会和环境的协调发展。具体而言,应该采取科学的修复和重建方法来保护环境。首先应该优先选择环保材料和可再生能源,降低资源消耗和能源排放。例如,可以使用可再生能源如太阳能或风能来提供能源供应,同时在建筑和基础设施的设计中采用环保材料,减少对自然资源的需求。其次应加强环境监测和管理,确保重建项目在环境影响评估的基础上进行,并时刻关注可能带来的环境风险和污染。此外,社区是最直接受灾的地方,也是最了解本地情况和需求的群体。因此,应鼓励和支持社区居民参与重建决策和实施,让他们能够有更多的发言权和决策权。可以通过成立社区重建委员会、开展公民谈话会等形式,加强社区参与,促进共建共享,减少突发灾害对社会和环境造成的影响。因此,在灾后重建中,环境保护和可持续发展也是一个重要的考量因素。应该注重保护环境资源,避免对环境造成二次破坏。

**4. 社区抗灾能力和意识提高**

灾后重建旨在提高社区的抗灾能力,但实际中,一些社区的抗灾能力仍然较弱。应加强社区抗灾能力的培养,提高灾害防护意识,加强应急救援能力的建设,以应对未来可能发生的灾害。这包括提高社区居民的灾害防护意识,例如开展宣传教育活动,提供灾害知识和技能培训,使居民能够识别风险、采取适当的措施来减轻灾害的影响。此外,还应该提升社区的应急救援能力,建立健全的应急响应机制和预警系统,提供必要的装备和物资,提高社区居民的应急意识和能力。

综上所述,灾后重建面临着多方面的挑战,需要综合考虑并采取相应的应对措施。在解决资金与资源问题上,可以通过提升资源整合和利用效率,培育灾后重建产业来化解;在处理社会冲突与协调问题上,需要加强沟通与协调,提高社区参与和决策机制的建设;在注重环境保护和可持续发展上,应采取科学的修复和重建方法;在提高社区抗灾能力和意识上,需要加强社区抗灾能力的培养,提高灾害防护意识,加强应急救援能力的建设。如此才能实现灾后重建的目标,为受灾地区带来稳定、繁荣和可持续发展的未来。

# 第 7 章 灾害类型认识实习

本章介绍我国城市主要自然灾害类型,即洪涝灾害、山地滑坡、旱灾、森林火灾的相关界定、驱动机理、影响因素及不同类型的评估方法,为后续应急管理技术应用及防灾减灾策略提供基础知识储备。自然灾害威胁城市基础设施、功能及居民生产生活环境。

通过本章学习,你将了解以下内容:
(1) 自然灾害基本概念。
(2) 自然灾害分类。
(3) 自然灾害影响因子。
(4) 自然灾害评估或预测方法。

## 7.1 洪涝灾害

### 7.1.1 洪涝灾害概述及灾情统计

洪涝灾害是洪水灾害与内涝灾害的统称,滨海城市还包括风暴潮灾害,源于自然因素(气象、极端水文)及人为因素(如雨水管道、绿地、不透水空间等)相结合的结果(张建云等,2017)。其中洪灾一般是由于河流洪水位或滨海潮水位上涨,超过堤防拦挡能力,或者由堤防溃决导致的洪水泛滥而造成的灾害(图 7-1);涝灾通常指由极端降水等导致的地表积水过多而无法及时排出的灾害(Bertilsson et al.,2019)。我国洪涝灾害呈现南重北轻、中东部重西部轻的空间格局,尤其在长三角城市群、珠三角城市群及长江中游城市群较为严重(李莹和赵珊珊,2022),洪涝灾害造成人员生命财产损失、城市功能受损等现象。洪涝发生时不仅淹浸低洼地区、冲毁房屋、破坏农作物,此外洪水泛滥引发交通瘫痪、断水断电、疾病传播等链性灾害。

### 7.1.2 洪涝灾害分类、分级及特点

**1. 洪涝灾害分类**

我国城市类型多样包括内陆城市、沿江城市和沿海城市等,因此,根据洪涝灾害空间分布和成灾原因,大致可以分为河流洪水、内陆洪水、山洪、沿海洪水等(表 7-1)(刘洁,2014)。

图 7-1 漳卫河发生 2021 年第 1 号洪水(来源:《2021 中国水旱灾害防御公报》)

表 7-1 按空间划分洪涝灾害类型

| 种类 | 原因 | 人为因素 | 暴发时间 | 持续时间 |
| --- | --- | --- | --- | --- |
| 河流洪水 | 强降雨,湖堤决口,地震造成山体滑坡 | 土地利用变化,城市化,缺乏渗透性地面 | 不确定 | 从几个小时到几天 |
| 内陆洪水 | 强降雨 | 地表径流增加,排水系统不合理规划和管理 | 不确定 | 不确定 |
| 山洪 | 地面、河床坡降大,对流雷暴产流、汇流快,形成洪峰 | 堤坝的灾难性故障,排水设施不足 | 较快 | 持续时间短或仅持续几小时 |
| 沿海洪水 | 地震,海底火山爆发,地面沉降,海岸侵蚀 | 沿海地区开发,沿海自然植被的破坏(如红树林) | 通常很慢 | 通常持续时间较短,有时需要很长时间退去 |

按照灾害影响范围,洪涝灾害大致可分为局部型、全局型和流域型。

(1)局部型。指洪涝灾害只影响到局部小范围区域,一般以点状、带状分布,单位影响范围面积在 1km 以内,主要指局部区域的洪涝水。

(2)全局型。指洪涝灾害影响范围波及大范围区域。

(3)流域型。指洪涝灾害影响范围为一个以上的多个城市,一般以流域为单元。

按照灾害的持续性,洪涝灾害可分为 3 种类型:

(1)临时型。持续时间很短,时间一般小于 1 小时,如小范围的短历时暴雨引起的洪涝灾害。

(2)短期型。持续时间在 1 天以内,如小流域洪水或局部强降雨引起的洪涝灾害。

(3)长期型。持续时间一般在 1 天以上,如流域型洪水或大范围长历时降雨引起的洪涝灾害。

**2. 洪涝灾害分级**

洪涝灾害程度一般通过洪水灾度加以衡量。洪水灾度是度量洪水对社会造成损失的一个标准,分为轻灾、中灾、大灾和特大灾。灾度是连接灾害的社会性和自然性的桥梁,大致上以经济损失的程度、死亡人口数量和受灾区域的范围为标准确定洪灾的分级。张小稳等(2023)则按照对生产、生活的影响程度划分风险等级,另有学者以灾害发生的可能性、严重性等为洪涝灾害分级方法。

**3. 我国洪涝灾害特点**

(1)时空差异大,具体表现为洪涝灾害的区域性及地理空间分布不均。一方面,我国地域辽阔且地形复杂多样,东部平原区一般是我国江河汇集和入海区,且是人口和社会-经济资源聚集区域,胡焕庸线以东的滨海、平原地区是洪涝灾害易发区;另一方面,受季风影响全年降水量于夏季集中且频繁,历时短但强度大的降雨造成的洪涝灾害尤为严重。

(2)城市内涝问题日益严峻。城市化进程持续推进、城市人口膨胀,加之现今城市区域内地面硬化率的增加导致洪涝产汇流过程加速,而城市的"热岛效应"使城区的暴雨频率和强度提高,进而加速了洪水成灾,同时受制于城市"先地上后地下"的基础设施建设模式,排水系统的老化和不合理规划等这些人为因素,致使城市洪涝灾害风险进一步复杂化。

(3)洪涝灾害损失差异化趋势明显。2021 年因洪涝受灾人数比前 10 年的平均值下降 28.1%,农作物受灾面积比前 10 年的平均值下降 38.3%,即因灾死亡失踪人数、农作物受灾面积及房屋坍塌面积呈明显下降趋势,源于洪涝预警、排涝设施及应急管理水平的完善与提升,然而次生灾害如交通、电力、环境污染、疾病传播等损失日益严重。

### 7.1.3　成灾模式分析

孕灾环境、致灾因子、承灾体三者组合成灾(图 7-2)。

孕灾环境:孕灾环境指形成洪涝灾害环境,主要指致灾因子与承灾体所处的外部环境,包括自然与社会两个方面,主要包括地形地貌地势、植被覆盖、土地利用类型和水系等,且容易受到人为因素影响。孕灾环境差异性对灾害事件造成的影响有增强或减轻作用,即灾害损失根据孕灾环境属性的不同存在差异,如植被具备增加降雨入渗、拦蓄径流的作用,植被覆盖率越高的区域,洪涝灾害成灾风险越低。

致灾因子:洪涝灾害致灾因子由于区域差异包括连续降水、台风、潮灾、上游洪水、局地暴雨、逐年河道消失数等。

承灾体:承灾体指灾害事件作用的对象,是灾害发生的必要条件。洪涝灾害承灾体主要包括人口、路网、经济水平等。其对灾情的作用体现于两个方面:价值总量和承灾能力。价值总量反映了受灾基数,而承灾能力则影响其损失率的大小。

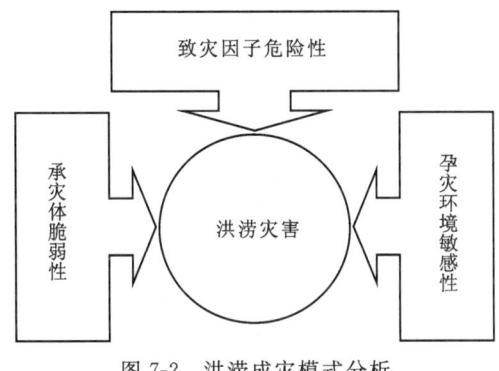

图 7-2 洪涝成灾模式分析

### 7.1.4 城市洪涝灾害风险分析

城市洪涝灾害风险评估,国内外较为常用的评估方法主要有历史灾情评估法、指标体系评估法、遥感影像评估法和情景模拟评估法(黄国如等,2020)。一般根据评价的空间尺度、基础资料完备性、分析结果时效及精确性从而确定相应的评估方法(徐宗学等,2020)。

(1)历史灾情评估法。通过对洪水资料、历史洪水数据和雨量站数据进行分析,基于地质学、历史学、水力学等多种方法对洪水风险进行评估。该方法无须精确的地理信息支持,并且可以快速地进行运算,但要求提供长期连续的水文基本资料,并且评估结果呈现的是地区总体风险,无法反映出城市洪水灾害的空间分异,主要应用于灾害防治项目的规划与损益评估。

(2)指标体系评估法。其理论基础是认为洪涝灾害是致灾因子、孕灾环境和承灾体的综合函数,核心是指标的选取和权重的确定。指标的选取需综合考量洪水类型、空间规模、研究区域特点,权重确定的方法有 AHP、专家调查法等主观权重法,熵权法、标准差法等客观权重法及组合权重法等。这种方法的重点是确定各影响因素及相应权重。

本书根据洪涝成灾模式,将洪涝致灾因子危险性、孕灾环境敏感性、承灾体脆弱性、防灾减灾能力 4 个子系统纳入洪涝灾害风险评估指标体系(周成虎等,2000)。详细信息见表 7-2。

(3)遥感影像评估法。利用暴雨洪涝期间的遥感影像数据对地面受灾情况进行估算,在时效性和评估范围上具有很大优势。然而,该评估方法受遥感影像的分辨率和影像解译的准确率的影响较大,且一般获取的是洪涝淹没的大致空间范围,而无法获取淹没水深和地表流速等重点数据资料。

表 7-2 城市洪涝灾害风险评估指标体系

| 目标层 | 准则层 | 指标层 | 单位 | 指标属性 | 参考文献 |
| --- | --- | --- | --- | --- | --- |
| 城市洪涝灾害风险 | 致灾因子危险性 | 1h 最大降雨量 | mm | ＋ | 徐永清等,2022 |
| | | 24h 最大降雨量 | mm | ＋ | |
| 城市洪涝灾害风险 | 致灾因子危险性 | 过程累计降雨量 | mm | ＋ | 徐永清等,2022 |
| | | 暴雨持续日数 | 天 | ＋ | |
| | 孕灾环境敏感性 | 植被覆盖率 | ％ | － | 盛绍学等,2010 |
| | | 河网密度 | km/km² | － | |
| | | 地形(Dem;坡度) | / | － | |
| | 承灾体脆弱性 | 人口密度 | 人/km² | ＋ | 姜仁贵等,2022 |
| | | 建筑密度 | ％ | ＋ | |
| | | 单位面积 GDP | 亿元/km² | ＋ | |
| | | 每万人拥有卫生技术人员人数 | 人 | － | |
| | 防灾减灾能力 | 每万人医疗机构床位数 | 个 | － | 秦海旭等,2020 |
| | | 医院密度 | ％ | － | |
| | | 地方财政一般预算支出 | 万元 | － | |

注:"＋"表示正向指标,"－"表示负向指标。

(4)情景模拟评估法。主要是运用数学模型对洪水过程进行模拟,并根据未来的预报或设计雨量数据,对洪水造成的影响进行评价。其结果可直观、准确地反映城市内涝风险的时空变化规律,为决策者进行防灾减灾和风险管理,以及灾害风险规避提供数据支持(徐宗学等,2020)。

## 7.2 山地滑坡

### 7.2.1 滑坡灾害概述

山地滑坡指斜坡上的岩土体由于内外动力及人为因素等,形成斜坡的岩土体受重力影响,沿坡内的软弱面(带)发生整体或分散式下滑、坍落现象造成的灾害。滑坡灾害具有分布地区广、发生频率高、瞬时性、灾害损失严重等特点(胡德勇等,2008;殷坤龙和朱良峰,2001;Marui et al.,2009)。滑坡根据体积、滑动速度、滑坡体的物质组成及与地质构造的关系、滑坡体厚度、滑坡规模、形成年代及力学条件等划分标准经归纳可以分为如表 7-3 所示类型(中国地质调查局《滑坡防治工程勘查规范》(DZ/T 0218—2006))。

表 7-3 滑坡划分标准及类型

| 划分标准 | 类型 |
| --- | --- |
| 滑坡体积大小 | 巨型滑坡(体积>10 000×10⁴ m³)<br>大型滑坡(体积 100×10⁴ m³~1000×10⁴ m³)<br>中型滑坡(体积 10×10⁴~100×10⁴ m³)<br>小型滑坡(体积<10×10⁴ m³) |
| 滑动速度 | 蠕动型滑坡;慢速滑坡;中速滑坡;高速滑坡 |
| 滑坡体的物质组成及与地质构造的关系 | 覆盖层滑坡(黏土滑坡、黄土滑坡、碎石滑坡、风化壳滑坡);<br>基岩滑坡(本类滑坡与地质结构的关系可分为均质滑坡、顺层滑坡、切层滑坡。顺层滑坡又可分为沿层面滑动或沿基岩面滑动的滑坡);<br>特殊滑坡(本类滑坡有融冻滑坡、陷落滑坡等) |
| 滑坡体的厚度 | 浅层滑坡;中层滑坡;深层滑坡;超深层滑坡 |
| 滑坡规模 | 小型滑坡;中型滑坡;大型滑坡;巨型滑坡 |
| 形成年代 | 新滑坡;古滑坡;老滑坡;正在发展中滑坡 |
| 力学条件 | 牵引式滑坡;推动式滑坡 |
| 物质组成 | 土质滑坡;岩质滑坡 |
| 滑动面与岩体结构面之间的关系 | 同类土滑坡;顺层滑坡;切层滑坡 |
| 结构 | 层状结构滑坡;块状结构滑坡;块裂状结构滑坡 |

来源:《滑坡防治工程勘查规范》(DZ/T 0218—2006)

滑坡灾害内涵包括以下两方面(代德富等,2021):第一强调致灾动力条件,即因滑坡地质作用形成的灾害事件才是滑坡灾害;第二强调灾害事件的社会属性,即直接影响到居民生存环境、生命财产安全的滑坡才能称为灾害,否则仅是危害。因此,滑坡灾害具有自然和社会双重属性,滑坡对人类的危害主要包括4个方面:对交通线路如铁路、公路、水运的危害,对水利水电工程的危害,对工厂及矿山的危害,对居民点的危害。

滑坡的驱动条件可以概括为3个层面:地质条件,内部动力和人类活动。地质条件包括岩土的类型、水文地质、地质构造、地形地貌形态等。

一般来说,各种类型的岩石都有形成滑体的危险,其中结构疏松、抗剪强度和耐风蚀性差、遇水易产生化学反应的岩土及软硬相隔的岩层所构成的斜坡易于发生滑坡(邱志勇,2009)。组成斜坡的岩土体只有被各种构造面切割分离成不连续状态时,滑移的可能性才存在,因此在坡度和特殊地质地貌共同作用下才有可能诱发滑坡。

另外,在强烈的地质构造和人为活动影响下的区域是滑坡多发区,主要的诱发因素如地震活动对斜坡构造稳定性的影响,降雨,融雪等引起的地表径流对斜坡的冲蚀和侵蚀,河水持续冲蚀坡面,并伴随着人为的工程行为,如开挖坡脚,斜坡上部堆积、爆破、矿山开采、水库蓄水等,此外,风暴潮和海啸灾害等其他的自然灾害也会引起山体滑坡。滑坡大致可以分为地震诱发的滑坡、河流侵蚀诱发的滑坡、降水诱发的滑坡、冻融诱发的滑坡、灌溉及水库诱发的滑坡、人工堆栽及开挖诱发的滑坡等。

## 7.2.2 滑坡灾害形成机理及影响因子

滑坡灾害的形成一般都包含3个阶段:第一个阶段为蠕动变形阶段(于远祥和孙学阳,2006)。在这个阶段,斜坡部分土体的强度逐渐减弱最终因抗剪强度小于剪切应力而发生变形,在重力作用下坡体开始向临空方向蠕动,其后缘处于拉应力状态。当拉应力超过后坡体的抗拉强度时便产生拉裂坡面,表现为断续的拉张裂缝,其速度较慢,但滑坡雏形基本形成。

第二个阶段为滑动-破坏阶段。在此阶段已经积攒出足够的滑动空间,主滑带面上的剪切力大于其自身的抗剪力,且滑动面连接在一起,前一级牵引着后一级,同时后一级滑体也推挤前一级滑体超快速移位,是破坏性最强的阶段。

第三个阶段为滑动稳定阶段。坡体在滑动面摩擦阻力或者其他因素的作用下,土体压密,其滑动速度下降直至达到稳定状态。

滑坡灾害一般由内部结构不稳定与外部因素共同作用下诱发,地形斜坡倾向一致的软硬相间的岩土组合体是滑坡产生的内在因素;外部因素包括地下水的长期侵蚀、风力的侵蚀作用等使边坡滑动带土体结构疏松、软化,强度降低,使边坡土体容重增大,抗剪强度降低,同时,人为开采、强降雨、水位突然降低对边坡滑动起诱发作用。

具体影响因子参考了其他学者的研究成果(李家存等,2007;马炜等,2018),将滑坡灾害危险性评价指标体系分为五大类共14种因子,这五大类分别是地形地貌、地质构造、水文、地表覆盖及人类活动(表7-4)。

表7-4 类别及滑坡影响因子

| 类别 | 滑坡影响因子 |
| --- | --- |
| 地形地貌 | 高程 |
| | 坡度 |
| | 坡向 |
| 地质构造 | 地震 |
| | 断裂带 |
| | 土壤结构 |
| | 土壤侵蚀 |
| | 地层岩性 |
| 水文 | 降雨 |
| | 水系 |
| 地表覆盖 | 土地利用 |
| | 归一化植被指数(NDVI) |
| 人类活动 | 人口密度 |
| | 离城镇距离 |

**1. 地形地貌**

地形地貌是形成山地滑坡灾害的根本与基础条件。从全国范围看,滑坡空间分布在阶梯之间的过渡区域及离水系较近的地区。根据王新胜等(2020)选取的指标分为高程、坡度和坡向。

高程:高度较高的山峰主要由坚硬石头构成,滑坡可能性低;高度较低的斜坡由于地形平缓且覆盖沉积土壤或厚崩积层,滑坡可能性低;中等高度的斜坡覆盖薄崩积层,滑坡易发生。

坡度:一般坡度增大,重力在斜坡上的分力越大,滑坡危险性更高。

坡向:影响雨水的入渗方向和渗透速度进而影响坡体的稳定性。一般来说,南坡受到阳光照射较多,土壤容易干燥抗剪性强,不易发生滑坡;而北坡受阳光照射较少,土壤湿润容易发生滑坡。

**2. 地质构造**

地质构造因素是导致山地滑坡发生的重要原因。地震、断裂带、土壤类型、土壤侵蚀及地层岩性对山地滑坡产生具有重要的影响。

地震:地震力直接作用于斜坡岩土导致滑坡灾害的发生。地震点核密度指地震带分布的空间集聚状况,地震点核密度越高意味着滑坡发生的可能性越大。

断裂带:滑坡灾害发生受与活动断裂带的距离控制,活动性断裂诱发滑坡产生,距离断裂带越近,滑坡发生的可能性越大。

土壤类型:松散的土壤结构容易被侵蚀或风化,易产生滑坡。

土壤侵蚀:可分为微度水力侵蚀、轻度水力侵蚀、中度水力侵蚀、强度水力侵蚀、极强度水力侵蚀。

地层岩性:一般软化的岩层表面、易风化水蚀的岩层等易产生滑坡。具体来说,如松散覆盖层、黄土、贝岩、泥岩、煤系地层、凝灰岩、红黏土、片岩、板岩、千枚岩等及软硬相间的岩土为易滑坡地层。

**3. 水文**

水文作用表现在使岩土软化,从而降低岩土体的抗剪强度,产生动水压力和孔隙水压力,侵蚀岩、土,增大它们的容重,对透水岩石产生浮托力等,特别是软化滑坡(带),降低其强度。

水系:离水系越近的地区,产生滑坡概率越大。

降雨:强降雨使水入渗会减小土体的抗剪度及土体与基岩的摩擦阻,并改变边坡土地的静水压力、动水压力与浮托力从而诱发滑坡,其不但会诱发新的滑坡,也会引致一些古滑坡或老滑坡复活,山地滑坡的发生频率、规模大小、破坏性与降雨的持续时间及降水量的关系十分密切,总体而言,降水量越大,滑坡发生概率越大。

**4. 地表覆盖**

(1)土地利用。人类改变土地利用和管理方式,导致土地覆被发生变化。这种变化可以导致地表覆盖的改变,进而影响土壤侵蚀的程度,从而增加滑坡的风险。

(2) 植被覆盖率。植被能保水固土,植被覆盖度(vegetation coverage,VC)通常用归一化植被指数(normalized difference vegetation index,NDVI)进行计算,计算公式如下:

$$\text{NDVI} = \frac{\text{NIR} - R}{\text{NIR} + R} \tag{7-1}$$

$$VC = \frac{\text{NDVI} - \text{NDVI}_{\min}}{\text{NDVI}_{\max} - \text{NDVI}_{\min}} \tag{7-2}$$

式中:NIR 为近红外波段的反射值;$R$ 为红光波段的反射值。

**5. 人类活动**

人类活动也是诱导滑坡发生的主要因素之一。如建筑铁路、道路、公路、隧道、山体爆破等项目,坡体下部的支撑被打破从而诱发下滑。生产生活活动如工业生产用水和废水的排放、农业灌溉等,均易导致水流渗入坡体,加大孔隙水压力,软化边坡岩土体,增大了坡体容重,诱发滑坡;乱砍滥伐等行为使坡体失去水土保持作用也可能导致滑坡。

(1) 人口密度:人口活动强度对区域地形地貌、植被环境均有一定影响,同时人口-经济资源聚集造成的损失大,因此人口密度一般与滑坡危害呈正相关。

(2) 距离:距离表征着滑坡对城镇潜在的危险程度,距离越近意味着滑坡灾害等级越高。

### 7.2.3 滑坡量级-频率分析

由降雨触发的滑坡在世界上分布最广,发生频率最高,雨水渗入导致岩土体内的孔隙压力增大、有效应力减小和岩土体的抗剪强度降低,这是降雨型滑坡发生的主要机制。降雨型滑坡预测方法主要分为两类:即基于过程的预测模型(亦称为物理模型)和经验模型(范文亮等,2012)。

滑坡预测的物理模型,即从滑坡形成机制出发,首先对降雨相关信息资料如降雨数据、入渗过程及对岩土体的影响进行分析,其次需要结合岩土体的稳定性分析,确定引发滑坡的降雨量阈值,结合上述过程最终判定滑坡是否发生,由于该模型整合了复杂的水文模型、局部地形条件、岩土的力学参数,因而此模型的实践与应用较为受限。

经验模型,通过对降雨和滑坡的历史数据进行统计给出滑坡的降雨阈值,部分体现滑坡产生的机制。通过经验模型可以根据降雨危险性等级图和降雨量,定性预测滑坡发生与否及分布情况,但无法获知具体时刻。

一般采用物理模型与经验模型相结合进行降雨滑坡风险分析。模型不同,降雨阈值所采用的控制变量亦不相同,所适用的区域相应也会有所不同,但两个模型的相似之处为均是将实际降雨数据和诱发滑坡的降雨阈值进行对比,来判定滑坡是否发生,区别则在于降雨阈值是通过物理机制还是经验统计得出。

通常,滑坡发生概率 $P(L)$ 可表示为:

$$P(L) = P(\boldsymbol{R} > \boldsymbol{R_T}) \tag{7-3}$$

式中:$\boldsymbol{R}$ 为随机降雨数据;$\boldsymbol{R_T}$ 为降雨阈值;$P(\boldsymbol{R} > \boldsymbol{R_T})$ 为事件 $\boldsymbol{R} > \boldsymbol{R_T}$ 发生的概率。由于降雨型

滑坡影响因素的多元复杂性,单一控制变量不具有普适性,因此 $R$ 和 $R_T$ 均为向量。截至目前,已经使用过的降雨控制变量包括日降雨量、前期累计降雨量、降雨强度和降雨持续时间等,共25种。

根据式(7-3),当 $R>R_T$ 时一定会发生滑坡,当 $R<R_T$ 时则不会发生滑坡,滑坡发生概率 $P(L)$ 取决于超越概率 $P(R>R_T)$,实际上,在某些时候,超过阈值并不一定引发滑坡,发生滑坡可能归咎于其他诱发滑坡的未知因素。因此,滑坡最终发生概率可以看作降雨强度超过特定阈值概率 $P(R>R_T)$ 和相应概率下滑坡发生概率 $P(L)$ 的条件概率。

因此,滑坡发生概率是以上两种概率的交集,并可以表示为:

$$P[(R>R_T) \cap L] = P(R>R_T) \cdot P(L|R>R_T) \tag{7-4}$$

式中,可以通过分析区域历史降雨资料,计算概率 $P(R>R_T)$。当 $R>R_T$ 时,可以通过一步分析区域滑坡灾害资料,计算概率 $P(L|R>R_T)$。

通常利用泊松概率分布计算雨量监测资料的阈值年超越概率 $P(R>R_T)$,并把该模型扩展到计算滑坡发生的年超越概率。根据泊松分布模型,在时间段内,发生1次或多次滑坡的超越概率计算方法为:

$$P[N(t) \geqslant 1] = 1 - \exp\left(-\frac{t}{u}\right) \tag{7-5}$$

式中,$u$ 为连续滑坡的平均时间间隔,可以从多时间序列的滑坡事件数据中获得。

## 7.3 旱 灾

### 7.3.1 旱灾概述

旱灾指的是干旱在大范围内持续不断,即以干旱为致灾因子,造成空气干燥、水源匮乏,从而使作物正常生长发育受到抑制,导致粮食绝收及对人类正常生活、生产、生态环境造成危害的事件。干旱虽然是旱灾的风险源,但并不具备绝对性,只有到达干旱程度阈值才促成灾害,而干旱程度阈值又与承灾体的韧性和抗旱能力有关。

一般将干旱分为4种类型:气象干旱、农业干旱、水文干旱与社会经济干旱(邓振镛等,2009)。

(1)气象干旱:指在一定时间内,因降水量与蒸发量之间的不均衡,导致用水消耗超过了收入导致水分短缺,常见单要素指数有降水量指数、降水标准差指数、降水指数等,常见多要素指数有干燥度、湿润度、德马顿干旱指数、降水温度均一化指数、帕默尔干旱指数等,由于降水资料易获得,因此通常以降水短缺作为指标。

(2)农业干旱:作物生长发育过程中由降水、土壤含水量不足等原因导致供水不足,进而阻碍作物正常生长。可分为土壤干旱和作物干旱。常用指标包括降水量、土壤含水量、作物产量、作物旱情指数和综合性旱情指数。

(3)水文干旱:是由地面径流与地下水量之间的不均衡导致的非正常缺水。以年(月)径流量、河流日流量和水位等因子为评价因子,常用指标包括水文干湿指数、最大供需比指数、水资源总量短缺指数等。

（4）社会经济干旱：是指当工农业生产和生活服务用水超过需求时，自然和经济系统中的水供需失衡导致的缺水，若工业、农业和生活与服务需水量大于供给就会发生社会经济干旱，通常指标包括损失系数法、水分供需平衡模式等。

### 7.3.2 旱灾形成机理

**1. 气候波动大**

旱灾风险的原始驱动因子为大气环流异常（大气环流系统强度、位置的异常变化）或季风环流异常（季风速度、强度与时间异常变化）。我国处于东亚季风区，季风进退异常和年际变化，引起降水变率较大，当雨量偏少到一定程度意味着气象干旱发生，进而诱发水文干旱，雨量的空间分布不均衡，这种降水的时空分布不均匀与作物生长需水时间上存在错位。此外，全球变暖，大部分地区增温幅度大，使水分和能量循环加快，极端天气的频率和强度递增，旱灾危险性增加（屈艳萍等，2014）。

**2. 土壤和水的结合不均衡**

水土资源空间分布不均，组合不均，是导致旱灾发生的另一个重要的生态环境因子。在全国范围内，水资源分配的总体趋向为南方多于北方，且与耕地分布存在错配，南方地区水多耕地少、北方地区耕地多水量不足的水土资源组合不平衡的格局，水资源供需矛盾尖锐促使干旱灾害加剧。

**3. 人类活动破坏性**

人类活动对水循环的地表径流、地下径流、降水与水汽输送、蒸发等都有显著的影响，如引水灌溉、修建水库、跨流域调水、植树造林等对地表径流有显著影响，同时，随着人口快速增加，对水资源的刚性需求也在不断增加，对土地资源的不合理开发和使用，例如，过分开垦土地，会对植物造成损害。盲目的基础设施建设、采矿和道路的修建加速了土壤的侵蚀，加速了河流和水库的淤积，威胁到了水库的防洪和蓄水量，且减少了流域的自然存水量和土壤的持水性，降低补充水源的容量，由于社会经济发展、农业生产和城市化进程的推进，人类对水资源的需求大大增加，人类活动改变了水循环自然变化的空间格局和过程，这使人们的生活和各项生产活动越来越受到水资源的制约。

### 7.3.3 旱灾评估方法

**1. 基于风险要素的旱灾风险评估方法**

基于风险要素的旱灾风险评估方法的基本思路：首先通过致灾因子危险性、承灾体的暴露性、孕灾环境的脆弱性及抗旱能力4个方面进行指标选择，并对各要素的单项指标进行归一化处理和权重计算，最终计算得出旱灾风险综合指标值。

1) 指标选择

(1) 危险性。指的是对气候、土壤、种植结构和水资源供给等各种致旱因子进行识别,确定某地区在特定时间内是否遭受干旱、遭受何种旱灾类型及严重程度。具体可以定量描述其时空规模、强度和烈度,采用概率统计方式估计干旱发生的频率和重现期。常见衡量指标包括标准化降水指数、标准化蒸散发指数、气象干旱指数、标准化径流指数等。

(2) 暴露性。在对地区干旱进行研究时,可以通过对人口因素、资源禀赋、生态环境与社会经济因素等的综合考量及量化分析,评估其暴露程度。例如,一个地区的人口愈多,就愈有可能遭受干旱,损失愈大,暴露性愈大。一个地区暴露于危险因素的价值密度越高,旱灾风险更大。常见暴露性指标为粮食种植面积占对应行政区域总面积比例或占农作物播种面积的比值。

(3) 脆弱性。脆弱性反映了自然条件下,外部环境能缓冲干旱不利影响的能力,即孕灾环境对干旱灾害强度的最大承载力。这种恢复的能力大小反映其脆弱性的高低。常见脆弱性指标包括灌溉旱地与耕地面积比例、灌溉水田与耕地面积比例、雨养农业与耕地面积比例、水资源开发利用程度、工程供水量、节水灌溉面积及有效灌溉面积等指标。

(4) 抗旱能力。抗旱能力表征的是在旱灾致灾过程中,该地区通过人为措施如管理能力等降低旱灾造成损失的能力,常见指标包括农民人均纯收入、单位面积机井数量、单位面积农业机械总动力、单位面积农村劳动力、专职抗旱人员数量及抗旱服务组织覆盖率等。

2) 指标归一化

(1) 正向指标归一化。

$$Y_i = \frac{X_i - X_{\min}}{X_{\max} - X_{\min}} \tag{7-6}$$

(2) 负向指标归一化。

$$Y_i = \frac{X_{\max} - X_i}{X_{\max} - X_{\min}} \tag{7-7}$$

3) 旱灾评估模型

$$R = \frac{HEV}{\text{RE}} \tag{7-8}$$

式中:$H$ 表示旱灾致灾因子危险性;$E$ 表示旱灾暴露性;$V$ 表示旱灾脆弱性;RE 表示抗旱能力。

4) 旱灾风险等级划分

采用模糊数学方法对旱灾综合风险进行等级划分。

5) 风险图绘制

风险图的表征方式可以有多种,包括旱灾频率、损失、风险要素图,旱灾风险区划图,旱灾风险矩阵表等。

**2. 基于干旱事件的旱灾风险评估方法**

1) 基于历史损失概率分布的评估方法

根据特定区域长序列的历史旱灾损失统计数据,通过旱灾损失序列的频率分析其概率分布,可以得到不同损失的概率水平,从而反映区域旱灾风险水平。

这一方法的优点是原理比较简单,可以视为未来灾情的重现。资料丰富且便于在时间和空间上进行对比,体现干旱不确定性的特点。用旱灾损失率可以剔除物价、国内生产总值增长率等影响因素。然而,缺点在于长序列旱灾损失数据难以获得,无法反映造成旱灾损失的不同因素的影响程度,难以反映区域内的空间差异。

2)基于干旱频率及潜在损失的旱灾风险评估总体框架

该方法的基本思路:一是利用气象、水文等要素,对各旱灾事件进行辨识,并抽取各干旱的特征变量,从而推算出各旱灾发生的频次和时间。二是利用统计学或机理模型,在给定的耐旱容量条件下,识别出每种旱灾可能带来的灾害损失。三是通过对各干旱事件的分析,建立干旱发生次数、潜在损失和干旱抗性三者间的量化关系。采用以下方法进行评价:

$$R = f(P, C) \tag{7-9}$$

式中:$R$ 为剩余旱灾风险;$P$ 为干旱发生频率;$C$ 为在一定抗旱能力下的直接损失、间接损失等可定量化不利影响。该方法具有较强的理论基础,并且可以计算不同行业在不同抗旱能力下的旱灾损失,但构建不同行业的旱灾损失模型难度大且验证困难。

## 7.4 森林火灾

### 7.4.1 森林火灾概述

森林火灾是由于火势失去人们的控制,烧毁森林、破坏森林生态系统平衡危及人类的生命财产的一种自然灾害(黄崇福,2009),且具备突发性强、破坏性大、处置救助较为困难、危险性高的特点,由森林可燃物、火源和氧气三者相互作用才能形成,它对当地林业和生产造成巨大损失,可烧毁过火区域内的森林植被,引起房屋烧毁、牲畜死亡和人员伤亡,同时预防、扑救火灾需投入大量的人力、物力、财力。

按照受害森林面积、直接经济损失及伤亡人数,《森林防灾条例》(国务院令第 541 号)将灾别分为:

(1)一般森林火灾:受害面积在 1 公顷以下或者其他林地起火的,或者死亡 1 人以上 3 人以下的,或者重伤 1 人以上 10 人以下的。

(2)较大森林火灾:受害面积在 1 公顷以上 100 公顷以下的,或者死亡 3 人以上 10 人以下的,或者重伤 10 人以上 50 人以下的。

(3)重大森林火灾:受害森林面积在 100 公顷以上 1000 公顷以下的,或者死亡 10 人以上 30 人以下的,或者重伤 50 人以上 100 人以下的。

(4)特别重大森林火灾:受害森林面积在 1000 公顷以上的,或者死亡 30 人以上的,或者重伤 100 人以上的。

目前,火灾监测技术包括传统森林火灾监测方法及基于深度学习的森林火灾监测。

传统森林火灾监测方法包括瞭望塔、人工巡逻、卫星遥感检测、烟雾、温度和光传感器检测、航空巡回等,需要多种手段组合,单一手段易错过火灾扑灭的最佳时间节点。

基于深度学习的森林火灾监测即通过无人机巡检森林,并由其通过无线图传系统将巡检视频传回地面平台,通过深度学习检测算法检测是否存在烟雾、是否有火或烟加火,具有检测速度快、精确、识别率高的特点。

### 7.4.2 森林火灾预测

森林火灾预测研究的基本思路:一是选取森林火灾相关影响因子,并得到主要驱动及致灾因子;二是将这些因素作为森林火灾预测模型的输入数据,应用机器学习模型(人工神经网络、支持向量机和随机森林等)得到相应的结果,通过 AUC 值等评价指标来确定模型的精度,预测本研究区林火发生概率,最后绘制空间概率图及季节性概率分布图,并进行火险等级区划(李玉冬,2021)。

**1. 影响因子**

从致灾直接原因上来看,大致包括烧荒烧炭、特殊时期烧纸、野外吸烟、雷击火等行为导致的森林火灾;根据森林火灾的深层影响因子进行分类,包括气象因素、地形因素、植被及人文因素。

(1)气象因素:森林火灾主要驱动因素之一,具体包括相对湿度、日累计降水、气温、风、日照时数等。如日累积降水直接影响可燃物含水率,风通过不断补充氧气,增加助燃条件,加速燃烧过程。相对湿度是用来表示空气中水汽含量高低的物理量(郑琼等,2013),关系到可燃物能否着火和火势蔓延的程度。日照加速水分蒸发,间接影响了水分条件,进而影响着火点。

(2)地形因素:地形因素对森林火灾发生起着相对间接的影响,地形会影响局部气候条件、植被长势,同时对交通通达性、人口分布等社会经济条件产生影响,对火源、防火、灭火等具有不同的影响。地形因素包括海拔差异、坡度、坡向等方面。

海拔差异会影响空气湿度、温度、降雨量等气象,同时影响植被作为可燃物的种类、含水率及载荷量。

坡度指的是斜坡上的垂直高度和水平间距的比值,它衡量地面单元的陡缓程度。坡度是引起林火的重要因素,其对可燃物的赋存状态和林火的传播速度有重要的影响。例如,坡度较陡的地方,土壤水分比平地要少,雨水也更容易流失,可燃物含水量也较低,这就不可避免地会对林火的风险产生影响。另外,坡度对林火蔓延和蔓延的影响也很大,林火有向上蔓延的趋势。而在某一梯度上,由于下层林火的上升和热量的烘烤,其相对火险等级将较低。通过复制地形位置指数的算法计算斜率位置,结果表明:坡度越大,火烧面积越大。

坡向:不同坡向的日照时数和太阳辐射强度不同,从而导致土壤、空气和植被状况的差异,对于北半球而言,南坡受辐射强度最高。

(3)植被:植被覆盖度反映了地表可燃物总量,植被状况,通常指一定区域范围内植被的叶、茎、枝在地面垂直投影面积的百分比。

(4)人文因素:中国一些特殊的传统节日,如清明、中元节有烧纸祭祖的习俗,人为用火不慎就有可能引起森林大火。同时,当人口和 GDP 总量较高时,表明该区的人类活动强度较高,容易发生因人为原因诱发林火;火点与道路和居民地之间的距离,用以考虑人类活动引起的林火,而越是靠近道路和居民区,说明人员流动就越大,有可能发生由农事用火、野外吸烟、生活用火等人为原因引起的林火。

**2. 预测模型**

1)运用灰色理论模型预测森林火灾次数和受灾面积

灰色预测模型如下:

$$\hat{x}^{(1)}(t) = \left[x^{(0)}(1) - \frac{b}{a}\right]e^{-a(t-1)} + \frac{b}{a} \tag{7-10}$$

式中:$\hat{x}^{(1)}(t)$为森林火灾次数和受灾面积累加值;$x^{(0)}(t)$为森林火灾次数和受灾面积观测值;$a$、$b$为待求解参数;$t$为时间;e为自然常数。

2)随机森林算法(RE)

随机森林算法是基于决策树进行数据挖掘的机器学习方法,RE算法是单颗决策树这一弱分类器集合形成强分类器,数据量够大的模型对噪声及异常值都具有较高的容忍性,可避免过度拟合又能有效估计,保证模型的准确性,在选择森林火灾预测模型过程中能通过集合大量分类数提高预测正确率。

假设数据集中森林火灾数据为$n$个,驱动因素数据为$m$个,利用Bootstrap重抽样方法有放回地随机抽取$n_1$个样本容量为$n$的样本集,构建$n$株分类树,并在分类树的节点上随机抽取$m_1$个森林火灾驱动因素(合理选取$m_1$、$n_1$及分裂属性个数与决策树数量是提高精准率的重点),选择其中一个最具有分裂能力的变量进行分支,将所生成的$n_1$株分类树组成随机森林,并将这$n_1$株树分类结果的众数作为RF的分类结果。

3)BP神经网络算法

将影响森林火灾的因子作为模拟神经的输入,火灾发生情况作为输出,可以有效分析各影响因素对火灾发生的权重和联系。人工神经网络通过对大量统计数据的训练仿真,并模拟运算,优化自身网络结构,得出所需要的函数运算结构。根据BP算法的运算步骤,首先是将数据进行正向传播,计算出每个连接权的值,计算网络和输入样本数据级的误差,如果误差大于设定的值ε,那么就需要反传修正权值,重新进行正向传播,进行对比,如果不小于设定的容许误差ε,继续反传修正权值,重新进行正向传播,直至误差达到容许的范围之内,即相关森林火灾发生因素的权值系数尽可能地逼近实际对林火发生影响的相关度,使得训练最终达到预期目标。

# 第8章 自然灾害与城市安全应急野外认知实习

本章介绍自然灾害与城市安全的应急野外实习知识,主要包括地貌调查和识别,以及观察和描述、自然灾害应急系统流程与绘制,以及灾害应急实操。要想提前预知自然灾害就应观察各种地貌状况和经济社会状况。为预防自然灾害,本章从系统动力学角度出发构建灾害应急系统。同时学习灾害应急预案的编制,以提高灾害应对能力。

通过本章学习,你将了解以下内容:

(1)自然灾害观测点地貌野外调查和识别。

(2)自然灾害应急系统流程与绘制。

(3)灾害应急实操。

为了提高实习生的应急管理能力,下面是灾害应急管理实践的内容,主要涵盖灾害应急系统与流程、灾害应急预案编制和修订、灾害应急演练和实战训练等方面。

## 8.1 自然灾害观测点地貌野外调查识别

### 8.1.1 地质地貌的观察与描述

深入观察地质地貌的目的是更好地了解周边地质地貌的情况,为应对可能出现的自然灾害做好准备。

**1. 地质的观察和描述**

涉及岩石层、地质构造、地球物质的化学成分,以及形成和变化的进程。要做好地质观察,需要注意以下方面:

(1)确定岩石的类型和颜色:岩石的类型和颜色与不同的自然灾害之间存在一定的关联,以下是一些常见的情况:①暗色岩石:通常是火山岩或玄武岩等,预示着可能发生的自然灾害包括火山喷发、地震等。②浅色岩石:通常是沉积岩或石灰岩等,预示着可能发生的自然灾害包括地震、滑坡、泥石流等。③岩层夹层状:通常可以预示着可能发生的自然灾害种类更多,例如地震、火山喷发、岩爆等。④小范围断层:往往会出现在地震带中,是地震活动的标志之一,预示着可能有地震发生。

(2)观察地质构造:地质构造包括山脉、断层和沉积岩等。通过观察山脉的形状、地层的排列和层间的岩石类型等,可以了解地表的构造和地面的升降结构。还需要测量地层的情况,通过观察地表矿物质的分布、地下河流的走向,以及地下水的深度等来了解地下地质状态,有助于提前预测地震和地基液化等灾害。不同的地质构造往往会对周围地区自然环境产生不同的影响,可能会导致不同类型的自然灾害。

以下是一些常见地质构造预示的自然灾害类型:

山脉。山脉的产生多因地壳运动等,因此在山脉地区较常见的自然灾害为山体滑坡、泥石流、山体崩塌等。而对于沿海地区的山脉,则更容易遭受海浪侵蚀、风暴和降雨等灾害。

断层。断层也可能导致地面沉降和地面隆起等现象,进而引起洪水和山体滑坡等灾害。最新的地质学研究表明,如果断层表面出现裂缝或者破碎的现象,或者断层周围的土层发生了变形,这些都表明地质构造已经活跃。越是活跃的断层,就越容易引发地震或滑坡等自然灾害。如果断层表面上出现了沟槽,或者破碎的碎屑堆积在周围,这些也是活跃断层的标志。

沉积岩。主要观察以下特征:①岩石流动性:如果沉积岩的流动性极高,可能意味着即将引发山体滑坡或泥石流等灾害。②岩石结构:层理节理、剪力带和断裂等结构可能会导致岩层发生裂缝和崩塌。③地形:沉积岩所处的区域地势陡峭或河流陡峭,很可能会发生山体滑坡或岩石滑坡等较严重的灾害。④渗透性:沉积岩的渗透性很高,可能导致其过度吸水、膨胀和崩塌。

(3)寻找化石:生物化石记录了地球历史上的生命和进化过程。通过观察和记录化石,可以了解过去海洋和陆地的分布和形态,还可以推断出当地地质构造的变化,为灾害应对提供基础数据。

**2. 地貌的观察和描述**

地貌也称为地形,是地球的表面形态,它涉及山脉、高原、平原、丘陵和盆地等自然风貌。观察地貌时要选择视野比较广阔、地势较高的地方,按照从宏观到微观,从面到点的观察顺序进行观察,先观察比较大的地貌,如山地、平原等,再观察和描述次一级地貌,如山岭、河谷等,最后再描述陡崖、河岸等更小的地貌,可以借助地形图、遥感影像或者无人机等来辅助。观察的主要内容如下。

1)地形(表8-1)

观察地形时主要注意观察以下内容:

(1)地表形态:如果山体很陡峭,顶部很尖锐,那么可能会导致山体崩塌,形成滑坡和岩崩。

(2)岩性和岩层:岩性和岩层规模影响的是地貌的稳定性。

(3)水文条件:山脉中的沟谷、峡谷和河流通常是洪水、泥石流和山体滑坡等自然灾害形成的原因之一。

(4)植被覆盖度:较高的植被覆盖度则有助于减少河流侵蚀,并起到固定土壤的作用,从而减少自然灾害发生的可能性。

(5)地下水位:地下水位直接影响地区的农业生产和居民生活。如果地下水位过高,可能会导致土地沉降和滨岸侵蚀。

# 第 8 章 自然灾害与城市安全应急野外认知实习

表 8-1 地形特征

| | 观察内容 | 特征 | 图例 |
|---|---|---|---|
| 地形 | 山脉 | 海拔大于 500m,相对高差大于 200m | |
| | 高原 | 海拔大于 1000m 的高地,地形开阔,比较完整的大面积凸起 | |
| | 平原 | 地势坦荡,面积辽阔,海拔多为 0~500m | |
| | 丘陵 | 海拔小于 500m,相对高差小于 200m,地势起伏小,坡度较缓的地区 | |
| | 盆地 | 四周高、中间低的盆状地形 | |

(6) 地层松散程度:地层松散程度与地区的稳定性有关。

(7) 集水区面积:集水区面积较大时,若发生强降雨、暴雨等极端气象事件,容易引发洪涝灾害,如山洪、泛滥等。

(8) 地质构造复杂度:地区的地质构造较为复杂,可能存在多种地质灾害隐患,如地震、崩塌等。

(9) 土地利用方式:若土地被过度开垦、破坏,则容易导致土地退化,加剧自然灾害的发生。

(10) 坡度和坡向:坡度越大,则地表流失的速度越快,这可能会使表层土壤变薄、逐渐裸露出来,容易造成土石流等灾害。

(11) 人为因素:人为因素通常是平原地区自然灾害的诱因之一。

2) 高度

高度观察的内容主要分为绝对高度和相对高度(图 8-1)。在观察高度时,可以通过比较绝对高度和相对高度来判断该地区的地形。绝对高度是分辨多种地貌的重要标准,可以通过查找地图或者借助仪器获得;而相对高度则代表两个或两个以上地形的绝对高度之差,通常用于描述某一地区的地面起伏程度,可以通过MapGIS或ArcGIS辅助绘制等高线图来判断该地的地形。

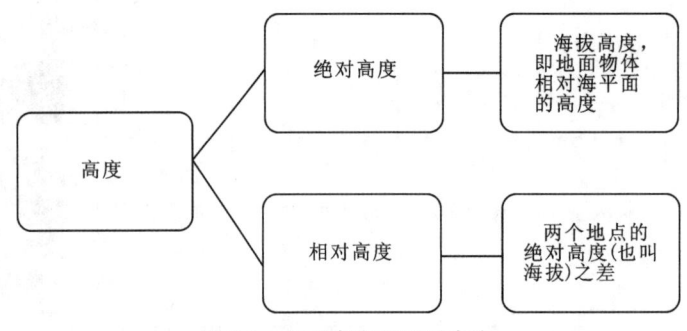

图8-1 相对高度和绝对高度

3)坡度

不同程度的坡面和水平面的组合形成了各种各样的地貌。坡度是指地面倾斜的程度(图8-2),凹型坡的特点是等高线下疏上密,坡面容易形成水流集聚,增加了水土流失的风险。相反,凸型坡则是等高线上密下疏,通常在坡面形成水流的分散,减缓了水流速度,降低了水土流失的可能性。坡度=高度差/水平距离。

坡度的影响主要有以下几方面:①易造成水土流失,坡度大于15°,遇到暴雨耕地容易水土流失;②对交通建设也会造成影响,一般公路线、铁路都会与等高线平行,减小坡度。

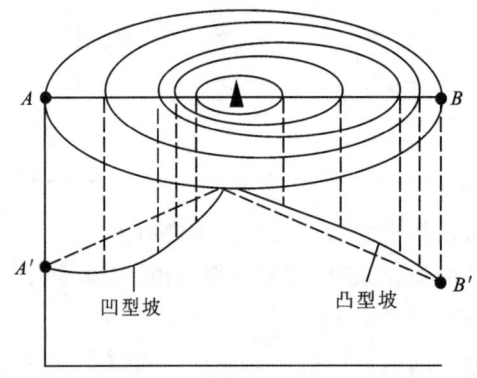

图8-2 凸型坡与凹型坡

4)坡向

坡向定义为坡面法线在水平面上的投影的方向(也可以通俗理解为由高及低的方向)。不同的坡向往往导致不同的生态环境,例如在北半球,南坡阳光较为充足,因此南坡的植被通常较北坡更为茂密,南半球则相反。

5)其他观察

地貌的观察一般还会采取描述地貌的形状、占地面积、分布状况、起伏状况和破碎程度等形式。主要从3个方面加以描述:地表的基本形态(宏观和微观)、地表的高低起伏状况、地貌的突出特征(土地厚度、坡度空间分布)。

在以上方面观察的基础上,还可以使用各种工具进行分析和评估。例如,使用遥感技术、高分辨率地图、GPS仪器等,来定位、测量、标记和记录地理数据,进一步完善我们对地质地貌变化的了解。

比如最常见的地貌观察法就是DEM(数字高程模型),它是许多土地要素分析(例如地貌特征分析)的基本数据集。坡度、坡向、地形、丘陵阴影和水流也可以通过表面高程模型导出。DEM数据可以通过地理空间数据云来下载,下载后通过ArcGIS进行具体的数据处理操作,可以生成高程、坡度、坡向等地貌信息(图8-3)。

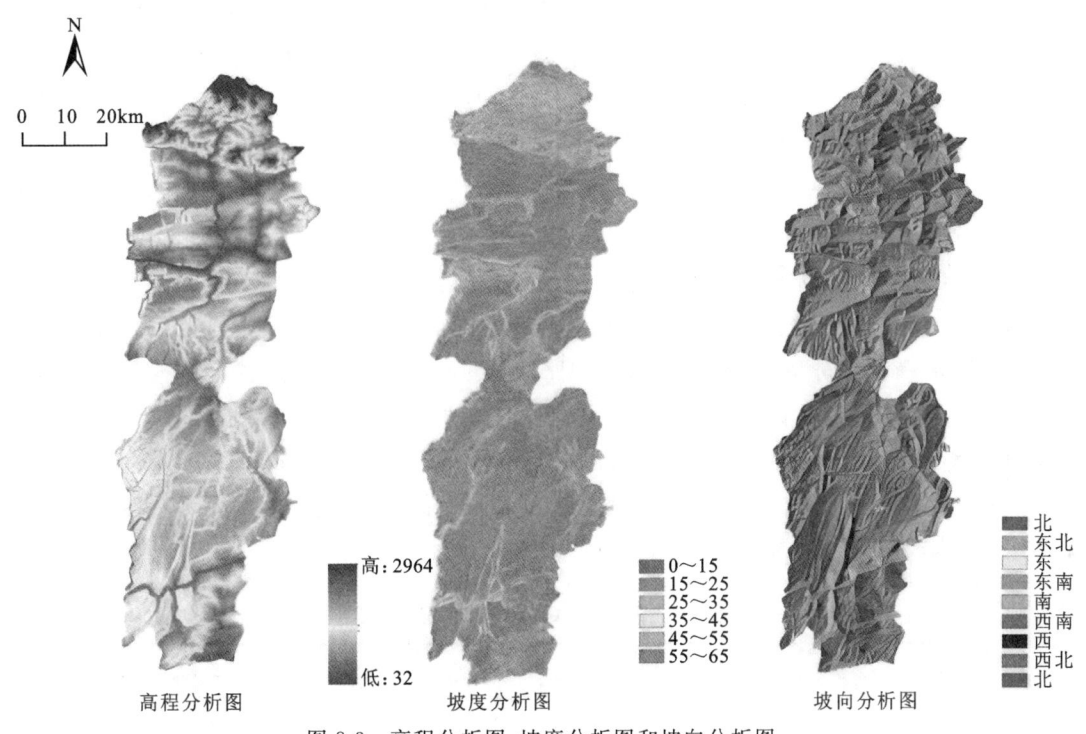

图8-3 高程分析图、坡度分析图和坡向分析图

### 8.1.2 气候水文特征的观察与描述

**1. 气候特征的观察**

气候特征的观察包括测量降水量、观察天气图、检测水流速度、监测河水位和记录水温等。对于降水量,需要密切关注天气,包括雨、雪、霜、冰雹等。通过收集和记录这些信息,可以判断是否存在洪水、山洪、干旱等气候灾害的严重情况。气候的观察内容主要有:

(1)气温。通常所说的气温是在离地面1.5m的百叶箱内用温度计测得的温度,我国主要用℃来表示温度的高低,但是也常用到温标,用K表示,这种温标中1度的间隔和摄氏度相同,但是其零度称为"绝对零度",规定等于−273.15℃,所以它们的换算关系是:

$$T = 273.15 + t \tag{8-1}$$

式中:$T$表示绝对温度(K);$t$为摄氏温度(℃);

此外，有的国家会使用华氏温标(℉)，它们之间的关系为：
$$Tf = 9/5t + 32 \tag{8-2}$$
式中：Tf 为华氏温度；$t$ 为摄氏度。

(2) 气压。气压是指大气的压强，一般情况下气压值是用水银气压表测量。设水银柱的高度为 $h$，水银密度为 $\rho$，水银柱截面积为 $S$，则水银柱的重量 $W = \rho g h S$，由于水银柱底面积的压强和外界大气压的压强是一致的，从而测得大气压强为：
$$P = W/S = \rho g h \tag{8-3}$$

(3) 辐射。与气候水文现象关系密切的辐射是太阳辐射、地球辐射和大气辐射。

(4) 大气湿度。表示大气中水汽量多少的物理量，表示大气湿度的方法有很多种：①水汽压和饱和水汽压。大气中的水汽所产生的那一部分压力称为水汽压($e$)，用 hPa 表示，随高度增加而迅速减少，自然条件下水汽分压力存在一个极大值，当水汽分压力接近这一极大值时便有水汽凝结出来，以保持水汽分压力不超过这一极值，如果水汽含量达到此限度，空气就呈现出饱和状态，这时的空气成为饱和空气，饱和空气的水汽压称为饱和水汽压。②绝对湿度。单位体积空气中所含的水汽质量称为绝对湿度。③比湿。湿空气中水汽的质量与该团空气的总质量的比值。④混合比。湿空气中水汽质量与干空气质量的比值。⑤相对湿度。就是空气中实际水汽压与同温度下饱和水汽压的比值。⑥露点和霜点。在空气中，气压和水汽含量不变的条件下降温，使水汽相对于水面达到了饱和时的温度称为露点温度，同样过程使水汽相对于冰面达到饱和时所应该降低到的温度称为霜点。

(5) 降水。降雨分为微量降雨(零星小雨)、小雨、中雨、大雨、暴雨、大暴雨、特大暴雨共 7 个等级。具体划分见表 8-2。

表 8-2　不同时段的降雨量等级划分表　　　　　单位：mm

| 等级 | 时段降雨量 | |
|---|---|---|
| | 12h 降雨量 | 24h 降雨量 |
| 微量降雨(零星小雨) | <0.1 | <0.1 |
| 小雨 | 0.1~4.9 | 0.1~9.9 |
| 中雨 | 5.0~14.9 | 10.0~24.9 |
| 大雨 | 15.0~29.9 | 25.0~49.9 |
| 暴雨 | 30.0~69.9 | 50.0~99.9 |
| 大暴雨 | 70.0~139.9 | 100.0~249.9 |
| 特大暴雨 | ≥140.0 | ≥250.0 |

来源：《降水量等级》(GB/T 28592—2012)

(6) 风。观察风时主要观察风的来向，用方位或者方位度数来表示，地面风向用 16 方位来表示，每相邻方位之间的角度差为 22.5°。空中风向用方位度数来表示，即 0°或者 360°为正北，90°表示正东，180°表示正南，270°表示正西(图 8-4)。

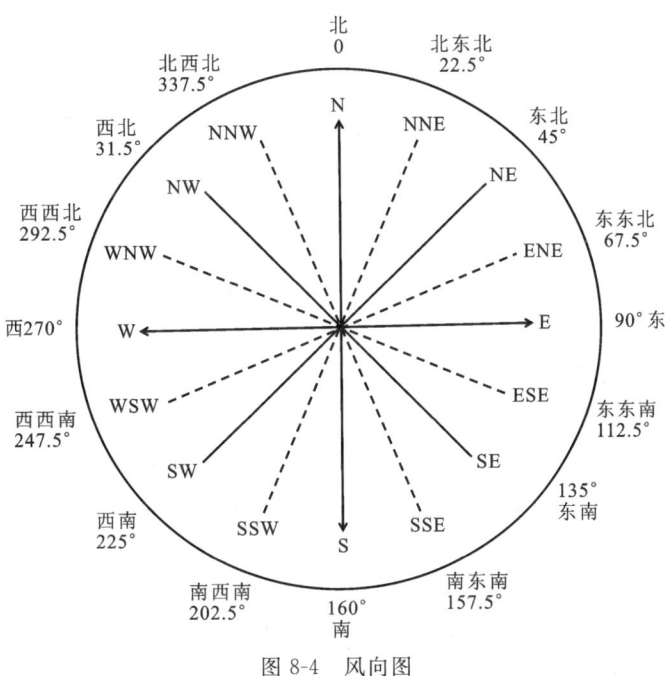

图 8-4 风向图

风速可以根据风速仪确定,也可以根据陆地表征物来确定(表 8-3)。

表 8-3 风力等级表(据胡波等,2019)

| 风力等级 | 名称 | 陆地表征 |
| --- | --- | --- |
| 0 | 无风 | 静,烟直上 |
| 1 | 软风 | 烟能表示风向 |
| 2 | 轻风 | 人面有风,树叶微响 |
| 3 | 微风 | 树枝树叶摇动不息 |
| 4 | 和风 | 灰尘和纸张被吹起 |
| 5 | 清风 | 水面小波纹 |
| 6 | 强风 | 粗树枝被吹动,行人开伞困难 |
| 7 | 劲风 | 影响行人步行 |
| 8 | 大风 | 行人难以迎风步行 |
| 9 | 烈风 | 房屋被损坏 |
| 10 | 狂风 | 树木被拔起,建筑物损坏 |
| 11 | 暴风 | 建筑物发生重大损毁 |
| 12 | 台风 | 毁灭性极大,停工停课 |

**2. 水文特征的观察**

水文特征是指河流、湖泊、海洋等水体的性质和特点。水文特征的观察和描述还要考虑水流速度和水位。特别是对于河流或其他水域,需要密切关注水位和流速是否骤升或骤降,导致突发的水灾。高水位和快速水流也可能会导致土壤侵蚀,可能会对基础设施和房屋、桥梁等造成损坏。水温是一种常见的水文特征,可以揭示许多有关水质和生态系统健康的信息。观察水温变化的趋势可以揭示未来的水文事件。如果水温急剧变化,可能预示着来自下游或上游地区的异常水流。超过正常的水温,可能会导致鱼类和其他水生物死亡,繁殖周期中断或延迟,这可能会对当地生态系统造成严重影响。

观察水文的主要内容有:①蒸发和蒸散,蒸发量可以通过蒸发皿或蒸发器观测得到,也可以通过物理机制估算,主要方法有 Penman-Monteith(PM)公式法、道尔顿公式法、水量平衡法、涡度相关法、波纹比-能量平衡法等多种方法。②河川径流包括地表径流、地下径流、河谷、土壤水、地下水。观察一段时间内的水流情况,可以得到水的流量、流速等各项指标,还可以测算水体的储水量、排放量等信息,以及得出平均水深、水体面积、周长等信息。通过采取水样分析、水体生物及植物分析等方法,可以了解水质情况、营养盐含量、溶解氧含量等信息。

主要采用的工具有:①流量观测。通常采用流速仪、涡轮流量计或漂流测流等工具来测量水体的流速和流量。②水位观测。可以使用水尺、液位计、压力传感器或者超声波水位计等工具对水位进行监测。③水温观测。常用的工具包括温度计、热电偶、红外线热像仪等。④水质分析。通过采集水样进行化学分析,可以得到水质指标,如 pH 值、溶解氧、硬度、浊度等。⑤水下测绘。采用多波束声呐、单波束声呐等工具进行水下地形的测绘,以了解水体的形态和深度等信息。

### 8.1.3 社会经济环境的观察与描述

如何观察社会经济的特征?这包括了解所在地域的人口分布、经济发展水平、教育水平、基础设施,以及其他相关信息。

人口分布主要是观察人口分布的密度、形态、结构,人口分布会影响到自然灾害的发生,也关系到自然灾害所造成损失的评估,主要有以下观测手段:①人口普查;②利用地理信息系统(GIS)软件对人口分布进行精确的制图和空间分析,以揭示地理空间上的人口分布特征,并生成人口密度、居住环境、交通状况等地图;③利用统计学方法对特定区域内的人口数量及其组成进行分析,例如,可以计算人口结构指数(如老龄化指数、青壮年指数等)来描述区域的人口结构特征。

经济发展水平可以通过经济指标去了解一个地区的经济发展水平,如分析国家或地区的GDP、人均收入、失业率、通货膨胀率、出口总额等经济指标,从而了解经济的总体增长趋势、经济结构和资本流动等方面;还可以从行业和经济结构的角度来观察和描述经济发展水平,分析第一、二、三产业的比例、构成、增长率和互相之间的关系,以及工业化、人口城市化等方面的变化。同样也能利用地理信息系统(GIS)等技术手段以了解经济区域的发展状况,比如城市夜间灯光指数。

教育水平可以通过观察该地区的教育投入情况来了解。教育投入包括教育经费、教师数量、学生与教师比例等因素。如果投入越多,那么该地区的教育水平就越高。同时还可以从该地区的教育成果来评估其教育水平。教育成果包括学生的平均成绩、升学率、毕业率等指标。如果学生表现出色,那么该地区的教育水平就越高。另外,可以观察该地区的教育环境。教育环境包括学校设施、教育资源、教育文化等因素。如果教育环境良好,那么该地区的教育水平就越高。

基础设施主要观察的内容有:①交通设施:地铁、公交车、高速公路、铁路等交通设施的建设情况,以及交通拥堵情况。②能源供应设施:供应可靠性、供应范围、能源类型(油、电、天然气、太阳能等),以及绿色能源的使用情况等。③水资源设施。④检查社会设施:指普及到公众的住房、医疗、安全、教育、文化、娱乐等一系列公共服务设施,包括教育机构、医院、文化场馆、图书馆、体育馆等。

以下是一些可用于观察和描述社会经济环境的工具和技术。

全球信息系统(GIS):GIS 是一种集成在线地图和空间数据分析的工具,可识别包括土地利用、社区划分、基础设施、建筑、人口分布、经济发展情况等和其他地理数据在内的信息。使用 GIS 处理和分析这些信息可以帮助观察社会经济环境,并有助于他们制定应急计划、寻找安全区域和协助人员疏散等。

统计预测模型:利用统计模型可以帮助预测社会经济环境的变化趋势,从而引导相关部门制定更有效的应对计划。通过处理与灾害有关的数据,如历史灾害数据、自然和人工裂变、气候和天气趋势、GDP 和人口流动等数据,可以帮助应急管理人员预测地区的情况并应对灾害。

社区参与:社区参与可通过开发社区咨询机构来观察和描述社会经济环境。与社区成员沟通并了解他们的相关经验、反馈和观点,可以帮助相关部门更好地了解社会经济环境。开发社区讨论、调查和反馈政策的平台,允许应急部门了解并回应社区的需求,并开展更有效的社区教育。

大数据分析:大数据分析可以用于处理量大的数据,以帮助相关部门分析和预测社会经济环境的变化趋势。大数据可包括主要产业、商品价格、流动人口、商业运营数据、社交网络和其他相关数据。通过处理这些数据,应急部门可了解社会经济环境,预测未来可能发生的情况和变化情况,并找到效果明显的战略和实施应对措施。

## 8.2 自然灾害应急系统与流程绘制

### 8.2.1 灾害应急系统构成

灾害应急系统是基于信息、物资、要素间相互联系、相互影响、相互制约、相互依存,而形成的多层次、多部门、多功能的一个动态系统。基于系统动力学的应急系统整体架构如图 8-5 所示。

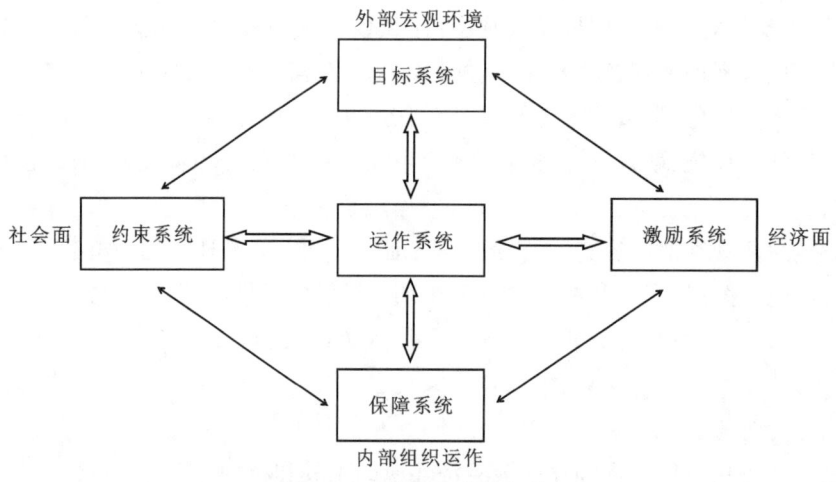

图 8-5 应急系统整体架构

系统往往会受到外部环境和内部要素的影响，且各个子系统间的关系是动态的，此外内部的因素之间可以相互转换，尤其是保障系统和约束系统。该系统是一个以计算机为中心的组合系统，它应用应急理论、方法，将各种工具有机整合，构成一个具有应急功能的自动化系统，该系统服务于应急管理的全过程，一般包括预防、准备、响应和恢复4个阶段，这4个阶段往往是衔接和循环的，每个阶段使用不同的技术和方式来完成不同的管理功能，每个阶段的应急行动又会与前阶段的行动形成重叠或者延伸到下一阶段。预防是指在灾害发生之前，对其进行分析性模拟、预测与评估，实施一些预防措施以避免灾害或者减少损失。准备是指对灾害采取预先行动以提高和增强应急操作的能力，如提供应急技术和灾害应急演练。响应是指迅速对灾害作出应对，比如应急救援。恢复主要是将人们的生活恢复到正常水平。

应急子系统包括保障系统、运作系统、激励系统、约束系统和目标系统，每个系统都有不同的职责和功能。

**1. 保障系统**

该系统由组织、预案、技术、法律规范等要素组成（齐二石和王嵩，2008）。作为应急系统的基本系统，主要由以下部分组成：

组织系统，主要包括应急准备系统、监测预警系统、应急响应系统、应急恢复系统。该系统是用以调动各方资源，保证应急有序进行的综合应急子系统。

预案系统，主要负责完成资源、信息整合的系统。建立预案系统首先应该对应急资源进行识别，然后对应急资源进行储备、布局，最后对其进行评估与分配。

技术系统，即应急信息系统，是通过使用先进信息技术、网络技术、通信技术来调度资源，从而实现应急过程的科学化和可视化的子系统。

法律法规，是指建立相应的法律体系，使得应急过程有具体的可依靠的标准，使得应急管理工作有条不紊。

**2. 运作系统**

主要由应急准备、预警监测、应急响应、应急恢复 4 个部分组成。

应急准备包括危机识别、评估、资源管理、预案管理、应急能力评估、培训和演练、教育宣传等。预警监测主要是指通过监测系统来预防、识别即将发生的灾害。应急响应则主要包括接收和调度警报、灾害评估、决策分析、指挥调度、现场指挥、应急救援、应急物资管理、应急预案管理、损失评估等步骤。紧急灾后恢复是指灾害发生后的善后和灾后恢复（王文等，2022）。

**3. 激励系统**

激励系统包含科技支持、灾害保险和社会捐赠。

科技支持主要是政府投资扶持科技教育、科技研发来服务于灾害应急管理。灾害保险主要利用保险纳入城市灾害救助中，减少灾前灾后的损失，社会捐赠是指其他组织对灾害资金、技术支持（徐玖平等，2013）。

**4. 约束系统**

约束系统主要是要注重成本的节约和权力的限制。

**5. 目标系统**

目标系统主要包括预防目标、应急目标和恢复目标。预防目标是指准备工作，尽可能地减少和预防灾害。应急目标是对整个过程进行有序处理。恢复目标是指在灾后恢复和重建。

城市灾害应急系统的主要作用，是通过科学有效的系统管理，确保系统的稳定运行，从而实现城市灾害管理的具体目标。应急保障体系为系统的运行提供组织、规划、资源、技术、法律规范等保障，确保系统能够正常运行。激励制度体系为运行系统提供动力，保证整个系统总体目标的顺利实现，对系统产生调节作用。

目前，我国的应急系统主要包含以下方面：

（1）组织指挥体系。主要包括：国家减灾委员会，也即国家自然灾害救助的应急综合协调机构。其主要职责是负责研究制定国家减灾工作的方针、政策和规划；协调开展重大减灾活动；指导地方开展减灾工作；推进减灾国际交流与合作；组织、协调全国抗灾救灾工作。救灾抗灾综合协调工作办公室和减灾委办公室，其主要职责是承担减灾和全国抗灾救灾综合协调工作；协调有关部门听取受灾省份的灾情和抗灾救灾工作汇报；收集、汇总、评估、报告灾害信息、灾区需求和抗灾救灾工作情况；协调有关部门落实对灾区的支持措施；召开会商会议，分析、评估灾区形势，提出对策；协调有关部门组成赴灾区联合工作组，协助、指导地方开展抗灾救灾工作。为了指挥、组织、实施好灾害的应急救助，保证机构的顺利运转，在国家的层面上设立了 4 个机构，第一个是国家减灾委办公室，第二个是全国抗灾救灾综合协调办公室，第三个是救灾救济司，第四个是国家减灾中心。这 4 个机构，在国家层面，为了运转方便，实行一体化运作。

(2)预警监测系统:国家建立了灾情会商与预警系统,中央灾害信息管理司建立了灾害情况咨询机制,通常由民政部牵头开展每月灾害咨询,并邀请各部委有关人员进行咨询。同时,还建立了预警预报体系,包括负责气象灾害监测的气象局、负责地震监测的地震局、负责洪水预警预报的水利局。其主要职责是对气象、地震、洪涝等自然灾害进行预警,并在第一时间进行会谈,通过各种监测手段及时发现可能发生的自然灾害并及时通知有关部门和人员,从而采取有效的避险措施。应急预警监测系统主要由气象、地震、海洋、洪水等应急负责部门共同协作完成,通过发挥各自的职责和任务,保障人民群众生命财产安全。

(3)应急救援机制:即事故快速反应、救援协调和应急处置机制。在自然灾害发生后,要通过应急救援机制开展救援和抢救工作,从而最大限度地保障人民群众的生命安全和财产安全。应急救援机制主要由消防、安全监管、医疗、公安、交通运输等部门共同协作完成,通过发挥各自的职责和任务,为保障人民群众生命财产的安全作出了贡献。主要的工作任务就是:第一,报告灾情;第二,迅速成立灾情联合工作组,在一定时间内解决灾区问题;第三,管理物资;第四,中央应急资金要及时拨到灾区。

(4)应急物资保障:需预先准备大量的食品、药品、饮用水、帐篷等应急物资,以开始灾害救援行动;同时多方签订应急物资调配协议和保供协议,确保应急物资的有效保障。应急物资保障部门主要由物资管理、物流保障、房地产管理、公安、商业等部门共同协作完成,通过发挥各自的职责和任务,为保障人民群众生命财产的安全作出了贡献。中央建了一个救灾社会动员系统,主要包括4个方面的功能:第一,重大灾难的救助;第二,频发灾难的救助;第三,针对一些特定灾难的资助;第四,集中性的资助。

(5)人员培训与演练:对有关各类人员开展应急知识培训和应急演练。在以往的自然灾害应急工作中,由于缺乏专业人才,往往导致出现了很多矛盾和问题。因此,适时对应急人员进行培训和演练显得尤为重要。

## 8.2.2 灾害应急流程

具体的灾害应急流程操作步骤如下:

(1)灾情评估。在灾情评估中,需要考虑灾害类型、规模、影响范围、灾情等级、人员、物资和设备等因素。灾情评估的流程主要有:①组织灾情评估工作。评估工作必须由有关部门和领导组织,负责人需要有相关的经验和专业人士的辅助。②搜集灾情信息。搜集灾情信息首先要建立完善的信息汇报机制,及时了解灾情的程度和范围。信息来源可以包括现场勘查、从属单位报告、定点观测、气象预测等。③评估灾情程度。评估灾情程度可以从以下4个方面入手:a.灾情类型:包括地震、洪水、暴雨、滑坡、泥石流、森林火灾、爆炸等。b.灾情规模:包括受灾建筑面积、破坏程度、人员伤亡、失踪记录等。c.灾情影响范围:地理范围和经济范围。d.灾情等级:从低到高为一般(Ⅳ级)、严重(Ⅲ级)、比较严重(Ⅱ级)和特别严重(Ⅰ级),用蓝色、黄色、橙色、红色表示。④实施相应的处理措施:处理措施要合情合理合法,因地制宜、明确责任和分工(王宏伟,2018)。

(2)告警环节。及时准确地向有关部门和群众发布灾害预警信息,可以有效地降低损失和风险。在这个环节中,需要建立灾害预警信息的收集、分析、发布和应用体系,并加强对群众的宣传教育,提高群众自救能力和防范意识。

(3)应急响应。迅速组织、调度和运用各种救援力量和资源,开展科学、系统、专业的应急处置和救援行动。这个环节需要注重应急物资、应急设备、交通运输、通信保障、群众疏散等各方面的保障和配合。

(4)救援处置。在救援处置中,需要采用灵活、务实、创新的方式,充分发挥各种救援力量与资源的作用,合理地组织应对灾害的重建和恢复,以便尽快恢复社会生产生活秩序。

恢复重建。需要注重把握经济、社会、生态的协调发展,完成灾后重建工作,如重建灾区基础设施、生态环境修复、群众安置等工作,彻底摆脱灾后影响,把握和开创新的发展机遇。

### 8.2.3 灾害应急预案编制和修订

应急预案又称应急计划,应急计划是一份紧急管理文件,是用于最大限度降低危机事件的影响的行动方案。建立科学有效的应急预案,是各应急管理机构的基本任务,能为应急管理工作起到重要的指导作用,从而达到减少损失和危害的目的。

(1)应急预案的类别:为确保预案间的协作及个性化的要求,需要根据即将发生的事故或者灾害制定相关预案,可将预案分为3种:综合预案、专项预案、现场预案。

综合预案总体上描述了应急方针、政策和应急组织及其相应的职责、行动方针等。专项预案具有针对性,是为某类特定事件而制定。现场预案根据专项预案、现实情况进一步进行修改。

根据可能的事故后果影响范围地点及应急方式,可将应急预案分为以下5类:Ⅰ级(企业级)应急预案,这种预案一般发生在一个组织的界区之内;Ⅱ级预案(县/市/社区级),这类一般发生在公共社区;Ⅲ级预案(市/地区级);Ⅳ级预案(省级),这种一般属于省级灾难事故;Ⅴ级预案(国家级),超过省、自治区、直辖市边界的重大事故。

(2)应急预案的文件体系:完整的应急预案主要包括四个文件体系:①总预案:主要由相关政策、目标、组织、责任组成;②程序:概况、应急准备流程、应对流程、灾害恢复流程;③说明书:对程序中的特定任务及某些行动细节作出说明;④记录:具体内容包括灾害应对时所作的行为、行动记录等。

(3)应急预案的核心要素:组织概况、组织职责与基本架构、紧急情况类型、响应顺序、事后恢复、更新维护等。

①基本信息和环境:地形、地貌、水文、气候、生产安全设施分布。

②组织架构和分工:制定分工明确的架构体系,同时确定每个板块或活动的具体负责人,须了解周围区域的救援机构,以备不时之需,同时还需考虑政府和企业在应急行动中的职能。

③灾害辨认及风险评价:预计会发生的灾害类型、时间、地点,同时确定灾害可能会造成的影响、范围、人员,根据这些划分灾害的级别,对灾害源进行预估和预测,对灾害的过程及灾害导致的次灾害的影响范围和人数等进行预测。

④警报和通信联系:制定警报制度和程序;通告方法:通过电话、广播、网络、警报和预案等方式,短时间之内联系到各个部门,以便进行应急指挥和人员撤离;确定紧急救护队伍对外求助的途径等。

⑤应急装备和机构:应急装备的数量、型号、存放地点和取得途径。应急装备:个体防护装备、通信装备、测试装备、防火装备、维修工具、应急材料等。应急机构:安全生产监督管理部门,公安,武警部门,消防部门,急救部门,医疗卫生部门,防疫部门,环保部门,水、电、气供应部门,交通运输部门,以及与有关机构之间的互援协议等(高璐等,2023)。

⑥应对措施:突发事件的早期控制措施,明确有权下达撤离指令的人员和程序,确定避难路线、临时避难地点和实施避难撤离的组织和负责人等,以及对特殊人群(学校、幼儿园、老弱病残)的保护措施,明确启动和终止保护措施的程序与方式。

⑦新闻传播和公众教育:确定各个应急团队在突发事件中的发言人,描述突发事件的决策程序;定期开展突发事件的应对措施教育,并提出相应的建议。

⑧突发事件的善后处理:对突发事件的后果作出相应处理,并使其恢复到原来的状态。采取有效措施来保护事件现场;宣告解除紧急状况的手续;使之回到常态的手续;介绍了一种持续探测作用范围的算法;描述对突发事件的调查,以及评估的方式。

## 8.3 灾害应急实操

### 8.3.1 桌面演练

桌面演练是模拟真实环境下的应急事件,不进行现场实地演练,主要针对应急预案的操作程序、流程和指挥协调机制进行考验。灾害应急桌面演练是一种基于计算机模拟的虚拟演练,可以帮助应急部门检验和确认应急预案的完整性、合理性和实用性。

相比起现场实战演练,桌面演练的优势在于演练成本较低,演练流程更加灵活,更容易进行沟通和交流。桌面演练主要由以下几步组成:①确定演练主题和目标。例如,在地震演练中,可以讨论如何应对地震后的灾害处理和紧急救援等问题。②制定演练计划并分配演练任务。例如,根据模拟灾害情景,讨论如何组织救援物资的储备,如何协调各个救援单位的行动等。③设计演练流程。流程应该包括灾害发生后的演练模拟、交流沟通、救援流程实施、监督和总结评估等。④进行演练模拟。一般使用电脑演练软件模拟虚拟灾害情景。这些软件能够模拟出灾害的影响和应对过程。参与演练的部门人员应基于实际情况,配合和调整预案进行模拟操作。⑤分析和总结演练结果。通过演练,应急部门可以了解灾害应急预案在实际情况下的能力、可靠性及不足之处,并且可以从中汲取教训。

以下是桌面演练预案:

一、演练目的

二、演练时间、地点

  时间:××月××日上午

  地点:××

三、参加演练人员

  1.指挥组

    总指挥:××

    副总指挥:××

  2.应急救援组

    (1)抢险救援组

      组长:××

      组员:××、××

      职责:初起事故控制和险情排除,抢救物资等抢险工作。

    (2)通信联络组

      组长:××

      组员:××、××

      职责:负责与各应急小组及对外有关部门的通信联络和情况通报。

    (3)后勤救护组

      组长:××

      组员:××

      职责:抢救受伤人员并进行初期救护,引导急救人员和车辆,配合医务人员救护受伤人员及护送受伤人员就医。

    (4)疏散保卫组

      组长:××

      组员:××、××、××

      职责:负责引导各部位人员有秩序地进行疏散,并做好事故现场的警戒保卫工作,防止无关人员进入事故现场,维持现场秩序,看守抢救出来的物资。

    (5)物资保障组

      组长:××

      组员:××、××

      职责:对事故现场所需各种器材、工具及其他物品的采购供应与调配。

四、演习要求

  (1)参加单位要严肃地看待这场演习,仔细地解答主持人的提问,把演习中的优点和缺点都记下来,并给出改善的建议,进一步优化事故处理方案。

  (2)在演习过程中,请将您的移动电话关掉或设定为振动。所有参加演习的成员必须遵守大会组织者的指示,按照演习日程组织演习。

## 8.3.2 实地演练

实地演练是按照灾害应急预案的实际要求,进行应急情景模拟,并在不干扰正常生产、生活秩序的情况下,组织应急力量和资源,进行现场实际操作和演练。

演练过程主要分为3个阶段:演练准备、演练实施、演练总结,如图8-6所示。

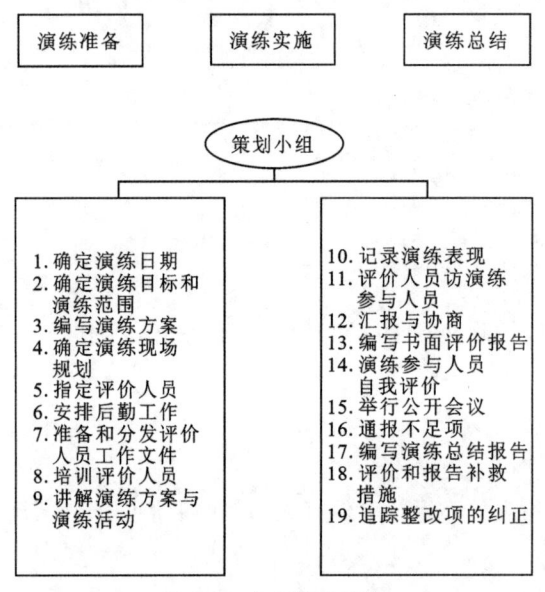

图 8-6 应急演练过程

演练方案应以演练情景设计为基础。情景设计就是针对假想事故的发展过程,设计出一系列的情景事件,包括重大事件和次级事件,演练情景中必须说明何时、何地、发生何种事故、被影响区域、气象条件等事项,即必须说明事故情景。事故情景可通过情景说明书加以描述,并以控制消息形式通知演练人员,消息的传递方式主要有电话、无线通信、传真、手工传递或口头传达等(杨瑱等,2021)。

情景设计应注意:①安全放在首位;②熟悉演练地点及周围各种有关情况;③情景具有一定的真实性;④时间尺度;⑤详细说明气象条件;⑥通信问题;⑦其他影响模拟真实性的因素。

演练方式有多种,包括应急会议、桌面演练、功能演练和全面演练等。组织方应该根据自身工作需要和自身条件选择合适的演练方式。主要的演练步骤如下:

(1)制定演练计划:明确演练的主题、演练目标、演练地点和时间等方面的问题。

(2)准备工作:收集各种演练道具和设备,例如在地震模拟演练中,需要各种物品和器械,如重型器械、避险床、医疗救护设备等。

(3)制定演练方案:需要根据灾害事件的类别,明确各救援队伍的工作岗位和工作内容,制定演练方案和演练流程。

(4)演练现场搭建:需要搭建具备一定历史氛围和情境感的现场环境,以营造出一种实际模拟的灾害现场气氛。

(5)组织演练:参与演练的人员需要根据预案和流程开展演练工作。实战演练的过程中要注意安全问题,特别是避免伤害演练人员。

(6)评估和总结:对演练情况进行综合评估,汲取演练中的经验和教训,并根据评估结果修订应急预案。

### 8.3.3 实战训练

实战训练通常包括以下几个步骤:①确定训练目标:制定实战训练计划并确定训练的目标和内容。②训练预备:准备各种应急设备和材料,为实训做好准备。③实战演练:根据训练目标和内容进行实战演练,并对演练结果进行监督和反馈。④总结归纳:总结演练的结果,并对未来的演练提出有益建议。

经常检验应急救援预案的内容是必要的。无论训练是对应急救援预案局部还是全面的检验,其制定程序是相同的。但全面训练的计划过程要更加周密。在计划过程中,相关工作人员应该特别注意以下几点。

(1)确定目标:总体目标——适合于所有人;专项目标——针对每个参加功能小组。

(2)确定参加人:训练者——每项功能的负责人及其代理人员;主持人、控制人——保证事故场景顺利进行的人员;评审人。

(3)设立场景:准备草拟场景摘要以备征求意见和批准;拟定全面场景以测试是否达到目标;获得对草拟场景的意见和批准;最后完善场景。

(4)备辅助料(以下材料适用于会议模拟训练,必要时可扩展到全面训练):地图——受破坏区域、疏散路线、易受影响区域;数据表——气象、灾情状况、救援力量、救援任务和行动级别;应急组织结构图——救援响应人员的信息或问题;通报信息表;训练说明——目的、议程、范围方法、训练规则。

(5)后勤安排:确定日期、时间和持续时间;在选定的时间内准备的设施和房间;邀请参加者;确定训练人员、主持人员、评审人员和参观人员易识别的袖标、帽子、上衣的图案标志。

(6)准备场景包装和说明手册。

(7)进行训练和评审。

(8)准备书面评审。

训练后的评审会最好安排在演练或训练后立即进行,参会人员包括所有参加训练者。因为此时事故和反应行动内容在参加训练者的脑海中比较清晰,参加训练者可以提供反馈调查表。通过训练可以发现预案中的不足,如发现设备(最常见的是通信设备)、操作规程、协议或机构协调缺陷,并在未来加以改进。

# 第9章 自然灾害应急实验室实习

本章介绍自然灾害应急实验室实习,主要包括如何绘制灾害专题地图,以及如何使用 ArcGIS 软件进行空间分析。学习以上内容将有助于向政府或社会传达事件的相关信息,为突发事件的处置、救援、恢复等工作做好准备。

通过本章学习,你将了解以下内容:
(1)灾害地图的绘制。
(2)ArcGIS 软件的使用。
(3)灾害技能实操。

## 9.1 实习一 灾害专题地图表达

在突发事件即将发生或已经发生时,应急管理人员应及时向政府或社会传达事件的相关信息,为突发事件的处置、救援、恢复等工作做好准备。在这一信息传达的过程中,首要应传达的内容是突发事件发生的地理位置,而对地理位置的表达往往是以地图形式呈现的。因而,我们借助 ArcGIS 制作灾害地图以实现这一点。过程如下:

第一步,创建空白地图。打开 ArcGIS 软件,在左侧面板中点击新建地图,在右侧面板中点击空白地图(图9-1)。

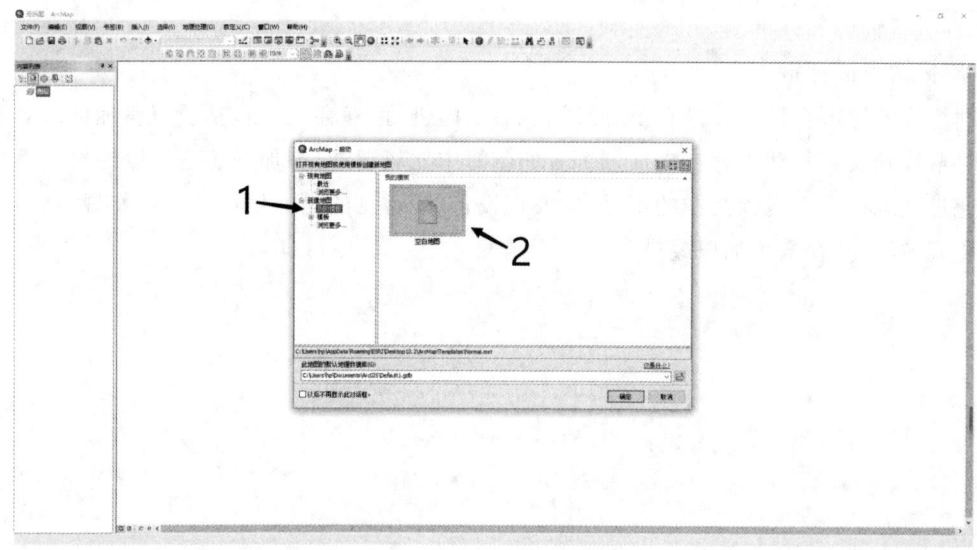

图 9-1 创建空白地图

第二步,插入数据框。点击插入—数据框,即可插入新的数据框,插入结果如内容列表所示。本次实验中共需要 3 个数据框(图 9-2)。

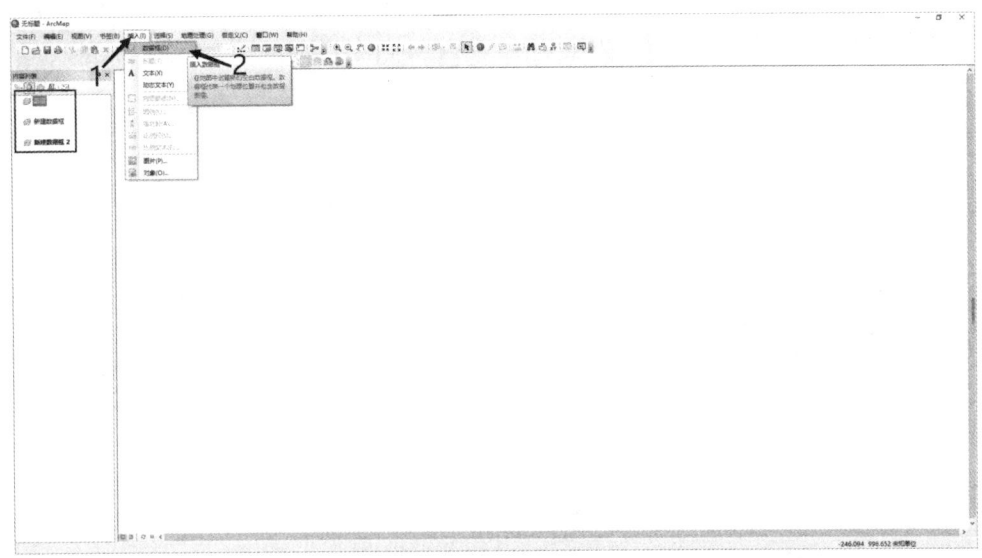

图 9-2  插入数据框

第三步,激活数据框。右键点击内容列表中的第一个数据框,点击激活(图 9-3)。

图 9-3  激活数据框

第四步,添加图层。点击添加数据,在查找范围中找到要添加的图层,然后点击添加。需要注意的是,添加的图层只会被添加进被激活的数据框。因而需要重复上文第三步,先激活数据框,再添加图层,将 3 个图层分别添加进 3 个数据框中,结果如右侧内容列表所示(图 9-4)。

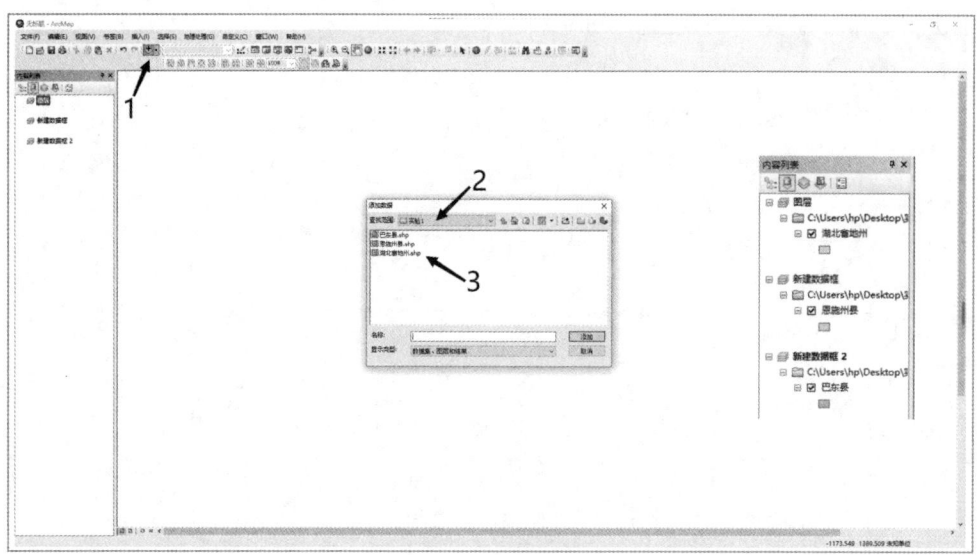

图 9-4 添加图层

第五步,切换和调整布局。点击左下角切换至布局视图,将 3 个数据框及其内的图层调至合适的大小和位置(图 9-5)。

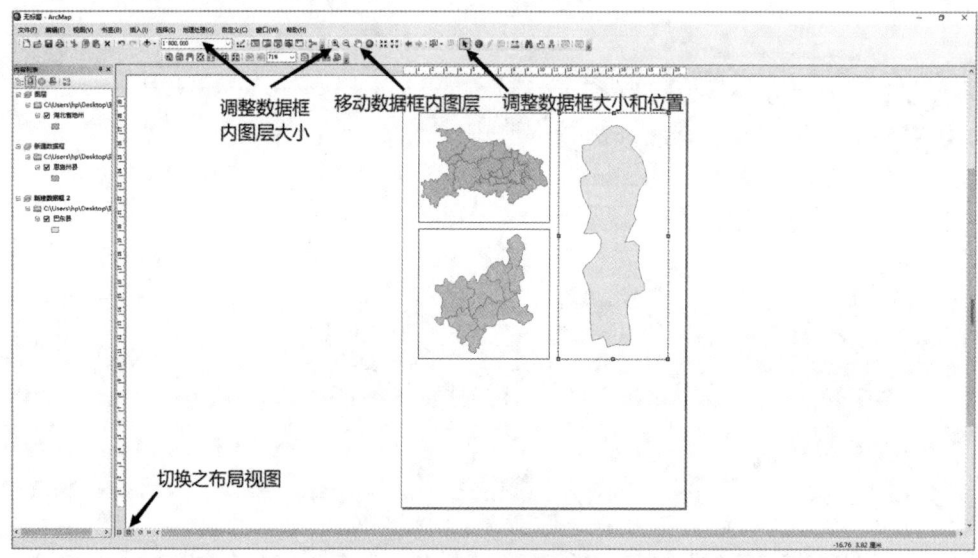

图 9-5 切换和调整布局

第六步,添加辅助要素。点击上侧自定义—工具条—绘图,生成右侧绘图工具栏。在工具栏中选择需要的图形并添加进视图中。当然,如果我们想要调整图形的颜色、宽度等呈现形式(如图中的点状线就是由直线调整而来),可用鼠标右键点击该图形,点击属性并加以更改(图 9-6)。

第七步,标注要素(地区)注释。右键点击左侧内容列表中的图层,点击属性—注释—标注此图层中的要素。在本次实验中我们将左侧两个数据框中的图层要素加以标注(图 9-7)。

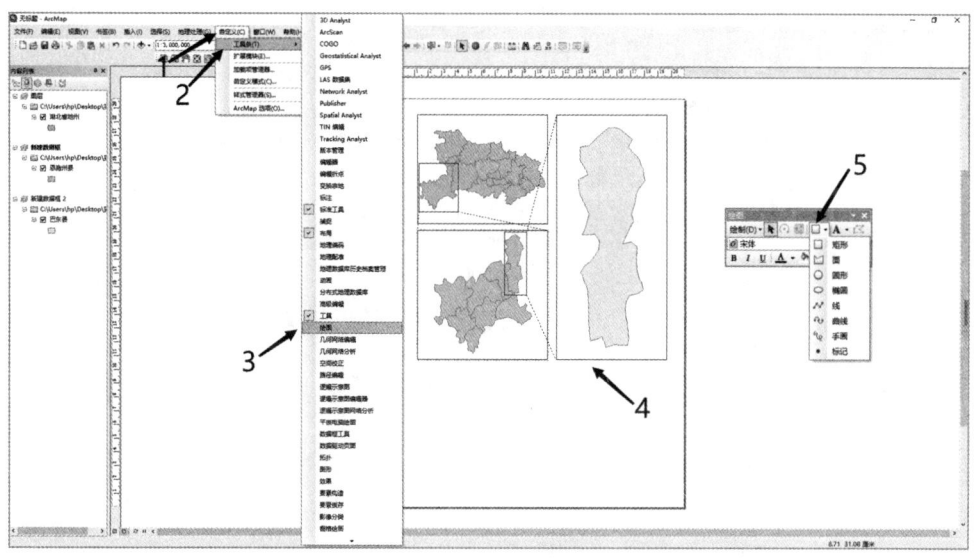

图 9-6　添加辅助要素

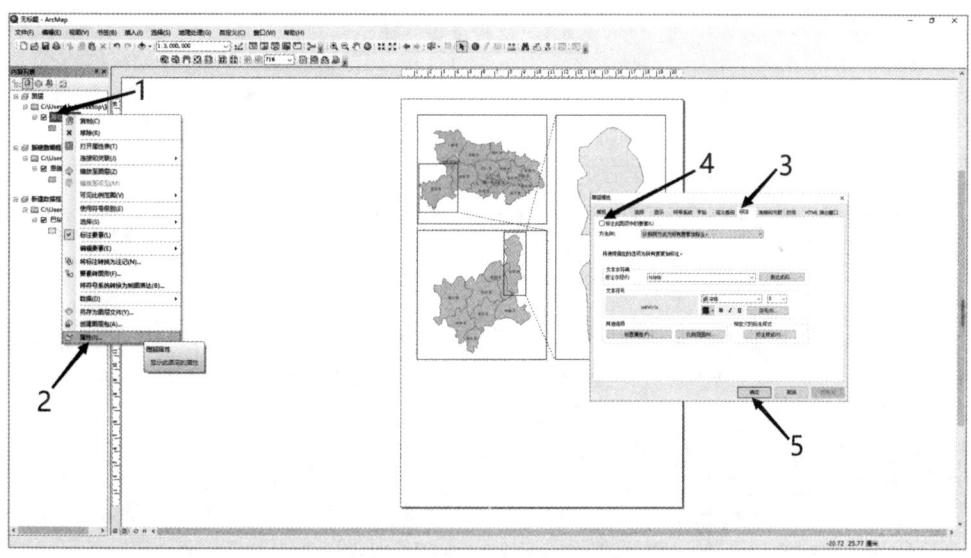

图 9-7　标注要素(地区)注释

第八步,添加经纬网。我们对右侧巴东县的数据框添加经纬网,则右键点击该数据框,点击属性—格网—新建格网—完成—确定,即可生成右侧经纬网。当然,如果我们想要调整经纬网的样式或属性(如图中的经纬网颜色和间隔),可右键该经纬网,点击属性并加以更改(图9-8)。

第九步,插入滑坡点要素。假设该地区发生了 4 处滑坡灾害,其经纬度如表 9-1 中所示,我们需要将六十进制度分秒表示法经纬度转化为十进制度数表示法经纬度。首先激活左侧内容列表中巴东县图层所在数据框,点击窗口—目录,在右侧生成的目录中,选择想要保存点要素的文件路径,右键点击该文件夹,点击新建—Shapefile,在创建新 Shapefile 面板中输入点要素名称(如滑坡点),选择要素类型(如点),点击编辑,选择合适的地理坐标系(如 Asia—Beijing 1954),点击确定,最后可见左侧巴东县所在数据控制生成了点要素图层(图9-9)。

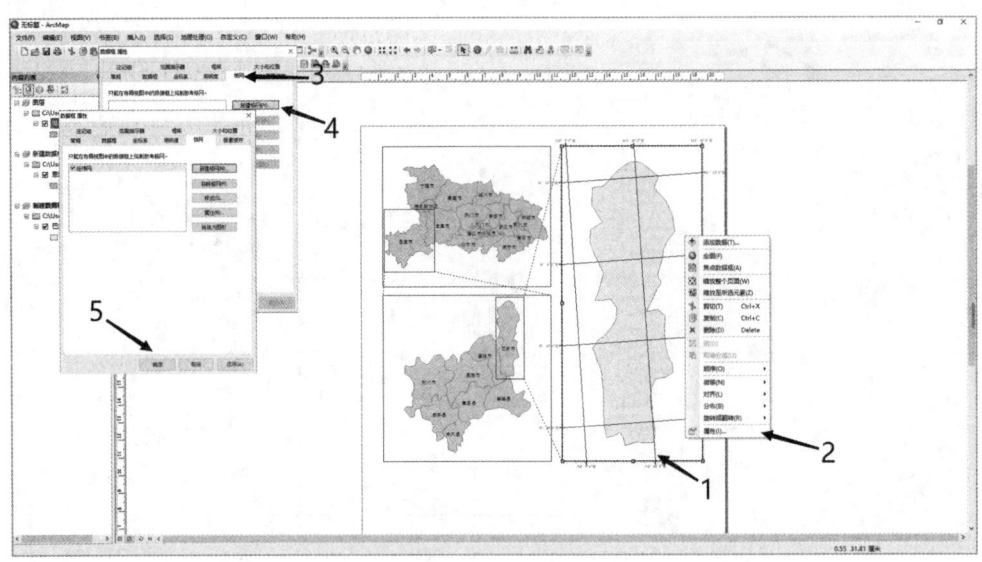

图 9-8 添加经纬网

表 9-1 经纬度表示法

| 序号 | 六十进制表示法 | | 十进制表示法 | |
| --- | --- | --- | --- | --- |
| | 经度 | 纬度 | 经度 | 纬度 |
| 1 | 110°18′29″E | 31°14′116″N | 110.3080556 | 31.26555556 |
| 2 | 110°16′15″E | 31°4′50″N | 110.2708333 | 31.08055556 |
| 3 | 110°21′11″E | 30°39′66″N | 110.3530556 | 30.66833333 |
| 4 | 110°10′18″E | 30°22′24″N | 110.1716667 | 30.37333333 |
| "°"、"′"、"″"分别表示度、分、秒,1°=60′=3600″ | | | | |

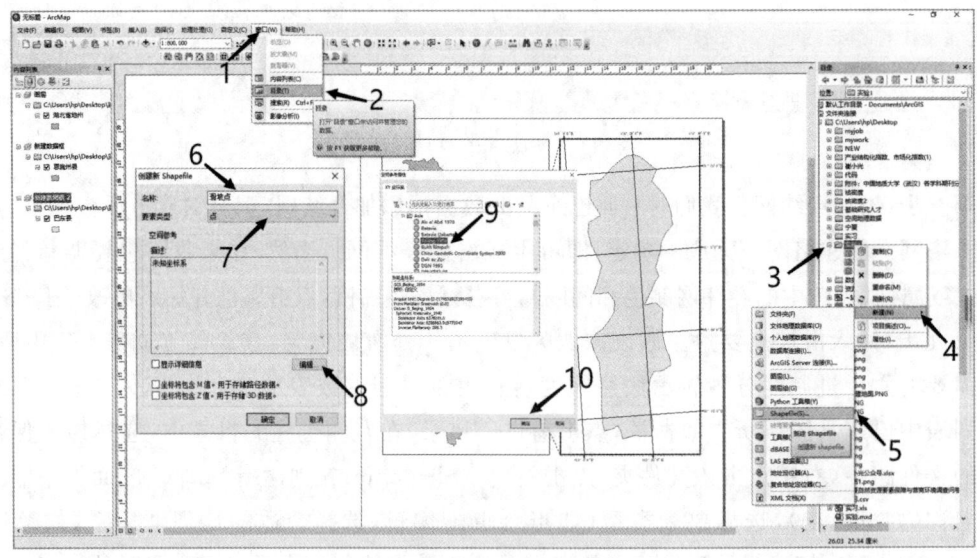

图 9-9 插入滑坡点要素

右键点击左侧内容列表中新生成的点要素,点击编辑要素—开始编辑,若出现警告,可选择继续。在新生成的编辑器面板中,点击编辑器—编辑要素—开始编辑,生成右侧创建要素面板,点击滑坡点,点击下方构造工具中的点,将光标随意指向巴东县图层任意一点右键点击,点击绝对 X、Y,在新生成的绝对 X、Y 面板点击右侧倒三角符号,点击十进制度,输入以上表格中的数据后,敲打回车键,可见图层中生成了一个点要素,重复 19—22 过程,可将其余 3 个点全部插入(图 9-10)。

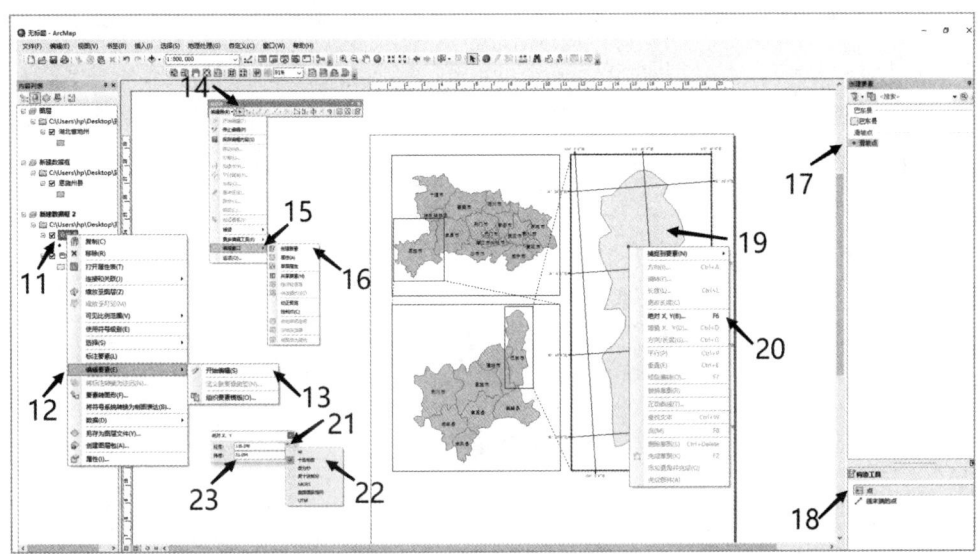

图 9-10　生成新的点要素

第十步,插入指北针、比例尺和图例。点击上侧插入,可见图例、指北针、比例尺,可选择合适样式插入图层中(图 9-11)。

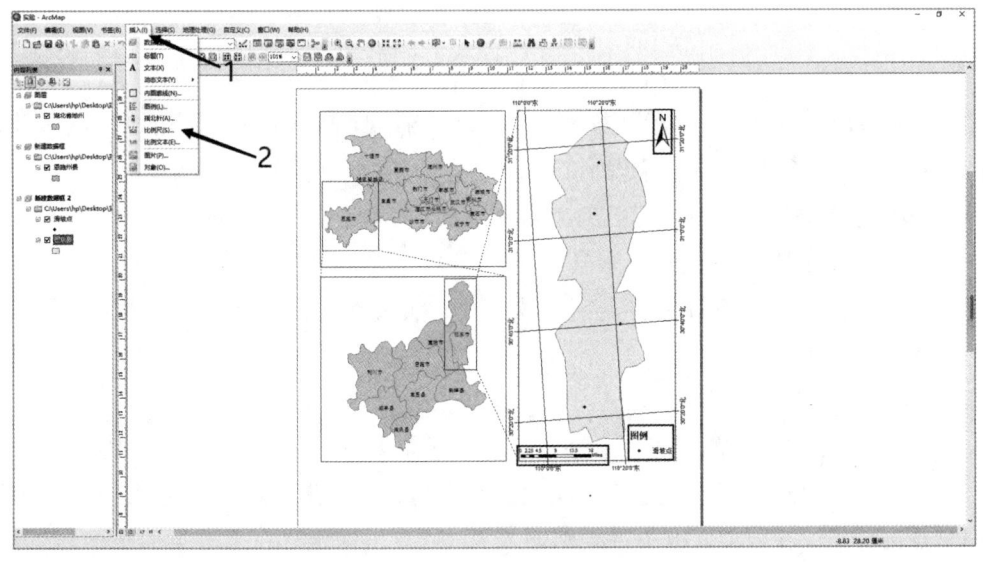

图 9-11　插入指北针、比例尺和图例

## 9.2 实习二 ArcGIS空间分析:3D风险分析

以滑坡灾害为例,我们该如何评估滑坡灾害发生的可能性?滑坡灾害在多元因子的共同作用下,当达到某一阈值时,会引发滑坡灾害,对周边环境和人类活动造成严重影响。这些因子包括但不限于高程、坡度、曲率、降雨量、径流强度、输沙强度、地形湿度、岩层结构、土壤结构等。在本次实验中,我们假定高程、坡度、曲率为引发滑坡灾害的主要因子,在此基础上评估滑坡风险性。

第一步,创建空白地图。打开 ArcGIS 软件,在左侧面板中点击新建地图,在右侧面板中点击空白地图(图 9-12)。

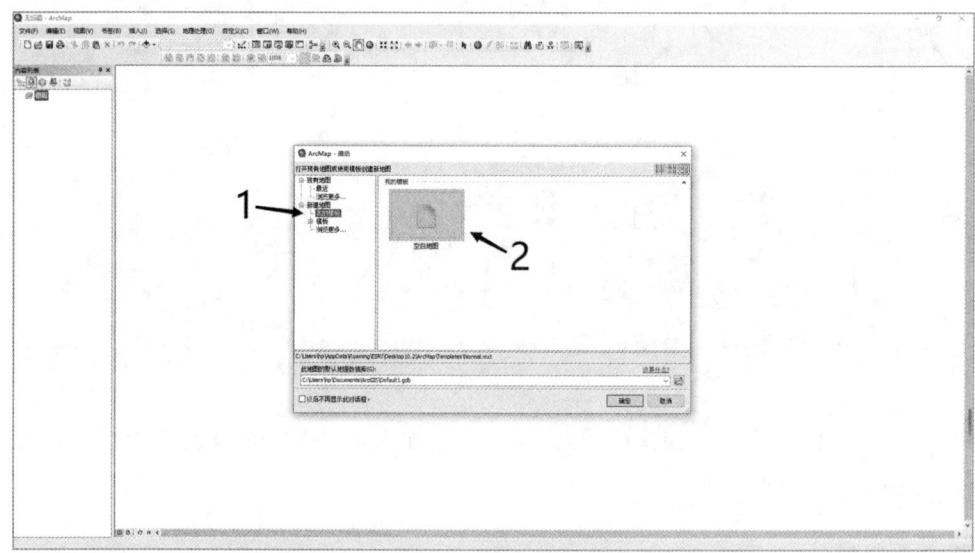

图 9-12 创建空白地图

第二步,添加高程图。点击添加数据,在查找范围中找到要添加的图层,然后点击添加。若出现"未知的空间参考",点击确定即可。插入图层如右侧框内所示(图 9-13)。

第三步,高程提取。点击上侧 ArcToolbox,在右侧 ArcToolbox 面板中选择 Spatial Analyst 工具—重分类—重分类巴东县高程。在重分类面板中,输入栅格"巴东县高程.dem",点击分类。在分类面板中将类别输入为 10,点击确定。在重分类面板中,点击确定(图 9-14)。

第四步,坡度提取。在右侧 ArcToolbox 面板中选择 Spatial Analyst 工具—表面分析—坡度。在坡度面板中输入栅格"巴东县高程.dem",点击确定。在右侧 ArcToolbox 面板中选择 Spatial Analyst 工具—重分类—重分类巴东县高程。在重分类面板中,输入栅格"slope_巴东县 1",点击分类。在分类面板中将类别输入为 10,点击确定。在重分类面板中,点击确定(图 9-15)。

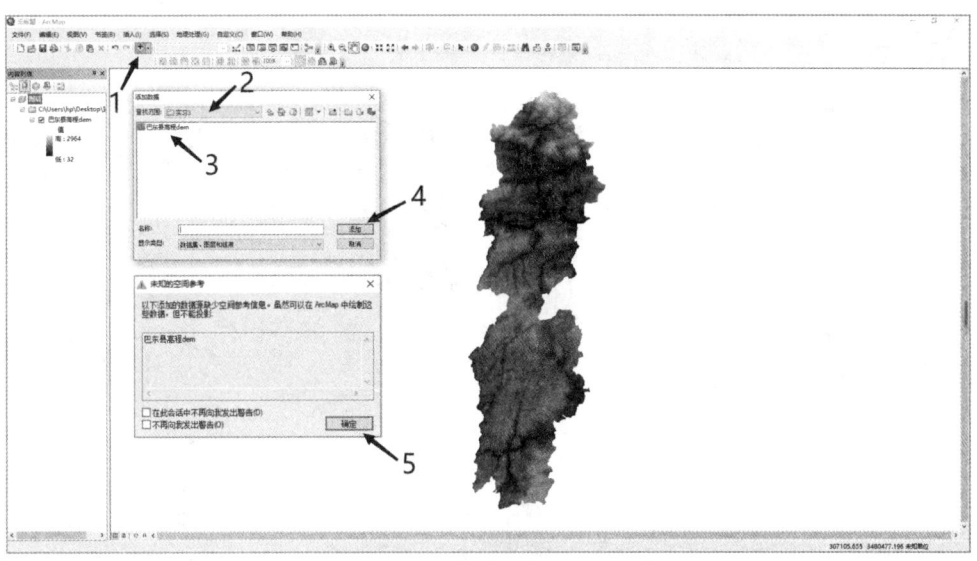

图 9-13 添加高程图

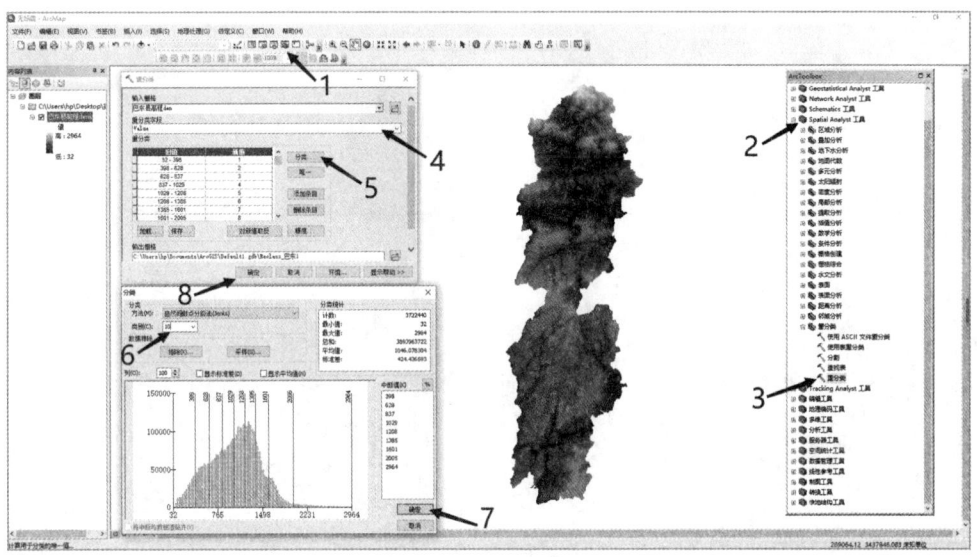

图 9-14 高程提取

第五步,曲率提取。在右侧 ArcToolbox 面板中选择 Spatial Analyst 工具—表面分析—曲率。在曲率面板中输入栅格"巴东县高程.dem",点击确定。在右侧 ArcToolbox 面板中选择 Spatial Analyst 工具—重分类—重分类巴东县高程。在重分类面板中,输入栅格"Curvatu_巴东1",点击分类。在分类面板中将类别输入为 10,点击确定。在重分类面板中,点击确定(图 9-16)。

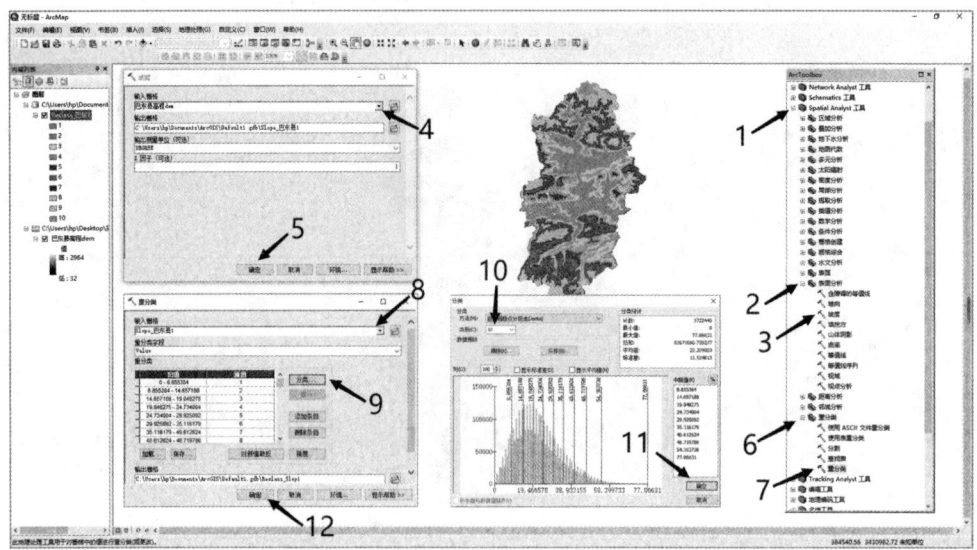

图 9-15 坡度提取

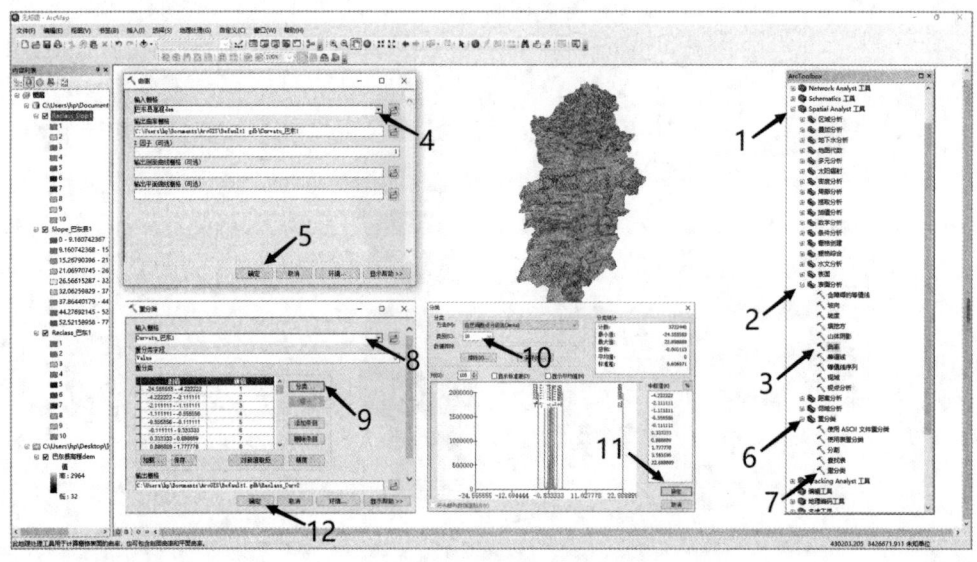

图 9-16 曲率提取

第六步,计算风险性。在右侧 ArcToolbox 面板中选择 Spatial Analyst 工具—地图代数—栅格计算器。在栅格计算器面板中数学式输入窗口内写入(0.4 * "Reclass_巴东1") + (0.3 * "Reclass_Slop1") + (0.3 * "Reclass_Curv2"),点击确定。数学式中的 0.4、0.3、0.3 分别为 3 个因子各自的权重,该权重往往是给定的,来源于灾害学家的研究成果或当局发布的标准文件等(图 9-17)。

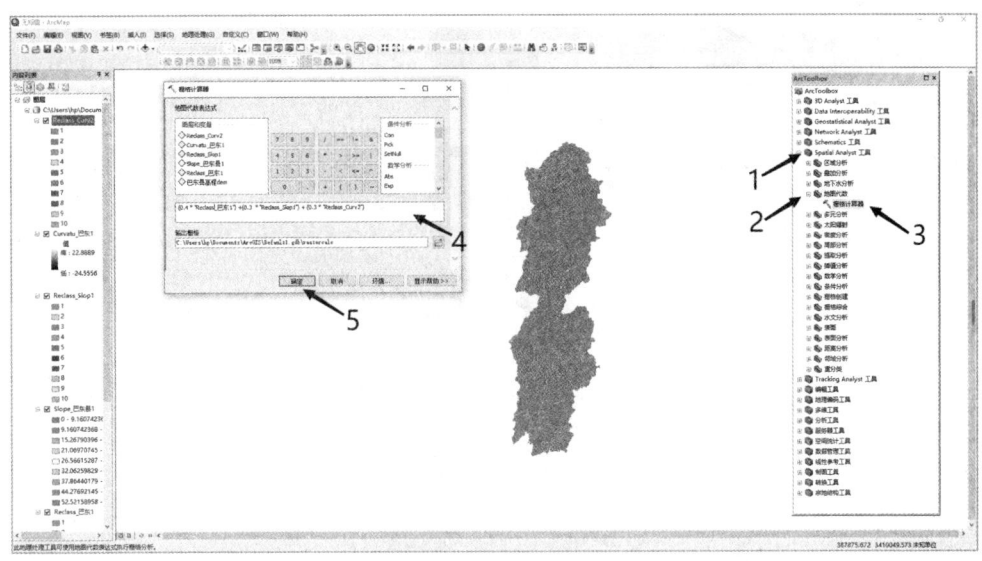

图 9-17 计算风险性

第七步，重分类风险指数。在右侧 ArcToolbox 面板中选择 Spatial Analyst 工具—重分类—重分类。在重分类面板中，输入栅格"vastercalc"，点击分类。在分类面板中将类别输入为 5，点击确定（图 9-18）。

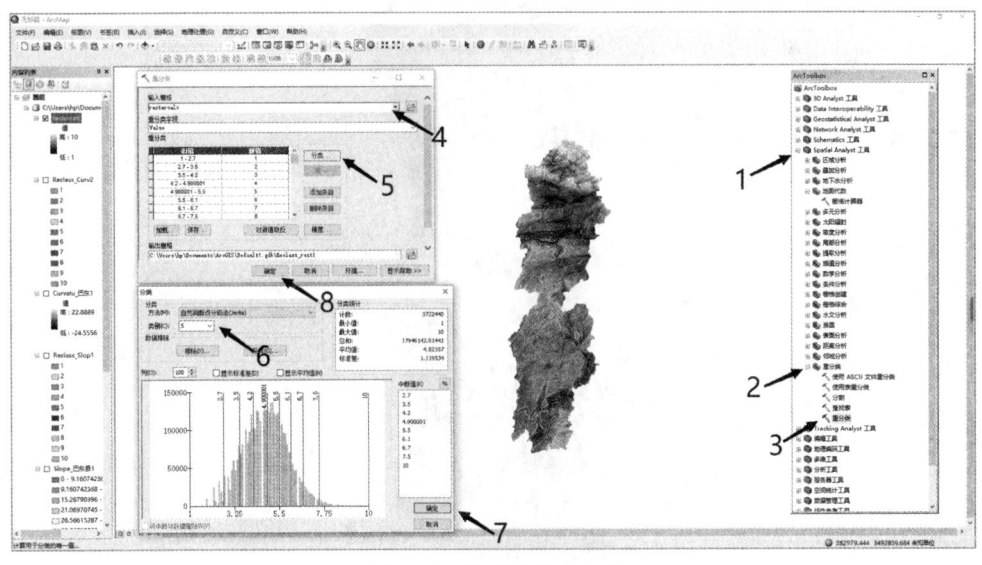

图 9-18 重分类风险指数

第八步，结果呈现。右键左侧内容列表中的"Reclass_rast1"，点击属性—符号系统，对 5 个分层的标注进行修改，点击确定。切换至下侧"布局视图"，可加入图例、指北针、比例尺等内容（图 9-19）。

结果如图 9-20 所示。

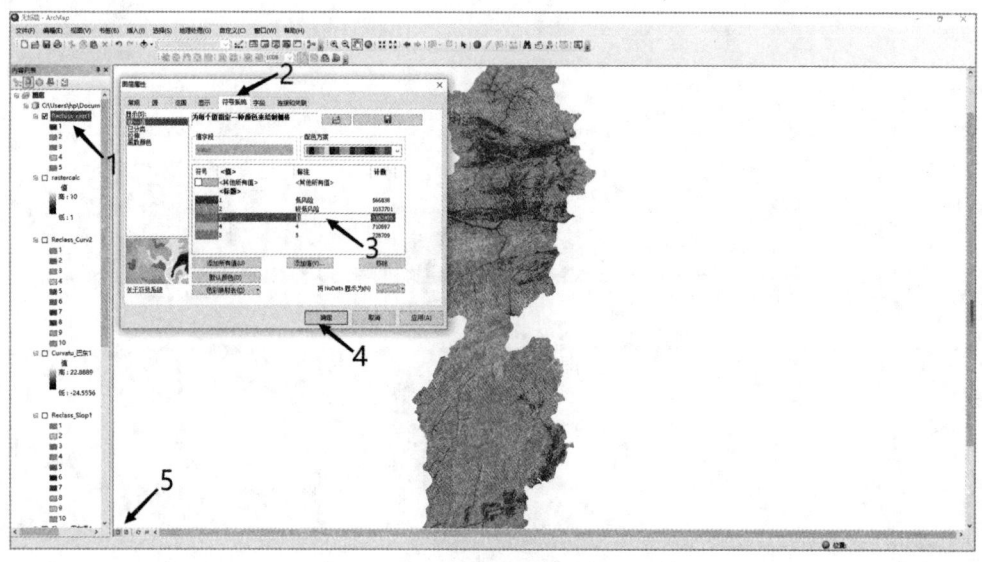

图 9-19 标注修改

图 9-20 结果呈现

实验数据来源如表 9-2 所示。

表 9-2　实验数据来源

| 序号 | 图层名称 | 格式 |
|---|---|---|
| 1 | 湖北省地州 | Shapefile 面文件 |
| 2 | 恩施州县 | Shapefile 面文件 |
| 3 | 巴东县 | Shapefile 面文件 |

数据获取：https://share.weiyun.com/iI8fr8J0。

# 第10章　城市安全应急实验室实习

城市安全涉及方方面面,如何做好早期感知、识别,以及预警是城市应急管理的关键。下面,我们将要进行的模拟便是基于ArcGIS的城市内涝风险地段空间识别——以武汉市为例。基于武汉市DEM数据、洪水水位高程遥感数据,以及城市绿地遥感数据等,借助ArcGIS软件中的各项工具(例如水文分析工具),进行水文分析、淹没区分析等,生成雨水地表径流图、淹没区范围图等各类水文数据图,并进行叠加,识别武汉市内涝风险高的区域,且根据各类数据图,识别出武汉市容易内涝的风险地段。

通过本章学习,你将了解以下内容:
(1)如何运用ArcGIS软件进行城市内涝风险区域识别。
(2)DEM、遥感等数据的使用。
(3)水文分析、排水分析,以及城市排水压力分析。

## 10.1　实习一　水文分析

在ArcGIS软件中的水文分析是根据DEM数据建立水系模型,目的在于研究选定流域水文特征和模拟雨水地表径流等地表水变化、运动等现象的过程。其中,雨水地表径流,没有下渗的地表水汇聚流动的过程,地表径流的流经地段是暴雨情况下容易引发城市内涝的风险地段(于洋等,2017)。

进行水文分析有两个目标:一是得出无洼地DEM数据;二是得出生成雨水地表径流。

在进行水文分析时,需要借助ArcGIS软件进行"无洼地DEM—流径和汇流累积量生成—雨水地表径流模拟"3个步骤的分析,最终生成雨水地表径流图。

首先,对无洼地DEM数据进行流向计算,使用ArcGIS流向分析工具可以通过栅格的高程差得到以D8形式表示的流向数据。但ArcGIS中的算法缺陷,以及一些特殊地形的存在,导致DEM数据存在凹陷的区域,当进行流向分析时,在特殊地形中所有地表径流都会流向某一个区域,与实际相悖。所以,必须先进行洼地和洼地的深度计算,判断地区是否是数据误差导致的还是真实地貌,如果结果显示该地区为洼地,则需要洼地填充,计算出无洼地DEM数据。

其次,基于无洼地DEM数据进行流向计算和汇流累积量计算,汇流累积量指在水流方向上,每个栅格流经的水量。当汇流累积量达到一定值的时候,就会产生地表水流,当汇流量大于临界值的栅格即潜在的雨水地表径流,而雨水地表径流所构成的网络就是河网。

最后,通过地图代数模块中的栅格计算器,可以提取指定流域上的栅格,并将其转换为栅格矢量,从而生成河网,即潜在的雨水地表径流。如图10-1所示。

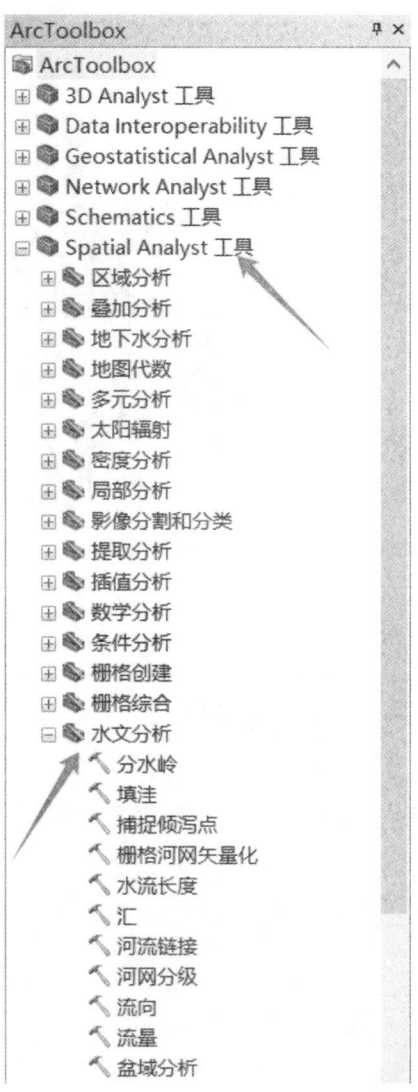

图 10-1　水文分析工具包

在水文分析中,我们主要采用"ArcToolbox"工具箱的"Spatial Analyst"工具中的"水文分析"板块。

(1)加载原始 DEM。

(2)进行填注操作,得到填注后的 DEM 数据(图 10-2~图 10-4)。

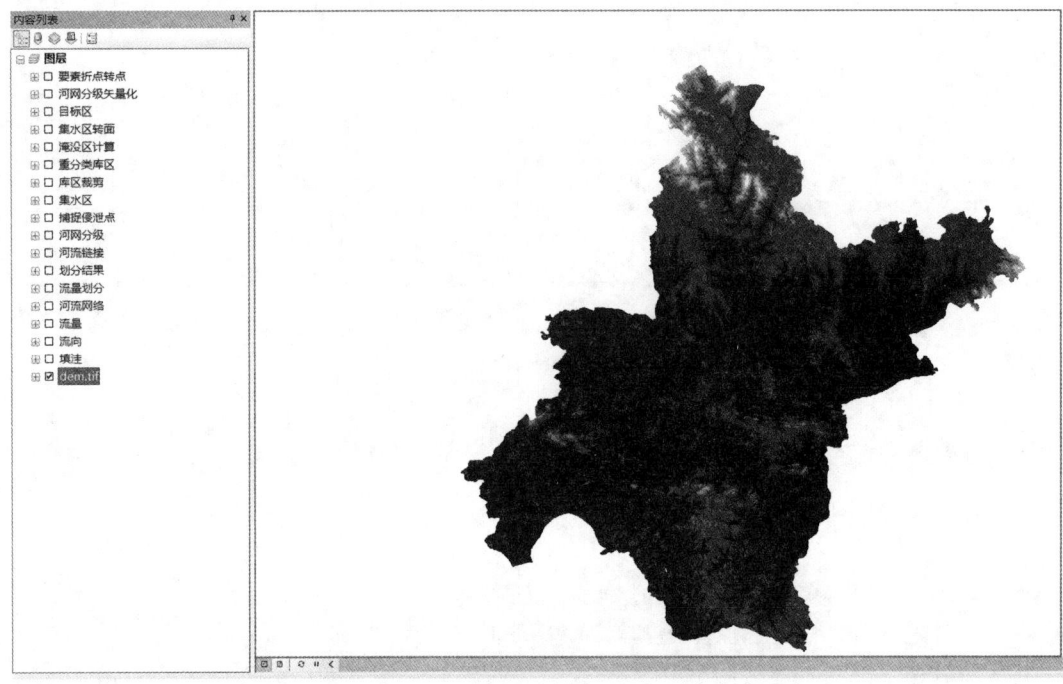

图 10-2　加载原始 DEM 数据

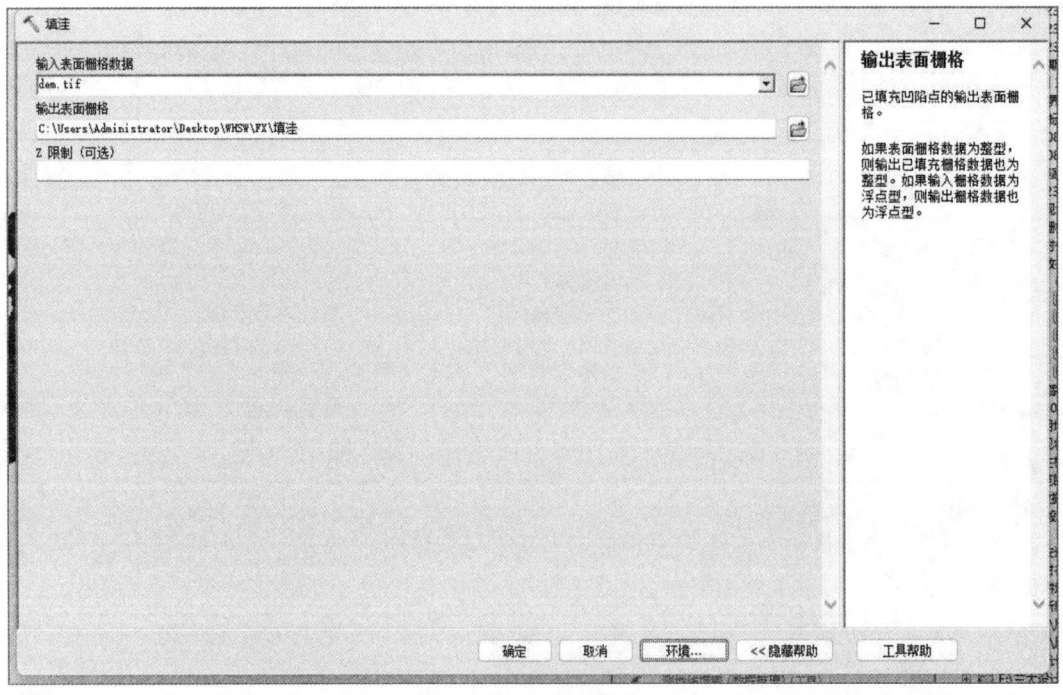

图 10-3　进行填洼操作

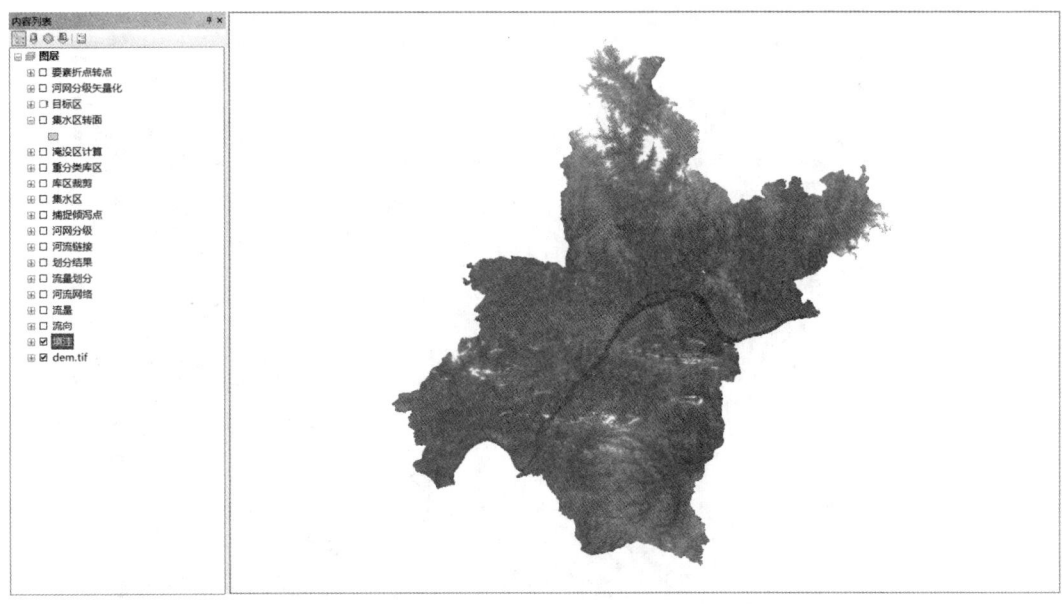

图 10-4　填洼操作结果

(3)进行流向分析,得到基于填洼后 DEM 的水流方向计算结果(图 10-5、图 10-6)。

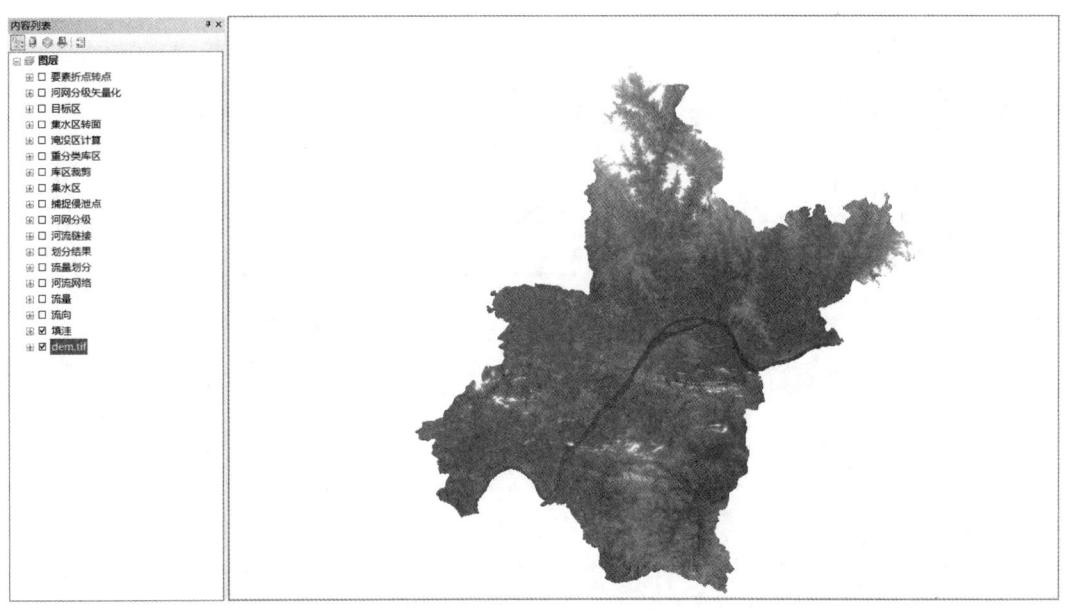

图 10-5　进行流向分析

图 10-6　流向分析结果

（4）进行流量计算，得到汇流量计算结果（图 10-7、图 10-8）。

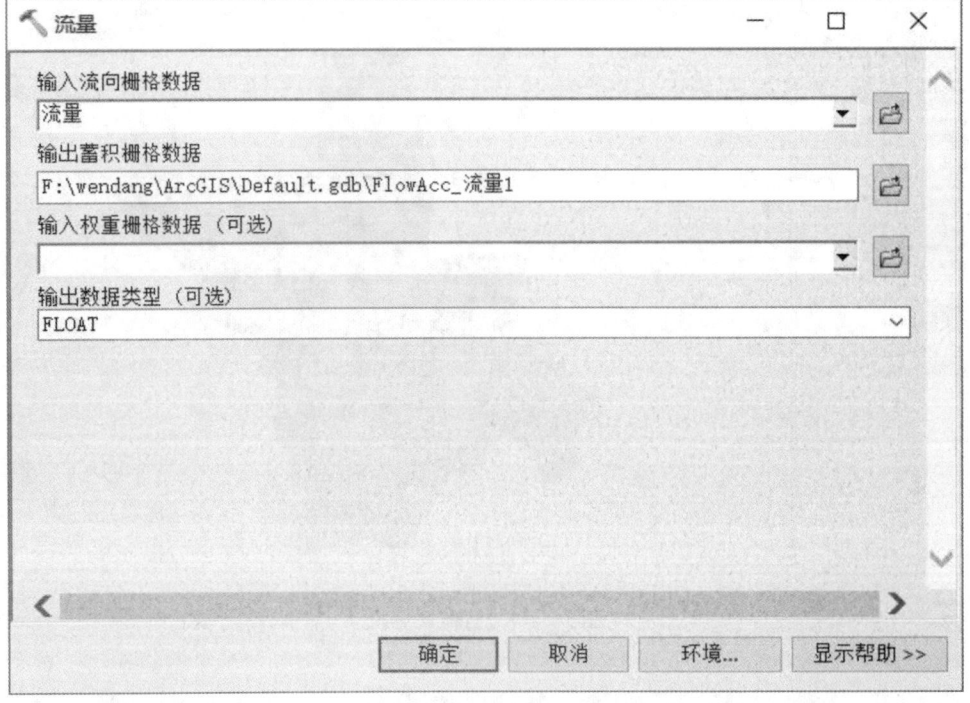

图 10-7　进行流量计算

# 第 10 章 城市安全应急实验室实习

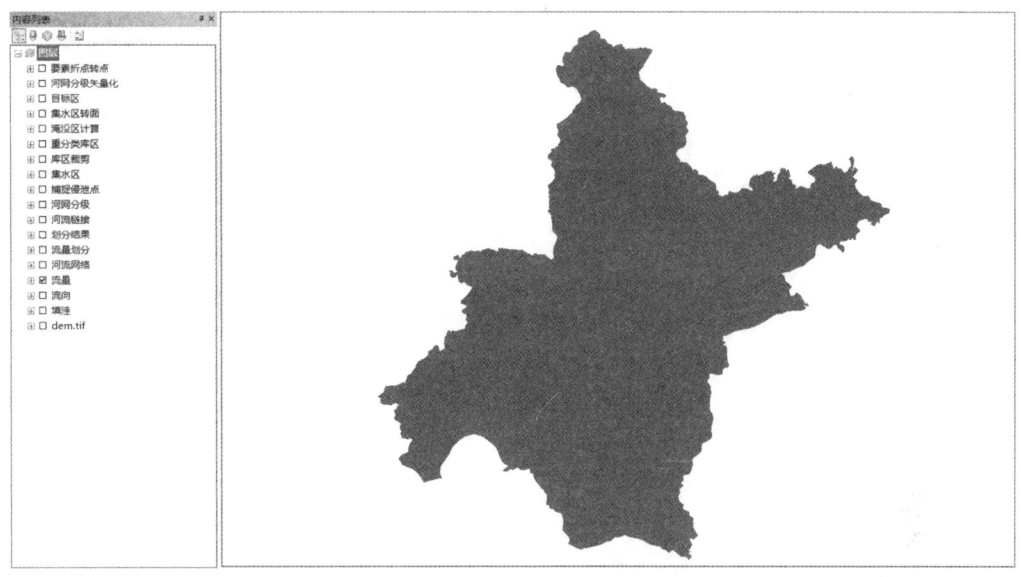

图 10-8 流量计算结果

（5）此时发现径流量覆盖区域为整个武汉市，因此需要提取出径流量较大的区域，提取河网。这里所使用的工具为"ArcToolbox"—"Spatial Analyst"—"地理代数"—"栅格计算器"（图 10-9～图 10-11）。

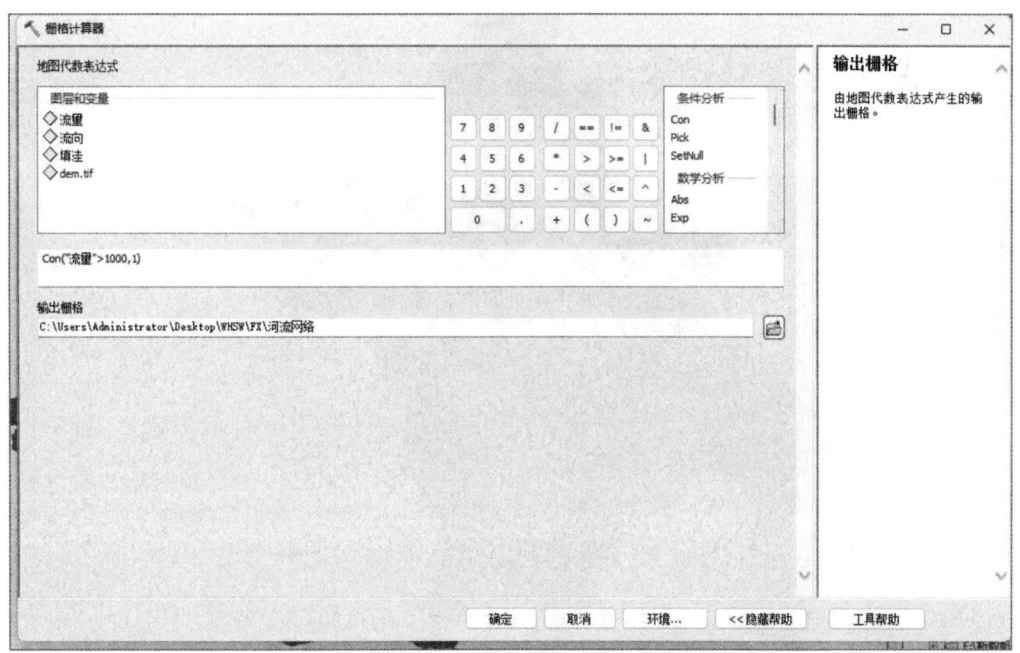

图 10-9 利用栅格计算器提取河流网络

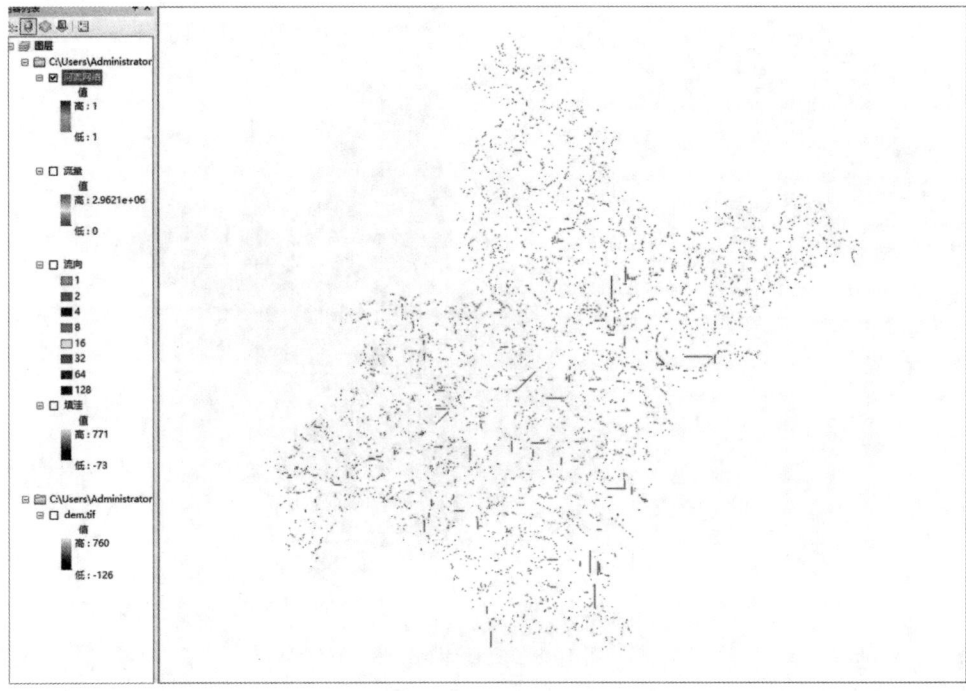

图 10-10　河流网络示意图

图 10-11　将河流网络叠加在高程图中得到地表径流示意图

(6)对地表径流的流量进行重分类,这里的重分类标准可进行深入划分,本次演示使用的是自然断点法划分。这里所使用的工具为"ArcToolbox"工具箱的"Spatial Analyst"中的"重分类"(图 10-12、图 10-13)。

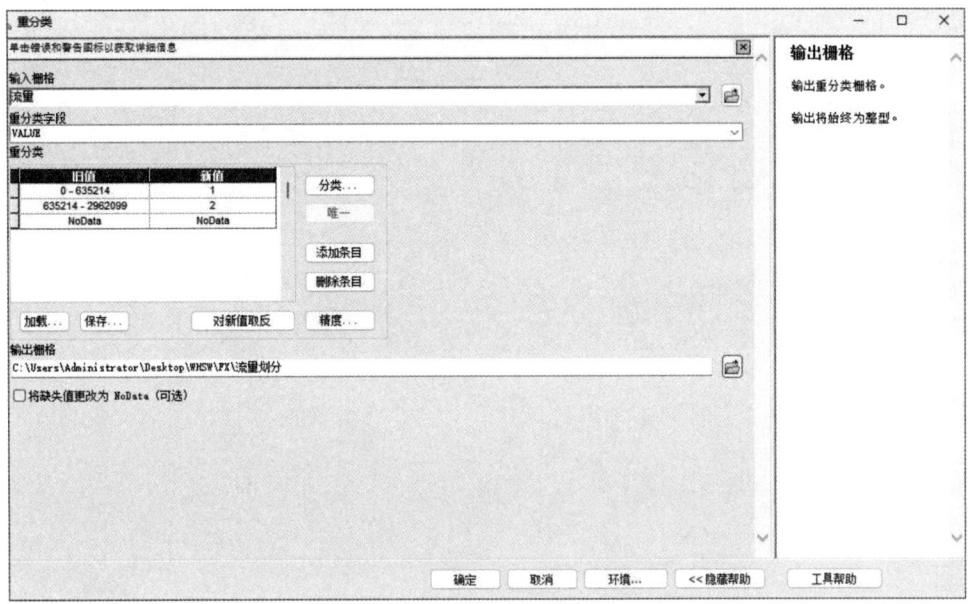

图 10-12　使用重分类进行地表径流划分操作

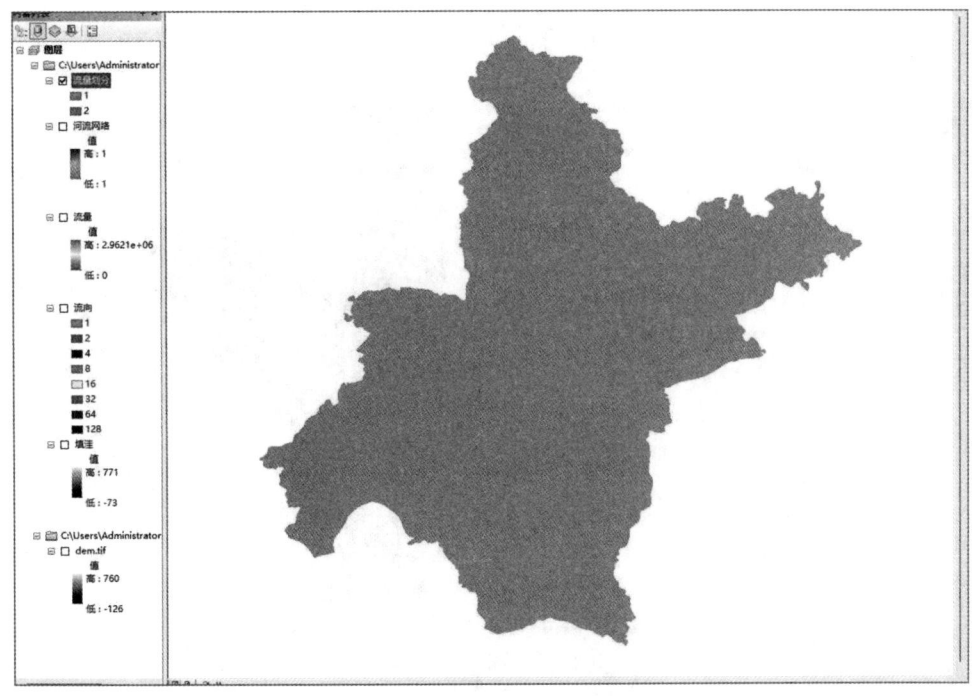

图 10-13　地表径流划分结果

(7)根据重分类结果结合前面测算出的流量,进行流量划分。这里所使用的工具为"ArcToolbox"—"Spatial Analyst"—"地理代数"—"栅格计算器"(图10-14、图10-15)。

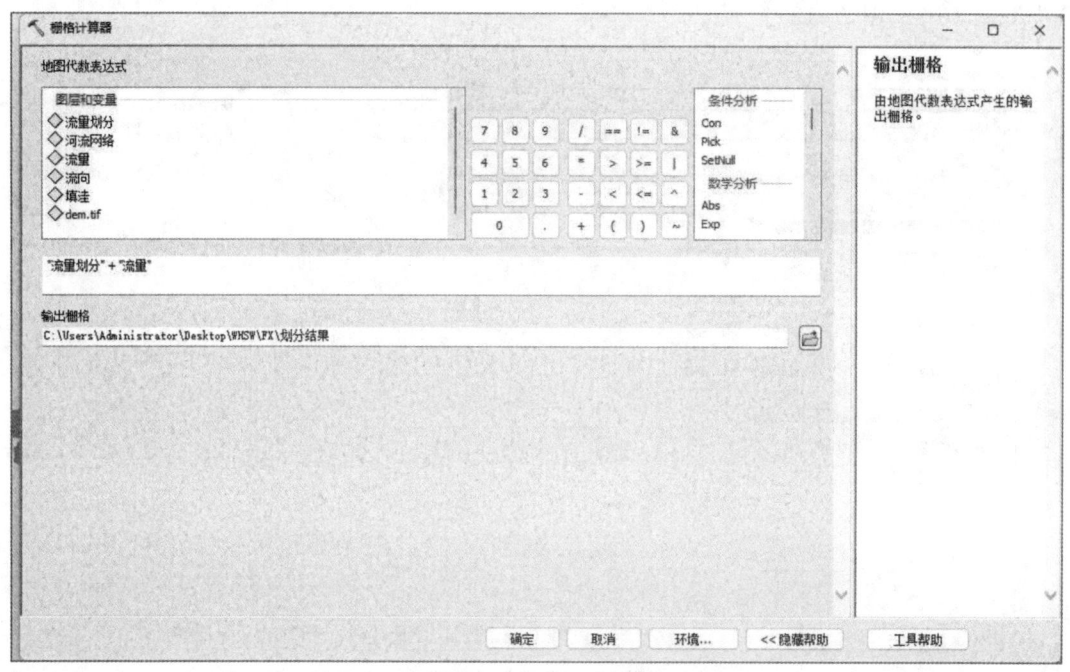

图10-14　进行流量划分操作

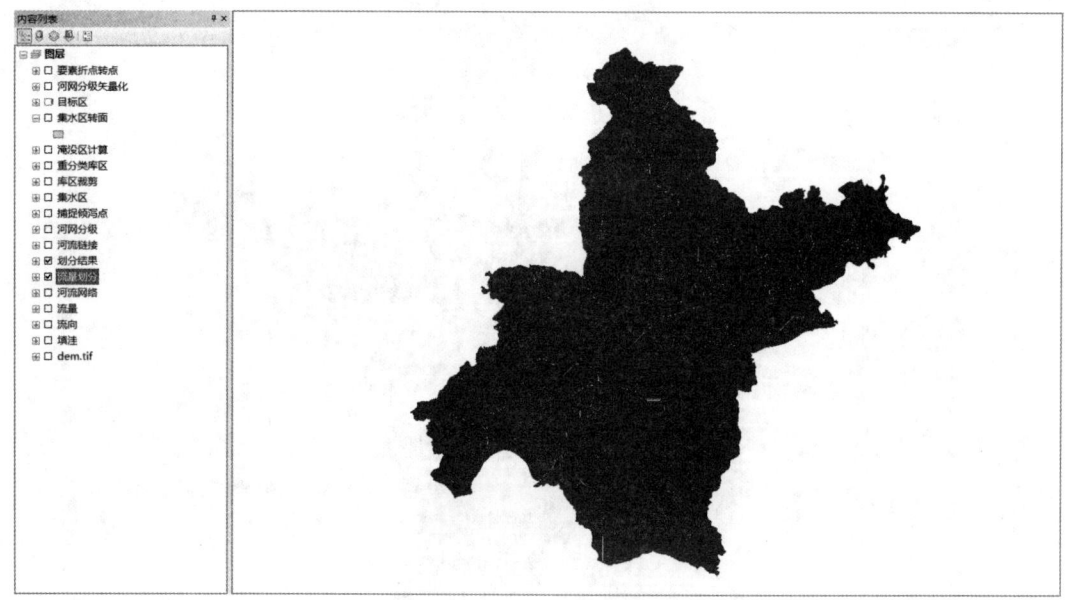

图10-15　流量划分结果

（8）根据划分结果进行河流链接,将径流汇聚成河流(即地表水的流动)(图10-16、图10-17)。

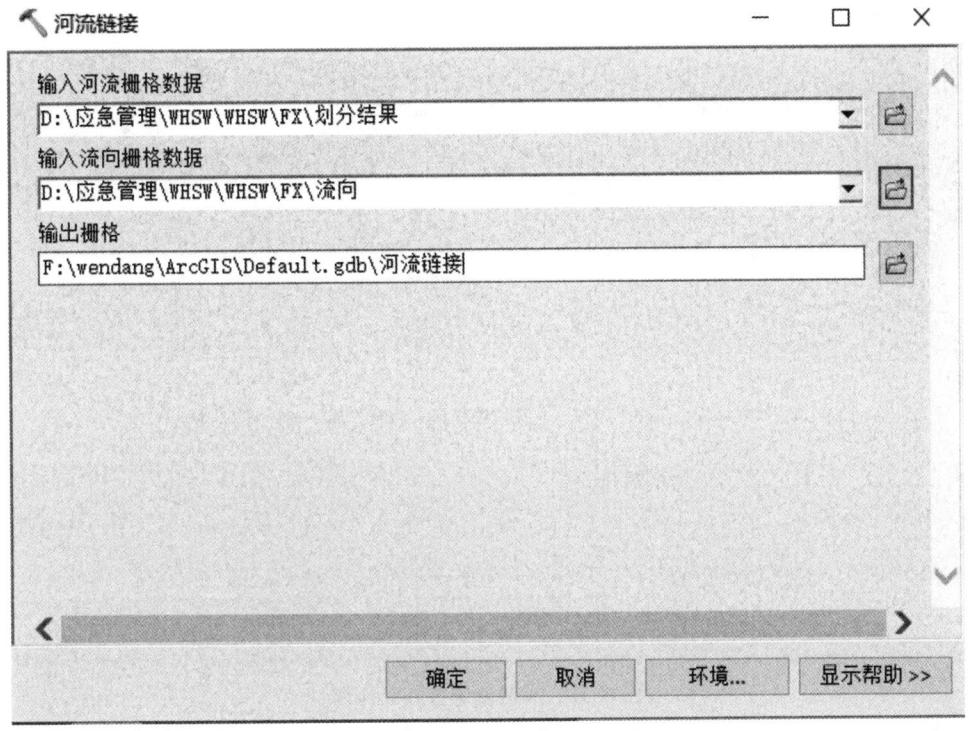

图10-16　将地表径流结合流向得到河流

图10-17　地表河流示意图

(9)将链接形成的河流进行分级(图 10-18、图 10-19)。

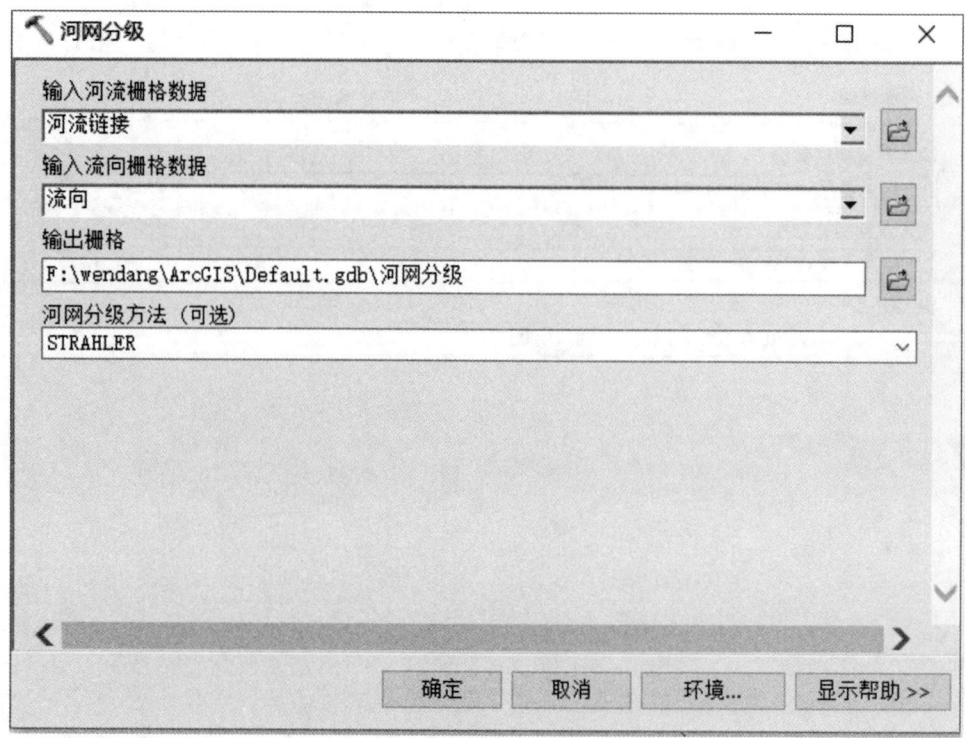

图 10-18　对河流进行分级处理

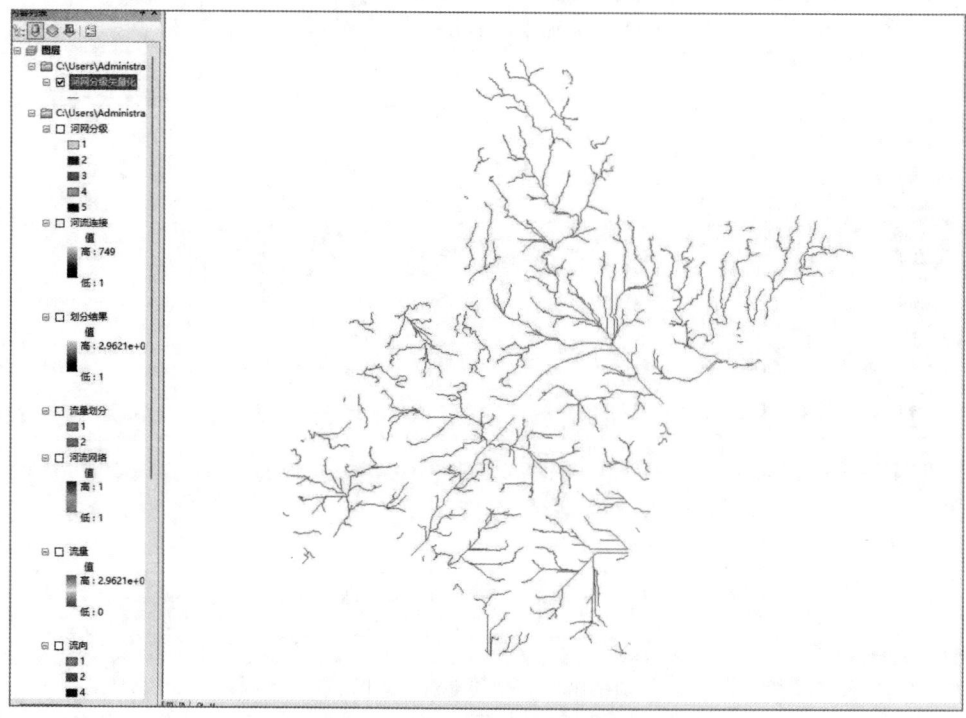

图 10-19　得到分级后的河流网络

(10)将分级后的河流网络进行矢量化(图10-20、图10-21)。

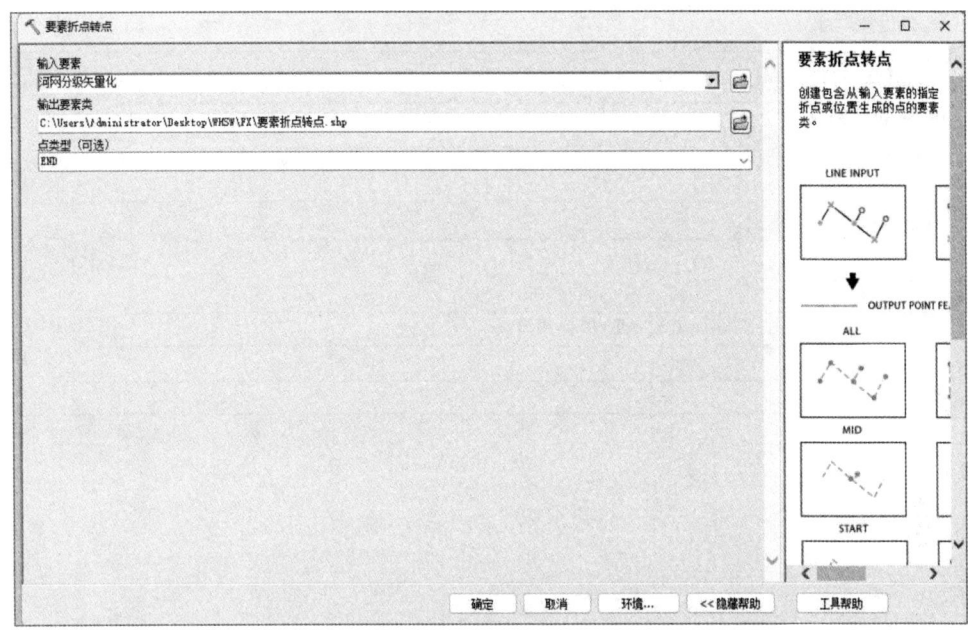

图 10-20　对河流网络进行矢量化处理

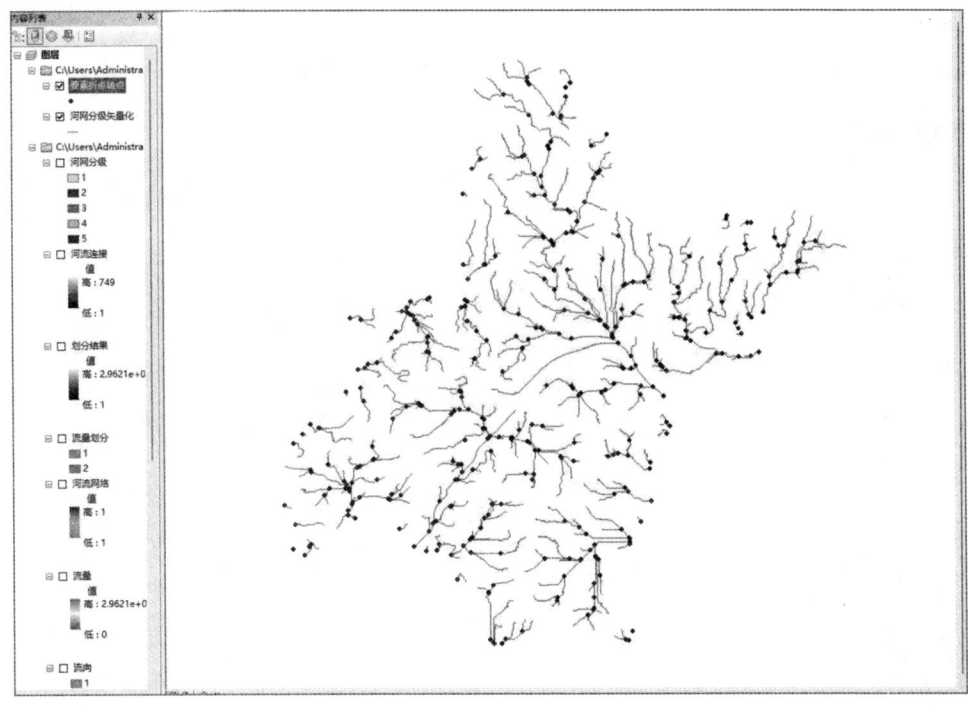

图 10-21　河网矢量化处理结果

(11)根据矢量化的河网寻找"出水口"或者"倾泻点"(图10-22、图10-23)。

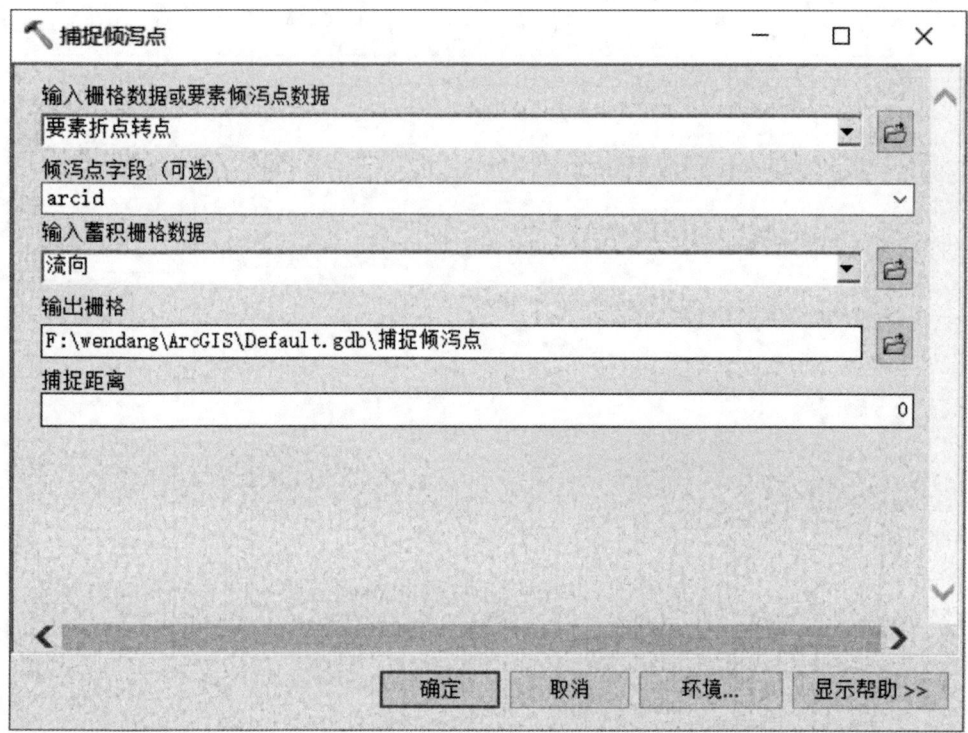

图 10-22　河网捕捉倾泻点操作

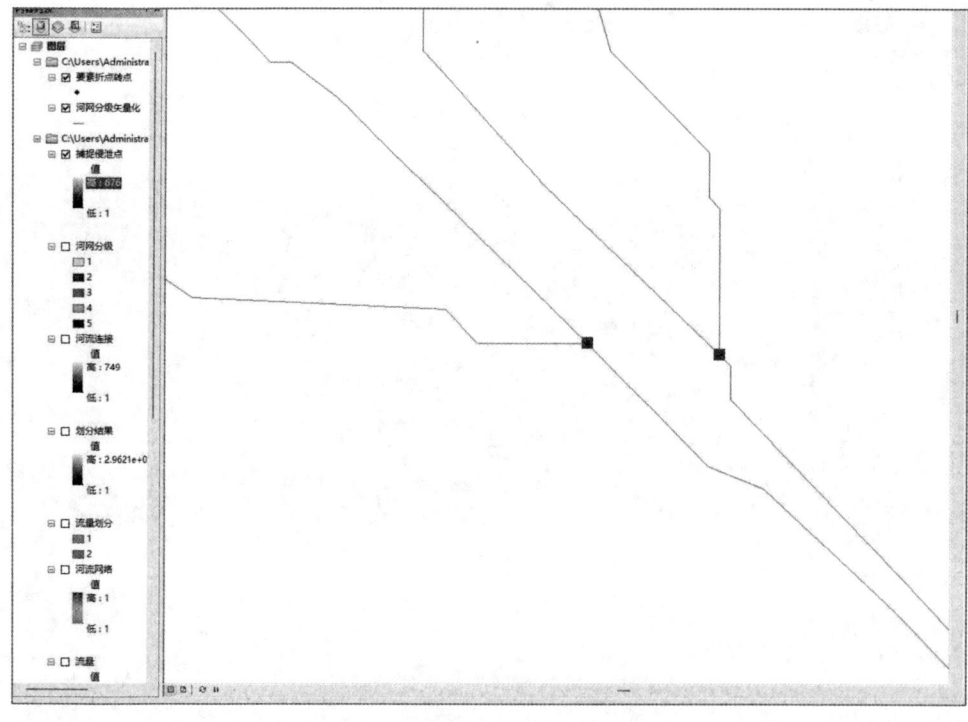

图 10-23　河网捕捉倾泻点处理结果

(12)根据"流向"和"水流倾泻点"找到"集水区"(图 10-24、图 10-25)。

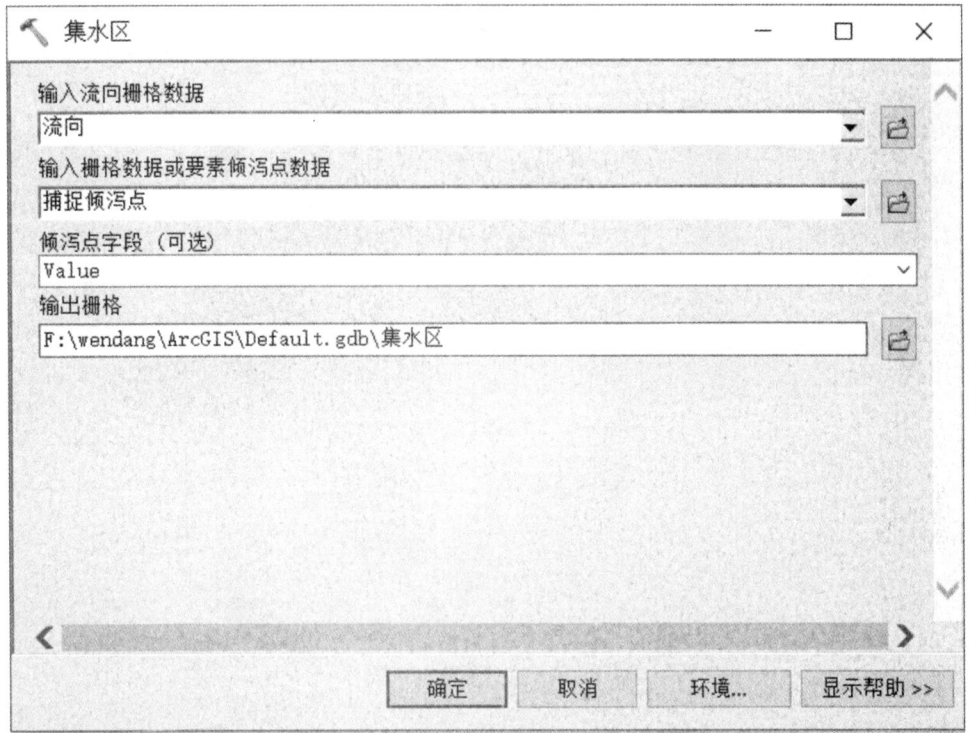

图 10-24  进行集水区处理

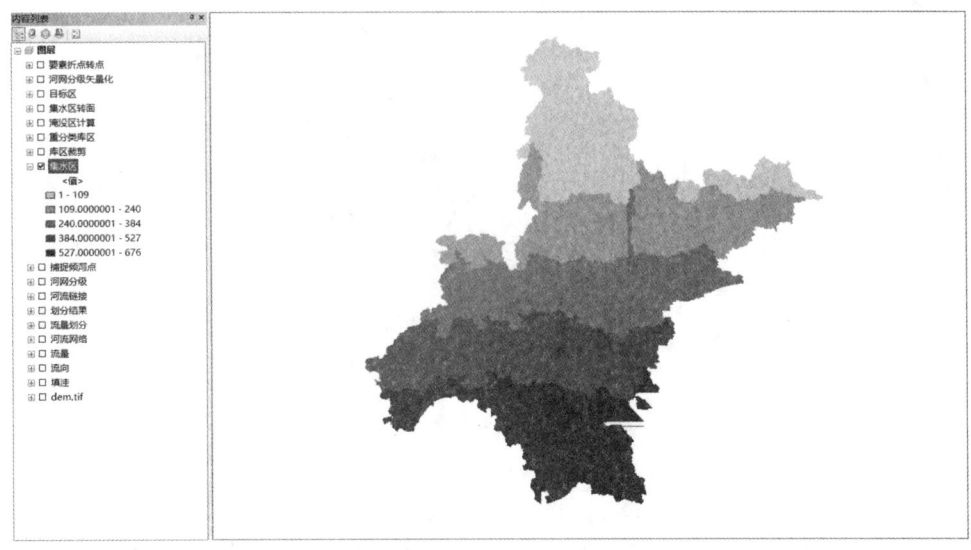

图 10-25  得到目标地集水区示意图

(13)对"集水区"进行栅格转面,便于后续分析(图10-26~图10-28)。

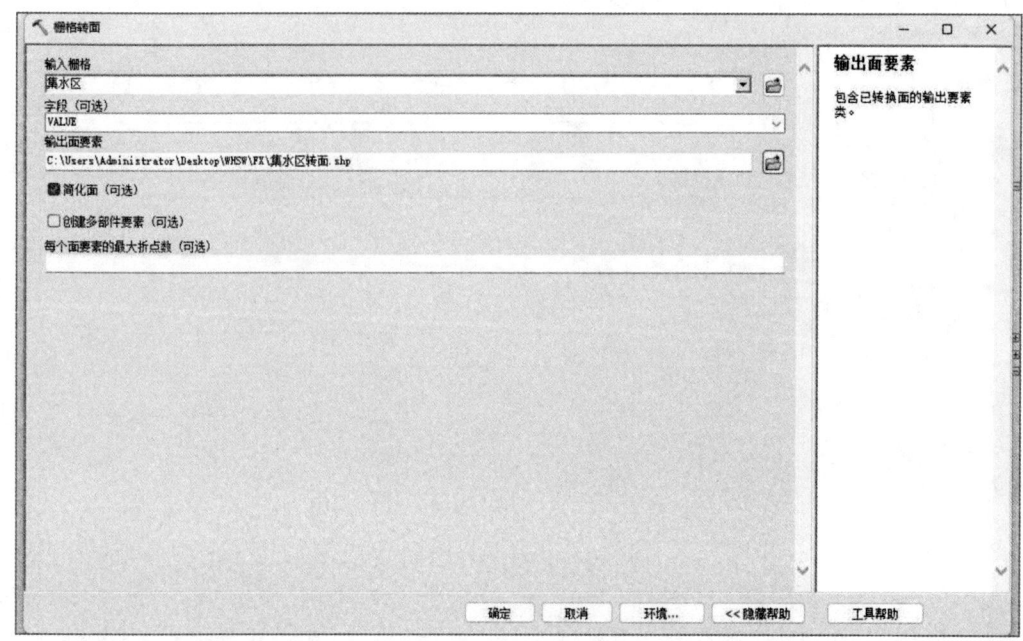

图10-26 进行栅格转面操作

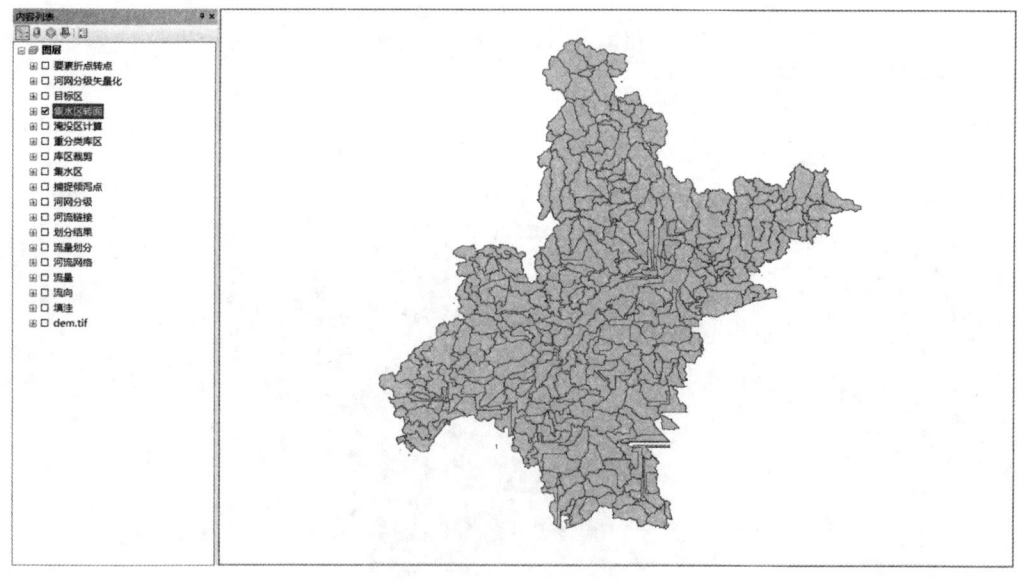

图10-27 得到目标地集水区矢量图

此时,我们已经得到基于武汉DEM数据的集水区shp文件,将其命名为"目标地",并进行后续的淹没分析。

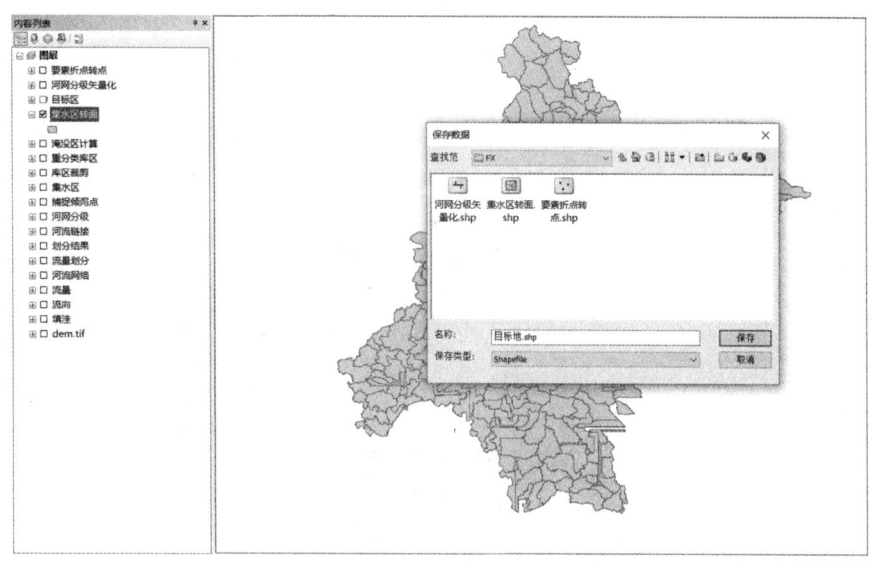

图 10-28　将目标地集水区矢量图转为 shp 文件

## 10.2　实习二　淹没区分析

淹没区分析以无洼地 DEM 数据为基础数据,使用 ArcGIS 软件中地图代数模块的栅格计算器,识别低于相应洪水水位线的区域,分析生成的结果为无源淹没区,即只考虑降水造成的地表水位上升,引发洪水淹没的区域。下面进行演示操作。

(1)首先,导入武汉的 DEM 数据和上面水文分析得到的"目标区 shp 文件",并进行裁剪。这里所使用的工具是"ArcToolbox"工具箱的"Spatial Analyst"工具中的"提取分析"中的"按掩膜提取"(图 10-29、图 10-30)。注:这样做的原因是在下一步使用条件函数去过滤 DEM 一定高度的像元时可以剔除不相关的数据。

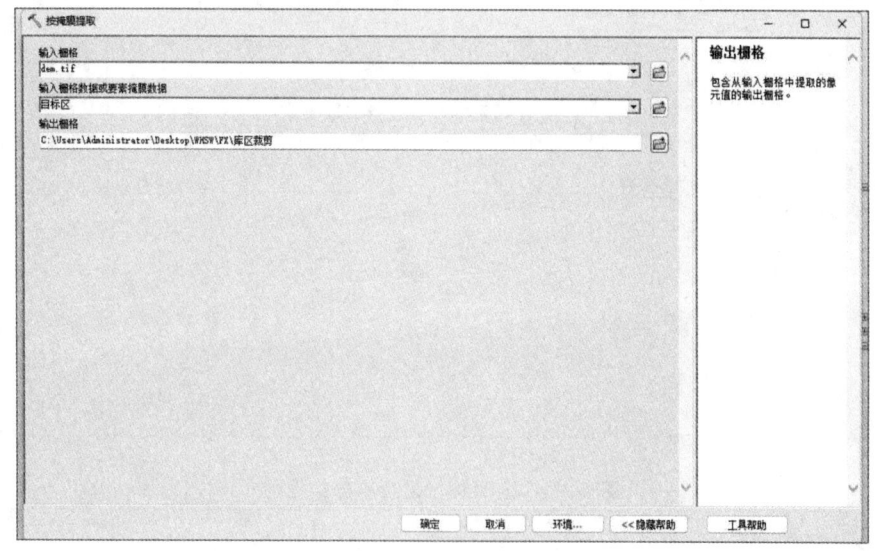

图 10-29　进行按掩膜提取处理

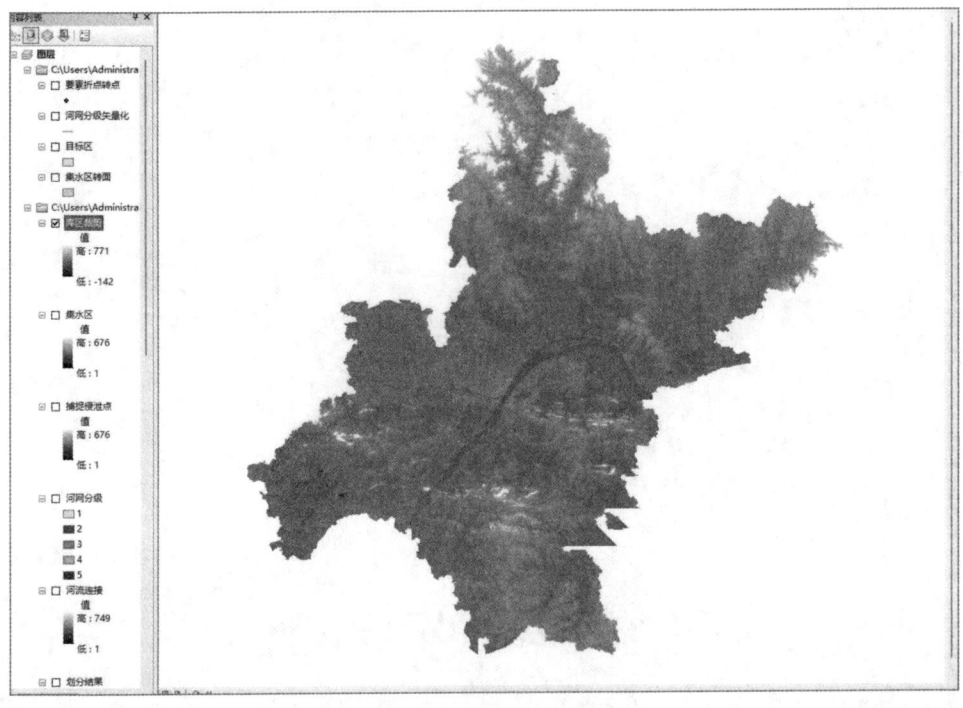

图 10-30　得到目标区高程信息

(2)进行淹没区计算,进行重分类工作(图 10-31、图 10-32)。

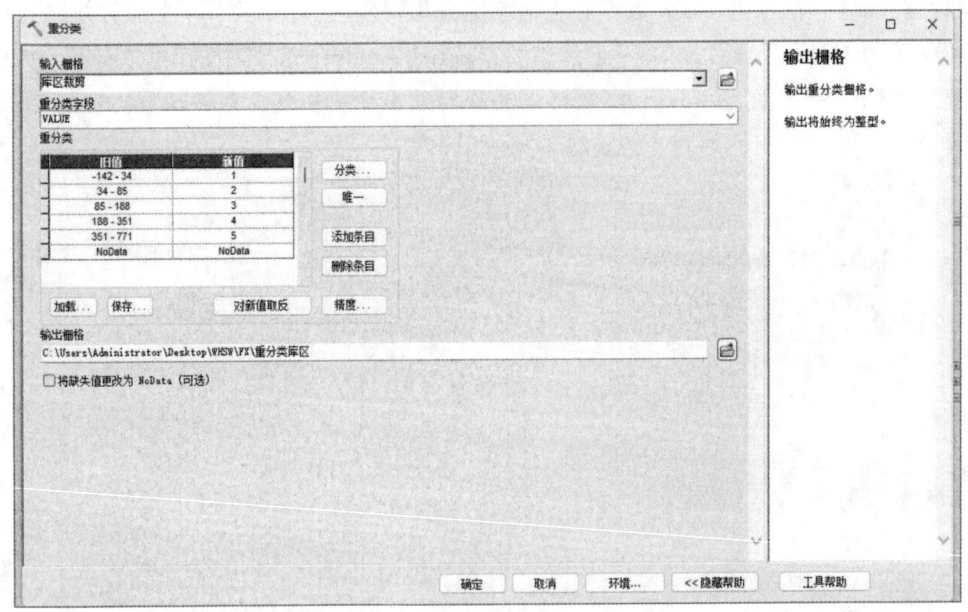

图 10-31　对目标区进行重分类处理

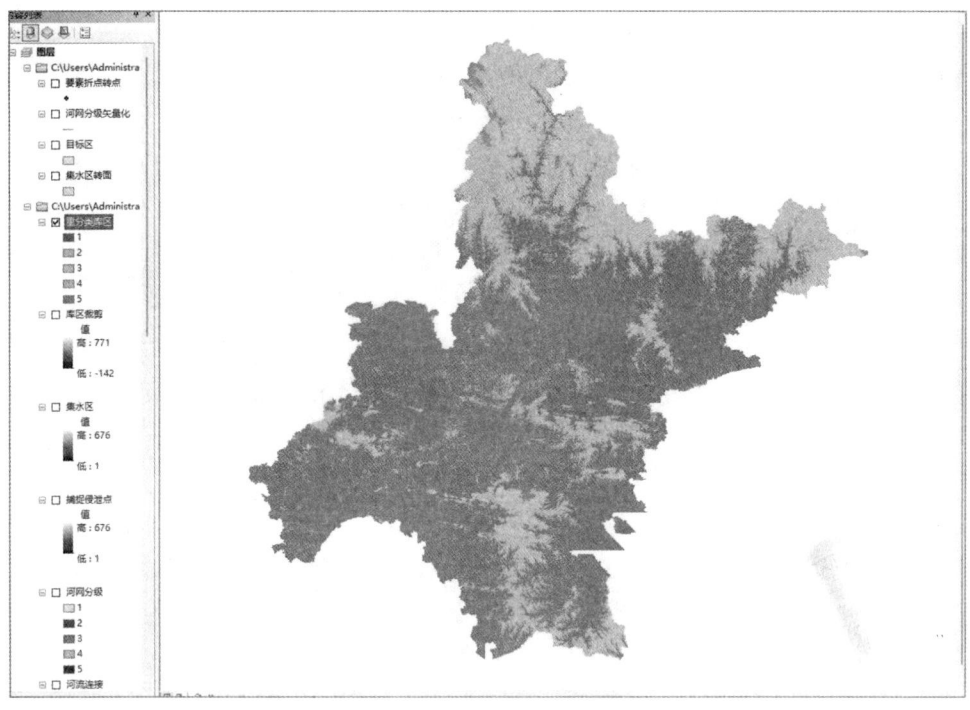

图 10-32　目标区重分类处理结果示意图

(3) 使用"栅格计算器"进行库区计算（图 10-33、图 10-34）。

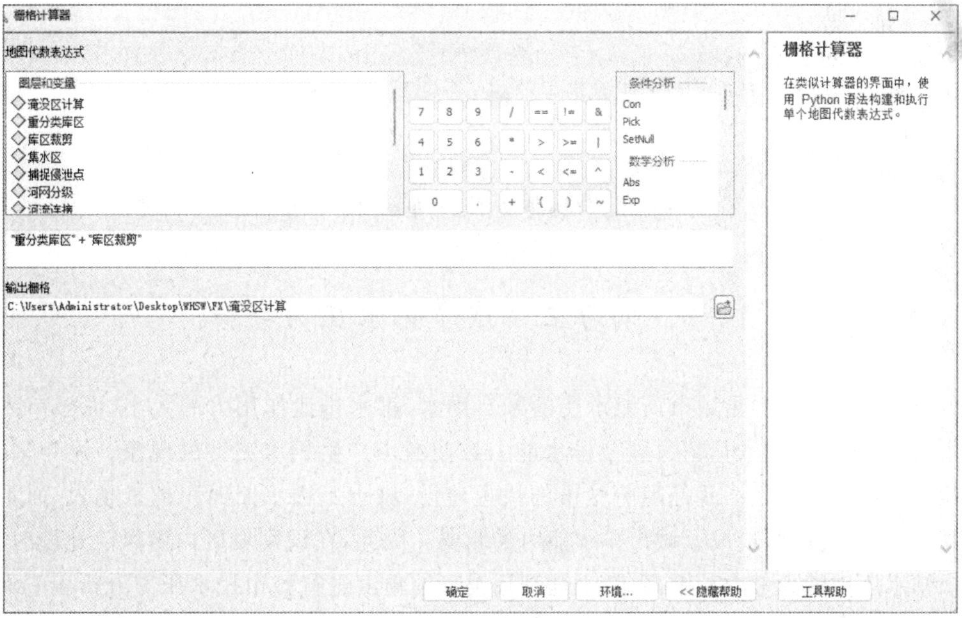

图 10-33　进行库区栅格计算处理

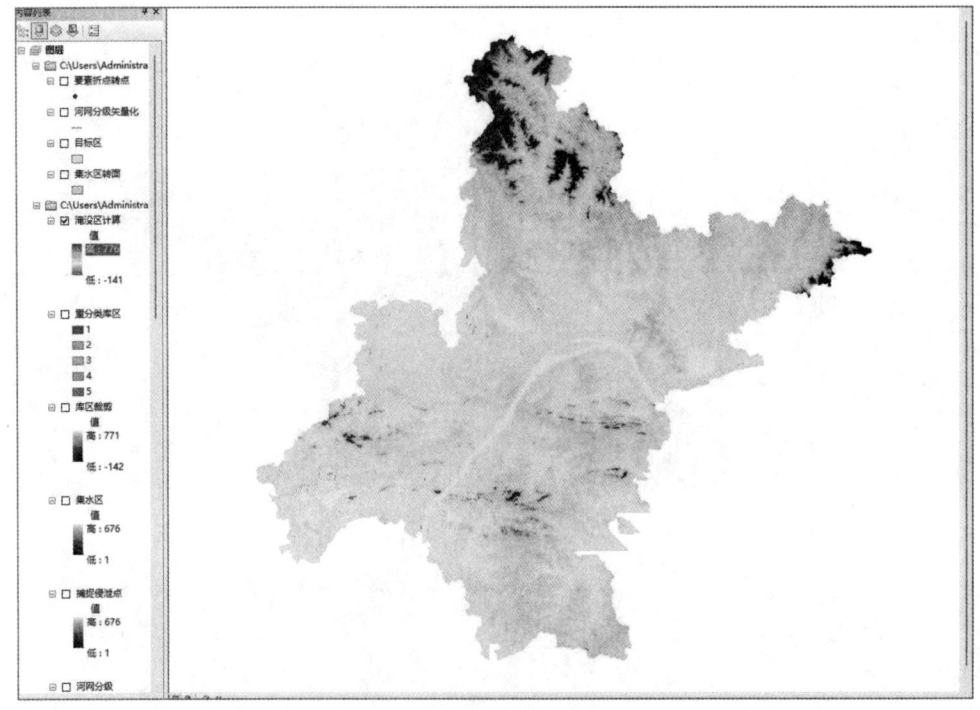

图 10-34　得到淹没区计算结果

注：这里得到的值为水位高度，即达到多少水位则会淹没（图 10-35）。

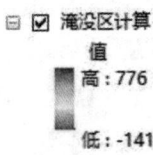

图 10-35　淹没区计算结果范围示意图

## 10.3　实习三　城市排水压力分析

城市排水压力指的是城市所能承受的来自雨水、洪水排泄作用力的大小，而城市内涝是强降水、连续性降水的水量超过城市排水能力致使城市产生积水灾害的现象。近年来，城市内涝频发的重要原因之一就是随着城市的快速建设，城市不透水面面积越来越大，而不透水面不利于雨洪的调蓄，造成了城市排水能力的减弱。因此，在识别城区内涝风险地段时，可以将城市排水压力纳入考虑范围，并从土地利用类型的角度进行城市排水压力分析。下面进行演示。

（1）下载处理 landsat8 遥感影像，并导入 ArcMap（图 10-36）。

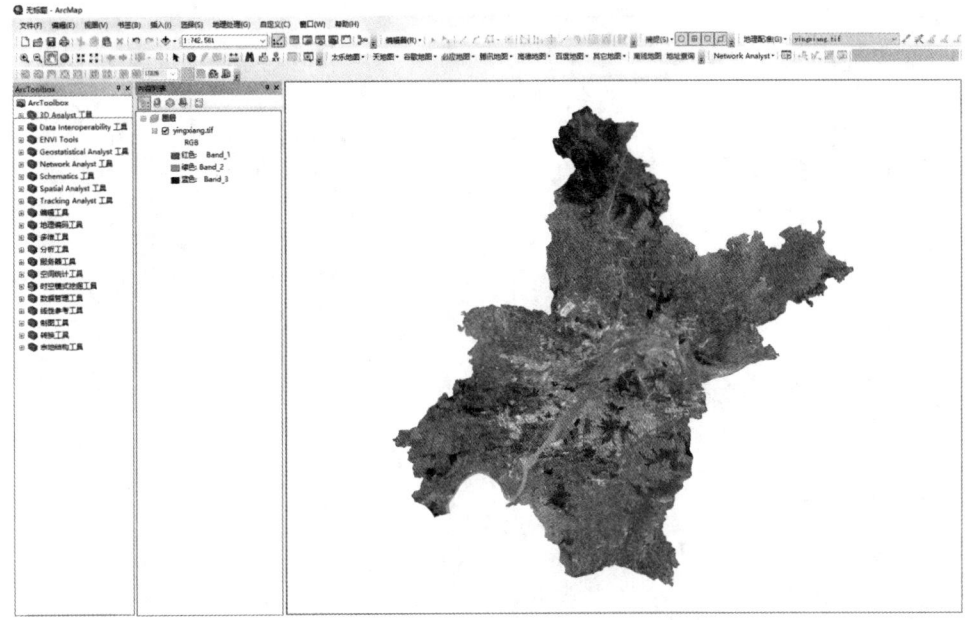

图 10-36　导入遥感影像

(2) 打开 ArcGIS 的影像分类工具,一步步对影像进行重分类(图 10-37、图 10-38)。

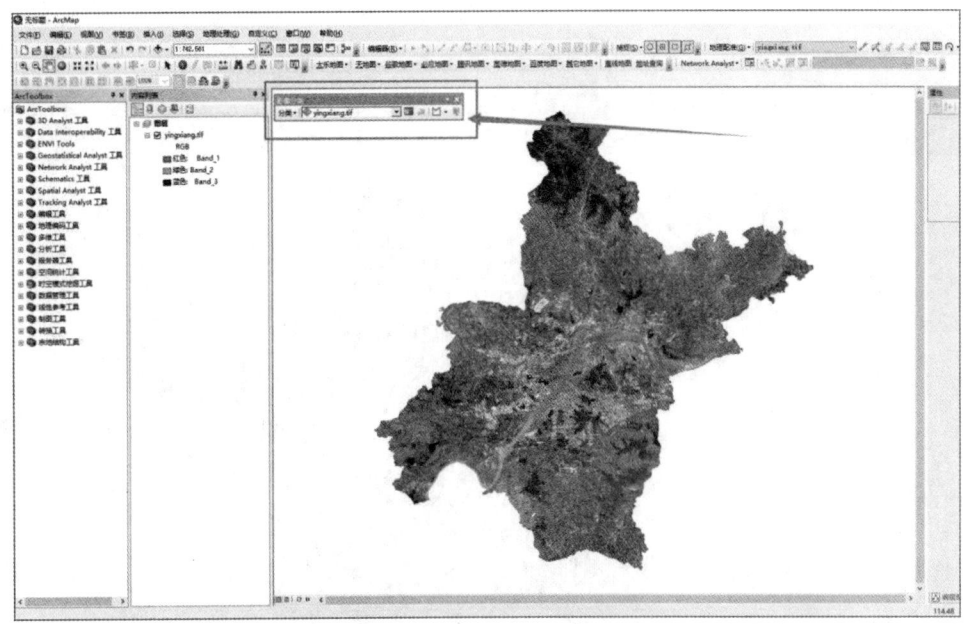

图 10-37　使用影像分类功能

图 10-38　对影像进行手动分类操作

(3)分类完的效果如图 10-39 所示。

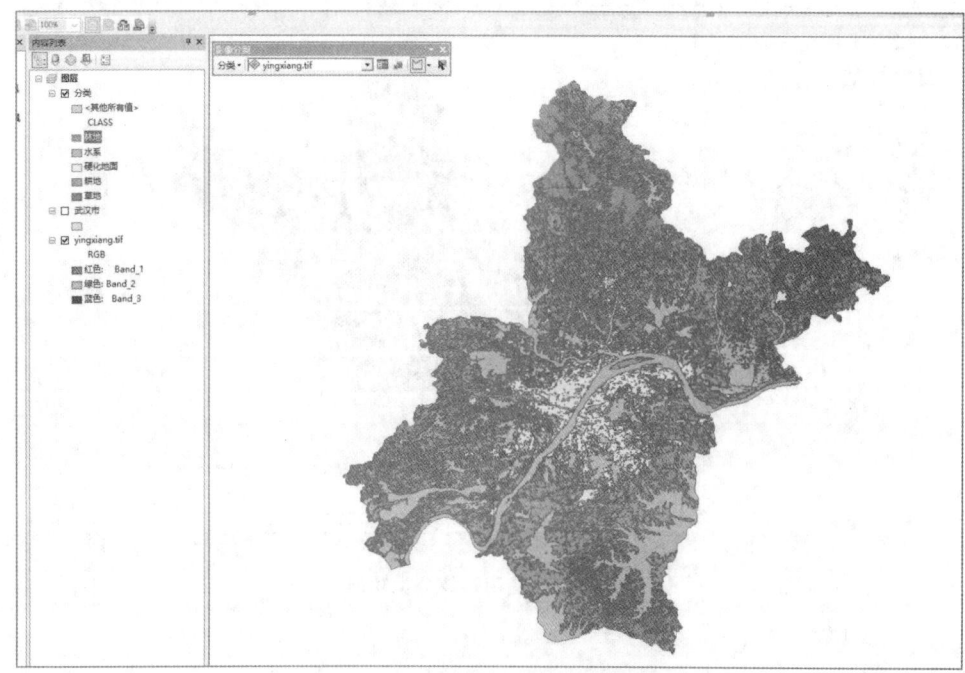

图 10-39　影像分类结果示意图

(4)对分类完的地类进行赋值:水系是1,耕地是2,草地是3,林地是4,硬化地面是5(图10-40)。

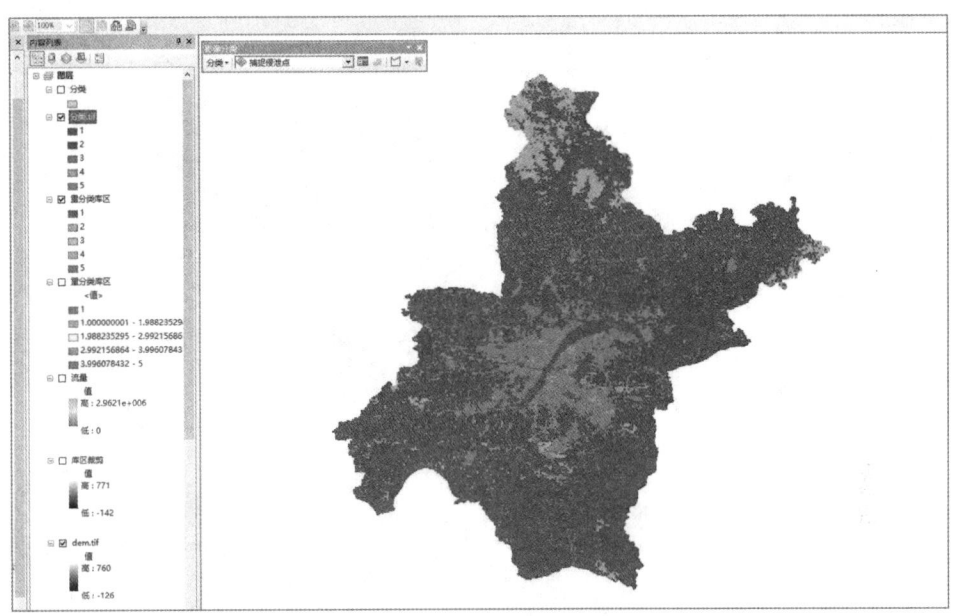

图10-40　影像赋值后示意图

(5)进行叠加运算,分析武汉市的排水情况。这里使用的是"栅格计算器"(图10-41)。得到城市的排水压力图(图10-42)。

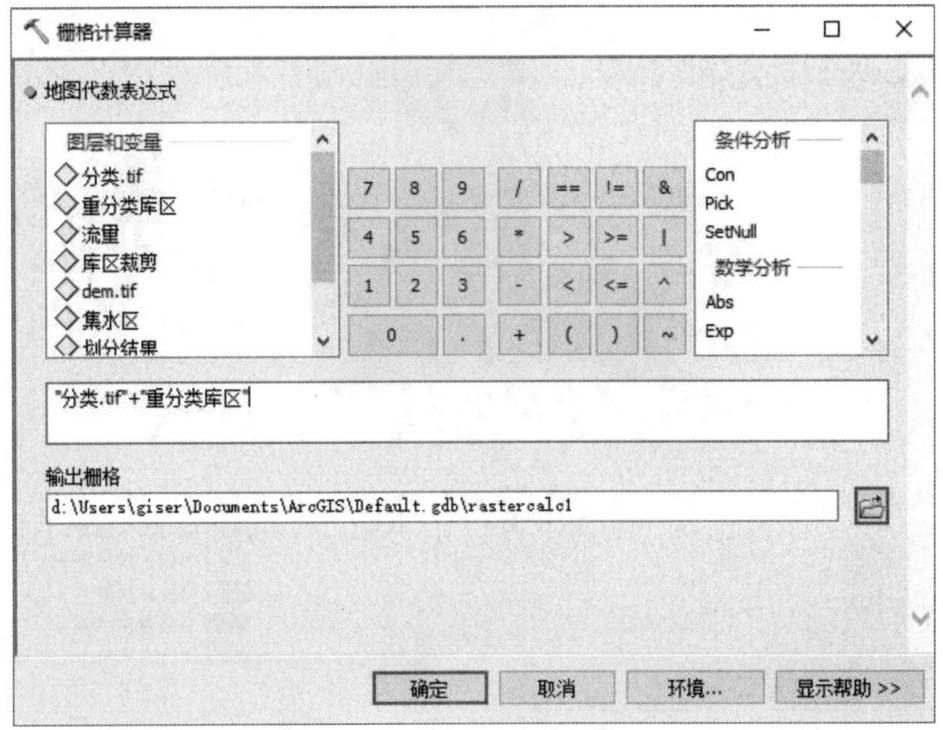

图10-41　使用栅格计算器进行叠加运算

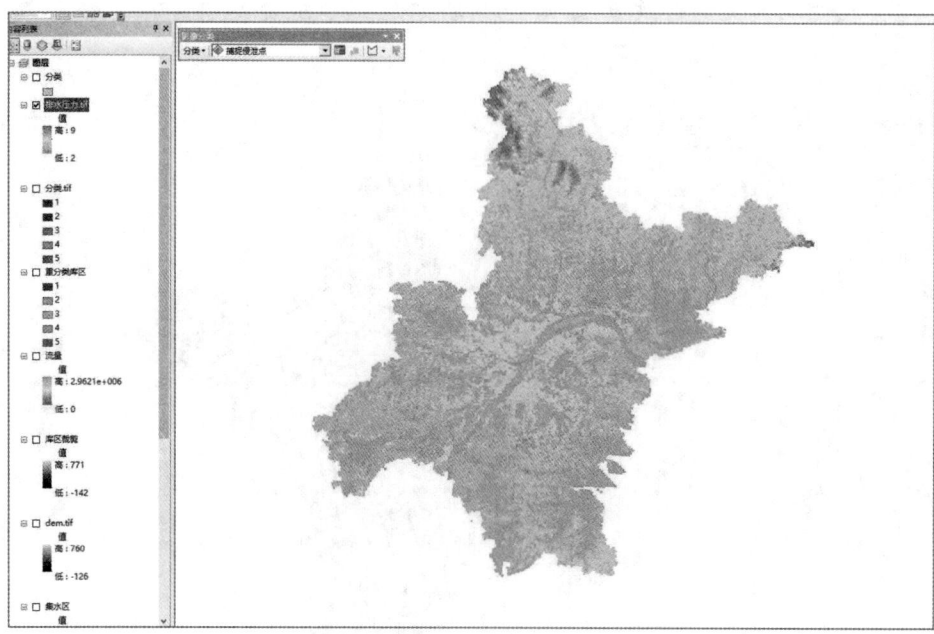

图 10-42　得到目标区排水压力示意图

(6)根据排水压力图制作目前武汉市容易发生城市内涝的区域专题图(图 10-43)。制作专题图的操作就不再赘述。

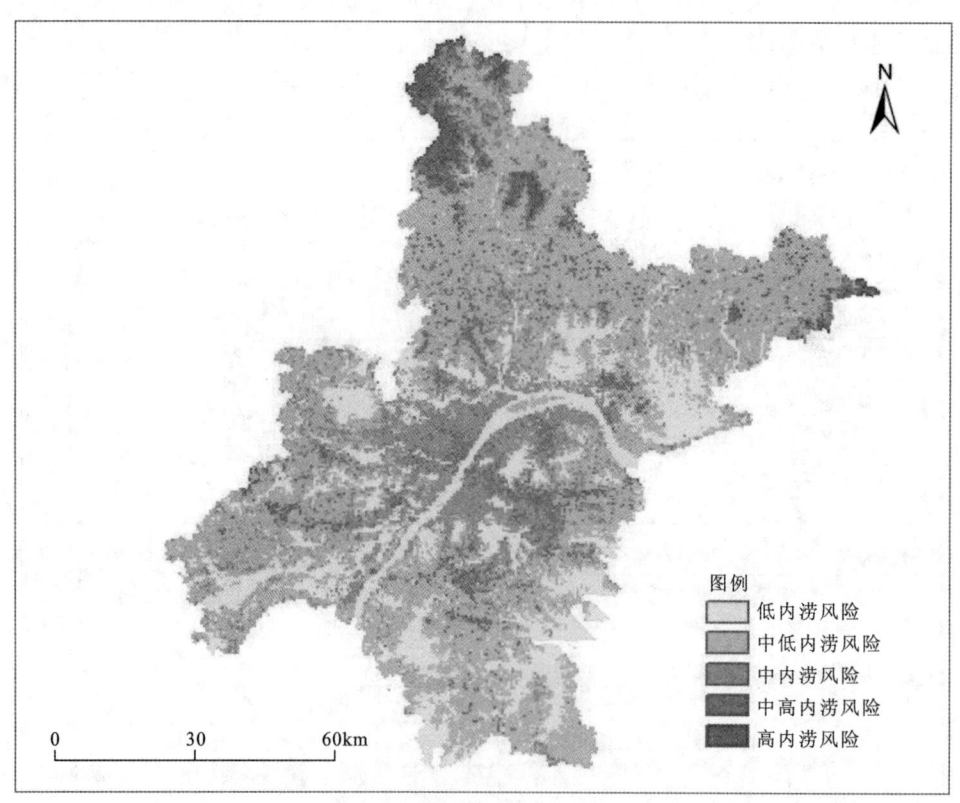

图 10-43　目标区排水压力区域专题图

上述的演示只是简单地利用高程数据和遥感影像数据识别城市的内涝风险地段。但是城市内涝不只受地形地貌的影响,还受到城市内部的下垫面、城市应急设施等因素的影响。在制作城市内涝专题图时,可多添加各种影响因素,通过栅格计算器进行叠加分析,更加准确地识别出城市易内涝的风险地段。

# 第 11 章　滑坡易发性评估及应急响应

通过本章学习,了解机器学习的种类和任务,学习滑坡多源监测数据采集的方法并运用随机森林模型进行多元数据监测预警;理解层次分析法、信息量模型和 BP 神经网络模型等地质灾害危险性评估模型并掌握基于 BP 神经网络模型等地质灾害危险性评估方法;学习滑坡灾害易发性评估模型并通过实验进行滑坡灾害易发性预测。着重通过实验掌握地质灾害危险性评估和滑坡灾害易发性预测的方法。

通过本章学习,你将了解以下内容:

(1)机器学习及其预测。
(2)数据监测预警。
(3)地质灾害危险性评估模型及地质灾害危险性评估方法。

## 11.1　实习一　机器学习与分类预测

### 11.1.1　背景介绍

本上机实验指导旨在通过机器学习方式,引导学科交叉融合,提升山体滑坡灾害的预测能力和灾后处理效率,为防灾减灾,保护人民生命与财产安全,争取更充足的时间。

### 11.1.2　机器学习种类和任务

以下内容参考了《图解机器学习》(杉山将,2015),具体了解请阅读此书。

**1. 机器学习种类**

1)监督学习(郝君,2019)

定义:监督学习是一种机器学习任务,是从给定的训练数据集中学习出一个函数(模型参数),当新的数据到来时,可以根据这个函数预测结果。在监督学习中,训练集包括输入和输出,也可以称为特征和目标,其中输出值也被称为监督信号。

最终目标:通过对未学过的问题进行正确的回答,使计算机具有了这样的泛化能力。监督学习需要明确的目标,清晰地定义所需的结果,例如分类或预测数值等任务。

应用:手写文字识别、声音处理、图像处理、垃圾邮件分类与拦截、网页检索、基因诊断、股票预测等。

典型任务:预测数据的回归,预测分类,排序预测。

2)无监督学习

定义:无监督学习是一种机器学习方法,它不需要预先标记好的训练数据,即数据没有标签,目的是从这些数据中发现隐藏的练习和模式。无监督学习的核心在于对数据的统计特性和相似性进行分析,以发现数据中的潜在结构和模式。无监督学习通常分为两类:聚类和降维。无监督学习算法包括 k-meams 聚类、主成分分析(PCA)和自编码器等。

最终目标:无监督学习并没有被限制在解答有正确答案的问题上,因此,不需要很清楚地确定目标。

应用:人造卫星故障诊断、视频分析、社交网站解析、声音信号解析、数据可视化、监督学习的前处理工具等。

典型任务:聚类、异常检测。

3)强化学习

定义:强化学习是机器学习的一种。强化学习实质上是一种机器学习范式、适用于多阶段序贯决策以获得较好的长期回报的场景。反复实验(trial and error)和延迟奖励(delayed veward)是强化学习最重要的两个特征。

最终目标:使计算机获得对没学习过的问题也可以作出正确解答的泛化能力。

应用:机器人的自动控制、计算机游戏中的人工智能、市场战略的最优化等。

典型任务:回归、分类、聚类、降维。

理解:与监督学习不同的是,强化学习没有正确输出的引导,也就是没有正确的答案;与无监督学习不同的是,强化学习需要对获取到的信息进行自我评估。

**2. 机器学习的典型任务**

1)回归

定义:指把实函数在样本点附近加以近似的有监督的函数近似问题。机器学习中的回归算法,是用训练数据来预测后续数据的结果。

理解:对于一组输入 $x$,通过函数 $f$ 计算,有一组正确的输出 $y$,计算机通过函数 $f'$ 计算,得出自己的输出 $y'$,计算机通过比较自己的输出和正确输出的过程中,改进自己的 $f'$,使其接近于真实函数 $f$(在计算机比较自己的输出与正确输出的过程中,会产生噪声)(图 11-1)。

2)分类

定义:分类是识别、理解,并将想法、对象分到预设类别或"子群"的过程。

机器学习中的分类算法,是用训练数据来预测后续数据会归类于一个类别的可能性。分类最常见的用途之一是将电子邮件过滤为"垃圾邮件"或"非垃圾邮件"。

与回归任务的区别:分类任务和回归任务的区别在于需要预测的值的类型。

回归任务,是对连续值进行预测(比如多少);分类任务,是对离散值进行预测(比如是不是,属不属于,或者属于哪一类)。比如,预测明天的气温是多少度,这是一个回归任务;预测明天会不会下雨,就是一个分类任务(图 11-2)。

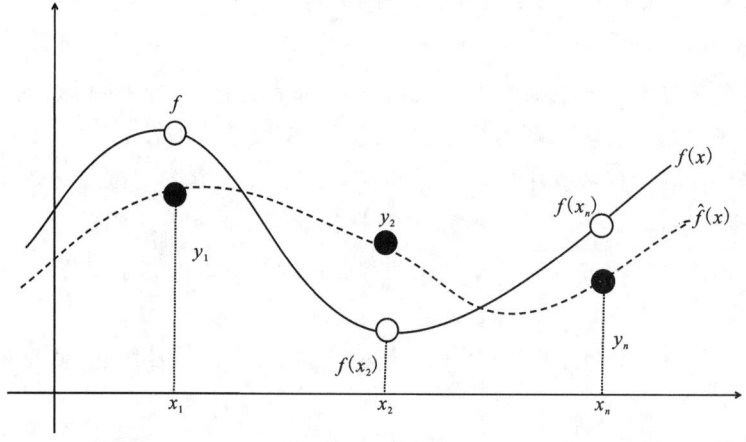

图 11-1 回归任务

3）异常检测

**定义**：指寻找输入样本中所包含的异常数据的问题。

**理解**：计算机通过对一组数据的分析，将中间的异常数据剔除。若已知异常数据，则与有监督的分类类似；一般情况下并不知道异常数据，多采用密度估计的方法，剔除偏离密度中心的数据（图 11-3）。

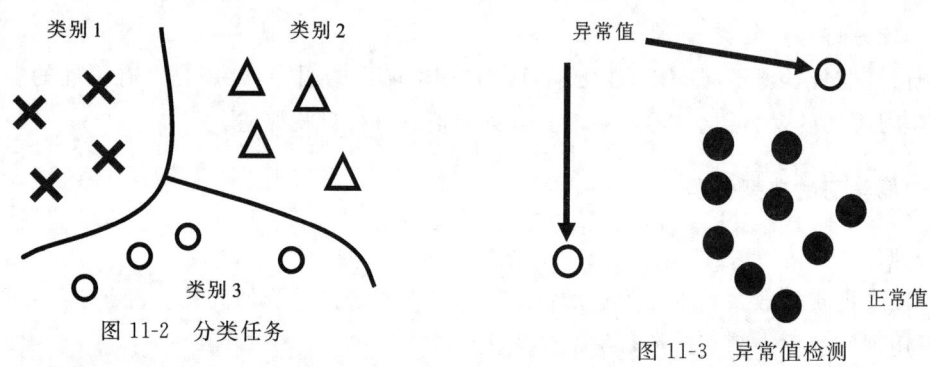

图 11-2　分类任务　　　　　　图 11-3　异常值检测

4）聚类（图 11-4）

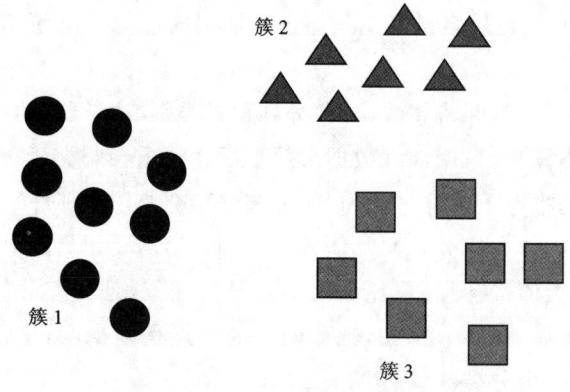

图 11-4　聚类任务

5)降维

(1)指从高维度数据中提取关键信息,将其转换为易于计算的低维度问题进而求解。若输入输出均已知,属于监督学习;若只有输入已知,属于无监督学习,注意在转换为低维度的样本后,应保持原始输入样本的数据分布性质,以及数据间的近邻关系不发生变化。

(2)理解:计算机通过对高维度数据进行降维,使得其维度降低但是数据特征和数据间的关系不变,便于分析和解决(图11-5)。

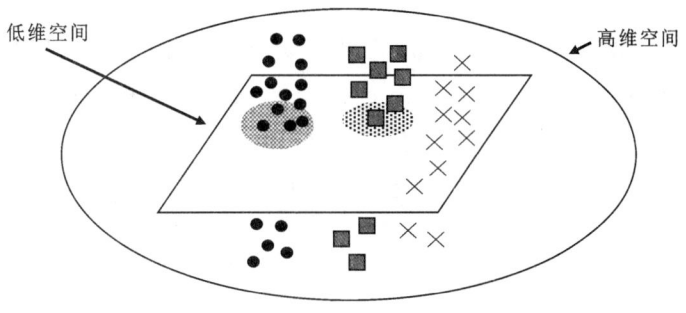

图11-5 数据降维

6)常见评价标准介绍(图11-6)

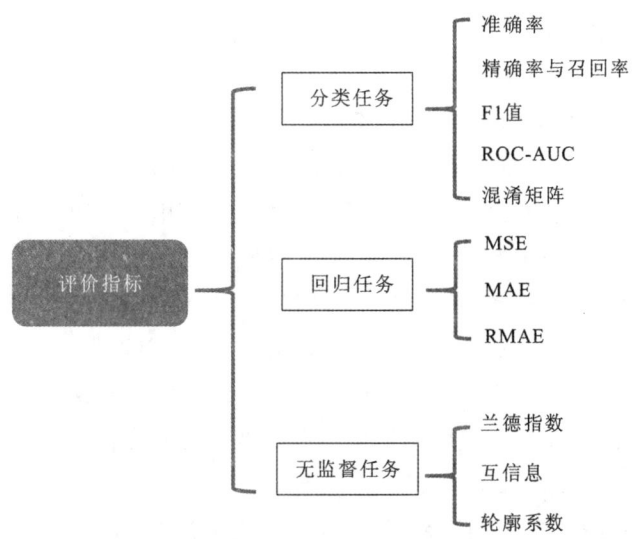

图11-6 机器学习评价标准

(1)分类任务。

先验知识:

真正(true positive,TP):被模型预测为正的正样本。

假正(false positive,FP):被模型预测为正的负样本。

假负(false negative,FN):被模型预测为负的正样本。

真负(true negative,TN):被模型预测为负的负样本(晏莉娟,2022)。

①准确率(accuracy):

衡量的是分类正确的比例,它的计算公式简单直接,表示方法如下:$Accuracy = \dfrac{TP+TN}{TP+TN+FP+FN}$,即正确预测的正例数/实际正例总数。

②精准率(precision)：又叫查准率,它是指被预测为正样本的检测框中预测正确的占比：Precision $= \frac{TP}{TP+FP}$,即正确预测的正例数/实际正例总数。

③召回率(recall)：又叫查全率,它是针对原样本而言的,它的含义是在实际为正的样本中被预测为正样本的概率(晏莉娟,2022)。Recall $= \frac{TP}{TP+FN}$,即正确预测的正例数/实际正例总数。

④F-Score：有时,我们要在正确率和召回率之间作出一个折中选择,其中一个办法就是绘制精准率-召回率曲线(precision-recall curve),曲线下的面积被称为 AP 分数(average precision score);另外一种选择是计算 $F_\beta$。

$$F_\beta = (1+\beta^2) \cdot \frac{Precision \cdot Recall}{\beta^2 \cdot Precision + Recall} = \frac{(1+\beta^2)PR}{\beta^2 P + R} \tag{11-1}$$

当 $\beta=1$ 时,也就是常见的 $F1$-Score,当 $F1$ 较高时,模型的性能越好。

$$F1 = \frac{2 \times P \times R}{P+R} = \frac{2 \times TP}{样例总数 + TP - TN} \tag{11-2}$$

⑤ROC 曲线和 AUC。

a. ROC 曲线有个很好的特性：当测试集中的正负样本的分布变化的时候,ROC 曲线能够保持不变(李昕,2019)。在现实生活中,通常存在着类别不平衡问题(class-imbalance),也就是负样本数量远多于正样本,并且检验数据中正、负样本的分布具有一定的随机性。ROC 和 AUC 可以很好地消除样本类别不平衡对指标结果产生的影响。

b. ROC：主要两个指标就是真正率(TPR)和假正率(FPR),其中横坐标为假正率(FPR),纵坐标为真正率(TPR),这两个指标的选择使得 ROC 可以无视样本的不平衡。对于 ROC 曲线,下方面积越大表明模型性能越好,ROC 曲线离对角线越近,模型的准确率越低。

c. AUC(area under curve)：又称为曲线下面积,是处于 ROC Curve 下方的那部分面积的大小。通常,AUC 的值介于 0.5~1.0 之间,较大的 AUC 代表了较好的 Performance。如果模型是完美的,那么它的 AUC=1,证明所有正例排在了负例的前面。

d. 真正率(true positive rate,TPR)：又称命中率(hit rate)、敏感度(sensitivity),指在所有实际为阳性的样本中,被正确地判断为阳性的比率(刘海波,2015)。

$$TPR = \frac{正样本预测正确数}{正样本总数} = \frac{TP}{TP+FN} \tag{11-3}$$

e. 假正率(false positive rate,FPR)：又称为错误命中率、假警报率(false alarm rate)：在所有实际为阴性的样本中,被错误地判断为阳性的比率。

$$FPR = \frac{负样本预测错误数}{负样本总数} = \frac{FP}{TN+FP} \tag{11-4}$$

f. 假负率(false negative rate,FNR)：

$$FNR = \frac{正样本预测错误数}{正样本总数} = \frac{FN}{TP+FN} \tag{11-5}$$

g. 真负率(true negative rate,TNR):

$$\text{TNR} = \frac{\text{负样本预测正确数}}{\text{负样本数}} = \frac{\text{TN}}{\text{TN}+\text{FP}} \tag{11-6}$$

⑥混淆矩阵:监督学习中的一种可视化工具,该算法将样本数据的实际性质与类别预测结果的相关性描述成一个矩阵,被广泛用于对分类器进行性能评估。

竖轴的标签表示真实属性,而横轴的标签表示分类的预测结果。混淆矩阵中每行的数据总和表示这一类中其他的实际数量,各栏的总和表示这一类中其他的预测数量,而对角上的数字则表示被准确地预测到的样本数量。

(2)回归任务。

①均方误差英文全称为Mean Squared Error,也称为L2范数损失,是通过计算真实值与预测值的差值的平方和的均值来衡量距离。

$$\text{MSE} = \frac{1}{m} \sum_{i=1}^{m} (f(x_i) - y_i)^2 \tag{11-7}$$

②平均绝对误差的英文全称为Mean Absolute Error,是通过计算预测值和真实值之间的距离的绝对值的均值,来衡量预测值与真实值之间的距离。

$$\text{MAE} = \frac{1}{N} \sum_{i=1}^{N} |y_i - f(x_i)| \tag{11-8}$$

③均方根误差英文全称是Root Mean Squared Error,表示的是实际值和实际值之间的偏差。

$$\text{RMSE} = \sqrt{\frac{1}{N} \sum_{i=1}^{N} (y_i - f(x_i))^2} \tag{11-9}$$

## 11.2 实习二 多源数据监测预警

### 11.2.1 滑坡多源监测数据采集

区域的地质条件是影响滑坡发生的基础因素,地质构造带中,如断裂带、地震带等。通常地震烈度大于7°的地区,坡度为10°~45°的坡体,在地震中极易发生滑坡;断裂带中的岩体破碎、裂缝发育,则非常有利于滑坡的形成。气象条件为自然诱发因素,尤其在暴雨多发区或异常强降雨地区,易发生滑坡等地质灾害。人类工程活动为人为诱发因素,城市建设中的边坡不合理开挖、不正确的工程施工、植被破坏等,都有可能诱发地质灾害。因此,滑坡监测数据要从地形地貌、地质条件、水文气象和人类工程建设情况等方面采集。

**1. 地形地貌**

地形地貌的特征如坡度,地形起伏等会影响滑坡的形成和规模。地形的诱发作用可以导致滑坡发生,尤其是在地震等地质灾害的作用下,地形地貌的特点可能会对滑坡的规模和频率产生影响。地形应力对滑坡规模的控制起着关键作用,地表和地下构造的应力、地形、结构面和侵蚀之间存在着密切联系,这些因素共同影响着滑坡的发生。

以巴东为例,全区平均海拔为 1 089.3 米,县境窄长。地形对滑坡灾害的产生有一定的影响,滑坡多分布在地势较低的山谷处,倾斜的山体面使各种碎石岩土具有一定的滑动空间,滑坡发生的概率大。以下载的 DEM 数据分辨率为基础,选取 30m×30m 栅格分辨率对研究区开展研究(图 11-7、图 11-8)。

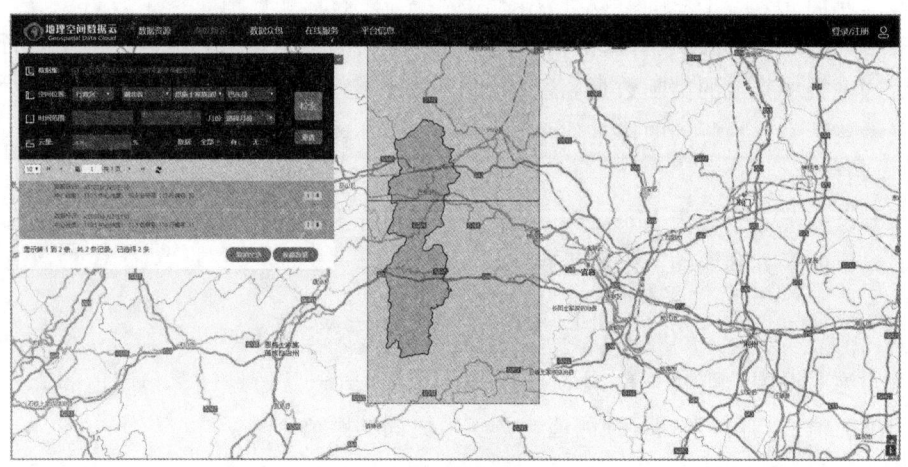

图 11-7 高程数据下载

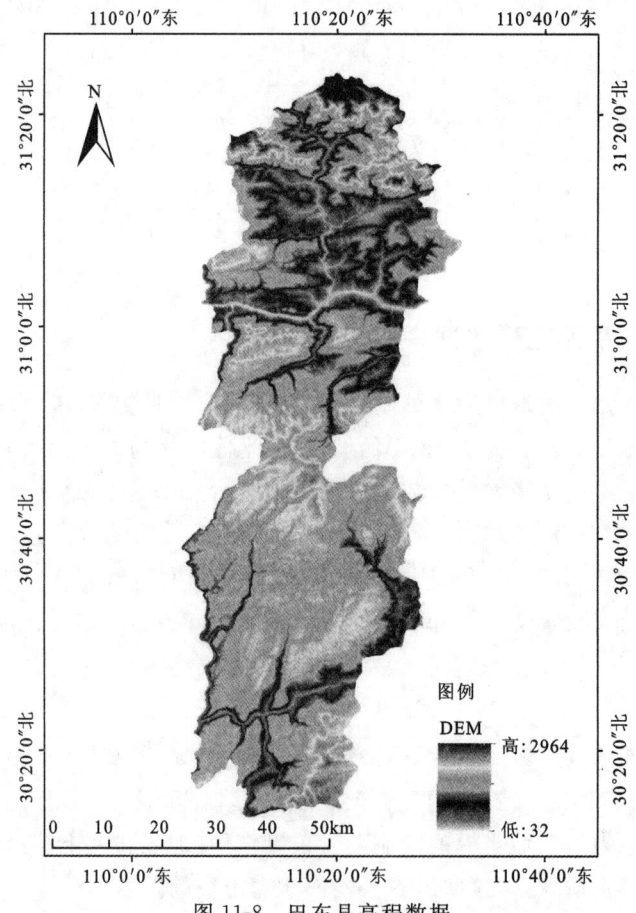

图 11-8 巴东县高程数据

坡度是诱发滑坡的重要因子,其尺寸决定了边坡的稳定性,并与水文、植被盖度等诸多因子密切相关。一般情况下坡度越大,坡体下滑力逐渐增大,相应的滑坡发生概率也会增大(高华晨,2020)。坡向是指坡面的走向,通常以南向的坡地为标准阳坡,北侧的坡地为标准阴坡。同时,坡向对边坡的稳定性也起着间接的作用,不同坡向因其所处的自然条件存在差异,进而对边坡的稳定性造成一定的影响。

使用高程数据进一步得到巴东县区域内坡度、坡向、坡长和地形起伏度。

(1)利用"Spatial Analyst"—"表面分析"—"坡度"工具,计算巴东县的坡度(图11-9)。

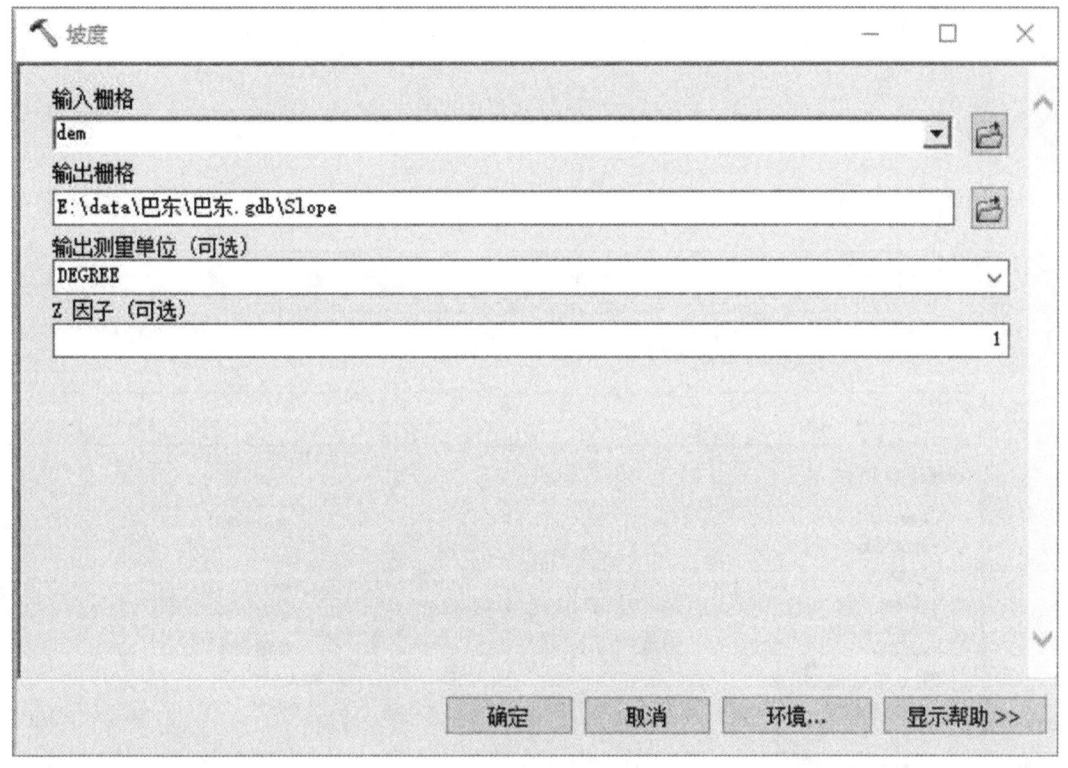

图 11-9　计算坡度

(2)利用"Spatial Analyst"—"表面分析"—"坡向"工具,计算巴东县的坡向(图11-10)。

(3)利用"Spatial Analyst"—"地图代数"—"栅格计算器"工具,根据以下公式求取坡长(图11-11)。

$$L=\frac{\text{DEM}}{\sin\left(\frac{\text{slope}\times\pi}{180}\right)} \tag{11-10}$$

(4)利用"Spatial Analyst"—"邻域分析"—"焦点统计"工具,分别提取 DEM 数据的最大值与最小值,然后再利用"栅格计算器"将 DEM 最大值减去 DEM 最小值便是地形起伏度(图11-12)。

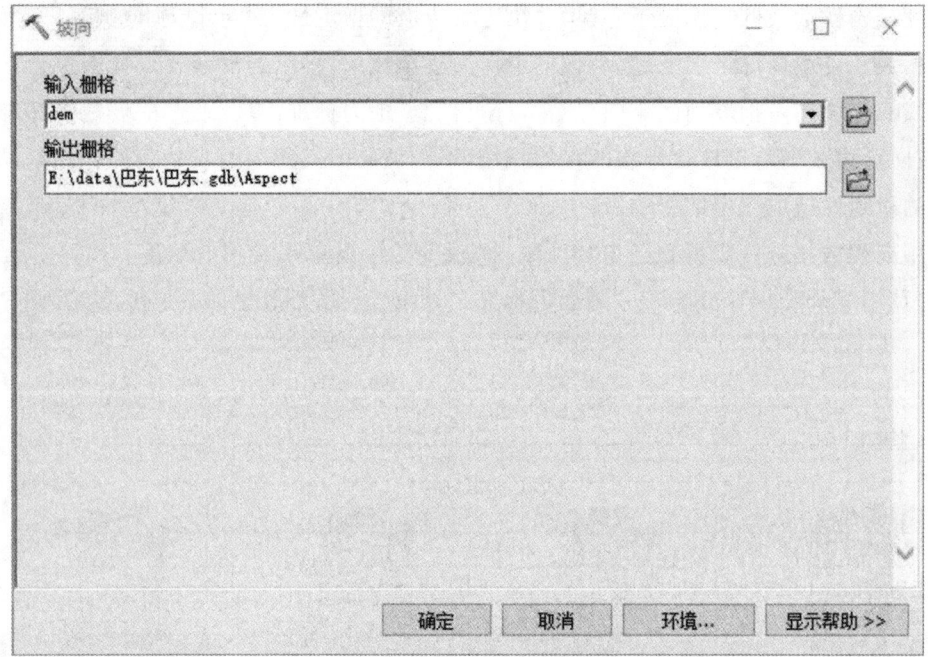

图 11-10　计算坡向

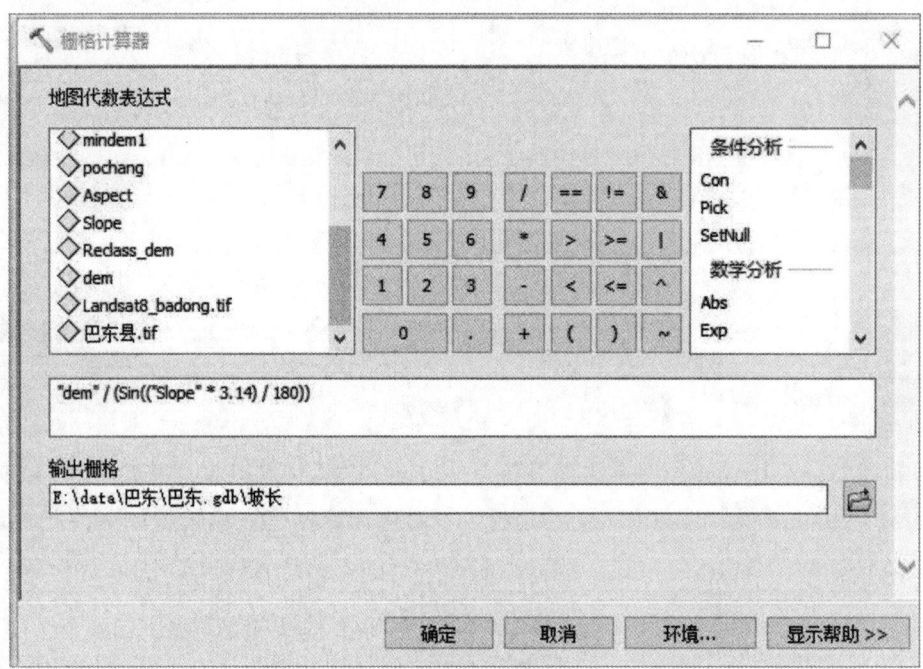

图 11-11　计算坡长

最后得到的结果如图 11-13 所示。

地貌层次也是影响滑坡灾害的重要因素之一(图 11-14)。通常只有具有一定坡度的斜坡,才可能产生滑坡。地形特点是多山,陡峭,土质疏松,容易积水,山中沟壑纵横,互相切割,形成了大量的斜坡,并有充足的滑移空间。

# 第 11 章 滑坡易发性评估及应急响应

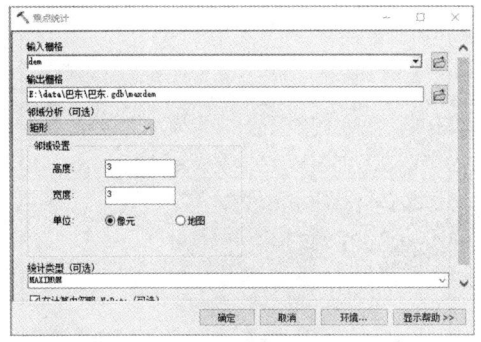
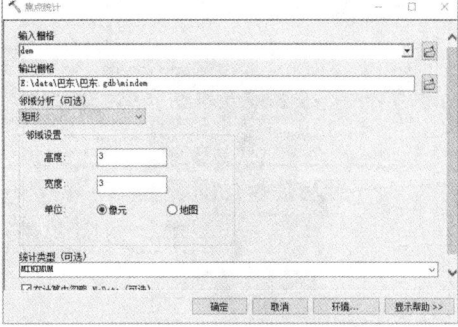
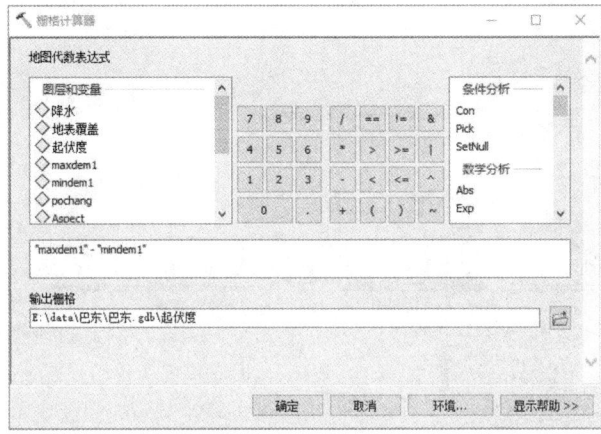

图 11-12 地形起伏度

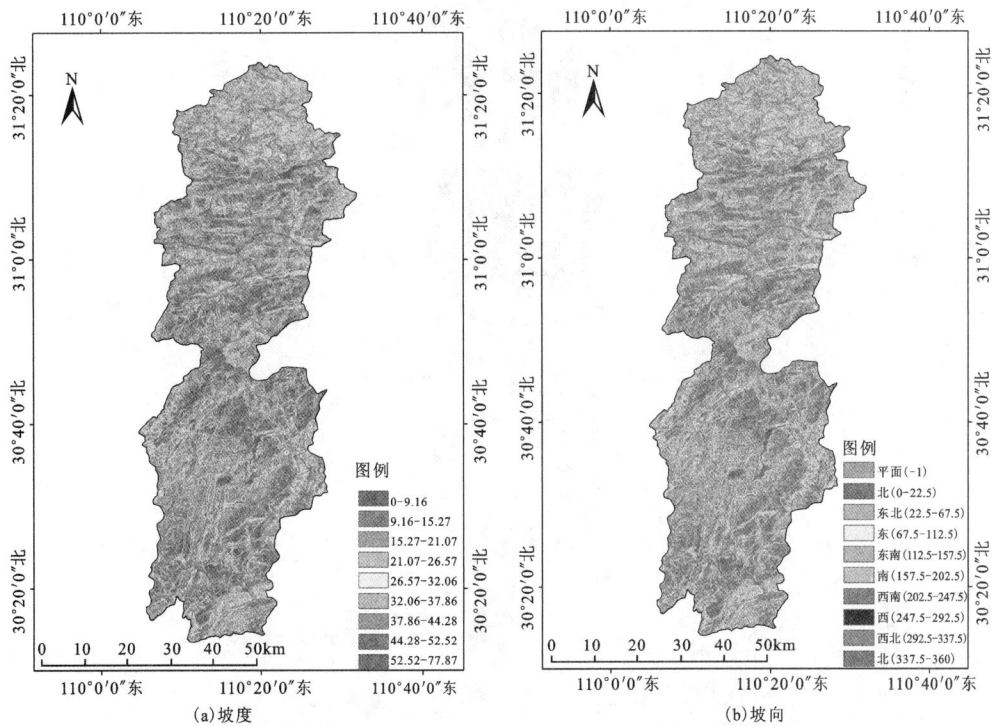

(a) 坡度  (b) 坡向

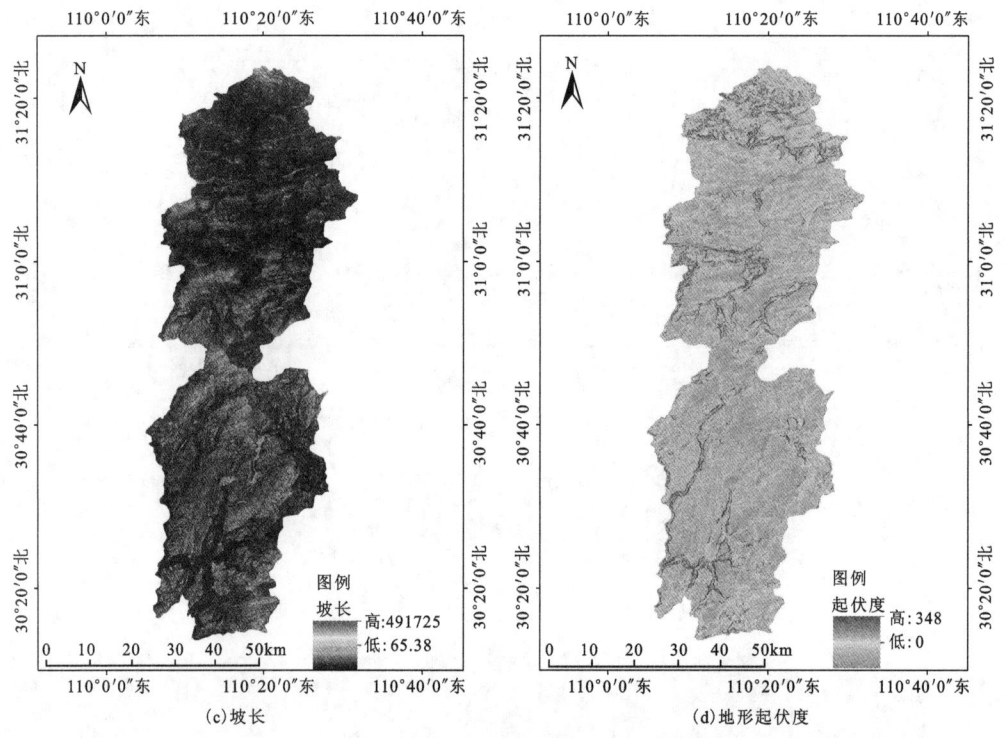

(c) 坡长

(d) 地形起伏度

图 11-13 坡度、坡向、坡长、地形起伏度所得结果图

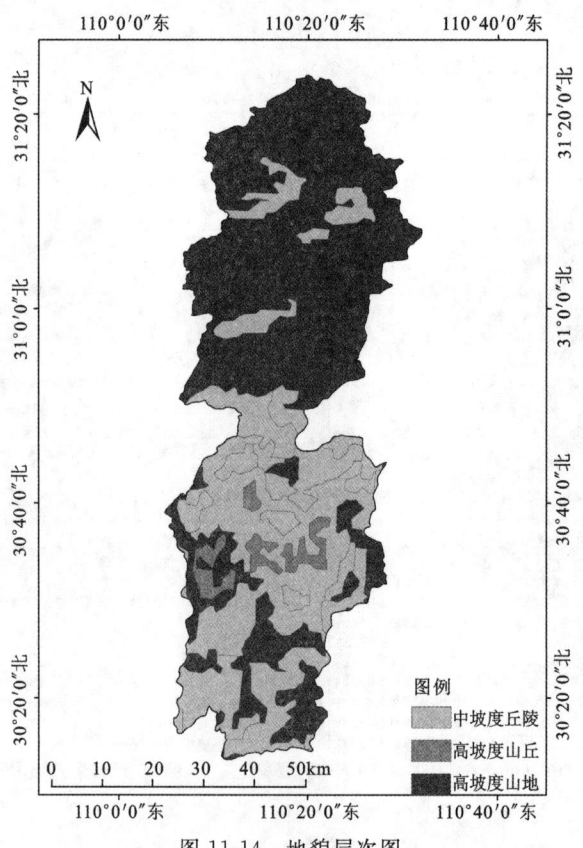

图 11-14 地貌层次图

**2. 地质条件**

特定的地质情况是滑坡发生的基本条件,岩性和土壤性质也对滑坡发生产生了很大的影响。巴东县主要的地层有三叠系大冶组—雷口坡组、巴东组、嘉陵江组,广泛分布于沿渡河镇以南各地,以碳酸盐岩沉积为主,其中三叠系中统巴东组地层岩组因富含蒙脱石、伊利石等亲水性黏土矿物,所以广泛地发育滑坡,典型的有黄土坡滑坡、赵树岭滑坡等;二叠系梁山组、栖霞组、茅口组等,出露广泛,主要分布在北部和东南部,以灰岩和硅质岩页岩为主;易滑(坡)的岩、土分布区,为滑坡的形成提供了良好的物质基础(图11-15)。

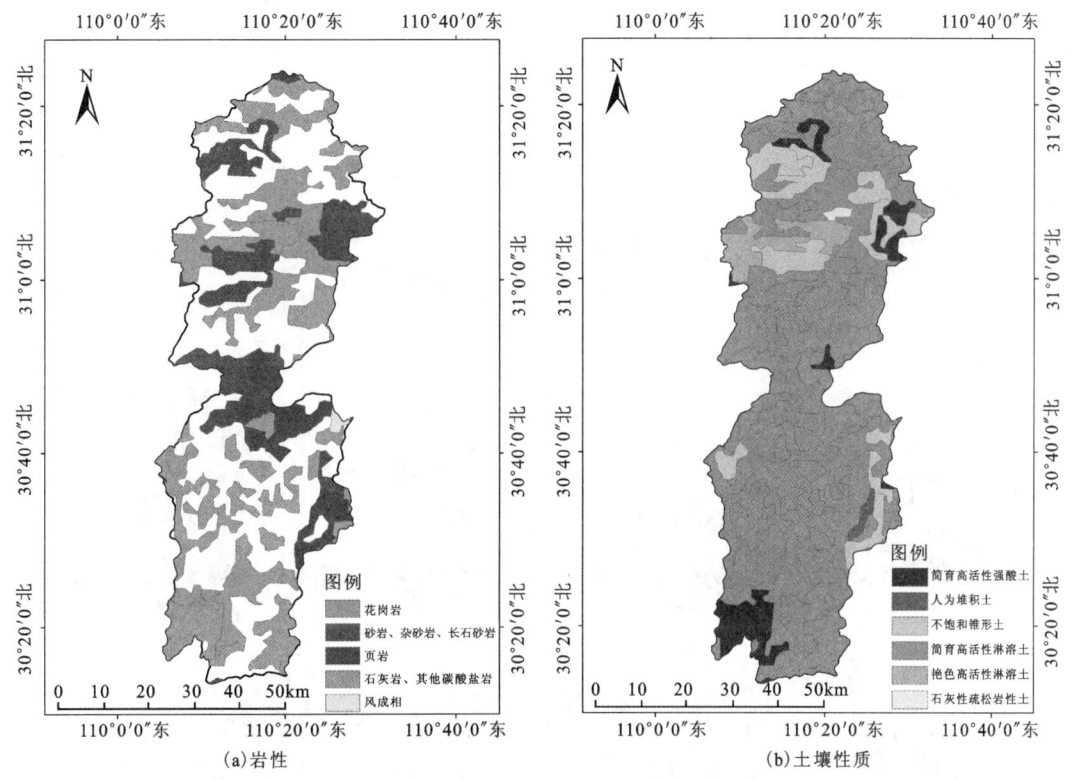

图 11-15 巴东县地质岩性、土壤类型分布

1)岩性

岩土材料的种类和结构特性,直接影响着边坡的力学强度和抗冲蚀能力,并对边坡的致灾能力产生显著的影响。岩石结构和滑坡的关系表现在滑坡常沿断层面、节理面、岩层不整合面或岩层层面滑动,特别是当地层倾向与坡面趋向一致、地层倾角比坡面倾角小的情况下,最容易发生沿层滑坡。松散沉积层中发生的滑坡,多与黏土夹层有关或沿松散沉积物和基岩面之间滑动。基岩型滑坡多发育于千枚岩、泥页岩、泥质岩及各类片岩类地层中,因其遇水后易软化,导致坡体失稳而诱发滑坡。

2)土壤性质

岩土体是产生滑坡的物质基础。一般来说,各类岩石都有可能构成滑坡体,其中结构松散,抗剪强度和抗风化能力较低,在水的作用下性质能发生变化的岩、土,如松散覆盖层、黄土、红黏土、页岩、泥岩、煤系地层、凝灰岩、片岩、板岩等及软硬相间的岩层所构成的斜坡易发生滑坡。

**3. 水文气象**

巴东县属亚热带季风性气候区,其特征为温湿、潮湿、多雾、四季分明。由于地形的复杂性,光、热和水分在垂直方向上存在着明显的差异,这使得每个区域都有自己的微气候。研究区春季日均气温范围为6~13℃,夏季日均气温范围为18~28℃,秋季日均气温在23~32℃之间,冬季在10~17℃之间,年平均降雨量为780~1200mm,多集中在4—9月。降水量数据来源于国家科技资源共享服务平台——国家地球系统科学数据中心(http://www.geodata.cn)(图11-16)(田地等,2018)。

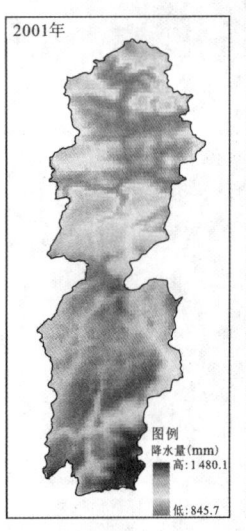
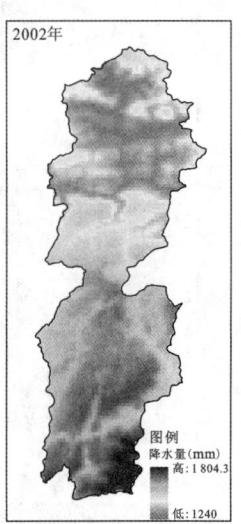
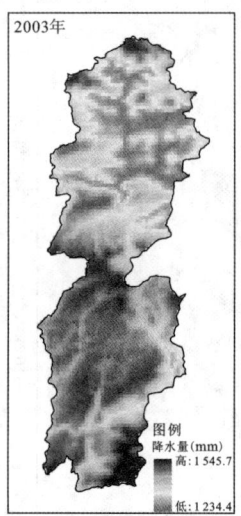
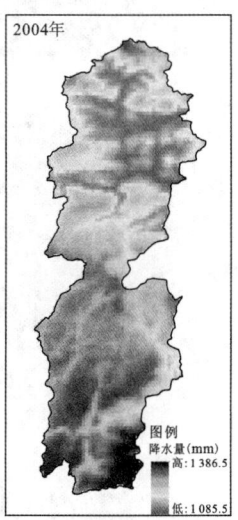
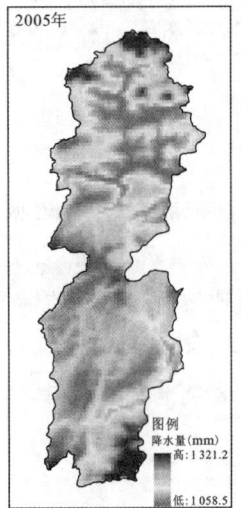
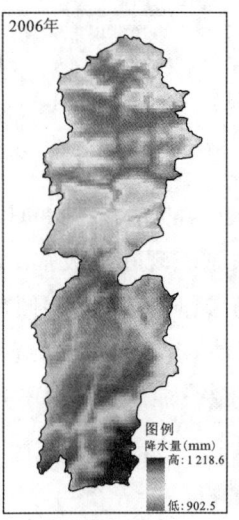
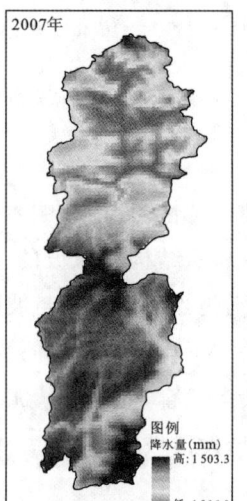
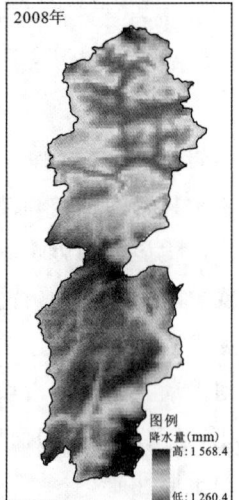

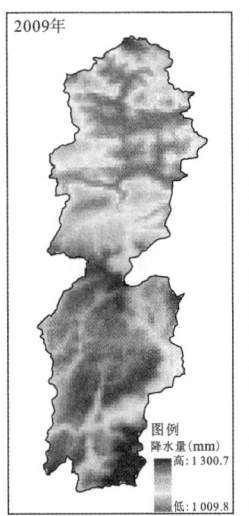
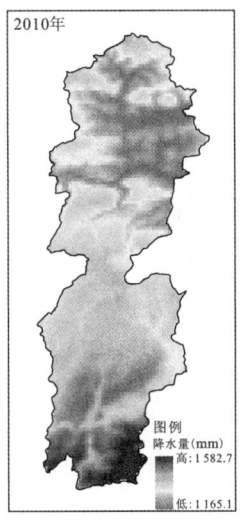
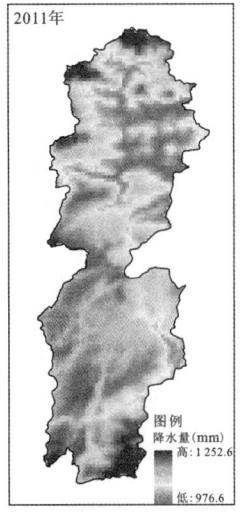
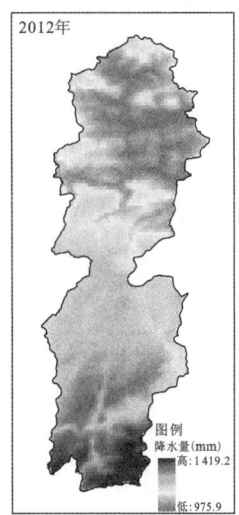
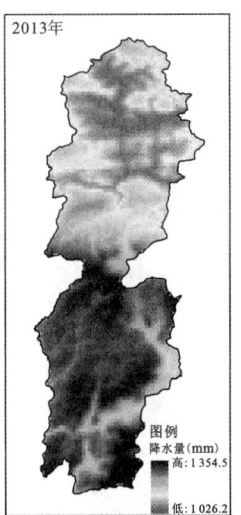
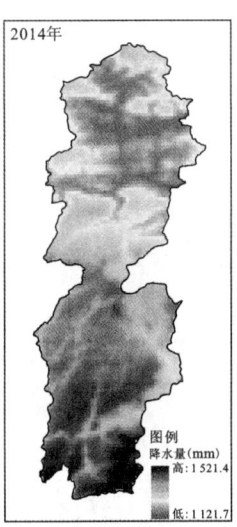
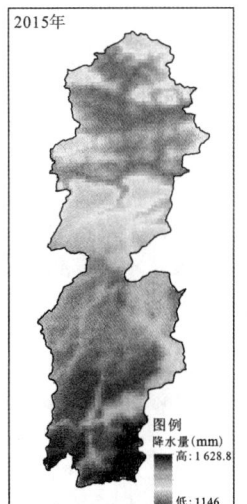
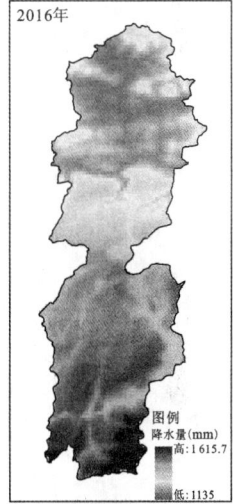
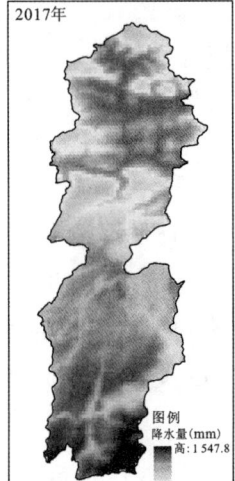
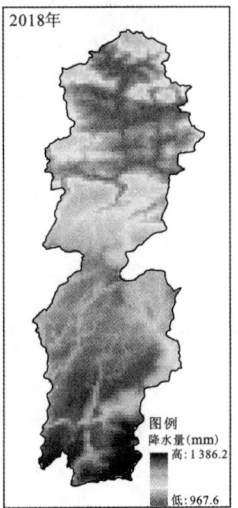
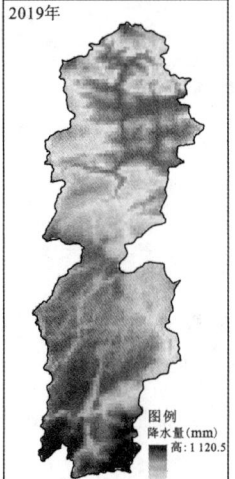
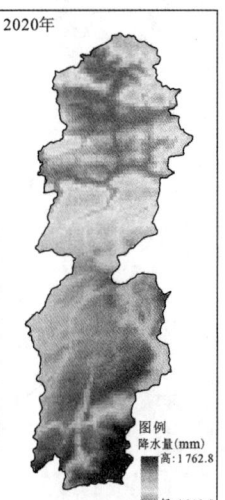

图 11-16　巴东县降雨量数据

在滑坡中,水的作用最为普遍,也是诱发滑坡的重要原因。流域系统反映了一个地区的径流量,其分布状况与该地区的地质灾害程度有关。地下水与地表水在河流系统与坡面间的互馈构成了"水-土"相互作用,削弱了边坡岩土间的相互作用,弱化了边坡的稳定性,引发了滑坡灾害。根据《巴东县志》,研究区清江、长江东流,贯穿南、北县境。长江流域支流主要有沿渡河,清江流域两岸多溶洞、溶沟,主要有野三河、桥河、四渡河等(图11-17)。

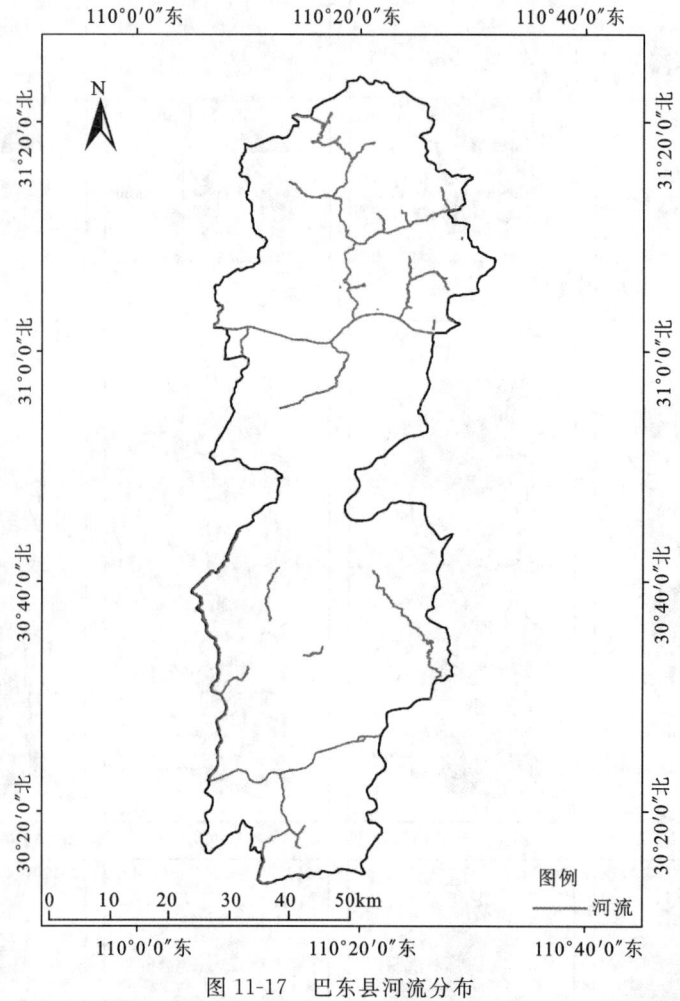

图 11-17 巴东县河流分布

**4. 人类工程建设**

人类工程建设如过度开发,不合理的土地利用会导致土地的破坏和生态系统失衡,加剧了滑坡等地质灾害的发生频率和规模。土地利用类型的不同会直接影响土地的稳定性和抗灾能力,进而影响滑坡灾害的概率和规模。图 11-18 展示了巴东县土地利用类型(数据来源于国家科技基础条件平台—国家地球系统科学数据共享服务平台)。

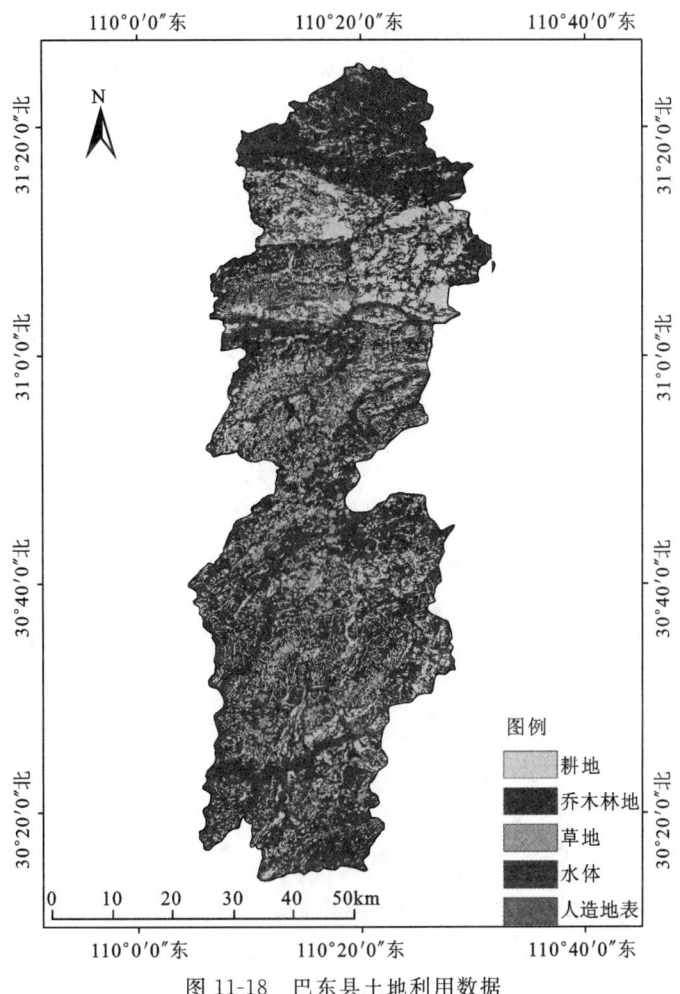

图 11-18 巴东县土地利用数据

## 11.2.2 多元数据监测预警

**1. 数据集简介**

本任务数据集的特征如下：PROFILE、PLAN、CHANGE、LANDUSE、ELEVATION、SLOPE、ASPECT、TWI、SPI、DRAINAGE（距离 drainage network）、RAINFALL、FAULTLINES（到断层线的距离）、ROAD（到路网的距离）、GEOLOGY、NDVI（归一化植被指数）、Y，每个特征具体含义如下。

1) PROFILE(profile curvature)

PROFILE（剖面曲率）是滑坡敏感性绘图研究中使用的一个重要因素。沿假想垂直平面与地面相交所产生的直线在下坡方向上的曲率称为剖面曲率。滑坡运动方向上的驱动应变和阻力应变受剖面曲率的影响。

2) PLAN(plan curvature)

地形轮廓的曲率或由假想的水平面与地表相交所产生的线的曲率称为平面曲率（PLAN）。滑坡运动方向滑坡物质和水的收敛或发散受平面曲率控制。

3) CHANGE

自然区域(尤其是森林)因城市或郊区发展而丧失，或农业地区因城市或郊区发展而丧失被称为土地覆盖变化（CHANGE）。许多研究发现，土地覆盖变化（CHANGE）是确定特定地区滑坡易发性的一个显著且强烈的影响因素。

4) LANDUSE

土地利用通常被描述为人类在土地上进行的一系列活动，目标是从土地资源的使用中获得商品和优势。在丘陵或山区，土地利用变化（LANDUSE）可以增加或减少具有潜在影响的山体滑坡的可能性。

5) ELEVATION

滑坡脆弱性经常使用高程进行评估。地形的高度称为海拔。不同高度的地面将具有不同程度的敏感性，这是确定可能发生滑坡事件概率的关键因素。

6) SLOPE

水平面与地表特定位置之间测量的角度称为坡度角（SLOPE）。坡度是导致严重滑坡的最有影响的因素之一。SLOPE还与其他地质和拓扑因素具有显著的相关性，这使其成为评估世界丘陵地区滑坡易发性的早期警报。一般来说，山体滑坡的可能性随着坡度的上升而上升。

7) ASPECT

地表某个位置的方位是通过该点的切平面所面对的方向，并以度数表示。在其最基本的形式中，是一种数据类型，指示坡度增长的地理方向。

8) TWI

地形湿度指数（TWI），也称为复合地形指标，是衡量稳态条件的湿度指数。它广泛用于量化地形对水文过程的影响，对滑坡的发生有很大影响。

9) SPI

溪流或水流的侵蚀力由SPI（溪流功率指数）测量。斜率和贡献面积用于计算SPI。SPI近似于地形上更有可能形成沟壑的位置。

10) DRAINAGE

DRAINAGE是指到排水管网的距离。人们通常注意到靠近排水管网的区域更容易发生滑坡，这使其成为滑坡研究的一个非常重要的特征。

11) RAINFALL

特定丘陵地区的降雨量是滑坡敏感性的重要指标。过度降雨通常被认为是丘陵地区突发性和破坏性滑坡的潜在触发因素。强降雨会导致土壤饱和，某些斜坡上可能发生泥石流，引发降雨诱发滑坡的可能性。

12) FAULTLINES

断层线（FAULTLINES）是滑坡灾害研究中的地质变量，它能够表明地层的变化和滑坡易发性。一般来说,靠近断层线的地区比远的地区更容易发生山体滑坡。

13) ROAD

ROAD 是指与陆地道路的距离,是评估一个地区滑坡敏感性的关键指标。道路有助于集中排水,而道路切割会损害斜坡结构。如果不采取必要的预防措施,道路附近可能会发生山体滑坡。

14) GEOLOGY

地质学与地区岩石和土壤的渗透性和强度有关,因此与滑坡有关。了解特定区域的地质情况一直被认为是有效研究滑坡的关键因素。

15) NDVI

归一化差异植被指数(NDVI)用于计算给定地块上的绿色密度。它通过比较植被反射的近红外光量与植被吸收的红外光量来测量植被。根据岩土研究人员的说法,它已被确定为滑坡敏感性的良好指标。

16) Y

Y 是数据集的标签 label,有两个值:0 和 1,0 代表滑坡发生,1 代表滑坡不发生。

**2. 随机森林模型**

随机森林算法的主要步骤有 4 个:①对原样品进行多次采样,每次采样后得到一个训练集合。②在每个样本的基础上,建立了一个与之相对应的决策树。假设样本共有 $M$ 个特征,在 $M$ 个特征中随机抽取 $F$ 个特征作为决策树的每个内部节点的分裂特征集。③节点分裂方式为分类特征集最优方式分裂(李亦默,2022)。利用 CART 算法生成决策树。④通过融合多个决策树,构成随机森林算法,实现对新样本的分类和预测。最后的评分是以各树的评分来决定,得票多的即为分类结果。

随机森林模型中的样本及因素均为随机选择,因此其误差较大。但是,由于所得的均值,RF 的方差将会降低,并且比误差增加的幅度要大,所以可以有效地降低过拟合。RF 的输出结果是所有决策树分类中平均概率值最高的类型,下面为概率值的计算公式:

$$P_c = \max\left\{P_i = \frac{\sum_{j=1}^{m} p_{ij}}{m}(i=1)\right\} \tag{11-11}$$

式中:$P_c$ 是模型最终选择的分类对应的概率值;$P_i$ 是某个事件是否发生或存在的概率值;$P_{ij}$ 是第 $j$ 棵决策树该事件存在或发生的概率;$i$ 是所有分类的集合;$m$ 是决策树数量。

总体而言,随机森林模型有如下优势:快速的学习,适合于大规模的数据分析;该方法使用了整体化的方法,它比一般的单个方法更准确;在此基础上,引入了随机性,使其不容易陷入过拟合,该方法在不需要进行特征选取的情况下,能够有效地处理高维数据,具有较好的自适应能力;它可以同时处理离散和连续两种类型的数据,且无须归一化。

**3. 实验部分**

实验环境:Anaconda Jupyter Notebook。

模型:随机森林模型。

1)导入所需的库和数据

```
X=data.drop('Y',axis=1)# 特征矩阵
y=data['Y']# 标签
X_train,X_test,y_train,y_test=train_test_split(X,y,test_size=0.3)
```

2)准备数据集,并将其分为训练集和测试集

```
import pandas as pd
from sklearn.model_selection import train_test_split
from sklearn.ensemble import RandomForestClassifier
from yellowbrick.classifier import ROCAUC
import matplotlib.pyplot as plt
data=pd.read_csv('data.csv')
```

3)训练和拟合随机森林分类器

```
# 3 训练和拟合随机森林分类器
# 3python 复制代码
rfc=RandomForestClassifier(n_estimators=100)
rfc.fit(X_train, y_train)
```

4)评估模型性能

```
# 4 评估模型性能
# python 复制代码
accuracy=rfe.score(X_test, y_test)
print('Accuracy:',accuracy)
Accuracy: 0.9576271186440678
```

5)使用模型进行预测

```
# 5 使用模型进行预测
new_data=pd.read_csv('new_data.csv')# 导入新数据
predictions=rfc.predict(new_data)
print(predictions)
```

[1111111111111111111101111111111111111111111111110111111111111011011111111111
1111111111111111111111111111111111111111111111111111111111111111111111111111
11111111111111111111111111111111111110000000000000000000000000000000000000
0000000000000000000000000000000000000000000000000000000000000000000000000
000001000000000000000000000000000000000000000000000000000000000000000000]

6)分类结果的评价指标可视化部分

```
from yellowbrick.classifier import confusion_matrix
plt.figure(figsize=(6,5))
visualizer=confusion_matrix(
rfc,
X_test, y_test,
```

```
is_fitted=True
)
visualizer.show();
```

实验结果如图 11-19 所示。

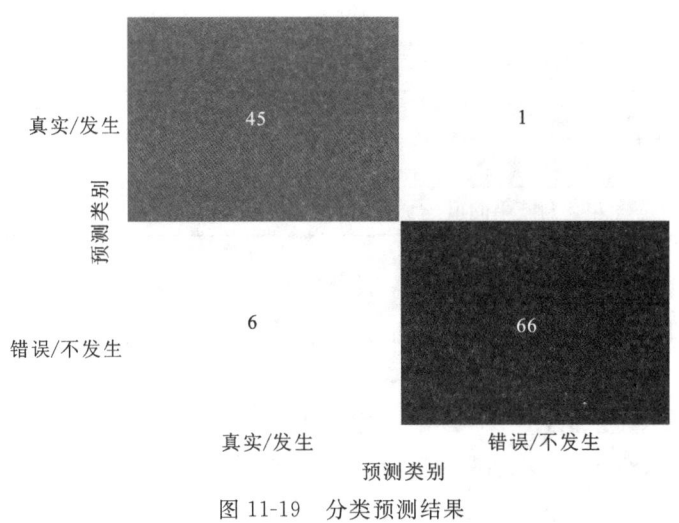

图 11-19　分类预测结果

## 11.3　实习三　地质灾害危险性评估

### 11.3.1　地质灾害危险性评估模型

目前,常用的地质灾害危险性评估模型包括层次分析法、信息量模型、BP 神经网络模型、多元统计模型、灰色时间序列模型、概率分析法等(樊浩,2017)。

**1. 层次分析法**

层次分析法(analytic hierarchy process)是一种定性与定量相结合的系统分析方法,其基本思路是将一类复杂的问题进行分层与分解,再按照各元素间的隶属度,将各元素按不同的层次进行组合,从而形成一种多级分析模型,其步骤如下:

(1)标度及描述:为了便于将比较判断定量化,引入 1~9 比率标度方法、规定甲 1、3、5、7、9 分别表示根据经验判断,因素与因素相比:同等重要,稍微重要,较强重要,强烈重要,极端重要,而 2、4、6、8 表示相邻判断中间值(表 11-1)。

(2)建立一个判定矩阵:每一位专家对同一层的评估因素进行单独的对比,从而得到自己的判断矩阵,然后将全部的判断矩阵都集中起来,从而获得一个鉴别矩阵。其矩阵形式为

$$\boldsymbol{X} = \begin{bmatrix} W_1/W_1 & W_1/W_2 & W_1/W_3 & W_1/W_4 \\ W_2/W_1 & W_2/W_2 & W_2/W_3 & W_2/W_4 \\ W_3/W_1 & W_3/W_2 & W_3/W_3 & W_3/W_4 \\ W_4/W_1 & W_4/W_2 & W_4/W_3 & W_4/W_4 \end{bmatrix}$$

表 11-1　比例标度

| 因素比因素 | 量化值 |
| --- | --- |
| 同等重要 | 1 |
| 稍微重要 | 3 |
| 较强重要 | 5 |
| 强烈重要 | 7 |
| 极端重要 | 9 |
| 相邻判断中间值 | 2,4,6,8 |

(3) 各级评估因素的相对权重计算及一致性检验：在此基础上，利用判别矩阵求出各级评估因素的相对权值，从而得到最大特征矢量。取重要性向量为 $\boldsymbol{W}=[W_1,W_2,W_3,W_4]^\mathrm{T}$，有

$$XW = \lambda_{\max} W \tag{11-12}$$

式中：$\lambda_{\max}$ 为唯一最大特征值；$\boldsymbol{W}$ 为与 $\lambda_{\max}$ 对应的特征向量。

在认识事物的过程中，为了避免因过于一致而导致的问题，需要对判断矩阵进行一致性检查。采用和积分方式进行随机一致性检验的公式为

$$CI = (\lambda_{\max} - n)/(n-1) \tag{11-13}$$

$$CR = CI/RI \tag{11-14}$$

式中：CI 为一致性指标；$n$ 为矩阵阶数；CR 为随机一致性比率，当 CR<0.10 时，判断矩阵所获取的权值是合理的；RI 为平均随机一致性指标。

(4) 计算每一层评价因素的合成权值：用每一层评价因素的相对权值来获得指标层的组合权值，并进行组合相容性检查，如果偏差太大，应重新构建模型。

层次决策分析模型在地质灾害风险评估中的应用方式如图 11-20 所示。

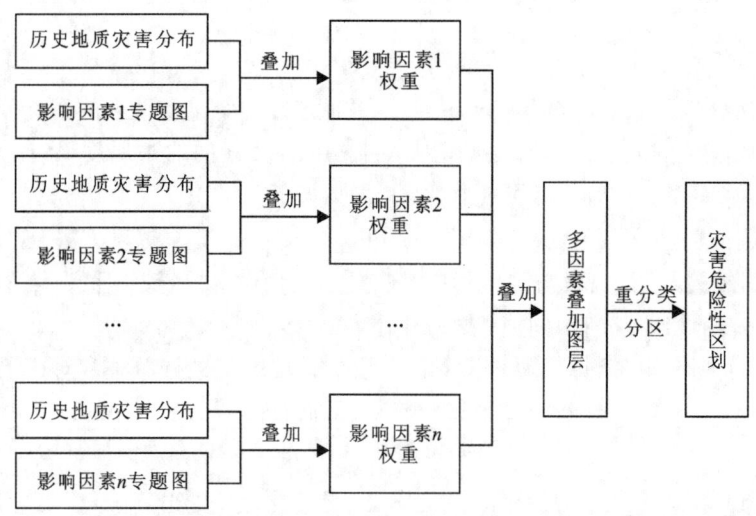

图 11-20　层次决策分析模型在地质灾害风险评估中的应用方式

层次决策分析法具有系统强、简明实用、对定量数据要求较低的特点,能有效地解决常规方法难以解决的问题。

层次决策分析法也存在一些缺陷,如需要的量化资料太少、定性太多,可信度不高;在指标太多的情况下,统计量很大,权重的确定也比较困难;本书提出了一种求解特征值及本征向量的算法。当现有的计划不充分时,就无法向决策者提出新的计划。

**2. 信息量模型**

信息量模型以所获得的信息为依据,其基本思想就是将研究对象经过定性分析后获得的信息进行量化,从而反映出研究对象的稳定性。信息量模型原理简单,容易理解,其原理如图 11-21 所示。

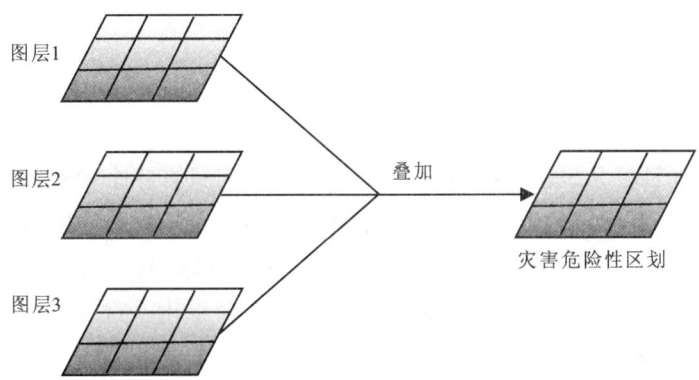

图 11-21 信息量模型原理

地质灾害的形成原因很复杂,通常由多个因子共同作用,而每一个因子的作用大小都不尽相同,因此,要找到一个最优的因子组合,才能使地质灾害的发生概率达到最高。这样,就可以对地质灾害的危险性进行分析,从而对地质灾害进行准确的危险性评价。

信息量可表达为下式:

$$I(y,x_1,x_2,\cdots,x_n) = \log_2 \frac{P(y,x_1,x_2,\cdots,x_n)}{P(y)} \tag{11-15}$$

式中:$y$ 为地质灾害类型;$x_i$ 为灾害影响因素;$I(y,x_1,x_2,\cdots,x_n)$ 为灾害影响因素组合对地质灾害提供的信息量;$P(y,x_1,x_2,\cdots,x_n)$ 为已发生的地质灾害因素组合条件下地质灾害发生的概率;$P(y)$ 为已发生的地质灾害 $y$ 发生的概率。

由于影响因素之间的相互作用很复杂,为了简化问题及减少工作量,通常对研究区域进行单元格划分,对地质灾害的研究将在每个单元格内进行。例如:利用等面积格网将研究区域划分为 $N$ 个单元格,其中经过现场调查已经发生某种地质灾害的单元为 $N_0$ 个,假定具有 $x_1,x_2,\cdots,x_n$ 个地质灾害影响因素,在这 $N$ 个单元格中具有相同影响因素 $x_1,x_2,\cdots,x_n$ 的单元共有 $M$ 个,且在这些单元内有该灾害的单元数为 $M_0$ 个。按照统计概率原理,因素在该区域内对特定灾害提供的信息量为:

$$I(y,x_1,x_2,\cdots,x_n) = \log_2 \frac{M_0/M}{N_0/N} \tag{11-16}$$

**3. BP 神经网络模型**

BP 神经网络因其非线性映射、大规模并行处理、自适应学习和容错能力强等优势,在地质灾害危险性评价中具有重要意义。其模型结构如图 11-22 所示。

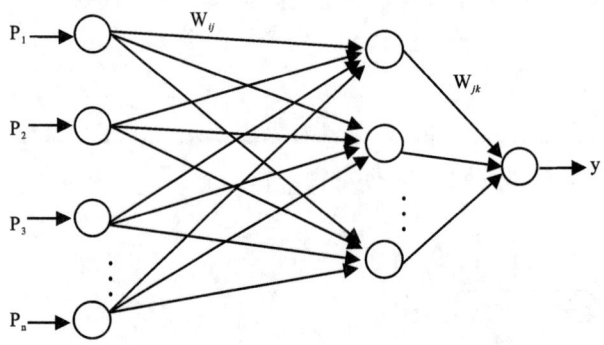

图 11-22　BP 神经网络模型结构

BP 神经网络中的神经元呈层次结构,每一个神经元之间只有一个神经元连接,它包含输入层、隐蔽层和输出层,其学习过程包括正向传输和逆向传输。正向传输时,输入信息先由输入层输入,再经隐蔽层单元层层处理,若输出层达不到预期目标,就转而逆向传输,使错误信号沿原路径返回,并通过调整隔层元的权重,实现错误信号最小化。这是一种自学习的过程,其中 $k$ 层中第 $j$ 个神经元具有下列输入输出关系:

$$Y_j^{(k)} = f_j^{(k)} \left[ \sum_{i=1}^{N_k-1} W_{ij}^{(k)} y_i^{(k-1)} - \theta_j^{(k)} \right] \quad j=1,2,\cdots,N_k; k=1,2,\cdots,M \quad (11\text{-}17)$$

式中:$W$ 为第 $k-1$ 层中第 $i$ 个神经元到第 $k$ 层的第 $j$ 个神经元的连接权值;$\theta$ 为对应神经元的阈值;$N$ 为第 $k$ 层神经元的节点数;$M$ 表示总层数;$f_j^{(k)}$ 为神经元的传递函数,表示为 $f_j^{(k)}(x) = \dfrac{1}{(1+\mathrm{e}^{-x})}$。

### 11.3.2　基于 BP 神经网络模型的地质灾害风险评估

实验环境:Anaconda Jupyter Notebook。

模型:BP 神经网络模型。

1)导入数据信息

```
# 导入必要的库
import torch
import torch.nn as nn
importtorch.optim as optim
import pandas as pd
from sklearn.model_selection import train_test_split
```

2)读取数据,并进行预处理

```
# 读取数据,并进行预处理
data=pd.read_csv("data.csv")# 修改为您的数据文件名
X=data.iloc[:,1:]# 职前15列作为属性
y=data.iloc[:,0]# 职最后一列作为标签
X_train, X_test, y_train, y_test=train_test_split(X, y,test_size=0.2, random_state=0)
```

3)转换为tensor格式

```
# 转换为tensor格式
X_train=torch.tensor(X_train.values).float()
y_train=torch.tensor(y_train.values).float().view(-1,1)
X_test=torch.tensor(X_test.values).float()
y_test=torch.tensor(y_test.values).float().view(-1,1)
```

4)构建神经网络模型

```
# 构建神经网络模型
class Net(nn.Module):
    def __init__(self):
        super(Net, self).__init__()
        self.fc1=nn.Linear(15,8)
        self.fc2=nn.Linear(8,1)
def forward(self,x):
    x=torch.sigmoid(self.fc1(x))
    x=torch.sigmoid(self.fc2(x))
return x
net=Net()
```

5)模型训练

```
# 模型训练
criterion=nn.MSELoss()
optimizer=optim.Adam(net.parameters(),lr=0.01)
for epoch in range(50000):
    optimizer.zero_grad()
    outputs=net(X_train)
    loss=criterion(outputs, y_train)loss.backward()
    optimizer.step()
if(epoch + 1)% 5000=0:
    print("Epoch [{}/{}],Loss:{:.4f}".format(epoch+ 1, 50000,loss.item()))
```

6）模型预测及评估

```
# 模型预测及评估
y_pred_train=net(X_train)
y_pred_test=net(X_test)
print("Train Loss:{:.4f}".format(criterion(y_pred_train, y_train)))
# print(TrainR2 Score:[:4f}"format(torch. square(torch.corrcoefGpred train. view(-1,
print("Train R^2 Score:{:.4f}".format(torch. square(torch.corrcoef (y_pred_train.
view(-1,))
print("Test Loss:{:.4f}".format(criterion(y_pred_test，y_test)))
# print(Test R'2 Score:f:4f}"format(torch. square(torch.corrcoef Gr pred test.vier(-
1,),
print("Test R^2 Score:{:.4f}".format(torch. square(torch.corrcoef (y_pred_test.view
(-1,))).
Epoch [30000/50000],Loss: 0.0214
Epoch [35000/50000],Loss: 0.0214
Epoch [40000/50000],Loss:0.0214
Epoch [45000/50000],Loss: 0.0214
Epoch [50000/50000],Loss:0.0214
Train Loss: 0.0214
Train R^2 Score: 1.0000
Test Loss: 0.1014
Test R^2 Score: 1.0000
```

7）导入不同地区数据的危险性评估

```
new_data =[38,43,5,61,26,22,15,30,23,17,36,35,28,9,0]
new_data=torch. tensor(new_data,dtype=torch.float)
predictions=net(new_data)
print(predictions)
tensor([0.9911],grad_fn=<SigmoidBackward0> )


new_data=[38,52,2,10,11,6,17,30,24,17,22,5,10,3,40]
new_data =torch. tensor(new_data,dtype=torch.float)
predictions=net(new_data)
print(predictions)
tensor([1.1150e-16],grad_fn=<SigmoidBackward> )


new_data=[57,43,2,10,26,6,11,30,30,36,36,21,30,3,10]
new_data=torch.tensor(new_data, dtype=torch.float)
predictions=net(new_data)
print(predictions)
tensor([2.6342e-06],grad_fn=<SigmoidBackward0> )
```

## 11.4　实习四　滑坡灾害易发性预测

### 11.4.1　滑坡灾害易发性评估模型

**1. 逻辑回归（Logistic Regression）**

LR 算法常用来解决二分类问题，其属于有监督学习的分类问题。逻辑回归模型用条件概率分布 $P(YX)$ 表示，当随机变量 $Y$ 取值为 1 或 0 时，称为二项逻辑回归模型。二项逻辑回归模型是目前使用最广泛的逻辑回归模型。其模型公式如下：

$$p(Y=1|x)=\frac{e^{ux+b}}{1+e^{ux+b}} \tag{11-18}$$

$$p(Y=0|x)=\frac{e^{ux+b}}{1+e^{ux+b}} \tag{11-19}$$

其中 $x\in R^n$ 是输入，$y\in\{0,1\}$ 是输出，$w\in R^n$ 为权值向量，$b\in R$ 为偏置。$W^* X$ 为 $w$ 和 $x$ 的内积。当 $w$ 和 $x$ 为多维矩阵时，$b$ 可忽略不计。LR 算法实现步骤如下：

(1) 假设 $x$ 和 $y$ 符合逻辑回归模型，则有 $y=\mathrm{sigmoid}(XW)$。

(2) 用梯度下降法求解 $w$：先初始化一个 $w$，然后不断按负梯度方向 $\frac{\partial LW}{\partial W}=X^T(p-y)$ 调整。

(3) 将 $w$ 回代模型，并输出模型预测概率，通过设定的阈值，将输出概率进行分类作为测试数据的预测类别；

**2. K 最邻近（K-Nearest Neighbor）**

KNN 算法的核心思想是：如果一个样本在特征空间中的 $K$ 个最相邻的样本（距离最近的样本）中的大多数属于某一个类别，则该样本也属于这个类别，并具有这个类别上样本的特性。该方法在确定分类决策上只依据最邻近的一个或者几个样本的类别来决定待分样本所属的类别。

$K$ 通常是不大于 20 的整数。算法中，所选择的邻居都是已经正确分类的对象。

下面通过一个简单的例子说明一下：如图 11-23 所示，橙色圆要被决定赋予哪个类，是红色三角形还是蓝色四方形？如果 $K=3$，由于红色三角形所占比例为 2/3，橙色圆将被赋予红色三角形那个类，如果 $K=5$，由于蓝色四方形比例为 3/5，因此橙色圆被赋予蓝色四方形类。

KNN 算法实现步骤如下：

(1) 计算测试数据与各个训练数据之间的距离。

(2) 按照距离的递增关系进行排序。

(3) 选取距离最小的 $K$ 个点。

(4) 确定前 $K$ 个点所在类别的出现频率。

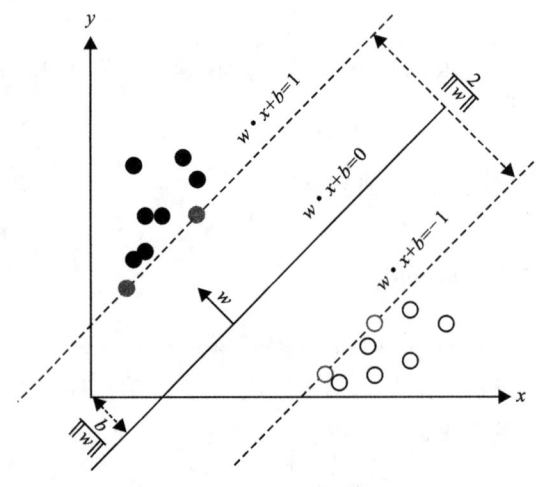

图 11-23 支持向量机概述图

(5)返回前 $K$ 个点中出现频率最高的类别作为测试数据的预测分类。

**3. 支持向量机（Support Vector Machine）**

支持向量机（Support Vector Machine，常简称为 SVM）是一种监督式学习的方法，可广泛地应用于统计分类和回归分析。它将向量映射到一个更高维的空间里，在这个空间里建立有一个最大间隔超平面。在分开数据的超平面的两边建有两个互相平行的超平面，分隔超平面使两个平行超平面的距离最大化。假定平行超平面间的距离或差距越大，分类器的总误差越小。SVM 学习的基本想法是求解能够正确划分训练数据集并且几何间隔最大的分离超平面。

如图 11-23 所示，$w \cdot x + b = 0$ 即为分离超平面，对于线性可分的数据集来说，这样的超平面有无穷多个（即感知机），但是几何间隔最大的分离超平面是唯一的。

SVM 是一种二类分类模型，它的基本模型是在特征空间中寻找间隔最大化的分离超平面的线性分类器。当训练样本线性可分时，通过硬间隔最大化，学习线性可分支持向量机；当训练数据近似线性可分时，引入松弛变量，通过软间隔最大化，学习线性支持向量机；当训练数据线性不可分时，通过核技巧及软间隔最大化，学习非线性支持向量机。

SVM 算法实现步骤如下：
(1)对训练数据进行预处理。
(2)寻找最优超平面。
(3)找到分类超平面核支持向量。
(4)利用多项式特征在高维空间中执行线性 SVM。
(5)选择合适的核函数，执行非线性 SVM。

### 11.4.2 滑坡灾害易发性预测

实验环境：Anaconda Jupyter Notebook。
安装教程：Jupyter Notebook 介绍、安装及使用教程。

任务：预测滑坡是否发生（是不是），这是一个典型的分类任务，并且是一个有监督算法，即是根据已有样本标签拟合数据，使得拟合后的误差最小。

模型：主要使用逻辑回归（Logistic Regression）、最近邻（K-Nearest Neighbors）、支持向量机（Support Vector Machines）共 3 种模型进行训练。

**1. 探索性数据分析**

1) 加载相关模块

```
# 一些重要的模块加载
import sys
import pandas as pd
importnumpy as np
import matplotlib.pyplot as plt
% matplotlib inline
plt.style.use("ggplot")
plt.rcParams['figure.figsize']=(12,8)
importseaborn as sns
sns.set(style='whitegrid', color_codes=True)
import warnings
warnings.filterwarnings('ignore')
```

2) 加载数据（数据见附录）

```
df=pd.read_csv('../Dataset/data.csv')
# 展示数据前 5 行
df.head(5)
```

| | Y | PROFILE | PLAN | CHANGE | LANDUSE | ELEVATION | SLOPE | ASPECT | TWI | SPI | DRAINAGE | NDVI | RAINFALL | FAULTLINESS | ROAD | GEOLOGY |
|---|---|---|---|---|---|---|---|---|---|---|---|---|---|---|---|---|
| 0 | 1 | 38 | 43 | 2 | 10 | 11 | 22 | 7 | 45 | 24 | 36 | 16 | 29 | 32 | 88 | 18 |
| 1 | 1 | 57 | 52 | 2 | 10 | 26 | 31 | 11 | 30 | 23 | 12 | 22 | 29 | 28 | 88 | 10 |
| 2 | 1 | 57 | 52 | 2 | 10 | 26 | 31 | 11 | 45 | 30 | 17 | 36 | 29 | 28 | 88 | 10 |
| 3 | 1 | 38 | 43 | 2 | 10 | 26 | 6 | 7 | 16 | 23 | 17 | 22 | 29 | 28 | 88 | 10 |
| 4 | 1 | 38 | 43 | 2 | 10 | 26 | 31 | 15 | 45 | 30 | 17 | 36 | 29 | 28 | 88 | 10 |

3) 统计特征和标签 label 的数量

```
# 特征
X=df.drop([''Y''], axis=1)
```

| | Y | PROFILE | PLAN | CHANGE | LANDUSE | ELEVATION | SLOPE | ASPECT | TWI | SPI | DRAINAGE | NDVI | RAINFALL | FAULTLINESS | ROAD | GEOLOGY |
|---|---|---|---|---|---|---|---|---|---|---|---|---|---|---|---|---|
| 0 | 1 | 38 | 43 | 2 | 10 | 11 | 22 | 7 | 45 | 24 | 36 | 16 | 29 | 32 | 88 | 18 |
| 1 | 1 | 57 | 52 | 2 | 10 | 26 | 31 | 11 | 30 | 23 | 12 | 22 | 29 | 28 | 88 | 10 |

```
# 标签
y=df[['Y']]
392 rows x 1 columns
# 封装函数,统计个数并且可视化
    def count_categories(feature):
    plt.figure(figsize=(2, 2))
    sns.countplot(
    x=feature,
    data=df
    );
```

(1)标签 label。

标签有两个,0 和 1。分别都有 196 条对应的数据。

```
# 标签 label 统计可视化
count_categories('Y')
# 特征的统计
for feature in X.columns:
    count_categories(feature)
```

(2)特征:具体的结果过长,这里不进行所有展示。

4)分析变量之间的相关性

(1)分析各种特征和标签 label 之间的相关性。

主要是为了分析哪个特征对分类的结果影响最大,从而可以在进行模型拟合之前缩小特征空间。

```
# 每个特征和目标变量之间的相关性
plt.figure(figsize=(32, .8))
sns.heatmap(
    data=df.corr('kendall').iloc[:1, 1:],
    annot=True,
    fmt='.0%',
    cmap='coolwarm'
);
```

| 30% | 33% | 44% | 41% | 47% | 71% | 23% | 60% | 16% | 33% | 32% | 32% | 56% | 33% |
|---|---|---|---|---|---|---|---|---|---|---|---|---|---|
| PROFILE | PLAN | CHANGE | LANDUSE | ELEVATION | SLOPE | ASPECT | TWI | SPI | DRAINAGE | NDVI | RAINFALL | FAULTLINESS | ROAD | GEOLOGY |

可以看出 SLOP 这个特征对分类的结果影响最大,其次是 TWI。

(2)分析各个特征之间的相关性。

当选择与标签相关性最高的特征 SLOP 之后,就可以通过分析特征之间的相关性,找到与 SLOP 特征相关性最高的特征 TWI。

```python
# 所有特征和目标变量的相关性
plt.figure(figsize=(16,8))
sns.heatmap(
    data=df.corr('kendall'),
    annot=True,
    fmt='.0%',
    cmap='coolwarm'
);
```

从上面的分析可以看出 SLOP、TWI 对分类的结果影响较大,其他特征使用同样的方法依次分析。

pandas 中的 data.corr() 表示了 data 中的两个变量之间的相关性,取值范围为 [-1,1],取值接近-1,表示反相关,类似反比例函数,取值接近 1,表正相关。

方法:DataFrame.corr(method='pearson',min_periods=1)

- 参数说明:

method:可选值为{'pearson','kendall','spearman'}。pearson:Pearson 相关系数来衡量两个数据集合是否在一条线上,即针对线性数据的相关系数计算,针对非线性数据便会有误差。

kendall:用于反映分类变量相关性的指标,即针对无序序列的相关系数,非正态分布的数据
spearman:非线性的、非正态分布的数据的相关系数。min_periods:样本最少的数据量

- 返回值:各类型之间的相关系数 DataFrame 表格。

5) 正态检验

正态分布就是数据集中在平均值,少部分在两端的图形。大部分的数据都符合正态分布。符合正态分布,可以选择 $T$ 检验、回归分析等。不符合正态分布,可以选择非参数检验等。

结果解释:当 $p$ 值小于某个显著性水平 $\alpha$(如 0.05)时,则认为样本不是来自正态分布的总体,否则承认样本来自正态分布的总体。

```python
from scipy.stats import shapiro
# 封装给正态检验函数
def normality_test_shapiro(feature):
    stat, p=shapiro(X[feature].values)
    print('Statistics=% .3f,p=% .3f' % (stat, p))
# 一般而言
alpha =0.05
if p > alpha:
    print('符合正态分布')
else:
    print('不符合正态分布')
for feature in X.columns:
    normality_test_shapiro(feature)
```

Statistics=0.752,p=0.000 不符合正态分布
Statistics=0.636,p=0.000 不符合正态分布
Statistics=0.685,p=0.000 不符合正态分布
Statistics=0.665,p=0.000 不符合正态分布
Statistics=0.735,p=0.000 不符合正态分布
Statistics=0.771,p=0.000 不符合正态分布
Statistics=0.864,p=0.000 不符合正态分布
Statistics=0.868,p=0.000 不符合正态分布
Statistics=0.749,p=0.000 不符合正态分布
Statistics=0.809,p=0.000 不符合正态分布
Statistics=0.857,p=0.000 不符合正态分布
Statistics=0.818,p=0.000 不符合正态分布
Statistics=0.684,p=0.000 不符合正态分布
Statistics=0.642,p=0.000 不符合正态分布
Statistics=0.847,p=0.000 不符合正态分布

结果显示不符合正态分布,所以使用非参数检验,这里我们选择卡方检验。

6)卡方检验

对于计数数据,卡方检验是一种广泛应用的统计分析方法。卡方检验是指统计样品的实际观察和理论推导结果的偏差。卡方的大小取决于实测数据和理论推理结果的偏差,当卡方数值较大时,两者的误差幅度较大,反之则较小;当这两个数值正好相同的时候,卡方等于0,说明理论上是完全一致的。

注:卡方检验仅针对分类变量。

卡方检验通常有两种应用:一种是拟合优度检验(chi-square goodness of fit test);一种是两变量间的独立性检验。在特征选择中用到的是两变量间的独立性检验,也就是特征$f_i$和类别$Y$间的独立性检验。

卡方检验原假设:特征$f_i$和类别$Y$之间是独立的。

结果解释:当$p$值小于某个显著性水平$\alpha$(比如0.05)时,则拒绝原假设,认为两个样本有显著差异。

```
from sklearn.feature_selection import chi2
# 统计拒绝原假设的特征的数量
count=0
for i in chi2(X,y)[1]:
    if i< 0.05:
        count+=1
print(count)# 15


# 可视化
pd.DataFrame.from_records(np.reshape(chi2(X,y)[1],
(1,-1)),index=list(y.columns),columns=list(X.columns))
```

# 第 11 章 滑坡易发性评估及应急响应

目的:进行特征选择,可以留取卡方值最大的特征。为了获得更好的分类效果,通常要找类别 Y 相关的特征,因此留取的特征应该是拒绝原假设的特征。

|   | PROFILE | PLAN | CHANGE | LANDUSE | ELEVATION | SLOPE | ASPECT | TWI | SPI | DRAINAGE | NDVI | RAINFALL | FAULTLINESS |
|---|---|---|---|---|---|---|---|---|---|---|---|---|---|
| Y | 3.190994 $e^{-94}$ | 1.125354 $e^{-123}$ | 1.244766 $e^{-57}$ | 6.564561 $e^{-156}$ | 7.105060 $e^{-162}$ | 9.726848 $e^{-291}$ | 4.038184 $e^{-17}$ | 2.888264 $e^{-308}$ | 8.9261164 $e^{-11}$ | 7.765042 $e^{-17}$ | 9.956004 $e0^{-98}$ | 50998733 $e^{-82}$ | 1.271062 $e^{-48}$ |

显然,拒绝原假设的特征的数量为 15,数据集中有 15 个特征,代表与分类标签 Y 相关。

## 2. 分类任务

### 1) 加载相关模块

```
# 一些重要的模块加载 # # # #
import sys
import pandas as pd
import numpy as np
import matplotlib.pyplot as plt% matplotlib inlineplt.style.use("ggplot")
plt.rcParams['figure.figsize']=(12,8)
import seaborn as sns
sns.set(style='whitegrid',color_codes=True)
import warnings
warnings.filterwarnings('ignore')
From sklearn.metrics import classification_report


# 机器学习模块
from sklearn.ensemble import AdaBoostClassifier,
GradientBoostingClassifier,
,→RandomForestClassifier, BaggingClassifier
from sklearn.linear_model import LogisticRegression
from sklearn.svm import SVC
from sklearn.neighbors import KNeighborsClassifier
from xgboost import XGBClassifier
```

### 2) 特征工程

```
# 读取数据
df=pd.read_csv('../Dataset/data.csv')
df.head(5)
```

|   | Y | PROFILE | PLAN | CHANGE | LANDUSE | ELEVATION | SLOPE | ASPECT | TWI | SPI | DRAINAGE | NDVI | RAINFALL | FAULTLINESS | ROAD | GEOLOGY |
|---|---|---|---|---|---|---|---|---|---|---|---|---|---|---|---|---|
| 0 | 1 | 38 | 43 | 2 | 10 | 11 | 22 | 7 | 45 | 24 | 36 | 16 | 29 | 32 | 88 | 18 |
| 1 | 1 | 57 | 52 | 2 | 10 | 26 | 31 | 11 | 30 | 23 | 12 | 22 | 29 | 28 | 88 | 10 |
| 2 | 1 | 57 | 52 | 2 | 10 | 26 | 31 | 11 | 45 | 30 | 17 | 36 | 29 | 28 | 88 | 10 |
| 3 | 1 | 38 | 43 | 2 | 10 | 26 | 6 | 7 | 16 | 23 | 17 | 22 | 29 | 28 | 88 | 10 |
| 4 | 1 | 38 | 43 | 2 | 10 | 26 | 31 | 15 | 45 | 30 | 17 | 36 | 29 | 28 | 88 | 10 |

```
# 查看特征的名称,对应上述提到数据集的构成
df.columns
Index(['Y','PROFILE','PLAN','CHANGE','LANDUSE','ELEVATION','SLOPE','ASPECT','TWI',
'SPI','DRAINAGE','NDVI','RAINFALL','FAULTLINES','ROAD','GEOLOGY'],
dtype='object')
```

3）数据集的划分

我们希望学得的模型不仅能够在训练集上表现得很好,也希望它在未知的数据上能够表现得好,也就是说我们希望学得的模型有较强的泛化能力。因此,在训练集上训练模型,在测试集上评估模型的泛化能力。如果模型在训练集上表现得很好,在测试集上表现得不好,这种现象称为过拟合,在训练模型时是需要避免的。

训练集(train set):用于训练有监督模型,拟合模型,调整参数,选择入模变量,以及对算法作出其他抉择。

测试集(test set):用于评估训练出的模型效果,但不会改变模型的参数及效果,一般验证模型是否过拟合或者欠拟合,决定是否重新训练模型或者选择其他的算法。

```
x=df.drop(['y'], axis=1)
y=df[['y']]
# 划分训练集 train,测试集 test 及对应的 label
x_train, X_test, y_train, y_test =train_test_split(X,y,test_size=0.33,random_state=
15, stratify=y)


# 表明训练集有 262 个样本,每个样本有 15 个特征
X_train.shape
                                [11]:(262, 15)
# 表明测试集有 130 个样本,每个样本有 15 个特征
X_test.shape
                                [12]:(130, 15)
```

4）模型训练

采用 GridSearchCV 方法对其进行了封装。GridSearchCV 实际上可以分成 GridSearch 和 CV 两个部分。网格搜索,寻找参数,也就是在给定的参数区间内逐步调节参数,用调节后的参数对学习器进行训练,从中找出在确认集中最准确的参数。$k$ 折交叉验证将所有数据集分成 $k$ 份,不重复地每次取其中一份做测试集,用其余 $k-1$ 份做训练集训练模型,之后计算该模型在测试集上的得分,将 $k$ 次的得分取平均得到最后的得分。

GridSearchCV,顾名思义,就是一种可以自动调整参数的工具。但这种方法只适用于小规模的数据,当规模变大时,就很难得出结论了。

封装网格化搜索函数 tune_model

```
# 得到交叉验证参数 cv,使用十折交叉验证
cv=RepeatedStratifiedKFold(n_splits=10,n_repeats=1,random_state=1)
# cv 作为参数传递给网格化搜索函数 GirdSearchCV,后续所有的模型都会调用 tune_model 进行超参数的搜索,找到给定超参数对于该数据集的最优参数
```

```
deftune_model(classifier,param_grid,X,y):
    grid=GridSearchCV(classifier,param_grid,refit=True,cv=cv,verbose=3,n_jobs=4)
    grid=grid.fit(X,y)
    return grid
```
train_test_split 用于从样本中随机地按比例选取 train data 和 test data

方法:X_train,X_test, y_train,y_test
=train_test_split(train_data,train_target,test_size=0.25,random_state=0,stratify=y)

参数解释:
- train_data:待划分样本数据
- train_target:待划分样本数据的结果(标签)
- test_size:测试数据占样本数据的比例
- random_state:设置随机数种子,保证每次都是同一个随机数。若为 0 或不填,则每次得到的数据都不一样

方法: model_selection.GridSearchCV(estimator, param_grid,scoring=None, fit_params=None, n_jobs=1,iid=True,
    refit=True,cv=None,verbose=0,pre_dispatch='2* n_jobs',error_score='raise', return_train_score='warn')

1.参数说明:
- estimator:选择使用的分类器,并且传入除需要确定最佳的参数之外的其他参数
- param_grid:需要最优化的参数的取值,值为字典或者列表
- scoring=None:模型评价标准,默认为 None
- n_jobs=1:n_jobs:并行数,默认为 1
- refit=True:默认为 True,程序将会以交叉验证训练集得到的最佳参数,重新对所有可能的训练集与测试集进行验证,作为最终用于性能评估的最佳模型参数。即在搜索参数结束后,用最佳参数结果再次验证一遍全部数据集)
- cv=None:交叉验证参数,默认 None,使用五折交叉验证。指定 fold 数量,默认为 5

2.属性说明:
- best_parmas_:最佳结果的参数设置
- best_score_:best_estimator 的最高分数
- best_estimator_:效果最好的分类器
- best_index_:对应于最佳候选参数设置的索引

a. Logistic Regression(LR)

# 调用 tune_model 得到最好的参数
IR=tune_model(LogisticRegression(), param_grid, X_train,y_train)

(1)确定模型的最佳参数。

# 定义超参数的范围,通常是目标函数惩罚系数 C,梯度下降的方式 solver,正则项 penalty 对于损失函数的惩罚方式
param_grid={'C':[0.001,0.01,0.1,1,10,100],
'solver':['newton- cg','lbfgs','liblinear','sag','saga'],

```python
'penalty':['l1','l2','elasticnet']}
# 调用 tune_model 得到最好的参数
LR=tune_model(LogisticRegression(),param_grid,X_train,y_train)
# 输出最好的超参数
print(LR.best_params_)print(LR.best_score_)
{'C':0.01,'penalty':'l2','solver':'newton-cg'}
0.9155270655270655
```

可以看出最适合逻辑回归的参数分别目标函数惩罚系数 0.01，正则项 L2，梯度下降方式 newton-cg

（2）使用分类器训练模型。

```python
# 拿到分类器
LR=LR.best_estimator_
# 训练模型
LR.fit(X_train,y_train)
    LogisticRegression(C=0.01, solver='newton-cg')
```

（3）展示十折交叉验证的值。

```python
# 对最好的 LR 模型，通过 K 折交叉验证进行可视化展示 F1 值
cv=RepeatedStratifiedKFold(n_splits=10,n_repeats=1,random_state=1)
visualizer=CVScores(LR, cv=cv,scoring='f1_weighted',
is_fitted=True,stratify=True)
visualizer.fit(X_train,y_train)
visualizer.show()
```

（4）使用测试集验证模型，得到分类结果的评价指标。

```python
# 将测试集数据输入进行预测，并根据测试集 Label 得到相关评价指标
from sklearn.metrics import classification_report
# 使用分类器预测出来的结果
y_test_pred=lR.predict(x_test)
# 输出
print(classification_report(y_test, y_test_pred,
digits=4))
del y_test_pred
```

用于分类模型评估的 sklearn 库

1.方法：sklearn.metrics.classification_report(y_true,y-pred,labels=None,target_names=None,sample_weight=None, digits=2, output_dict=False)

2.参数说明

- y_true：1 维数组，真实数据的分类标签
- y_pred：1 维数组，模型预测的分类标签
- labels：列表，需要评估的标签名称
- target_names：列表，指定标签名称
- sample_weight：1 维数组，不同数据点在评估结果中所占的权重

- digits:评估报告中小数点的保留位数,如果 output_dict=True,此参数不起作用,返回的数值不作处理
- output_dict:若真,评估结果以字典形式返回

3.返回
- 精确度:precision,正确预测为正的,占全部预测为正的比例
- 召回率:recall,正确预测为正的,占全部实际为正的比例
- F1- score:精确率和召回率的调和平均数
- 微平均值:micro average,所有数据结果的平均值
- 宏平均值:macro average,所有标签结果的平均值
- 加权平均值:weighted average,所有标签结果的加权平均值

(5)分类结果的评价指标的可视化部分。

混淆矩阵(Confusion Matrix)

```
# 对测试数据进行混淆矩阵可视化
from yellowbrick.classifier import confusion_matrix
plt.figure(figsize=(6, 5))
visualizer=confusion_matrix(
LR,
X_test,y_test,
is_fitted=True
)
visualizer.show();
```

ROC 和 AUC

```
# 对测试数据进行 ROC AUC 曲线的可视化
fromyellowbrick.classifier import ROCAUC
plt.figure(figsize=(6.4, 4.8))
visualizer=ROCAUC(
    LR,
    is_fitted=True
)
visualizer.fit(X_train,y_train)
visualizer.score(X_test,y_test)
visualizer.show()
```

KNN

(1)确定模型的最佳参数。

```
# 定义超参数的范围,通常有邻居的数量 n_neighbors 及距离度量 p 的方式等
param_grid={'n_neighbors':[3,5,7,9,11,13],'p':[1,2]}
knn=tune_model(KNeighborsClassifier(),param_grid,X_train,y_train)
# 输出模型最好的参数,并保留最好参数模型
print(knn.best_params_)
```

```
print(knn.best_score_)
{'n_neighbors':7,'p':1}
0.9121082621082621
```

可以看出最适合 KNN 的近邻数为 7，距离度量为 1。

（2）使用分类器训练模型。

```
knn=knn.best_estimator_
knn=KNeighborsClassifier(n_neighbors=7,
p=1).fit(X_train,y_train)
```

（3）展示十折交叉验证的值。

```
### 可视化
cv=RepeatedStratifiedKFold(n_splits=10,n_repeats=1,random_state=1)
visualizer=CVScores(knn,cv=cv,scoring='f1_weighted',is_fitted=True,stratify=True)
visualizer.fit(X_train,y_train)# Fit the data to thevisualizer
visualizer.show()
```

（4）使用测试集验证模型，得到分类结果的评价指标。

```
# 测试集上评价指标
from sklearn.metrics import classification_reporty_test_pred=knn.predict(X_test)
print(classification_report(y_test, y_test_pred,
digits=4))
del y_test_pred
```

|  | precision | recall | f1-score | support |
|---|---|---|---|---|
| 0 | 0.9206 | 0.8923 | 0.9062 | 65 |
| 1 |  |  | 0.9091 | 65 |
| accuracy |  |  | 0.9077 | 130 |
| macro avg | 0.9081 | 0.9077 | 0.9077 | 130 |
| weighted avg | 0.9081 | 0.9077 | 0.9077 | 130 |

（5）分类结果的评价指标的可视化部分。

```
# 测试集的混淆矩阵可视化
from yellowbrick.classifier import confusion_matrix
plt.figure(figsize=(6,5))
visualizer=confusion_matrix(
    knn,
    X_test,y_test,
    is_fitted=True
)
visualizer.show();
```

```
# 测试集的ROCAUC曲线可视化
from yellowbrick.classifier import ROCAUC
plt.figure(figsize=(6.4,4.8))
visualizer=ROCAUC(
    knn,
    is_fitted=True
)
visualizer.fit(X_train,y_train)
visualizer.score(X_test, y_test)
visualizer.show()
```

(1)确定模型的最佳参数。

```
# 定义超参数范围,通常有目标函数惩罚系数C及核函数系数gamma,核的选择kernel,可能性估计probability等
param_grid={'C':[0.01,0.1,1,10,100],
'gamma':['scale','auto'],
'kerneL':['linear','rbf'],
'probability':[True]}
svm=tune_model(SVC(),param_grid,X_train,y_train)
print(svm.best_params_)
print(svm.best_score_)
{'C':10,'gamma':'scale','kernel':'rbf','probability':True}
0.931054131054131
```

可以看出,最适合KNN的参数分别为:目标函数惩罚系数为10,核函数系数为scale,核的选择为rbf,可能性估计为True。

(2)使用分类器训练模型。

```
svm=SVC(C=10,gamma='scale', kernel='rbf',
probability=True)
svm.fit(X_train,y_train)
SVc(C=10,probability=True)
```

(3)展示十折交叉验证的值。

```
cv=RepeatedStratifiedKFold(n_splits=10,n_repeats=1,
random_state=1)
visualizer=CVScores(svm, cv=cv, scoring='f1_weighted',
is_fitted=True,stratify=True)
visualizer.fit(X_train, y_train)# Fit the data to the visualizer
visualizer.show()
```

(4)使用测试集验证模型,得到分类结果的评价指标。

|   | precision | recall | f1-score | support |
|---|---|---|---|---|
| 0 | 0.8769 | 0.8769 | 0.8769 | 65 |
| 1 | 0.8764 | 0.8769 | 0.8769 | 65 |
| accuracy |  |  | 0.8769 | 130 |
| macro avg | 0.8769 | 0.8769 | 0.8769 | 130 |
| weighted avg | 0.8769 | 0.8769 | 0.8769 | 130 |

```
from sklearn.metrics import classification_reporty_test_pred=svm.predict(x_test)
print(classification_report(y_test, y_test_pred,
digits=4))
del y_test_pred
```

(5)分类结果的评价指标的可视化部分。

```
from yellowbrick.classifier import ROCAUC
plt.figure(figsize=(6.4,4.8))
visualizer=ROCAUC(
svm,
is_fitted=True
)
visualizer.fit(X_train, y_train)
visualizer.score(X_test, y_test)
visualizer.show()
```

```
from yellowbrick.classifier import confusion_matrix
plt.figure(figsize=(6,5))
visualizer=confusion_matrix(
    svm,
    X_test,y_test,
    is_fitted=True
)
visualizer.show();
```

# 第12章　巴东县自然灾害应急实习目的与要求及实习内容

本章主要介绍巴东县自然应急灾害实习的目的与要求及实习内容。主要了解自然灾害应急实习的路线——谭家湾滑坡地、水布垭森林，对两地的地形、地貌进行调查，同时形成野外调查表。这需要提前学习野外调查技术及方法、山洪灾害的调查要求、森林火灾的调查要求，根据调查情况形成应急预案，通过多种途径获取数据后，进行实操教学，确定新的应急灾难选址，最后形成实习报告和成果。

通过本章学习，你将了解以下内容：

(1) 自然灾害应急实习路线。

(2) 调查技术及方法。

(3) 实习报告撰写。

## 12.1　实习路线　巴东县自然灾害应急实习路线及观察内容

巴东县位于湖北省西部，坐落于长江流域三峡库区和清江水布垭两个主要库区，地质灾害频繁发生，是湖北省重点监控防护区域。巴东县总面积 $3\,351.6\,km^2$，下辖10个镇、2个乡、323个村（居）委会，户籍总人数为47.87万人。2017年，巴东县成功进行了地质灾害核查，全县共有1005个地质灾害点（其中三峡库区有469个，三峡库区以外有536个）。2018年，纳入县级监测的地灾隐患点共481个（其中三峡库区有381个，三峡库区以外有100个）。2022年纳入网格化管理的有483处，三峡库区连续19年保持地质灾害零伤亡。2018年4月，中国地质大学（武汉）与巴东县政府签订战略合作协议，建设中国地质大学（武汉）巴东科研基地。

### 12.1.1　谭家湾滑坡地

谭家湾滑坡地位于长江右岸的斜坡上，行政区域隶属巴东县信陵镇，地理坐标为 $E110°20'24''$，$N31°02'19''$。滑坡区属构造剥蚀中低山地貌，地势北低南高。斜坡坡向350°，坡面为直线形坡，坡角20°～40°。

谭家湾滑坡前缘为一陡壁，后缘以岩质基岩陡壁为界，东侧以山脊为界，西侧以黄家大沟为界。前缘高程345m，后缘高程540m，相对高差195m。平面形态呈圈椅状，剖面呈凸形。滑坡走向310°，后缘壁坡度30°～40°，中部为20°～30°，前缘为陡坡或陡崖，纵长280m，宽

230m，面积为 $6.44\times10^4 m^2$，均厚按 14m 计，规模 $90.16\times10^4 m^3$。

坡表物质为碎块石土，紫红色、褐黄色，结构松散，土石比 4∶6～6∶4，碎石成分以泥岩、粉砂岩为主，直径 20～50cm，次棱角状；土为粉质黏土，可塑状。坡体结构为斜顺向坡。该滑坡位于官渡口向斜南翼，受构造运动作用影响，岩体结构松散、破碎（图 12-1）。

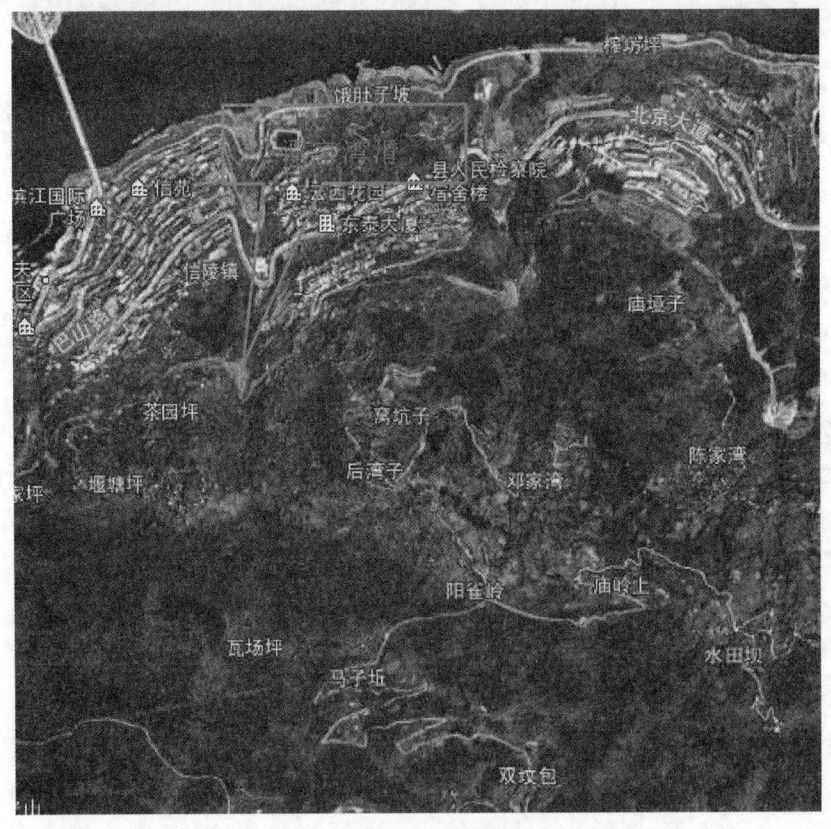

图 12-1　谭家湾滑坡交通位置图

**1. 监测网的布设**

综合该滑坡的特点、监测目的和治理工程的布设,主要采用了全智能综合监测和宏观地质巡查监测。2021年10月底完善全自动监测网施工建造并投入运行,滑坡区内共布设7个GNSS形变点和1个GNSS基准点、2套智能裂缝监测仪、2套智能位移传感器、1套雨量计、1套气压计及1套气温计(图12-2)。

图12-2 谭家湾滑坡监测网平面图

根据谭家湾滑坡的变形特征及治理工程布设特点,宏观巡查采取"之"字形路线,针对抗滑桩工程、排水沟工程及滑坡后缘的坡体进行巡查,主要查明各分项实体工程的变形情况;同时对治理区外围进行宏观地质巡查,主要查明滑坡体内产生的坍滑、地表裂缝等不良地质现象的变形情况。巡查路线长约1.0km。

根据监测点布设原则,监测点布设如下:对主要主控地面裂缝(主要分布在滑坡后缘和左右侧边界处,以及排水沟处)分别布设裂缝监测仪LF01和LF02。

在滑坡前、中、后缘分别布设GNSS监测仪进行监测,并辅助1台雨量计。详述如下:纵向1—1′剖面控制滑坡右部局部变形,分别在中、后部布设2台GNSS监测仪进行监测;纵向2—2′剖面控制滑坡中部局部变形,分别在中、后部布设2台GNSS监测仪进行监测;纵向3—3′剖面控制滑坡左部局部变形,分别在中、后部布设2台GNSS监测仪进行监测;在滑坡内部布设1台雨量计;在滑坡外部一稳定部位布设GNSS监测基准点。

**2. 宏观巡查路线的布设**

宏观地质巡查,监测滑坡宏观变形破坏前兆,巡查路线由 G209 国道连接线进入滑坡内部,主要巡查裂缝、房屋、排水沟的变形情况。宏观巡查设计结合当地群测群防人员,让监测预警群专结合,更好地防控地质灾害变形。

### 12.1.2 水布垭森林火灾

水布垭位于湖北省恩施土家族苗族自治州巴东县,平均海拔高度为 1.2km。此外,这里常年雨量充沛,四季气候变化明显,无霜期长达 263 天,属亚热带季风气候。水布垭森林位于湖北省巴东县的西北部,地处长江中游丘陵山区,是巴东县的重要森林资源之一。该森林面积约为 2.5 万亩(1 亩≈666.67m$^2$),森林覆盖率达到 85% 以上,水布垭森林分布着亚热带常绿阔叶林、针阔混交林、竹林、草甸、水生植物等植被类型,其中以常绿阔叶林为主,占总面积的 80% 以上,植被物种多样性高。森林生态环境优美,林木种类繁多,是巴东县生态旅游的重要景区。森林内有多条大小溪流,主要输水河流为赤水河、西溪和龙潭河等。

水布垭森林历史上发生过多次森林火灾,其中较为严重的是 2010 年和 2016 年的两次大火,分别烧毁了约 7000 亩和 4000 亩森林。经过多年的治理和恢复,目前水布垭森林已逐步恢复生态环境,但仍需加强森林防火工作,避免类似火灾再次发生。

为加强森林防火工作,会定期巡防,加强对易燃物清理工作;划定森林防火带,保护林木和群众生命财产安全;加强宣传教育,提高群众防火意识;配备现代化消防设备和救援装备;密切关注天气变化和环境风险,及时开展应急处置。如 2022 年针对长江全流域严重干旱、夏秋连旱持续的极端天气,面临严峻的防火形势,水布垭镇在全县首设村级森林防火观察哨。水布垭镇政府在清江沿线制高点哨棚顶、南潭观景台设立 2 个森林防火监测哨,并安排专人值班;全镇 30 个村(社区)各设立 1 个这样的哨点,并安排各个村的生态护林员交替值班。目前,水布垭镇政府已经成功选点并且部署了 32 个森林防火观察哨,所有负责轮班的人员也已到位。

## 12.2 实习内容 巴东县自然灾害应急野外调查及技术方法

### 12.2.1 野外调查记录形式

(1)必须按照规定的调查表填写野外调查记录,利用调查记录本做沿途观测记录,同时附上示意图(如水平图、断面图、素描图等)及影像资料等。对于被研究的地灾点和可能存在的地理灾害隐患点,需要填写野外调查表。

(2)灾情或险情规模超过中型的区域,必须进行深入研究;规模属小型者考虑具体特征和分布位置,可以进行控制性的点状调查(表 12-1)。

## 第12章 巴东县自然灾害应急实习目的与要求及实习内容

表 12-1 地质灾害灾情和险情分级标准

|  | 死亡人数/人 | 受威胁人数/人 | 直接经济损失/万元 | 潜在经济损失/万元 |
|---|---|---|---|---|
| 小型 | <3 | <10 | <100 | <500 |
| 中型 | 3~10 | 10~100 | 100~500 | 500~5000 |
| 大型 | 10~30 | 100~1000 | 500~1000 | 5000~10 000 |
| 特大型 | ≥30 | ≥1000 | ≥1000 | ≥10 000 |

注:灾情分级是基于死亡人数与直接经济损失两个参数来衡量的;险情分级则通过受威胁人数及潜在经济损失这两个因素来判断。

(3)对于同一种类的地质灾害,不同观测体上均需设定单独的观测站点并填表。如果同一个地方出现多种类型的地质灾害或者其他的环境地质问题,只需设立一个站点,但是需要按照类别来填写表格。

(4)记录需要使用图片结合文字的方式,通过图像展示地质结构的变化,如山体的移动、滑动裂隙、地面抬升等情况的空间布局,地下水的出露或者检测到的水深等,人工边坡的位置,可能存在的灾害体与其影响的目标物之间的相对位置,土体厚度、岩层中的断层形态,照片拍摄的角度和方位,以及镜头方向等细节。此外,还需要对边坡高度、裂缝的特点和出现的时间、受到危害的家庭数量和人数等进行准确的记录。

(5)工作手图和清图填绘要求。

①使用数字化地形地质或工程地质底图作工作手图。如果没有这两种类型的地形图,我们可以利用1:50 000的地形图代替,并依据现有的信息,将各种地质灾害点和地质边界绘制在地形底图上。

②在工作手图上,应使用铅笔标注各种观测点和地质界线。转绘到清图上后应及时上墨。

③在工作手图上,观测点的符号用×表示。如果灾害物体体积过小,无法清晰地展现其轮廓线,可以不按比例尺进行标注。而当规模较大时,就需要按照比例尺来确定边界线。

④工作手图上观测点定位应遵循以下原则:滑坡点定在滑坡后缘中部,泥石流点定在堆积区中部,地面塌陷点定在塌陷中心点,地裂缝点定在主干裂缝的中点,斜坡、边坡点定在变形区中部。

⑤清图(比例尺1:100 000),应按规定图例绘制。

### 12.2.2 滑坡灾害调查基本要求

①主要采用实地测量方法来开展滑坡灾害的研究工作;②选择有代表性的调查地点并且需要拍摄照片、录制影像或者绘制素描图作为参考资料;③按照滑坡野外调查表(12-2)的要求详细登记所有信息,不能遗漏;④需要初步调查该滑坡形成的地质条件、滑坡体特征和诱发因素等,并对致灾情况进行评估。

滑坡调查的重点包括滑坡区、滑坡体、成因、危害及防治情况调查。根据表12-2填写野外调查记录。

## 表 12-2 滑坡野外调查表

项目名称：　　　　　　图幅名：　　　　　　图幅编号：

| 名称 | | | | | | 省　　　县(市)　　　乡　　　村　　　组 | | | | |
|---|---|---|---|---|---|---|---|---|---|---|
| 野外编号 | | 滑坡时间 | □古滑坡<br>□老滑坡<br>□新滑坡<br>发生时间：<br>年　月　日　时 | | 地理位置 | 坐标 | 经度： | 标高 | 坡顶 | |
| 统一编号 | | | | | | | 纬度： | | 坡脚 | |
| 滑坡类型 | | □崩塌　□倾倒　□滑动　□侧向扩离　□流动　□复合 | | | | | 滑体性质 | □岩质　□碎块石　□土质 | | |

| 滑坡环境 | 地质环境 | 地层岩性 | | | 地质构造 | | 微地貌 | 地下水类型 | |
|---|---|---|---|---|---|---|---|---|---|
| | | 时代 | 岩性 | 产状 | 构造部位 | 地震烈度 | □陡崖<br>□陡坡<br>□缓坡<br>□平台 | □孔隙水　□潜水<br>□裂隙水　□承压水<br>□岩溶水　□上层滞水 | |
| | 自然地理环境 | 降水量/mm | | | | | 水文 | | |
| | | 年均 | 日最大 | 时最大 | 洪水位/m | 枯水位/m | 滑坡相对河流位置 | | |
| | | | | | | | □左　□右　□凹　□凸 | | |
| | 原始斜坡 | 坡高/m | 坡度/(°) | 坡形 | | 斜坡结构类型 | 控滑结构面 | | |
| | | | | □凸形　□凹形<br>□平直　□阶状 | | | 类型 | | |
| | | | | | | | 产状 | | |

| 滑坡基本特征 | 外形特征 | 长度/m | 宽度/m | 厚度/m | 面积/m² | 体积/m³ | 坡度/(°) | 坡向/(°) |
|---|---|---|---|---|---|---|---|---|
| | | 平面形态 | | | | 剖面形态 | | |
| | | □半圆　□矩形　□舌形　□不规则 | | | | □凸形　□凹形　□直线　□阶梯　□复合 | | |
| | 结构特征 | 滑体特征 | | | | 滑床特征 | | |
| | | 岩性 | 结构 | 碎石含量/% | 块度/cm | 岩性 | 时代 | 产状 |
| | | | □可辨层次<br>□零乱 | 体积百分比 | | | | |
| | | 滑面及滑带特征 | | | | | | |
| | | 形态 | 埋深/m | 倾向/(°) | 倾角/(°) | 厚度/m | 滑带土名称 | 滑带土性状 |
| | | | | | | | | |
| | 地下水 | 埋深/m | | 露头 | | | 补给类型 | |
| | | | | □上升泉　□下降泉　□溢水点 | | | □降雨　□地表水　□人工　□融雪 | |

**1. 滑坡分类按表 12-3 执行**

表 12-3　滑坡分类表

| 依据 | 类别 | 特征 |
| --- | --- | --- |
| 物质组成 | 土质滑坡 | 发生在冲积、洪积、坡积、崩积、残积等松散层中的滑坡 |
| | 岩质滑坡 | 发生在基岩中的滑坡 |
| 滑面与岩层面关系 | 顺层滑坡 | 沿层面滑动的滑坡,发生在岩层倾向与坡向一致,且岩层倾角小于边坡倾角 |
| | 切层滑坡 | 滑动面与岩层面相切,常沿倾向山外的一组软弱结构面发生,多分布在逆向 |
| 滑体厚度 | 浅层滑坡 | 滑坡体厚度不大于 10m |
| | 中层滑坡 | 滑坡体厚度 10~25m |
| | 深层滑坡 | 滑坡体厚度 25~50m |
| | 超深层滑坡 | 滑坡体厚度大于 50m |
| 始滑部位及运移形式 | 推移式滑坡 | 始滑部位位于滑坡后缘,主要动力来自滑坡后部的加载 |
| | 牵引式滑坡 | 始滑部位在滑坡前缘,主要原因是坡脚受河流冲刷或人工开挖 |
| | 混合式滑坡 | 始滑部位前、后缘结合,共同作用 |
| 诱发因素 | 工程滑坡 | 由施工开挖、建筑物加载和水库蓄水等工程活动引起的滑坡 |
| | 自然滑坡 | 由自然地质作用产生的滑坡 |
| 形成年代 | 新滑坡 | 新近发生滑动的滑坡 |
| | 老滑坡 | 全新世以来发生滑动,现今整体稳定的滑坡 |
| | 古滑坡 | 全新世以前发生滑动,现今整体稳定的滑坡 |
| 滑坡体积 | 小型滑坡 | $<10\times10^4\,m^3$ |
| | 中型滑坡 | $10\times10^4\sim100\times10^4\,m^3$ |
| | 大型滑坡 | $100\times10^4\sim1000\times10^4\,m^3$ |
| | 特大型滑坡 | $1000\times10^4\sim10\,000\times10^4\,m^3$ |
| | 巨型滑坡 | $>1000\times10^4\,m^3$ |
| 滑坡期次 | 复活型 | 古滑坡、老滑坡整体或局部再次活动 |
| | 新生型 | 初次发生的滑坡 |

滑坡区主要调查内容如下：

(1)滑坡所在地的具体地理位置、地形特征、斜坡状况、坡度、高度,沟谷的发展状况、河岸的冲刷情况,以及其上的堆积物质,地表水,植被形态。

(2)滑坡体周边地层及地质构造。

(3)水文地质条件。

滑坡体调查内容如下：

(1)形态与尺寸:滑体的平面、剖面外观,以及长度、宽度、厚度、面积和体积。

(2)边界特征:滑坡后壁的位置、产状、高度及其壁面上擦痕方向;滑坡两侧界线的位置与特性;前缘出露的地点、形状、临空面特征及剪切情况;露头滑床的特性等。

(3)表部特征:微地貌形态,裂缝的分布、方向、长度、宽度、产状、力学性质及其他预示性特征。

(4)内部特征:通过实地考察和山地工程,研究滑坡体的岩石构造、岩石成分、松动破裂,以及含泥含水状况,滑带的数量、形态、深度、物质组成、胶结状况,滑动面与其他结构面的关系。

(5)变形活动特征:对滑坡的发生时间、进展趋势及其变形阶段、滑动方向、滑距和速度进行研究,探讨滑坡的滑动模式、力学原理,以及稳定状态。

滑坡成因调查内容如下：

(1)自然条件:雨水、地震、洪水,以及崩塌负荷等。

(2)人为干预:森林被破坏、不当开发,矿山挖掘,坡度切割,滑坡体下部切脚,滑坡体中上部的人工负载、震动、随意排放废水、渠道泄漏,以及水库蓄水等。

(3)综合因素:人类的工程经济行为与自然环境的影响。

滑坡危害调查内容如下：

(1)历史上的滑坡事件,人员伤亡、经济损失和环境破坏等问题。

(2)对滑坡的稳定性进行分析和预测,以及预估滑坡发生后可能导致的灾害范围和情况。

滑坡防治情况内容如下：

滑坡灾害的调查、监控,以及工程处理手段等防治措施的现状和成效。

古(老)滑坡应按表12-4进行野外识别。

表12-4　古(老)滑坡识别标志

| 标志 | | 内容 |
|---|---|---|
| 类别 | 亚类 | |
| 形态 | 宏观形态 | 圈椅状地形、双沟同源、坡体后部平台出现洼地,与周围河流阶地、构造平台或风化差异平台不一致的大平台地形、不正常河流弯道,圈椅状地形、"大肚子"斜坡等 |
| | 微观形态 | 后倾台面地形、小台阶与平台相间、马刀树、坡体前方或侧边出现擦痕或镜面、表层坍滑广泛 |

续表 12-4

| 标志 | | 内容 |
|---|---|---|
| 类别 | 亚类 | |
| 底层 | 老地层 | 明显的产状变动、架空、松弛、破碎、大段孤立岩体掩覆在新地层之上、大段变形岩体位于土状堆积物之中 |
| | 新地层 | 变形或变位岩体被新地层掩覆、山体后部洼地出现局部湖相地层、变形或变位岩体上覆湖相地层、上游方出现湖相地层 |
| 变形等 | | 古墓或古建筑变形、构成坡体的岩土结构零乱或强度低、开挖后易坍滑、斜坡前部地下水呈线状出露、古树等被掩埋 |
| 历史记载访问材料 | | 发生滑坡或变形的记载和口述 |

滑坡稳定性可被分为 3 个等级,即不稳定、相对稳定和完全稳定。具体的滑坡稳定性野外判断请参考表 12-5。

表 12-5 滑坡稳定性野外判别依据

| 滑坡要素 | 不稳定 | 相对稳定 | 完全稳定 |
|---|---|---|---|
| 滑坡前缘 | 前缘临空,坡度较陡且常受地表径流冲刷,有发展趋势并有季节性泉水出露,土质湿润,水分充足 | 前缘临空,有不连续的季节性地面径流流过,土质较潮湿,坡度 30°~45° | 坡度较缓,临空高差小,无地表径流和继续变形迹象,土体干燥 |
| 滑体 | 平均坡度大于 20°,坡面较多新滑坡裂缝,建筑物、植被有新变形迹象 | 平均坡度 25°~40°,坡面局部有小裂缝,其上建筑物、植被无新变形迹象 | 平均坡度小于 25°,坡面无裂缝发展,其上建筑物、植被未有新变形迹象 |
| 滑坡后缘 | 后缘壁有擦痕或明显位移,有裂缝发育 | 后缘壁有不明显变形,有断续的小裂缝发育 | 后缘壁无擦痕和明显位移,原有裂缝已被充填 |

**2. 灾害应急预案**

灾害应急预案是灾害预防系统的重要组成部分,是政府为降低灾害后果的严重程度,以对灾害源的评价和灾害预测结果为依据而预先制定的灾害控制和抢险救灾方案。如 2006 年 1 月国务院发布的《国家突发地质灾害应急预案》,即是为了处理因自然因素或人类活动引起的对人们的生命财产造成威胁的地质灾害。

在编制灾害应急预案前,通常要进行地质灾害调查,通过充分收集和整理相关灾害信息数据,制作地质灾害综合调查与风险制图(表 12-6),为制定科学合理的灾害应急预案提供依据。

表 12-6 地质灾害综合调查与风险制图

| | 项目名称： | | 图幅名： | | 图幅编号： | |
|---|---|---|---|---|---|---|
| 名称 | | | 省　　县(市)　　乡　　村　　组 | | | |
| | | | | | | |

| | | | | | | |
|---|---|---|---|---|---|---|
| 基本特征 | 土地使用 | □旱地　□水田　□草地　□灌木　□森林　□裸露　□建筑 | | | | |
| | 现今变形迹象 | 名称 | 部位 | 特征 | | 初现时间 |
| | | □拉张裂缝　□剪切裂缝　□地面隆起<br>□树木歪　□建筑变形　□渗冒混水<br>　　□地面沉降　□剥、坠落 | | | | |
| 影响因素 | 地质因素 | □节理极度发育　□结构面走向与坡面平行　□结构面倾角小于坡角　□软弱基座<br>□透水层下伏隔水层　□土体/基岩接触　□破碎风化岩/基岩接触　□强/弱风化层界面 | | | | |
| | 地貌因素 | □斜坡陡峭　　□坡脚遭侵蚀　　□超载堆积 | | | | |
| | 物理因素 | □风化　□融冻　□胀缩　□累进性破坏造成的抗剪强度降低<br>□孔隙水压力高　□洪水冲蚀　□水位陡降陡落　□地震 | | | | |
| | 人为因素 | □削坡过陡　□坡脚开挖　□坡后加载　□蓄水位降落<br>□植被破坏　□爆破振动　□渠塘渗漏　□灌溉渗漏 | | | | |
| | 主导因素 | □暴雨　□地震　□工程活动 | | | | |
| 稳定性 | 复活诱发因素 | □降雨　□地震　□人工加载　□开挖坡脚　□坡脚冲刷　□坡脚浸润<br>□坡体切割　□风化　□卸荷　□动水压力　□爆破振动 | | | | |
| | 目前稳定状况 | □稳定　□基本稳定　□不稳定 | 发展趋势分析 | □稳定　□基本稳定　□不稳定 | | |

| 已造成危害 | 死亡人数 | 损坏房屋 | 毁路/m | 毁渠/m | 其他危害 | 直接损失/万元 | 间接损失/万元 |
|---|---|---|---|---|---|---|---|
| | | 户　　间 | | | | | |
| 诱发灾害 | 灾害类型 | | 波及范围 | | 造成损失 | | |
| 潜在危害 | 威胁人口/人 | | | 威胁资产/万元 | | | |
| 监测建议 | □定期目视检查　□安装简易监测设施　□地面位移监测　□深部位移监测 | | | | | | |
| 防治建议 | □避让　□裂缝填埋　□加强监测　□地表排水　□地下排水　□削方减载　□坡面防护<br>□反压坡脚　□支挡　□锚固　□灌浆　□植树种草　□坡改梯　□水改旱　□减少振动 | | | | | | |

| 平面图 | 剖面图 |
|---|---|
| | |

填表人：　　　　　审核人：　　　　　填表日期：　　年　　月　　日

### 12.2.3 山洪灾害调查要求

山洪灾害调查包括防治区山洪灾害调查和重点防治区山洪灾害详查,分为内业和外业两类,内业尽可能充分利用各种成果资料。外业侧重于抽查核对,采用实地调查的方式获取所需信息。对专业性较强的测绘工作,可委托具备相关资格的专业机构进行。

防治区指有山洪灾害防治任务的山丘区。对其调查主要通过资料整理分析和现场调查,包括防治区基本信息核对:水文资料、山区河道信息、村落、城(集)镇、企事业单位的情况和位置;以及防治区灾害实际调查:受威胁区域、灾害类型、历史情况及现状等,并把结果标绘在工作底图上。

重点防治区指山洪频发或损失严重的区域。对其详查是指进一步对区内受威胁的人口、房屋位置和数量进行调查;对沿河村落、重要集镇进行河道控制断面测量。

**1. 资料收集**

(1)收集并处理国家基础地理信息和遥感卫星影像数据,制作工作底图,获取部分指标信息。

(2)收集各类社会经济统计数据、大比例尺地形图、近期高清遥感影像、水利工程资料、水利普查成果、水文气象信息、地质资料、土地利用、土壤和植被资料、地方史志、流域水系专题底图数据等。

(3)收集防治区水文信息,包括水文气象数据如暴雨参数、历史水文站的流量及其统计数据、暴雨洪水数据及测站的基本资料等,以及小流域暴雨洪水分析方法。

**2. 内业调查**

1)调查对象区基础信息核查

包括行政区基本资料,涵盖人口数量、居民户数、行政区划等;企事业单位信息,包括单位名称、类别、组织机构代码、地址等;居民家庭财产类型和住房类型调查分类标准;小流域基础信息及其坡面特性信息,如土地利用现状、土壤分布等;需工程治理的山洪沟基本情况等。

2)社会经济统计资料调查

对调查对象区域的社会经济基本情况统计(表12-7):

表12-7 县(市)社会经济基本情况统计表

| 1.县(区、市、旗)名称 | | 2.县(区、市、旗)代码 | |
|---|---|---|---|
| 指标 | 单位 | | 数量 |
| 3.基本情况 | | | |
| 3.1 行政区域土地面积 | km² | | |
| 3.2 乡(镇)个数 | 个 | | |
| 3.3 村民委员会个数 | 个 | | |
| 3.4 年末总户数 | 户 | | |

续表 12-7

| 指标 | 单位 | 数量 |
| --- | --- | --- |
| 3.5 其中:乡村户数 | 户 | |
| 3.6 年末总人口 | 万人 | |
| 3.7 乡村人口 | 万人 | |
| 3.8 年末单位从业人数 | 人 | |
| 3.9 乡村从业人数 | 人 | |
| 3.10 其中:农林牧渔业 | 人 | |
| 3.11 农业机械总动力 | 千瓦 | |
| 3.12 固定电话用户 | 户 | |
| 4.综合经济 | | |
| 4.1 第一产业增加值 | 万元 | |
| 4.2 第二产业增加值 | 万元 | |
| 4.3 地方财政一般预算收入 | 万元 | |
| 4.4 地方财政一般预算支出 | 万元 | |
| 4.5 城乡居民储蓄存款余额 | 万元 | |
| 4.6 年末金融机构各项贷款余额 | 万元 | |
| 5.农业、工业及投资 | | |
| 5.1 粮食总产量 | 吨 | |
| 5.2 棉花产量 | 吨 | |
| 5.3 油料产量 | 吨 | |
| 5.4 肉类总产量 | 吨 | |
| 5.5 规模以上工业企业个数 | 个 | |
| 5.6 规模以上工业总产值(现价) | 万元 | |
| 5.7 固定资产投资(不含农户) | 万元 | |
| 6.教育、卫生和社会保障 | | |
| 6.1 普通中学在校学生数 | 人 | |
| 6.2 小学在校学生数 | 人 | |
| 6.3 医院、卫生院床位数 | 床 | |
| 6.4 各种社会福利收养性单位数 | 个 | |
| 6.5 各种社会福利收养性单位床位数 | 床 | |

填表人：　　　联系电话：　　　复核人：
审查人：　　　填表日期：　　年　　月　　日

3)涉水工程调查

关于水库、电站、闸门和堤坝等水利设施的基本状况和性能指标等信息,对居民区安全有影响的塘(堰)坝、桥梁、涵洞等涉水工程的相关信息(表 12-8)。

表 12-8 防治区水库工程调查表

| 序号 | 1.县(区、市、旗)名称 | | | | | 2.县(区、市、旗)代码 | | | | | | | | | | | | | |
|---|---|---|---|---|---|---|---|---|---|---|---|---|---|---|---|---|---|---|---|
| | 3.水库名称 | 4.水库代码 | 5.地理坐标 | 6.所在行政区代码 | 7.所在河流(湖泊)名称及代码 | 8.水库类型 | 9.主要挡水建筑物类型 | 10.挡水主坝类型 | 11.主要泄洪建筑物型式 | 12.坝址多年平均径流量/万 $m^3$ | 13.工程等别 | 14.主坝坝高/m | 15.主坝坝长/m | 16.最大泄洪流量/($m^2 \cdot s^{-1}$) | 17.设计洪水位/m | 18.总库容/万 $m^3$ | 19.水面面积/$km^2$ |
| | | | | | | | | | | | | | | | | | |
| | | | | | | | | | | | | | | | | | |
| | | | | | | | | | | | | | | | | | |
| | | | | | | | | | | | | | | | | | |
| | | | | | | | | | | | | | | | | | |
| | | | | | | | | | | | | | | | | | |
| | | | | | | | | | | | | | | | | | |
| | | | | | | | | | | | | | | | | | |

填表人: 　　　　　联系电话: 　　　　　复核人: 　　　　　审查人: 　　　　　填表日期: 　　年　月　日

4)历史山洪灾害调查

历史山洪灾害资料,包括山洪灾害发生时间及地点、过程降雨量、洪水情况、灾害损失情况。重点是中华人民共和国成立以来发生的山洪灾害(表12-9)。

表12-9 历史山洪灾害情况统计表

| 1.县(区、市、旗)名称 | | | | 2.县(区、市、旗)代码 | | | | |
|---|---|---|---|---|---|---|---|---|
| 序号 | 3.灾害发生时间 | 4.灾害发生地点 | 5.过程降雨量/m | 6.灾害损失情况 | | | | 6.6灾害描述 |
| | | | | 6.1死亡人数/人 | 6.2失踪人数/人 | 6.3损失房屋/户 | 6.4转移人数/人 | 6.5直接经济损失/万元 | |
| | | | | | | | | | |
| | | | | | | | | | |
| | | | | | | | | | |
| | | | | | | | | | |
| | | | | | | | | | |
| 填表人: 联系电话: 复核人: 审查人: 填表日期: 年 月 日 | | | | | | | | |

5)山洪灾害监测预警设施核查

实现了对山洪灾害的监控与预警平台的自动监测站的信息共享,对山洪灾害防治中的无线电预警广播站、简易雨量站、简易水位站等进行了初步分析。

6)山洪灾害防治已有成果

包括规划报告、实施情况等进行整理记录。

**3. 外业调查**

1)小流域基础信息核查

对小流域命名和节点位置修改意见,土地利用分类成果进行现场核查。对需防洪治理的山洪沟基本情况在内业调查基础上进一步核查。

2)社会经济情况调查

对防治区内社会经济情况、受山洪威胁的企事业单位情况根据内业调查填写核对,拍摄能反映对象概貌的照片。

3)山洪灾害危险区调查

结合区域地形地貌、沟河分布、居民生活状况等,对山洪遗迹进行实地勘察,走访农户对历史最高洪水位或最高可能淹没水位,以及山洪灾害可能发生的类型、程度及影响范围进行调查,并标注成灾水位,合理确定村落、城镇中受山洪威胁的区域,在工作底图上实地标绘危险区范围。

对危险区内的行政区代码、行政区名称、危险区名称、危险区代码、危险区内人口、危险区内住户财产情况、危险区内住房情况等进行调查。其中，按照各地制订的居民家庭财产分类和居民住房类别分类标准，对危险区内的家庭财产状况、危险区内的住房状况进行了分类和汇总。

对沿河村落应结合河道控制断面测量，可按照相对应于河岸的高程分别统计危险区内的居民情况。可采用连续运行基准站系统(CORS)或 GPS 配合全站仪方法进行快速测量，以获取成灾水位和居民户沿高程分布情况。

在实地勘察的基础上，对疏散线路和临时安置地点进行全面的划定，并将各个危险区域的疏散路径和临时安置地点标记在工作地图上，确定疏散路径和临时安置地点的原则如下：

(1)分流路径的确定要遵循就近和安全的原则，要避免跨越河流、河流或容易发生滑坡的区域，不能顺着河流的沟谷上下游、泥石流沟的上下游、滑坡的滑动方向，而是应该转向河流的两边的山坡或者滑坡的两边。

(2)临时安置点的选址要遵循就近和安全的原则，要比历史上的洪峰水位高，要能容纳全部的灾民，要有足够的空间，以便随时观察灾情的发展。不能设在滑坡上，试着避开陡坡、峭壁下。

4)涉水工程勘测

选取对沿河村庄有重大威胁的塘坝、桥梁、路涵等涉水项目，进行测绘，并拍照。

5)沿河村落和重要城、集镇现场详查

对沿河村落和重要城、集镇现场详查，调查范围为确定的危险区范围内的居民区，并拍摄住宅楼房照片。

6)历史上发生过的山洪灾害

拟以中华人民共和国成立以来的洪涝灾害为研究对象，选取有地区代表性的典型河段，依据历史洪水调查的有关规定，开展实地调研，研究洪灾轨迹，实测洪痕所在的河段，采集对应的降雨数据，推算洪峰流量及再现周期。

**4. 山洪灾害分析评价**

山洪灾害的分析与评估，是以前期的基础工作和对山洪灾害的调查与详查为基础，对山洪灾害防治区的暴雨特点、小流域特点，以及社会经济状况进行了全面的分析，对历史上的山洪灾害进行了研究，对小流域内的洪涝灾害进行了分析，并结合水文模型、水动力模型等，对防治区内的自然村寨、集镇、城镇进行了综合评估，并对其进行了风险识别，制定了相应的预警指数和临界值，从而预警信息的及时、精确发布和群众的安全疏散提供了依据。

**5. 应急预案**

《国家防汛抗旱应急预案》适用于我国境内突发性水旱灾害的防范和处置。突发性水旱灾害包括江河洪水和渍涝灾害、山洪灾害(指由降雨引发的山洪、泥石流灾害)、台风风暴潮灾害、干旱灾害、供水危机，以及由洪水、风暴潮、地震等引发的水库垮坝、堤防决口、水闸倒塌、堰塞湖等次生衍生灾害。

### 12.2.4 森林火灾调查要求

**1. 森林火灾隐患**

森林火灾隐患,即潜在的有可能引发火灾的,以及直接影响森林火灾预防和扑救工作的不安全因素。对森林火灾隐患的评价标准从责任落实、火源管理、防范措施、队伍建设、应急处置、设施设备、宣传教育和其他方面来判定。具体如下。

1)责任落实

具有下列情形之一的,可以判定为森林火灾隐患:

(1)未依法实行森林防火地方各级人民政府行政首长负责制,未设立必要的森林防火指挥机构及办事机构。

(2)县级以上人民政府未按规定将森林防火基础设施建设纳入国民经济和社会发展规划,将森林防火经费纳入本级财政预算。

(3)地方人民政府未按规定建立森林防火联防机制,确定联防区域,开展联防工作。

(4)未划定辖区内森林防火区、未规定森林防火期,或已划定森林防火区、规定森林防火期但未向社会公布。

(5)森林防火期内,未根据森林火险预报采取相应的预防和应急准备措施。

(6)森林防火期内,预报有高火险天气时,未按规定划定森林高火险区,规定森林高火险期。

(7)未按规定及时制作发布森林火险预警预报信息。

(8)未按规定编制森林火灾应急预案。

(9)未按规定开展必要的森林火灾应急预案的演练。

(10)森林、林木、林地的经营单位和个人未按规定建立森林防火责任制,划定森林防火责任区,确定森林防火责任人,配备森林防火设施和设备。

2)火源管理

具有下列情形之一的,可以判定为森林火灾隐患:

(1)没有按照要求把重要的进出山口、重点火险区的火源控制好,对重要的监控目标没有严加看管。

(2)护林人没有按照要求到岗,出现脱岗或缺岗的情况;在林区防火期间,护林人员未发现、不及时制止和报告违章用火。

(3)在森林防火期间,严禁在林区内吸烟,祭奠烧纸,焚烧火种,野炊,燃放烟花爆竹。

(4)在森林防火期间,因有特别需求而进行的野外用火、实弹演练、爆破等活动,没有依照有关规定办理,或者经批准的用火没有依照《用火规程》进行。

(5)在森林火险期间,在森林高火险地区,没有按照"禁火"命令禁止所有野外用火,对于有可能引发山火的居民生活用火,没有进行严格的管理。

(6)在森林高火险期间,擅自进入高火险区域,或者擅自在规定的时间、地点和范围内进行作业的。

3)防范措施

具有下列情形之一的,可以判定为森林火灾隐患:

(1)在森林防火工作中,没有组织相关部门对各相关单位开展森林防火组织建设、责任落实和设施建设等工作,或者在检查中发现森林火灾隐患,林业主管部门未组织相关部门对森林防火组织建设、责任落实、设施建设等情况进行检查,或者在检查过程中发现森林火灾隐患,林业主管部门未组织相关部门对森林防火组织、责任落实、设施建设等情况进行检查,或在检查中发现森林火灾隐患,林业主管部门未及时下达整改通知书并督促整改。

(2)未按照要求对可燃物进行清理或清理不彻底。

(3)没有按照规定设置或者已经设置了但是没有达到要求的。

(4)应当实施有计划的焚烧,但没有按照要求实施。

(5)电力、通信线路、油气管线等森林防火责任单位没有在林区火险区设置防火隔离带,或没有安排专人巡查。

(6)穿越林区之铁路营运单位,未能依照地方人民政府之有关规定,在铁路沿线发生林火之风险区,不落实防治工作。

(7)穿越林区的公路管理部门没有对辖区道路上的可燃物进行清理,没有制定护林防火巡查制度,没有进行巡查。

(8)在森林防火期间,进入森林防火区域的各类机动车辆,没有按照要求设置消防设施和消防设备。

4)队伍建设

具有下列情形之一的,可以判定为森林火灾隐患:

(1)没有按照要求成立专职(半专职、应急、群众)的森林防火队伍。

(2)没有按照有关规定配备专职(半专职)森林防火队伍的营房、训练场和训练设备。

(3)森林消防队没有按照要求进行经常性的训练、演习。

(4)森林防火指挥部和消防队不熟悉开展林火应急预案,专职消防队的人员不足,无法熟练地运用灭火机械,缺少火场应急逃生与自救的基本知识。

(5)森林和林地的管理单位没有按规定配置森林管理员。

5)应急处置

具有下列情形之一的,可以判定为森林火灾隐患:

(1)没有在辖区范围内发布火灾报警信息的。

(2)没有建立完善的森林防火值班制度,没有配备专职的护林工作人员,不能及时接听火警电话。

(3)对森林火险等级较高的地区,不按照规定设置专职消防队。

(4)对"森杯"火情通报制度不落实,对森林火灾谎报、瞒报、故意拖延上报的。

(5)在发生林火后,没有立即启动相关的灭火计划,没有制订可行的灭火计划,没有进行有效的灭火工作。

(6)没有设立灭火前沿指挥部,一线指挥人员不能及时赶赴现场指挥,或距离较远,对火情不清楚。

(7)没有按照要求实施防火安全措施。

(8)火灾发生后,未对火场进行全面检查,对剩余火进行清理,对火场进行看守,未通过验收就擅自撤离。

6)设施设备

具有下列情形之一的,可以判定为森林火灾隐患:

(1)没有按照要求配置各种设备、车辆和其他物资。

(2)没有按照有关规定储备森林防火器材;或防火器材装备损坏;或器材设备报废未及时处理和更新。

(3)对装备的车辆、机具和通信设备不进行及时维修,造成设备无法使用。

(4)依法在林区内建立工矿企业、旅游区、开发区、绿化项目,没有与项目同步规划、同步设计、同步施工、同步验收的。

7)宣传教育

具有下列情形之一的,可以判定为森林火灾隐患:

(1)没有按照要求进行森林防火宣传工作。

(2)在森林防火期间,没有按照有关规定在森林防火期间设立警告、宣传标识的。

(3)在森林防火期间,森林、林木和林地的经营者,没有按照有关规定,向进入其经营区域的人传授森林防火安全知识。

8)其他

依据相关规定,属于森林火灾隐患的其他情形。

9)森林火灾隐患评价方法

询问法,将所要调查的事项以当面、书面、电话或其他方式,询问被调查者,以获得所需信息的方法。现场勘查法,在事发地点对调查的事项进行实地调查,以获得所需资料的方法。

**2. 森林火灾损失评估**

通过森林火灾损失评估,总结森林火灾预防和扑救经验教训,提出防止类似事故再发生所应采取的策略,保障森林生态系统的安全。

森林火灾损失包括直接损失和间接损失。森林火灾直接损失,因森林火灾所造成的毁坏或损耗,包括林木资源损失、木材损失、固定资产损失、流动资产损失、非木质林产品损失、农牧产品损失、火灾扑救费用、人员伤亡损失、居民财产损失等。森林火灾间接损失,包括停(减)产损失、灾后处理费用、森林生态价值损失等。

**3. 雷击森林火灾调查**

在雷击发生后,对事故现场情况、背景情况进行勘察、取证、鉴定、评估,以及做出结论的全过程。

1)气象因素的调查

(1)收集距森林火灾发生地最近的气象台(站)地面气象观测记录,包括雷电发生的日期及初始和终止时间、雷电移动路径,当时的风向、风速、温度、降水量、云的类型,森林气象火险等级,并注明气象台站与发生雷击火地点的水平距离、方位和气象技术人员的描述等。

(2)调取雷电监测定位系统起火时着火点附近的雷电监测定位记录,或由当地气象部门按照相关标准进行判断并出具着火点附近有无雷击出现的证明。

2)环境因素的调查

调查起火点半径1km范围内的地形、地貌、水系、植被分布等自然环境因素。

3)森林火灾事故现场因素的调查

(1)对直观可见的受损情况(如疑似雷击木)、起火点及火势蔓延方向等按全方位、多角度、分层次地进行拍照及摄像,提取物证,并同时做好现场勘查笔录。

(2)听取目击者的口头描述并取得笔录,以了解事故发生时的情况。

**4. 应急预案**

2020年10月26日,《国务院办公厅关于印发国家森林草原火灾应急预案的通知》发布实施。其中主要任务包含组织灭火行动,科学运用各种手段扑打明火,开挖(设置)防火隔离带,清理火线,看守火场,严防次生灾害发生。解救疏散人员,组织解救、转移、疏散受威胁群众并及时妥善安置和开展必要的医疗救治。保护重要目标,保护民生和重要军事目标并确保重大危险源安全。转移重要物资,组织抢救、运送、转移重要物资。维护社会稳定,加强火灾发生地区及周边社会治安和公共安全工作,严密防范各类违法犯罪行为,加强重点目标守卫和治安巡逻,维护火灾发生地区及周边社会秩序稳定。

湖北省为切实做好处置森林火灾的各项工作,确保全省在处置森林火灾时反应迅速、准备充分、决策科学、措施有力,把森林火灾造成的损失降到最低程度,编制了《湖北省森林火灾应急预案》。

## 12.3 实习成果 应急避难场所选址

本节利用从政府网站爬取的巴东县应急场所位置的数据,以10km为服务范围,基于路网数据、对巴东县应急避难场所选址进行服务区分析,以便为自然灾害应急响应提供技术支撑(图12-3)。

应急避难场所的选址应遵循一定的原则。首先,应优先选择地形较平坦、地势较高、有利于排水、空气流通的场地,例如公园、绿地、广场、学校等公共建筑。周边道路畅通,交通便利;其次,应急避难场所应该就近、就地选择,满足所有人员的紧急避难需求。主要针对巴东县的滑坡灾害,对一些现存的公共设施做适宜性评价,选出评分高的位置作为应急避难所。通过爬虫获取候选避难所位置,主要包括巴东县学校、广场和公园。待选应急避难所的确定需要考虑其容纳性和安全性(表12-10)。

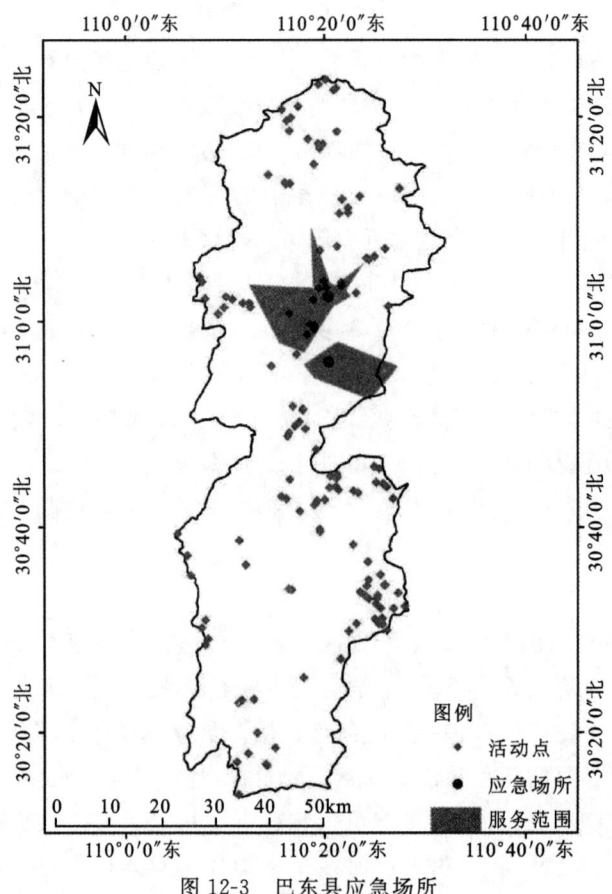

图 12-3 巴东县应急场所

表 12-10 应急避难所评价指标

| 评价因子 | 指标 | 指标影响度 |
| --- | --- | --- |
| 容纳性 | 有效面积 | 正向 |
| | 容纳人口数 | 正向 |
| 安全性 | 高程 | 中等 |
| | 与灾点最近距离 | 正向 |
| | 与断层线最近距离 | 正向 |
| | 与次生灾害源最近距离 | 正向 |
| | 灾害发生概率 | 负向 |

容纳性指应急避难所中可以容纳的灾民人数,通过巴东县学校、公园、广场坐标信息,参考城市社区应急避难所建设标准和中小学校设计规范等资料,估算各避难所有效面积,按每人 $1.5m^2$ 得出可容纳人口数,要求避难所有效面积大于 $2000m^2$,初步筛选出避难所 78 处。

避难所需要为灾民提供一个安全可靠的生活空间,因此要考虑到其所处位置的安全性,需要结合各候选位置的地形、与灾害源距离和滑坡灾害易发性各项指标来选择合适的应急避难所位置。

(1) 避难所高程:确保高程设置合理。高程设置应考虑避免洪水、山体滑坡等自然灾害对避难所的影响,一般选取较为平坦的地区作为避难所。

(2) 与灾害源距离:计算出候选点与灾害点之间的最近距离,距离越远,安全性越高。

(3) 滑坡灾害易发性:结合滑坡灾害易发性评价结果,将值提取至各候选点位置,值越小,说明该地区周围滑坡发生的概率越小,安全性就越高。

最后,利用最大覆盖模型以10km为服务半径选择了14个设施位置(图12-4)。

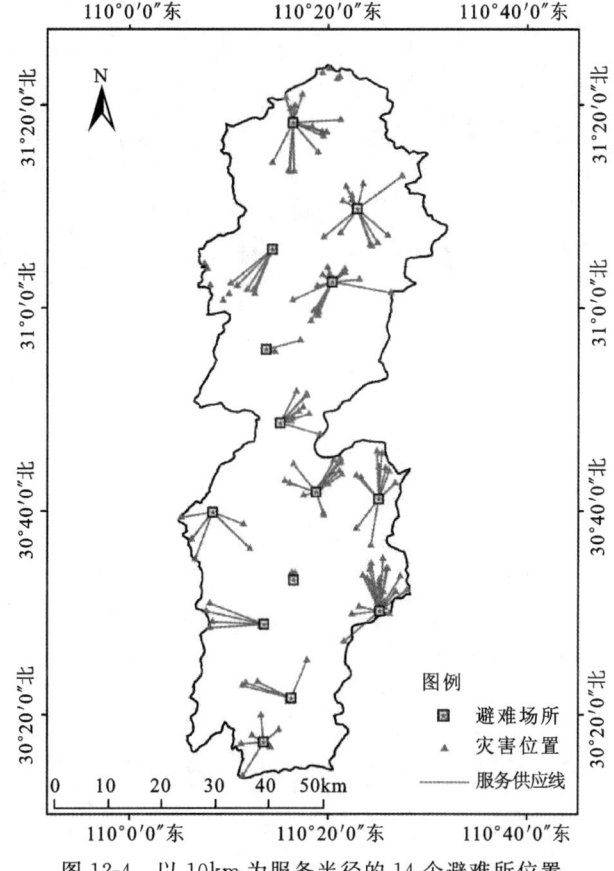

图12-4 以10km为服务半径的14个避难所位置

## 12.4 实习报告 巴东县自然灾害野外应急实习资料整理与报告撰写

**1. 基础数据的获取**

在相关政府人员或专家帮助和指导下,熟悉野外调查表和制作出数据清单,包括但不限于地形地貌、地质数据、水文气象数据、土地利用数据、社会经济活动数据等。调查期间和调查结束要及时整理所有资料和数据,为下一步工作做好准备。

(1)通过平台获取数据。

(2)VS中启动应用程序。右上角可选择不同的地图类型(图12-5)。

图12-5 卫星地图

(3)点击"山体信息"后可查看监测点位置(图12-6)。

图12-6 监测点

(4)点击"数据mark"可看到具体的坐标信息(图12-7)。

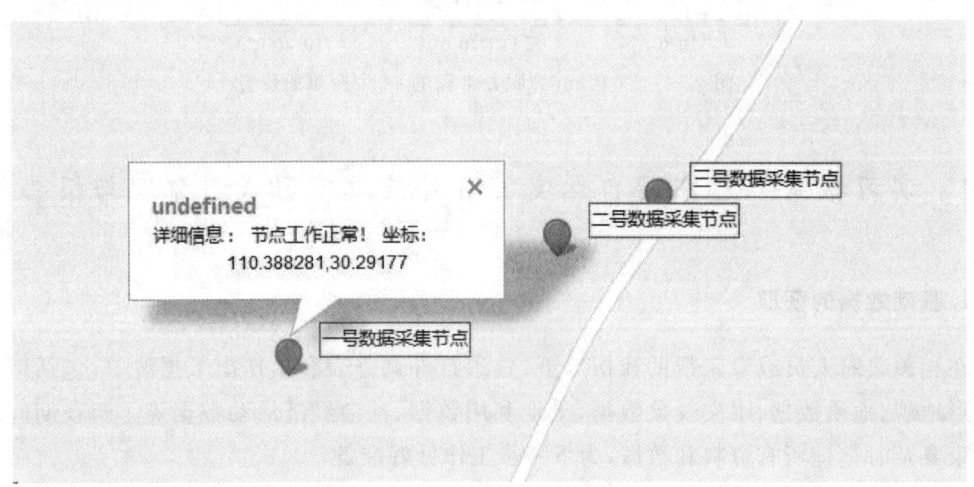

图12-7 监测点坐标

(5)点击"趋势查询"可看到监测点的变化趋势(图12-8)。

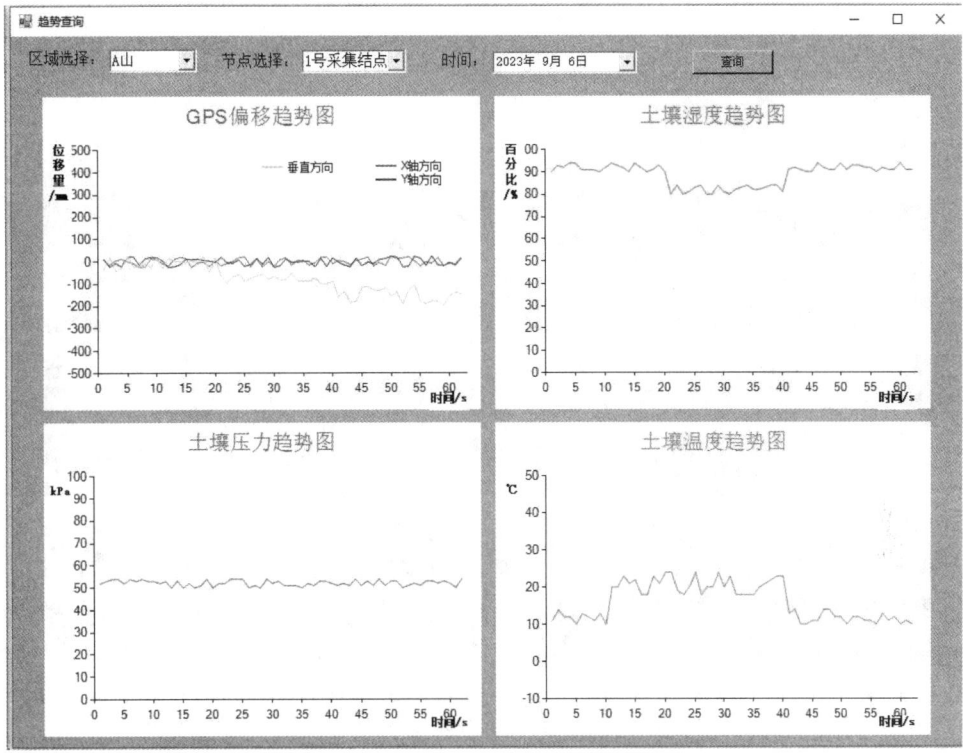

图12-8 变化趋势

(6)查看历史数据(图12-9)。

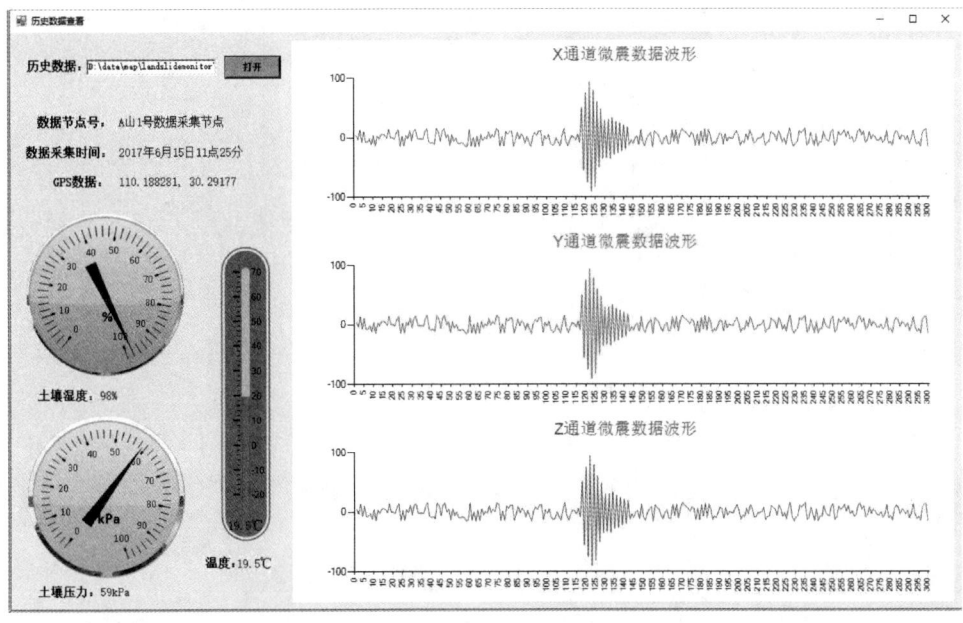

图12-9 历史数据

## 2. 野外照片导入

ArcGIS 地理标记照片转点。

如下为通过野外作业获取的地理坐标的照片数据，需要对这部分数据进行上图管理（图 12-10）。

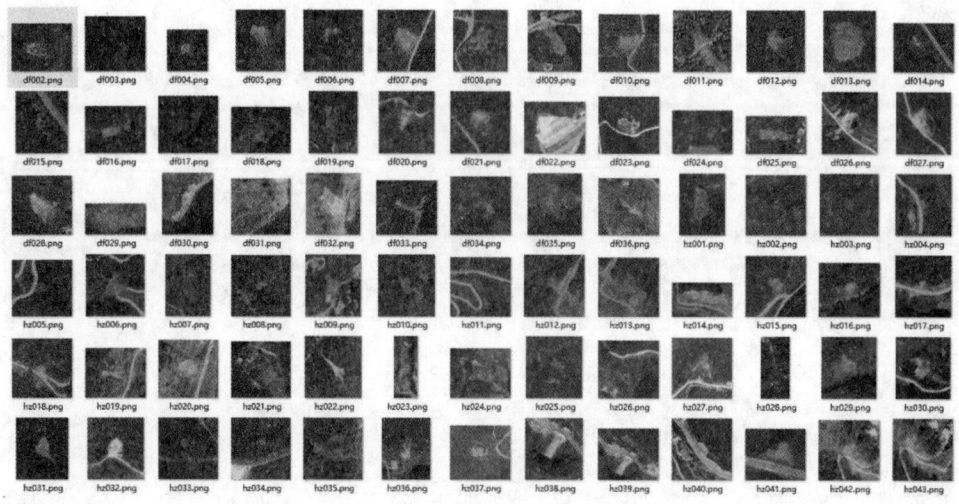

图 12-10　滑坡图片数据

用鼠标右键点击"属性"，选择详细信息，可看到照片的经纬度值（图 12-11）。

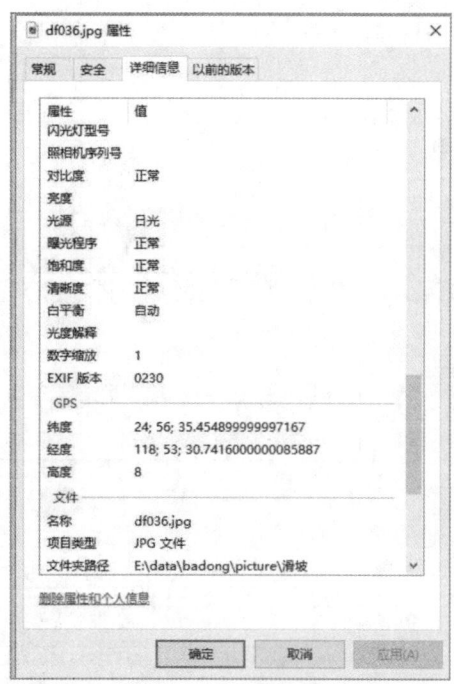

图 12-11　照片属性

首先,打开 ArcGIS 桌面软件 ArcMap,打开 ArcToolBox 工具,在 ArcToolBox 中找到"数据管理工具"。在"数据管理工具"下面的"照片"中,找到"地理标记照片转点"工具,双击打开。

在"地理标记照片转点"工具界面中,选择照片的文件夹,选择输出的要素类,将"以附件形式添加照片(可选)"进行勾选,点击"确定"开始执行(图 12-12)。

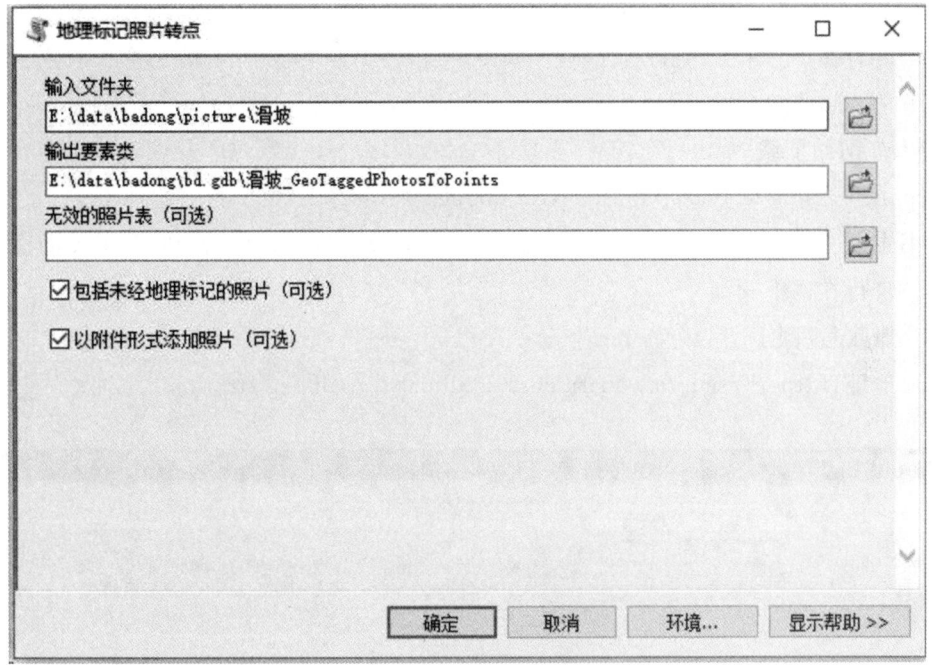

图 12-12　照片转点

导入工具执行完成之后,会生成带照片附件的点要素图层,通过"HTML 弹出窗口"属性点击查询工具可以进行查询。通过空间识别工具,也可以进行查询(图 12-13)。

图 12-13　照片查看

## 3. 灾前灾后图像对比

**数据准备**

哨兵数据 2(Sentinel2)下载方法有很多，目前归集来如下 3 种：

欧空局官网下载

https：//scihub.copernicus.eu/dhus/♯/home

USGS 下载

https：//earthexplorer.usgs.gov/

ONDA 网站下载

https：//catalogue.onda－dias.eu/catalogue/

本书主要介绍欧空局官网的注册方法及数据下载的过程，USGS 和 ONDA 的注册及下载过程请自行在网上查询。

1) 注册账号(图 12-14)

注册地址：https：//scihub.copernicus.eu/dhus/♯/self-registration

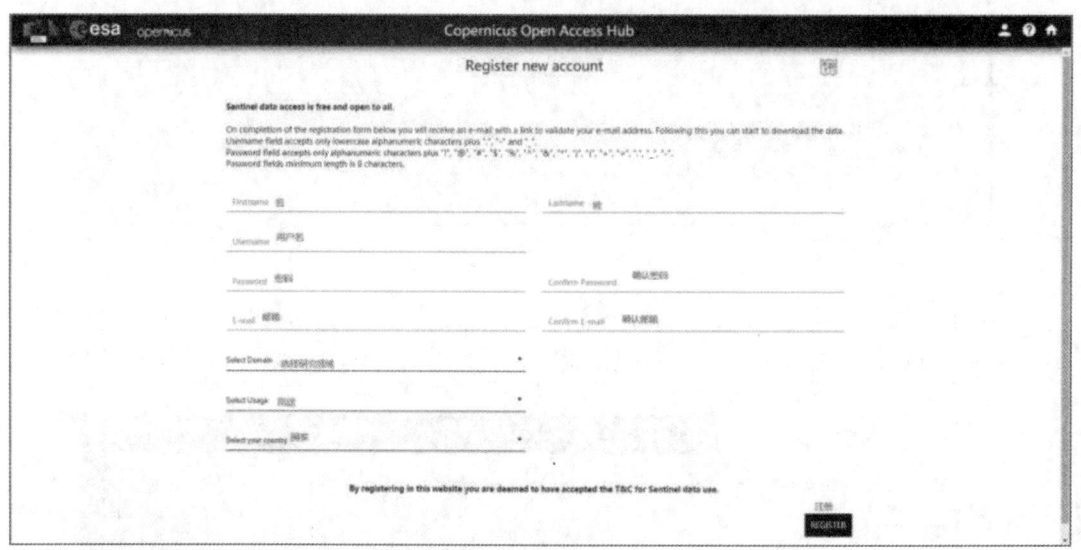

图 12-14　注册账号

2) 登录账号

登录网址：https：//scihub.copernicus.eu/dhus/♯/home

右上角有个"小人"，输入用户名和密码就可以登录了(图 12-15)。

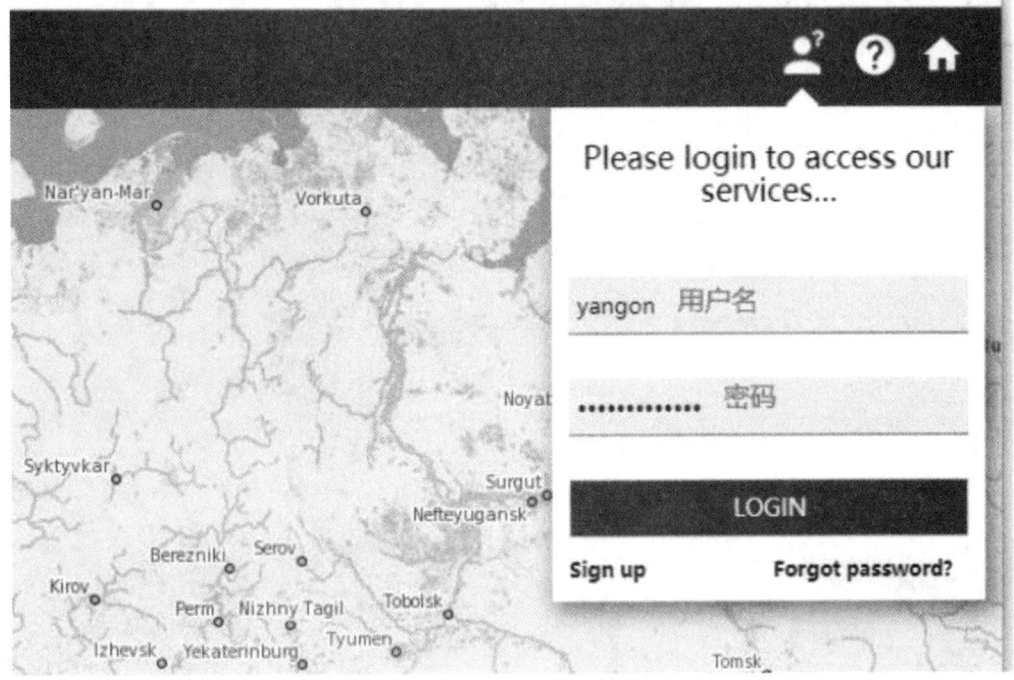

图 12-15　登录账号

3）选择下载区域（图 12-16）

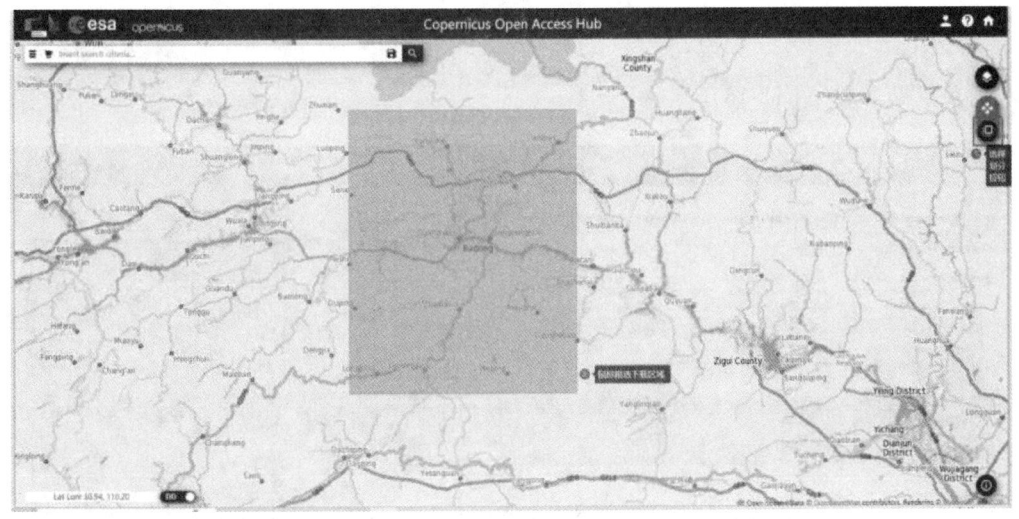

图 12-16　选择下载区域

4）选择拍摄时间和哨兵传感器

选择需要的遥感影像时间（发生灾害前和灾害后）和传感器类型（2A 或 2B），2 个传感器都是每隔 10 天拍摄 1 次，2 个传感器轮换后可以叠加为每隔 5 天。详细步骤见图 12-17。

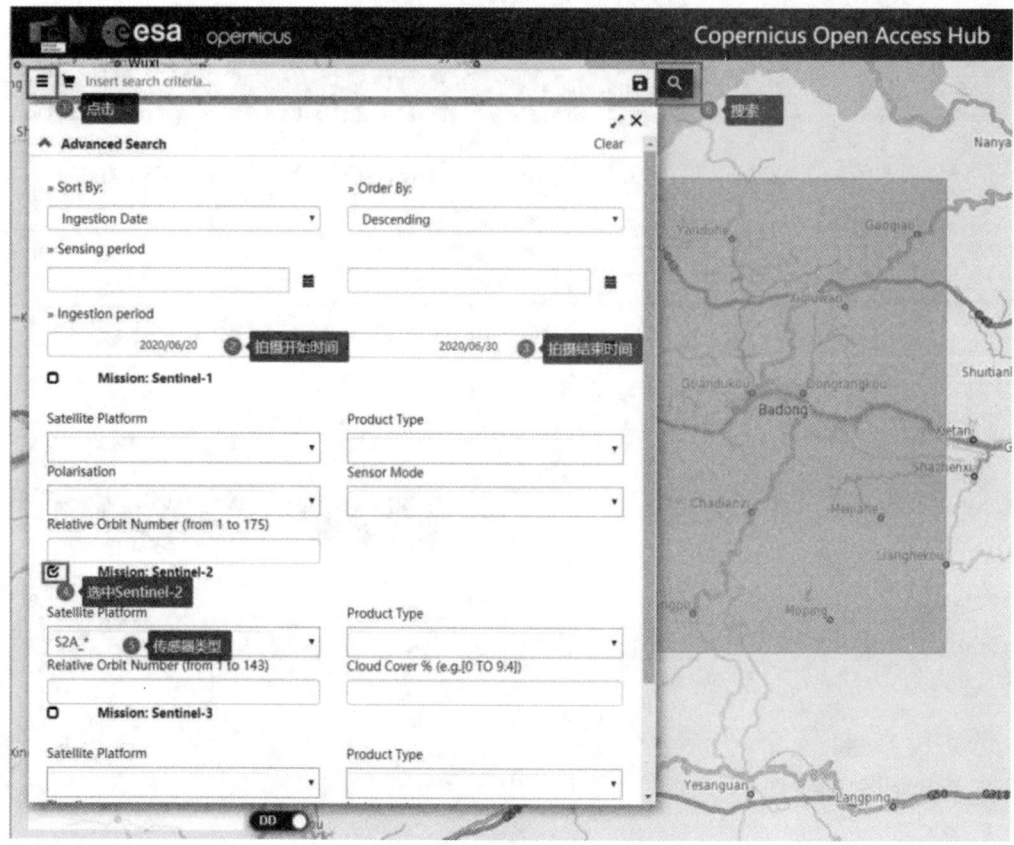

图 12-17 选择拍摄时间及传感器类型

哨兵数据下载(图 12-18)。

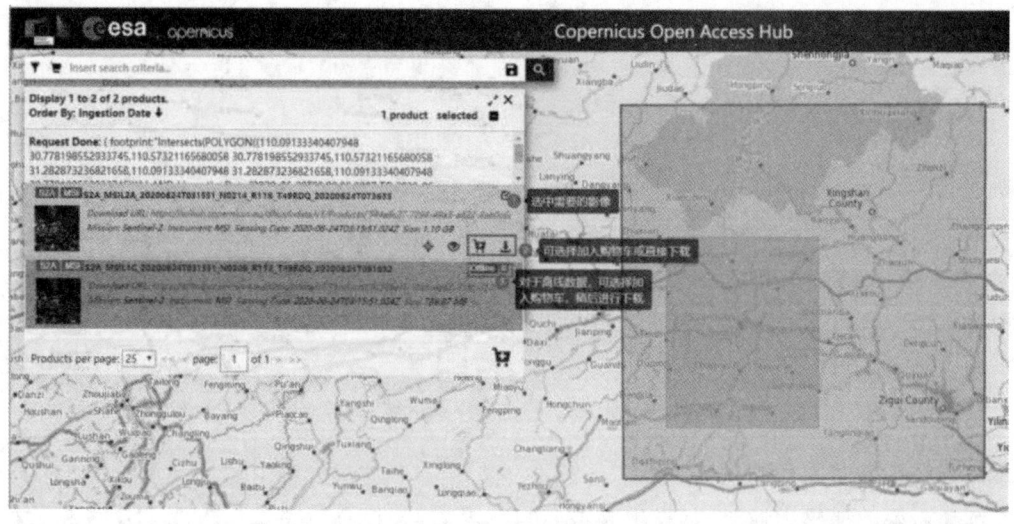

图 12-18 数据下载

**4. 灾害易发性评价**

根据所调查的灾害点,在前面章节灾害易发性评价相关内容指导下进行评价。

**5. 灾害应急预案**

根据国家及地方政府现有的相关灾害类型应急预案,以及调查中获取的地方政府工作人员实际经验和案例等形成自己的认识,了解灾害预警预防、灾害响应、灾害处理、灾害恢复等全过程,进行灾害应急预案的编写整理。

**6. 编写实习报告**

对调研的前期准备、调研目的和方法、调研内容、调研过程、调研成果和调研评价等详细全面梳理,形成完整的调研实习报告,并记录调研实习感受和感悟。

# 主要参考文献

陈磊,周雪辉,余宇,等,2023.城镇建成区内涝和非点源污染联合风险评价方法[J].水科学进展,34(1):76-87.

陈蕾,2013.基于社区的城市夏季暴雨内涝风险分析[D].上海:上海师范大学.

初建宇,2016.防灾避难场所规划方法及其应用研究[D].天津:天津大学.

代德富,胡赵兴,刘玲,2021.地质灾害防灾减灾体系理论与建设[M].北京:北京工业大学出版社.

戴佳芯,2022.基于矩阵法的泸州市药品安全风险评估研究[D].成都:西南财经大学.

邓振镛,文小航,黄涛,等,2009.干旱与高温热浪的区别与联系[J].高原气象,28(3):702-709.

杜天松,2020.基于GIS的滑坡灾害应急避难所选址与布局研究[D].武汉:中国地质大学(武汉).

樊浩,2017.地质灾害监测数据管理及分析系统的设计与实现[D].西安:长安大学.

范文亮,陈朝晖,李正良,等,2012.滑坡概率分析中降雨的联合概率结构[J].土木建筑与环境工程,34(5):57-63.

高华晨,2020.滑坡灾害风险分析及其防治研究[D].武汉:湖北工业大学.

高华晨,2020.滑坡灾害风险分析及其防治研究——以巴东县为例[D].武汉:湖北工业大学.

高璐,李树刚,张天军,等,2023.我国应急管理体系研究团队与热点主题可视化分析[J].中国安全生产科学技术,19(7):37-43.

葛全胜,邹铭,郑景云,2008.中国自然灾害风险综合评估初步研究[M].北京:科学出版社.

谷洪波,刘新意,刘芷妤,2014.我国农业重大干旱灾害的分布、特征及形成机理研究[J].西南农业学报,27(1):369-373.

顾炯,2014.基于面板数据模型的自然灾害对经济增长的影响研究[D].南京:南京信息工程大学.

郭彦华,2022.城市应急保障体系现代化建设研究——基于郑州"7·20"特大暴雨灾害的思考[J].城市与减灾(1):21-25.

郝君,2019.基于随机森林的非寿险准备金索赔次数预测研究[D].天津:天津财经大学.

胡波,王思,刘广仁,2019.陆地生态系统大气环境观测指标与规范[M].北京:中国环境出版集团.

胡德勇,李京,陈云浩,等,2008.基于GIS的热带雨林地区滑坡敏感性分析——马来西亚金马伦高原个案研究[J].自然灾害学报,17(6):147-152.

黄崇福,2009.自然灾害基本定义的探讨[J].自然灾害学报,18(5):41-50.

黄国如,罗海婉,卢鑫祥,等,2020.城市洪涝灾害风险分析与区划方法综述[J].水资源保护,36(6):1-6,17.

姜仁贵,王思敏,解建仓,等,2022.变化环境下城市暴雨洪涝灾害应对机制[J].南水北调与水利科技(中英文),20(1):102-109.

李家存,李京,JASMI,2007.基于概率指数模型的区域滑坡危险性评价[J].中国图象图形学报(8):1471-1475.

李景奇,夏季,2007.城市防灾公园规划研究[J].中国园林(7):16-22.

李昕,2019.拒绝推断在信用评分卡模型中的应用[D].重庆:重庆大学.

李亦默,2022.基于GIS与数据驱动的滑坡灾害易发性评价及分区研究——以浙江省为例[D].成都:西南交通大学.

李莹,赵珊珊,2022.2001—2020年中国洪涝灾害损失与致灾危险性研究[J].气候变化研究进展,18(2):154-165.

李玉冬,2021.大尺度森林火灾时空变化规律及火险预测研究[D].北京:北京林业大学.

刘海波,2015.数据访问方法分析及相关设计模式的研究[D].武汉:武汉理工大学.

刘洁,2014.城市洪水灾害易损性的量化模型及动态演化研究[D].哈尔滨:哈尔滨工业大学.

刘静伟,2011.基于历史地震烈度资料的地震危险性评估方法研究[D].北京:中国地震局地质研究所.

鲁红艳,2015.城市风险评估:城市灾难和气候风险认识[D].重庆:四川外国语大学.

骆开苇,2021.全球森林火灾风险时空挖掘及预警预测方法研究[D].成都:电子科技大学.

马炜,陈丽聪,冉啟香,等,2018.山地旅游城市滑坡灾害风险性评价——以重庆市为例[J].绿色科技(16):1-7.

门可佩,高建国,2008.重大灾害链及其防御[J].地球物理学进展(1):270-275.

潘安平,2009.基于遗传算法的台风避难所选址模型研究[J].网络财富(4):216-217.

潘雯雯,2023.滑坡地质灾害避难所选址和疏散路径联合优化研究[D].武汉:中国地质大学(武汉).

齐二石,王嵩,2008.城市应急管理系统的构建及系统分析研究[J].现代管理科学(7):3-4,7.

秦海旭,段学军,赵海霞,等,2020.南京市资源环境承载力监测预警研究[J].长江流域资源与环境,29(12):2727-2736.

邱志勇,2009.山区地质灾害与建房选址[J].中国地质灾害与防治学报,20(2):138-142.

屈艳萍,2019.旱灾风险评估理论及技术研究——以辽宁省农业干旱为例[D].北京:中国水利水电科学研究院.

屈艳萍,郦建强,吕娟,等,2014.旱灾风险定量评估总体框架及其关键技术[J].水科学进展,25(2):297-304.

衫山将,2015.图解机器学习[M].许永韦,译.北京:人民邮电出版社.

盛绍学,石磊,刘家福,等,2010.沿淮湖泊洼地区域暴雨洪涝风险评估[J].地理研究,29(3):416-422.

施益军,2015.山地小城市应急避难场所空间布局优化研究——以云南剑川为例[D].昆明:云南大学.

史培军,1996.再论灾害研究的理论与实践[J].自然灾害学报(4):8-19.

史培军,2002.三论灾害研究的理论与实践[J].自然灾害学报(3):1-9.

史培军,2005.四论灾害系统研究的理论与实践[J].自然灾害学报(6):1-7.

史培军,吕丽莉,汪明,等,2014.灾害系统:灾害群、灾害链、灾害遭遇[J].自然灾害学报,23(6):1-12.

史培军,袁艺,2014.重特大自然灾害综合评估[J].地理科学进展,33(9):1145-1151.

孙阿丽,石纯,石勇,2010.基于情景模拟的暴雨内涝危险性评价——以黄浦区为例[J].地理科学(6):465-468.

孙瑞玲,2022.长三角地区洪涝灾害风险与韧弹性评估研究[D].南京:南京信息工程大学.

田地,严正兵,方精云,2018.植物化学计量学:一个方兴未艾的生态学研究方向[J].自然杂志,40(4):235-241.

王宏伟,2018.提升非常规突发事件的应对能力:应急管理体制改革成败的"试金石"[J].公共管理与政策评论,7(6):37-51.

王文,张志,张岩,等,2022.自然灾害综合监测预警系统建设研究[J].灾害学,37(2):229-234.

王新胜,滕德贵,谢伟,等,2020.山地城市滑坡灾害空间分布特征及影响因素分析[J].重庆大学学报,43(8):87-96.

徐玖平,2021.灾害社会风险治理系统工程[M].北京:科学出版社.

徐玖平,姜曼丽,卢毅,2013.大型水利水电建设项目非常规突发事件应急管理统筹模式[J].系统管理学报,22(5):695-707,714.

徐永清,陈莉,2022.暴雨洪涝灾害为例[J].灾害学,37(3):61-68.

徐永清,陈莉,刘艳华,等,2022.基于不同空间尺度资料的自然灾害风险评估对比分析——以暴雨洪涝灾害为例[J].灾害学,37(3):61-68.

徐宗学,陈浩,任梅芳,等,2020.中国城市洪涝致灾机理与风险评估研究进展[J].水科学进展,31(5):713-724.

晏莉娟,2022.面向教育数据的时间序列分类方法研究及其应用[D].武汉:华中师范大学.

杨晴,2022.面向考古遗址文本的时空信息提取与分析[D].南京:南京师范大学.

杨瑱,孔胜利,贾音,等,2021.三位一体视角下应急预案修编要点探讨[J].消防科学与技术,40(5):754-758.

杨文涛,汪明,史培军,2012.利用NDVI时间序列识别汶川地震滑坡的分布[J].遥感信息,27(6):45-56.

杨晓静,徐宗学,左德鹏,等,2018.东北三省农业旱灾风险评估研究[J].地理学报,73(7):1324-1337.

叶麟珀,2009.城市防灾公园规划设计研究——以北京市防灾公园规划建设为例[D].北京:北京林业大学.

叶明武,2011.沿海台风风暴潮灾害复合情景模拟与应急避难研究——以上海为例[D].上海:华东师范大学.

叶欣梁,温家洪,邓贵平,2014.基于多情景的景区自然灾害风险评价方法研究——以九寨沟树正寨为例[J].旅游学刊,29(7):47-57.

伊晓燕,2008.城市防灾绿地体系规划研究——以乌鲁木齐市主城区为例[D].乌鲁木齐:新疆农业大学.

殷杰,尹占娥,许世远,2011.沿海城市自然灾害损失分类与评估[J].自然灾害学报,20(1):124-128.

殷坤龙,朱良峰,2001.滑坡灾害空间区划及GIS应用研究[J].地学前缘(2):279-284.

于洋,叶润哲,雷振东,2017.基于ArcGIS的城市内涝风险地段空间识别方法——以西安市户县中心城区为例[J].城市建筑,7(21):30-33.

于远祥,孙学阳,2006.铜川地区黄土滑坡的灾变机理分析[J].中国矿业(12):70-72.

余瀚,王静爱,柴玫,等,2014.灾害链灾情累积放大研究方法进展[J].地理科学进展,33(11):1498-1511.

袁满,2022.基于CFD模拟的苏州住宅小区室外风环境优化策略研究[D].苏州:苏州科技大学.

张富灵,邓茂林,周剑,等,2021.长江三峡库区谭家湾滑坡基本变形特征及机理分析[J].长江科学院院报,38(1):78-83.

张红月,2018.自然灾害事件的数据依赖性研究[D].北京:中国科学院大学.

张建云,王银堂,刘翠善,等,2017.中国城市洪涝及防治标准讨论[J].水力发电学报,36(1):1-6.

张我华,王军,孙林柱,2011.灾害系统与灾变动力学[M].北京:科学出版社.

赵阿兴,马宗晋,1993.自然灾害损失评估指标体系的研究[J].自然灾害学报(3):1-7.

赵佳佳,郭海湘,黎金玲,等,2022.滑坡灾害应急避难所两阶段选址布局[J].系统工程,40(5):140-149.

赵领娣,任林军,2008.风暴潮灾害造成的渔民收入损失评估[J].海洋开发与管理(9):83-87.

赵思健,黄崇福,郭树军,2012.情景驱动的区域自然灾害风险分析[J].自然灾害学报,21(1):9-17.

郑琼,邸雪颖,金森,2013.伊春地区1980—2010年森林火灾时空格局及影响因子[J].林业科学,49(4):157-163.

周成虎,万庆,黄诗峰,等,2000.基于GIS的洪水灾害风险区划研究[J].地理学报(1):15-24.

周姝天,翟国方,施益军,等,2020.城市自然灾害风险评估研究综述[J].灾害学,35(4):180-186.

BERTILSSON L,WIKLUND K,TEBALDI I,et al.,2019. Urban flood resilience-A multi-criteria index to integrate flood resilience into urban planning[J]. Journal of Hydrology,573:970-982.

WANG G Z,WU L Y,CHEN J B,2016. Intensity and economic loss assessment of the snow,low-temperature and frost disasters:a case study of Beijing City[J]. Natural Hazards(84):293-307.

LU Q S,GEORGE B,SHEKHAR S,2005. Capacity constrained routing algorithms for evacuation planning:A summary of results. 9th International Symposium on Advances on spatial and Temporal Databases conference paper,291-307.

SEYED A Z,JANTANEE D,2021. A system dynamics model for social vulnerability to natural disasters:Disaster risk assessment of an Australian city[J]. International Journal of Disaster Risk Reduction,60,102258.

SHI P J,2019. Disaster Risk Science[M]. Beijing:Springer,Beijing Normal University Press.

# 附 录

| Y | PROFILE | PLAN | CHANGE | LANDUSE | ELEVATION | SLOPE | ASPECT | TWI | SPI | DRAINAGE | NDVI | RAINFALL | FAULTLINES | ROAD | GEOLOGY |
|---|---|---|---|---|---|---|---|---|---|---|---|---|---|---|---|
| 1 | 38 | 43 | 2 | 10 | 11 | 22 | 7 | 45 | 24 | 36 | 16 | 29 | 32 | 88 | 18 |
| 1 | 57 | 52 | 2 | 10 | 26 | 31 | 11 | 30 | 23 | 12 | 22 | 29 | 28 | 88 | 10 |
| 1 | 57 | 52 | 2 | 10 | 26 | 31 | 11 | 45 | 30 | 17 | 36 | 29 | 28 | 88 | 10 |
| 1 | 38 | 43 | 2 | 10 | 26 | 6 | 7 | 16 | 23 | 17 | 22 | 29 | 28 | 88 | 10 |
| 1 | 38 | 43 | 2 | 10 | 26 | 31 | 15 | 45 | 30 | 17 | 36 | 29 | 28 | 88 | 10 |
| 1 | 57 | 52 | 2 | 10 | 26 | 31 | 14 | 30 | 23 | 17 | 22 | 29 | 28 | 88 | 18 |
| 1 | 38 | 43 | 14 | 61 | 26 | 6 | 15 | 30 | 30 | 17 | 22 | 29 | 28 | 88 | 10 |
| 1 | 57 | 43 | 2 | 10 | 26 | 22 | 7 | 16 | 17 | 12 | 22 | 29 | 28 | 88 | 10 |
| 1 | 57 | 52 | 14 | 61 | 26 | 28 | 17 | 45 | 6 | 12 | 22 | 29 | 28 | 88 | 10 |
| 1 | 57 | 43 | 2 | 10 | 26 | 31 | 17 | 45 | 23 | 12 | 22 | 29 | 28 | 88 | 10 |
| 1 | 38 | 52 | 2 | 10 | 11 | 22 | 14 | 45 | 30 | 12 | 22 | 29 | 32 | 88 | 18 |
| 1 | 38 | 52 | 2 | 10 | 26 | 31 | 14 | 45 | 23 | 12 | 36 | 29 | 32 | 88 | 18 |
| 1 | 57 | 52 | 2 | 10 | 50 | 31 | 14 | 45 | 24 | 12 | 24 | 29 | 32 | 88 | 18 |
| 1 | 57 | 52 | 2 | 10 | 50 | 31 | 13 | 45 | 30 | 12 | 22 | 29 | 32 | 88 | 18 |
| 1 | 57 | 52 | 2 | 10 | 13 | 31 | 13 | 45 | 30 | 12 | 22 | 21 | 30 | 9 | 18 |

续表

| Y | PROFILE | PLAN | CHANGE | LANDUSE | ELEVATION | SLOPE | ASPECT | TWI | SPI | DRAINAGE | NDVI | RAINFALL | FAULTLINES | ROAD | GEOLOGY |
|---|---------|------|--------|---------|-----------|-------|--------|-----|-----|----------|------|----------|------------|------|---------|
| 1 | 57 | 52 | 2  | 10 | 26 | 31 | 13 | 45 | 30 | 27 | 16 | 21 | 28 | 88 | 10 |
| 1 | 57 | 52 | 2  | 10 | 26 | 22 | 17 | 45 | 30 | 27 | 16 | 21 | 32 | 88 | 10 |
| 1 | 38 | 52 | 2  | 10 | 26 | 22 | 13 | 45 | 30 | 27 | 16 | 21 | 32 | 88 | 10 |
| 1 | 57 | 52 | 2  | 10 | 26 | 31 | 14 | 45 | 24 | 27 | 16 | 21 | 32 | 88 | 10 |
| 1 | 57 | 43 | 2  | 10 | 50 | 13 | 15 | 30 | 30 | 27 | 16 | 21 | 32 | 88 | 10 |
| 1 | 57 | 52 | 2  | 10 | 26 | 31 | 15 | 45 | 30 | 27 | 16 | 21 | 32 | 88 | 10 |
| 1 | 57 | 52 | 14 | 61 | 50 | 6  | 7  | 30 | 24 | 8  | 16 | 21 | 32 | 88 | 10 |
| 1 | 38 | 52 | 2  | 10 | 26 | 31 | 13 | 45 | 30 | 8  | 16 | 21 | 32 | 88 | 10 |
| 1 | 57 | 52 | 14 | 61 | 26 | 22 | 14 | 45 | 24 | 8  | 22 | 21 | 30 | 88 | 18 |
| 1 | 57 | 43 | 2  | 10 | 26 | 31 | 11 | 45 | 24 | 8  | 22 | 21 | 30 | 88 | 18 |
| 1 | 5  | 43 | 9  | 29 | 26 | 13 | 17 | 45 | 24 | 12 | 22 | 21 | 30 | 88 | 18 |
| 1 | 57 | 52 | 2  | 10 | 26 | 31 | 13 | 45 | 30 | 12 | 16 | 21 | 30 | 88 | 18 |
| 1 | 38 | 52 | 2  | 10 | 50 | 28 | 13 | 45 | 6  | 12 | 16 | 21 | 30 | 88 | 18 |
| 1 | 38 | 52 | 2  | 10 | 50 | 31 | 17 | 45 | 24 | 12 | 22 | 21 | 30 | 88 | 10 |
| 1 | 57 | 43 | 2  | 10 | 50 | 31 | 14 | 45 | 6  | 12 | 36 | 21 | 30 | 88 | 18 |
| 1 | 38 | 43 | 2  | 10 | 50 | 31 | 15 | 16 | 17 | 12 | 16 | 21 | 30 | 88 | 18 |
| 1 | 38 | 52 | 14 | 61 | 13 | 31 | 13 | 45 | 24 | 12 | 22 | 21 | 30 | 9  | 18 |
| 1 | 38 | 43 | 2  | 10 | 13 | 31 | 15 | 30 | 17 | 12 | 16 | 21 | 30 | 9  | 18 |
| 1 | 57 | 52 | 2  | 10 | 13 | 28 | 13 | 45 | 23 | 12 | 16 | 21 | 30 | 9  | 18 |
| 1 | 38 | 43 | 14 | 61 | 50 | 28 | 15 | 30 | 23 | 12 | 16 | 21 | 30 | 9  | 18 |
| 1 | 38 | 43 | 2  | 10 | 13 | 31 | 15 | 45 | 17 | 12 | 36 | 21 | 30 | 9  | 18 |
| 1 | 57 | 43 | 2  | 10 | 13 | 28 | 13 | 45 | 23 | 12 | 22 | 21 | 30 | 9  | 18 |

续表

| Y | PROFILE | PLAN | CHANGE | LANDUSE | ELEVATION | SLOPE | ASPECT | TWI | SPI | DRAINAGE | NDVI | RAINFALL | FAULTLINES | ROAD | GEOLOGY |
|---|---|---|---|---|---|---|---|---|---|---|---|---|---|---|---|
| 1 | 38 | 52 | 2 | 10 | 13 | 31 | 7 | 30 | 17 | 12 | 16 | 21 | 30 | 9 | 18 |
| 1 | 57 | 52 | 2 | 10 | 26 | 31 | 14 | 45 | 24 | 36 | 22 | 35 | 32 | 88 | 0 |
| 1 | 57 | 52 | 14 | 61 | 50 | 13 | 7 | 45 | 24 | 36 | 36 | 35 | 32 | 88 | 22 |
| 1 | 38 | 52 | 2 | 10 | 26 | 22 | 15 | 45 | 30 | 36 | 16 | 35 | 28 | 88 | 22 |
| 1 | 57 | 43 | 2 | 10 | 26 | 13 | 15 | 16 | 23 | 36 | 16 | 35 | 28 | 88 | 22 |
| 1 | 57 | 52 | 2 | 10 | 50 | 13 | 15 | 30 | 30 | 36 | 36 | 35 | 28 | 88 | 40 |
| 1 | 38 | 43 | 9 | 29 | 26 | 13 | 17 | 30 | 30 | 17 | 36 | 35 | 28 | 88 | 40 |
| 1 | 57 | 52 | 2 | 10 | 26 | 22 | 13 | 45 | 24 | 17 | 22 | 35 | 28 | 9 | 0 |
| 1 | 38 | 43 | 5 | 61 | 26 | 22 | 15 | 30 | 23 | 17 | 36 | 35 | 28 | 9 | 0 |
| 1 | 38 | 52 | 2 | 10 | 26 | 22 | 17 | 45 | 30 | 17 | 16 | 35 | 28 | 9 | 40 |
| 1 | 57 | 43 | 14 | 61 | 26 | 13 | 17 | 45 | 24 | 8 | 22 | 35 | 10 | 9 | 40 |
| 1 | 38 | 52 | 2 | 10 | 50 | 6 | 11 | 16 | 30 | 8 | 22 | 10 | 28 | 9 | 3 |
| 1 | 38 | 43 | 2 | 10 | 26 | 6 | 14 | 30 | 30 | 8 | 36 | 10 | 28 | 88 | 3 |
| 1 | 38 | 5 | 2 | 10 | 26 | 6 | 11 | 9 | 23 | 27 | 16 | 10 | 28 | 88 | 3 |
| 1 | 38 | 52 | 2 | 10 | 26 | 6 | 15 | 16 | 30 | 22 | 10 | 28 | 88 | 3 |
| 1 | 38 | 52 | 2 | 10 | 26 | 22 | 17 | 30 | 23 | 27 | 16 | 10 | 28 | 88 | 3 |
| 1 | 38 | 52 | 2 | 10 | 26 | 31 | 14 | 45 | 30 | 27 | 22 | 10 | 28 | 88 | 3 |
| 1 | 57 | 43 | 2 | 10 | 26 | 13 | 15 | 30 | 30 | 27 | 16 | 10 | 32 | 88 | 22 |
| 1 | 38 | 43 | 2 | 10 | 50 | 22 | 13 | 16 | 17 | 27 | 16 | 10 | 32 | 88 | 22 |
| 1 | 57 | 43 | 2 | 10 | 50 | 22 | 13 | 45 | 24 | 27 | 16 | 10 | 32 | 88 | 22 |
| 1 | 57 | 52 | 2 | 10 | 50 | 22 | 14 | 45 | 24 | 27 | 16 | 10 | 32 | 88 | 22 |
| 1 | 57 | 43 | 2 | 10 | 26 | 13 | 11 | 45 | 23 | 27 | 36 | 10 | 32 | 88 | 3 |
| 1 | 57 | 52 | 2 | 10 | 50 | 13 | 7 | 16 | 24 | 27 | 16 | 10 | 30 | 3 | 10 |

续表

| Y | PROFILE | PLAN | CHANGE | LANDUSE | ELEVATION | SLOPE | ASPECT | TWI | SPI | DRAINAGE | NDVI | RAINFALL | FAULTLINES | ROAD | GEOLOGY |
|---|---|---|---|---|---|---|---|---|---|---|---|---|---|---|---|
| 1 | 38 | 43 | 2 | 10 | 26 | 13 | 15 | 9 | 17 | 27 | 22 | 10 | 30 | 3 | 10 |
| 1 | 38 | 52 | 2 | 10 | 50 | 22 | 14 | 45 | 30 | 27 | 22 | 29 | 30 | 3 | 10 |
| 1 | 38 | 52 | 2 | 10 | 50 | 28 | 15 | 45 | 6 | 8 | 36 | 29 | 30 | 9 | 10 |
| 1 | 38 | 43 | 2 | 10 | 26 | 13 | 17 | 9 | 17 | 12 | 22 | 21 | 32 | 9 | 10 |
| 1 | 57 | 52 | 9 | 10 | 26 | 31 | 17 | 45 | 24 | 8 | 36 | 21 | 30 | 88 | 10 |
| 1 | 57 | 52 | 9 | 29 | 26 | 31 | 17 | 45 | 30 | 8 | 36 | 21 | 30 | 88 | 10 |
| 1 | 57 | 52 | 5 | 10 | 26 | 31 | 17 | 45 | 30 | 8 | 22 | 29 | 30 | 88 | 10 |
| 1 | 57 | 52 | 9 | 29 | 26 | 22 | 10 | 45 | 24 | 8 | 36 | 29 | 32 | 88 | 10 |
| 1 | 57 | 52 | 9 | 29 | 26 | 22 | 10 | 45 | 24 | 8 | 36 | 29 | 32 | 88 | 10 |
| 1 | 57 | 52 | 9 | 10 | 26 | 13 | 13 | 45 | 24 | 8 | 22 | 21 | 32 | 88 | 10 |
| 1 | 38 | 43 | 9 | 29 | 26 | 31 | 17 | 45 | 23 | 8 | 22 | 21 | 30 | 88 | 18 |
| 1 | 38 | 52 | 9 | 10 | 26 | 31 | 17 | 45 | 6 | 8 | 36 | 21 | 30 | 88 | 10 |
| 1 | 38 | 43 | 2 | 10 | 26 | 31 | 17 | 30 | 23 | 8 | 36 | 21 | 30 | 88 | 18 |
| 1 | 38 | 43 | 9 | 29 | 26 | 22 | 14 | 45 | 23 | 8 | 22 | 21 | 30 | 88 | 18 |
| 1 | 38 | 52 | 21 | 61 | 50 | 22 | 13 | 30 | 30 | 17 | 24 | 35 | 30 | 88 | 10 |
| 1 | 38 | 52 | 9 | 10 | 50 | 13 | 17 | 45 | 24 | 17 | 24 | 35 | 30 | 88 | 10 |
| 1 | 57 | 43 | 2 | 10 | 50 | 6 | 11 | 45 | 30 | 17 | 22 | 35 | 30 | 88 | 10 |
| 1 | 38 | 43 | 2 | 10 | 50 | 28 | 15 | 9 | 17 | 12 | 24 | 21 | 30 | 88 | 18 |
| 1 | 38 | 43 | 4 | 29 | 26 | 13 | 7 | 45 | 23 | 17 | 36 | 35 | 30 | 88 | 10 |
| 1 | 38 | 52 | 1 | 10 | 50 | 6 | 7 | 30 | 30 | 17 | 24 | 35 | 30 | 88 | 10 |
| 1 | 38 | 43 | 9 | 10 | 50 | 6 | 10 | 16 | 30 | 17 | 36 | 35 | 30 | 88 | 10 |
| 1 | 57 | 43 | 14 | 61 | 50 | 6 | 17 | 30 | 30 | 17 | 22 | 35 | 30 | 88 | 10 |
| 1 | 38 | 43 | 21 | 61 | 50 | 6 | 2 | 9 | 24 | 12 | 22 | 35 | 30 | 88 | 10 |
| 1 | 5 | 5 | 9 | 10 | 50 | 6 | 2 | 9 | 24 | 12 | 22 | 35 | 30 | 88 | 10 |

续表

| Y | PROFILE | PLAN | CHANGE | LANDUSE | ELEVATION | SLOPE | ASPECT | TWI | SPI | DRAINAGE | NDVI | RAINFALL | FAULTLINES | ROAD | GEOLOGY |
|---|---|---|---|---|---|---|---|---|---|---|---|---|---|---|---|
| 1 | 38 | 43 | 2 | 10 | 50 | 6 | 13 | 30 | 30 | 17 | 36 | 35 | 30 | 88 | 10 |
| 1 | 57 | 43 | 9 | 10 | 50 | 13 | 11 | 30 | 24 | 17 | 36 | 35 | 30 | 88 | 10 |
| 1 | 57 | 52 | 1 | 10 | 50 | 22 | 11 | 45 | 24 | 17 | 22 | 35 | 30 | 88 | 10 |
| 1 | 57 | 52 | 1 | 10 | 50 | 31 | 11 | 45 | 30 | 17 | 22 | 35 | 30 | 88 | 10 |
| 1 | 57 | 52 | 2 | 10 | 50 | 22 | 10 | 45 | 30 | 17 | 36 | 35 | 30 | 88 | 10 |
| 1 | 57 | 43 | 2 | 10 | 50 | 31 | 11 | 45 | 23 | 17 | 24 | 35 | 30 | 88 | 10 |
| 1 | 57 | 52 | 23 | 61 | 50 | 28 | 15 | 45 | 23 | 17 | 36 | 35 | 32 | 88 | 10 |
| 1 | 38 | 43 | 2 | 10 | 50 | 22 | 11 | 45 | 30 | 36 | 36 | 35 | 32 | 88 | 10 |
| 1 | 38 | 52 | 2 | 10 | 50 | 28 | 15 | 45 | 23 | 36 | 22 | 35 | 32 | 88 | 10 |
| 1 | 38 | 43 | 2 | 10 | 50 | 22 | 11 | 45 | 24 | 36 | 22 | 35 | 32 | 88 | 10 |
| 1 | 57 | 52 | 2 | 10 | 50 | 13 | 11 | 45 | 24 | 36 | 36 | 35 | 32 | 88 | 10 |
| 1 | 57 | 52 | 2 | 10 | 50 | 31 | 14 | 30 | 24 | 36 | 16 | 35 | 32 | 88 | 10 |
| 1 | 57 | 52 | 2 | 10 | 50 | 6 | 11 | 30 | 23 | 36 | 22 | 35 | 32 | 88 | 10 |
| 1 | 38 | 43 | 14 | 61 | 26 | 31 | 11 | 45 | 17 | 36 | 36 | 35 | 32 | 88 | 10 |
| 1 | 38 | 43 | 14 | 61 | 26 | 28 | 11 | 30 | 24 | 36 | 22 | 35 | 32 | 88 | 10 |
| 1 | 57 | 52 | 21 | 61 | 26 | 28 | 13 | 45 | 24 | 36 | 24 | 35 | 32 | 88 | 10 |
| 1 | 57 | 52 | 21 | 10 | 11 | 13 | 14 | 45 | 24 | 36 | 36 | 35 | 32 | 88 | 0 |
| 1 | 38 | 52 | 2 | 61 | 26 | 22 | 17 | 45 | 24 | 36 | 36 | 35 | 32 | 88 | 0 |
| 1 | 57 | 52 | 14 | 10 | 26 | 13 | 11 | 30 | 24 | 36 | 36 | 35 | 28 | 88 | 22 |
| 1 | 38 | 52 | 2 | 29 | 26 | 6 | 15 | 30 | 24 | 36 | 36 | 35 | 28 | 88 | 40 |
| 1 | 57 | 52 | 2 | 61 | 26 | 6 | 11 | 30 | 23 | 17 | 36 | 35 | 28 | 88 | 40 |
| 1 | 57 | 43 | 21 | 61 | 26 | 13 | 11 | 45 | 30 | 17 | 36 | 5 | 28 | 88 | 40 |
| 1 | 57 | 52 | 9 | 29 | 26 | 22 | 10 | 45 | 24 | 12 | 36 | 5 | 10 | 88 | 0 |

续表

| Y | PROFILE | PLAN | CHANGE | LANDUSE | ELEVATION | SLOPE | ASPECT | TWI | SPI | DRAINAGE | NDVI | RAINFALL | FAULTLINES | ROAD | GEOLOGY |
|---|---|---|---|---|---|---|---|---|---|---|---|---|---|---|---|
| 1 | 38 | 52 | 9 | 10 | 11 | 6 | 2 | 30 | 24 | 17 | 24 | 5 | 10 | 88 | 0 |
| 1 | 38 | 52 | 9 | 10 | 11 | 6 | 14 | 30 | 24 | 17 | 24 | 5 | 10 | 88 | 0 |
| 1 | 38 | 52 | 2 | 10 | 11 | 22 | 17 | 45 | 24 | 36 | 22 | 35 | 32 | 88 | 0 |
| 1 | 38 | 43 | 2 | 10 | 11 | 13 | 17 | 30 | 24 | 36 | 24 | 35 | 32 | 88 | 0 |
| 1 | 38 | 43 | 2 | 10 | 11 | 13 | 2 | 30 | 23 | 36 | 36 | 35 | 32 | 88 | 22 |
| 1 | 38 | 52 | 2 | 10 | 11 | 13 | 14 | 30 | 30 | 36 | 36 | 35 | 32 | 88 | 22 |
| 1 | 57 | 43 | 2 | 10 | 11 | 22 | 17 | 30 | 23 | 36 | 24 | 35 | 32 | 88 | 0 |
| 1 | 57 | 52 | 14 | 10 | 11 | 13 | 14 | 45 | 24 | 36 | 22 | 35 | 32 | 88 | 22 |
| 1 | 38 | 52 | 9 | 61 | 11 | 22 | 2 | 45 | 23 | 36 | 36 | 35 | 32 | 88 | 22 |
| 1 | 38 | 52 | 9 | 29 | 11 | 22 | 11 | 45 | 30 | 36 | 22 | 35 | 32 | 88 | 22 |
| 1 | 57 | 52 | 2 | 29 | 26 | 31 | 7 | 45 | 30 | 36 | 22 | 35 | 32 | 88 | 22 |
| 1 | 57 | 52 | 2 | 10 | 11 | 28 | 15 | 45 | 23 | 36 | 36 | 35 | 32 | 88 | 22 |
| 1 | 38 | 43 | 2 | 10 | 11 | 22 | 17 | 30 | 23 | 36 | 22 | 35 | 32 | 88 | 22 |
| 1 | 38 | 52 | 2 | 10 | 11 | 22 | 2 | 45 | 24 | 36 | 36 | 35 | 32 | 88 | 22 |
| 1 | 38 | 52 | 2 | 10 | 11 | 22 | 11 | 45 | 24 | 36 | 36 | 35 | 32 | 88 | 22 |
| 1 | 38 | 52 | 2 | 10 | 11 | 22 | 17 | 45 | 30 | 36 | 36 | 35 | 32 | 88 | 22 |
| 1 | 38 | 52 | 9 | 29 | 11 | 22 | 11 | 30 | 24 | 36 | 36 | 35 | 32 | 9 | 22 |
| 1 | 57 | 52 | 2 | 10 | 11 | 22 | 11 | 45 | 30 | 36 | 36 | 35 | 32 | 9 | 22 |
| 1 | 38 | 52 | 2 | 10 | 11 | 22 | 15 | 45 | 24 | 36 | 36 | 35 | 32 | 88 | 22 |
| 1 | 57 | 52 | 6 | 29 | 26 | 31 | 13 | 45 | 30 | 36 | 36 | 35 | 32 | 88 | 22 |
| 1 | 38 | 43 | 5 | 10 | 11 | 31 | 13 | 45 | 24 | 36 | 24 | 35 | 32 | 88 | 22 |
| 1 | 38 | 52 | 9 | 10 | 26 | 22 | 13 | 45 | 30 | 36 | 36 | 35 | 32 | 88 | 22 |
| 1 | 38 | 52 | 9 | 10 | 26 | 31 | 13 | 45 | 24 | 36 | 24 | 35 | 32 | 88 | 22 |
| 1 | 38 | 52 | 2 | 10 | 26 | 31 | 13 | 45 | 30 | 36 | 36 | 35 | 32 | 88 | 22 |

续表

| Y | PROFILE | PLAN | CHANGE | LANDUSE | ELEVATION | SLOPE | ASPECT | TWI | SPI | DRAINAGE | NDVI | RAINFALL | FAULTLINES | ROAD | GEOLOGY |
|---|---|---|---|---|---|---|---|---|---|---|---|---|---|---|---|
| 1 | 38 | 43 | 9 | 29 | 26 | 31 | 13 | 30 | 23 | 36 | 36 | 35 | 32 | 88 | 22 |
| 1 | 57 | 52 | 2 | 10 | 50 | 13 | 11 | 45 | 24 | 36 | 24 | 35 | 32 | 88 | 22 |
| 1 | 57 | 52 | 2 | 10 | 50 | 13 | 15 | 45 | 24 | 36 | 16 | 35 | 32 | 88 | 22 |
| 1 | 38 | 52 | 14 | 61 | 50 | 22 | 11 | 30 | 30 | 36 | 36 | 35 | 32 | 88 | 22 |
| 1 | 38 | 43 | 14 | 61 | 50 | 22 | 11 | 45 | 30 | 36 | 36 | 35 | 32 | 88 | 22 |
| 1 | 57 | 52 | 9 | 29 | 50 | 31 | 11 | 45 | 30 | 36 | 22 | 35 | 28 | 88 | 22 |
| 1 | 57 | 52 | 2 | 10 | 50 | 22 | 11 | 45 | 24 | 36 | 22 | 35 | 28 | 88 | 22 |
| 1 | 38 | 43 | 2 | 10 | 50 | 31 | 11 | 45 | 30 | 36 | 36 | 35 | 28 | 88 | 22 |
| 1 | 38 | 43 | 2 | 10 | 26 | 13 | 11 | 16 | 23 | 36 | 22 | 35 | 28 | 88 | 22 |
| 1 | 38 | 43 | 2 | 10 | 26 | 22 | 11 | 45 | 30 | 36 | 22 | 35 | 28 | 88 | 22 |
| 1 | 57 | 43 | 2 | 10 | 50 | 22 | 11 | 45 | 24 | 36 | 36 | 35 | 28 | 88 | 22 |
| 1 | 38 | 43 | 2 | 10 | 26 | 22 | 11 | 45 | 30 | 36 | 36 | 35 | 28 | 88 | 22 |
| 1 | 57 | 43 | 2 | 10 | 50 | 13 | 17 | 45 | 24 | 36 | 36 | 35 | 28 | 88 | 22 |
| 1 | 57 | 52 | 14 | 61 | 50 | 22 | 17 | 45 | 24 | 36 | 36 | 35 | 28 | 88 | 22 |
| 1 | 57 | 52 | 9 | 29 | 50 | 22 | 17 | 30 | 23 | 36 | 16 | 35 | 28 | 88 | 22 |
| 1 | 57 | 43 | 9 | 10 | 50 | 22 | 17 | 45 | 23 | 36 | 36 | 35 | 28 | 88 | 22 |
| 1 | 57 | 43 | 2 | 10 | 50 | 22 | 2 | 30 | 23 | 36 | 36 | 35 | 28 | 88 | 22 |
| 1 | 57 | 52 | 9 | 10 | 50 | 13 | 17 | 45 | 24 | 36 | 36 | 35 | 32 | 88 | 22 |
| 1 | 57 | 43 | 21 | 61 | 50 | 22 | 2 | 45 | 24 | 36 | 22 | 35 | 32 | 88 | 22 |
| 1 | 38 | 43 | 4 | 29 | 50 | 13 | 15 | 30 | 23 | 36 | 36 | 35 | 32 | 88 | 22 |
| 1 | 57 | 43 | 9 | 10 | 50 | 6 | 7 | 30 | 24 | 36 | 22 | 35 | 28 | 88 | 22 |
| 1 | 57 | 43 | 2 | 10 | 50 | 13 | 15 | 30 | 23 | 36 | 22 | 35 | 28 | 88 | 22 |
| 1 | 57 | 52 | 2 | 10 | 50 | 22 | 11 | 45 | 24 | 36 | 22 | 35 | 28 | 88 | 22 |
| 1 | 57 | 52 | 2 | 10 | 50 | 31 | 11 | 45 | 30 | 36 | 22 | 35 | 28 | 88 | 22 |

续表

| Y | PROFILE | PLAN | CHANGE | LANDUSE | ELEVATION | SLOPE | ASPECT | TWI | SPI | DRAINAGE | NDVI | RAINFALL | FAULTLINES | ROAD | GEOLOGY |
|---|---|---|---|---|---|---|---|---|---|---|---|---|---|---|---|
| 1 | 57 | 52 | 2 | 10 | 50 | 22 | 11 | 45 | 30 | 36 | 22 | 35 | 28 | 88 | 22 |
| 1 | 57 | 52 | 9 | 29 | 26 | 13 | 10 | 45 | 24 | 36 | 36 | 35 | 28 | 88 | 22 |
| 1 | 57 | 52 | 9 | 29 | 26 | 13 | 17 | 45 | 24 | 36 | 24 | 35 | 28 | 88 | 22 |
| 1 | 38 | 43 | 23 | 61 | 11 | 13 | 11 | 30 | 23 | 17 | 22 | 5 | 28 | 88 | 0 |
| 1 | 57 | 52 | 23 | 61 | 11 | 13 | 10 | 45 | 24 | 17 | 36 | 5 | 10 | 88 | 0 |
| 1 | 57 | 43 | 14 | 61 | 11 | 13 | 13 | 45 | 24 | 17 | 36 | 5 | 10 | 88 | 0 |
| 1 | 57 | 52 | 5 | 10 | 11 | 6 | 14 | 30 | 24 | 36 | 22 | 5 | 10 | 88 | 0 |
| 1 | 38 | 43 | 9 | 29 | 11 | 22 | 14 | 30 | 23 | 36 | 22 | 5 | 10 | 88 | 0 |
| 1 | 57 | 43 | 2 | 10 | 11 | 31 | 14 | 30 | 23 | 36 | 24 | 5 | 10 | 88 | 0 |
| 1 | 38 | 43 | 9 | 29 | 11 | 13 | 14 | 30 | 23 | 36 | 22 | 5 | 10 | 88 | 0 |
| 1 | 38 | 43 | 2 | 10 | 11 | 13 | 14 | 30 | 30 | 36 | 2 | 5 | 10 | 88 | 0 |
| 1 | 38 | 5 | 9 | 29 | 11 | 6 | 14 | 16 | 30 | 36 | 2 | 5 | 10 | 88 | 0 |
| 1 | 5 | 5 | 1 | 10 | 11 | 6 | 2 | 9 | 24 | 36 | 2 | 5 | 10 | 88 | 0 |
| 1 | 57 | 43 | 2 | 10 | 11 | 31 | 14 | 30 | 23 | 36 | 24 | 5 | 10 | 88 | 0 |
| 1 | 38 | 52 | 2 | 10 | 11 | 13 | 14 | 30 | 23 | 36 | 36 | 5 | 10 | 88 | 10 |
| 1 | 38 | 43 | 2 | 10 | 11 | 22 | 7 | 45 | 30 | 36 | 22 | 29 | 32 | 88 | 18 |
| 1 | 38 | 52 | 9 | 29 | 26 | 22 | 11 | 30 | 23 | 17 | 36 | 29 | 28 | 88 | 18 |
| 1 | 57 | 52 | 2 | 10 | 11 | 31 | 11 | 45 | 30 | 17 | 22 | 29 | 28 | 88 | 18 |
| 1 | 38 | 52 | 9 | 10 | 11 | 22 | 15 | 30 | 23 | 17 | 36 | 29 | 28 | 88 | 18 |
| 1 | 38 | 52 | 2 | 10 | 11 | 31 | 17 | 45 | 24 | 36 | 16 | 29 | 28 | 88 | 18 |
| 1 | 38 | 43 | 14 | 61 | 11 | 13 | 15 | 16 | 23 | 36 | 36 | 29 | 28 | 88 | 18 |
| 1 | 38 | 52 | 9 | 29 | 11 | 22 | 15 | 45 | 24 | 17 | 36 | 29 | 28 | 88 | 18 |
| 1 | 38 | 43 | 9 | 29 | 11 | 22 | 15 | 30 | 23 | 36 | 22 | 29 | 28 | 88 | 18 |
| 1 | 38 | 52 | 2 | 10 | 11 | 28 | 15 | 45 | 23 | 36 | 22 | 29 | 28 | 88 | 18 |

续表

| Y | PROFILE | PLAN | CHANGE | LANDUSE | ELEVATION | SLOPE | ASPECT | TWI | SPI | DRAINAGE | NDVI | RAINFALL | FAULTLINES | ROAD | GEOLOGY |
|---|---------|------|--------|---------|-----------|-------|--------|-----|-----|----------|------|----------|------------|------|---------|
| 1 | 38 | 52 | 9 | 29 | 26 | 6 | 13 | 16 | 30 | 12 | 22 | 21 | 30 | 88 | 40 |
| 1 | 57 | 52 | 2 | 10 | 26 | 22 | 7 | 45 | 24 | 12 | 22 | 21 | 30 | 88 | 7 |
| 1 | 38 | 43 | 2 | 10 | 26 | 31 | 15 | 30 | 23 | 17 | 22 | 21 | 30 | 88 | 7 |
| 1 | 57 | 43 | 2 | 10 | 11 | 13 | 11 | 45 | 24 | 12 | 36 | 21 | 30 | 88 | 7 |
| 1 | 57 | 43 | 2 | 10 | 26 | 13 | 17 | 30 | 30 | 17 | 16 | 21 | 30 | 88 | 0 |
| 1 | 57 | 52 | 2 | 10 | 26 | 22 | 15 | 45 | 24 | 17 | 16 | 21 | 30 | 88 | 7 |
| 1 | 57 | 52 | 2 | 10 | 26 | 13 | 15 | 45 | 24 | 17 | 22 | 21 | 30 | 88 | 7 |
| 1 | 57 | 52 | 2 | 10 | 11 | 22 | 7 | 45 | 30 | 36 | 22 | 35 | 30 | 88 | 0 |
| 1 | 57 | 52 | 2 | 10 | 26 | 13 | 11 | 45 | 24 | 36 | 22 | 21 | 30 | 88 | 0 |
| 1 | 57 | 43 | 2 | 10 | 26 | 13 | 14 | 45 | 24 | 36 | 22 | 35 | 30 | 88 | 0 |
| 1 | 57 | 52 | 2 | 10 | 11 | 22 | 15 | 45 | 24 | 12 | 36 | 21 | 30 | 88 | 0 |
| 1 | 57 | 52 | 21 | 61 | 26 | 13 | 10 | 45 | 24 | 17 | 22 | 21 | 30 | 88 | 40 |
| 1 | 38 | 52 | 9 | 29 | 11 | 6 | 11 | 30 | 24 | 12 | 22 | 21 | 32 | 88 | 0 |
| 1 | 38 | 52 | 14 | 61 | 11 | 6 | 10 | 30 | 30 | 12 | 2 | 21 | 30 | 9 | 0 |
| 0 | 5 | 52 | 0 | 0 | 11 | 6 | 7 | 9 | 6 | 12 | 2 | 35 | 10 | 3 | 0 |
| 0 | 5 | 5 | 0 | 0 | 11 | 6 | 2 | 9 | 30 | 17 | 24 | 5 | 10 | 3 | 22 |
| 0 | 38 | 52 | 1 | 10 | 11 | 6 | 17 | 16 | 24 | 12 | 36 | 5 | 10 | 9 | 0 |
| 0 | 57 | 43 | 1 | 10 | 11 | 6 | 11 | 30 | 6 | 36 | 2 | 5 | 10 | 9 | 0 |
| 0 | 5 | 5 | 0 | 0 | 11 | 6 | 2 | 0 | 24 | 17 | 2 | 5 | 10 | 88 | 0 |
| 0 | 38 | 43 | 0 | 0 | 11 | 6 | 14 | 30 | 30 | 17 | 36 | 35 | 28 | 88 | 40 |
| 0 | 38 | 52 | 2 | 10 | 26 | 6 | 11 | 16 | 30 | 27 | 16 | 10 | 32 | 9 | 22 |
| 0 | 38 | 5 | 2 | 10 | 26 | 6 | 15 | 16 | 6 | 17 | 2 | 5 | 10 | 3 | 0 |
| 0 | 5 | 5 | 0 | 0 | 11 | 6 | 2 | 0 | 6 | 17 | 36 | 5 | 28 | 88 | 0 |
| 0 | 5 | 5 | 2 | 29 | 11 | 6 | 10 | 16 | 6 | 17 | 36 | 5 | 28 | 88 | 0 |

续表

| Y | PROFILE | PLAN | CHANGE | LANDUSE | ELEVATION | SLOPE | ASPECT | TWI | SPI | DRAINAGE | NDVI | RAINFALL | FAULTLINES | ROAD | GEOLOGY |
|---|---|---|---|---|---|---|---|---|---|---|---|---|---|---|---|
| 0 | 38 | 5 | 2 | 29 | 11 | 6 | 17 | 9 | 23 | 12 | 24 | 35 | 28 | 3 | 3 |
| 0 | 5 | 5 | 0 | 0 | 11 | 6 | 2 | 9 | 24 | 17 | 2 | 5 | 28 | 3 | 0 |
| 0 | 38 | 43 | 4 | 29 | 11 | 6 | 10 | 0 | 17 | 12 | 36 | 10 | 0 | 9 | 7 |
| 0 | 57 | 52 | 2 | 10 | 50 | 6 | 11 | 30 | 24 | 12 | 22 | 5 | 32 | 0 | 10 |
| 0 | 5 | 5 | 0 | 0 | 11 | 6 | 2 | 0 | 6 | 36 | 2 | 35 | 10 | 88 | 0 |
| 0 | 38 | 52 | 2 | 10 | 26 | 6 | 14 | 16 | 30 | 8 | 36 | 35 | 28 | 9 | 10 |
| 0 | 5 | 5 | 0 | 0 | 11 | 6 | 14 | 9 | 30 | 36 | 2 | 5 | 28 | 0 | 0 |
| 0 | 38 | 5 | 2 | 10 | 11 | 6 | 11 | 16 | 23 | 36 | 22 | 21 | 32 | 88 | 10 |
| 0 | 5 | 5 | 1 | 0 | 11 | 6 | 7 | 16 | 30 | 8 | 24 | 35 | 28 | 9 | 40 |
| 0 | 38 | 5 | 5 | 61 | 11 | 6 | 15 | 9 | 30 | 8 | 36 | 5 | 32 | 9 | 10 |
| 0 | 5 | 5 | 0 | 0 | 11 | 6 | 2 | 9 | 24 | 36 | 2 | 5 | 10 | 88 | 0 |
| 0 | 38 | 52 | 0 | 0 | 11 | 6 | 14 | 30 | 30 | 17 | 2 | 5 | 10 | 88 | 0 |
| 0 | 5 | 5 | 0 | 0 | 11 | 6 | 2 | 0 | 6 | 12 | 2 | 35 | 32 | 3 | 0 |
| 0 | 38 | 5 | 9 | 29 | 11 | 6 | 7 | 9 | 17 | 12 | 22 | 10 | 28 | 3 | 3 |
| 0 | 5 | 5 | 0 | 0 | 11 | 6 | 2 | 9 | 6 | 12 | 2 | 21 | 30 | 9 | 0 |
| 0 | 38 | 52 | 0 | 0 | 11 | 6 | 15 | 16 | 30 | 8 | 22 | 5 | 32 | 0 | 10 |
| 0 | 57 | 43 | 2 | 10 | 26 | 6 | 15 | 16 | 24 | 36 | 16 | 5 | 28 | 9 | 10 |
| 0 | 5 | 5 | 0 | 0 | 11 | 6 | 2 | 0 | 6 | 36 | 2 | 5 | 28 | 3 | 0 |
| 0 | 5 | 5 | 0 | 0 | 11 | 6 | 2 | 0 | 6 | 36 | 2 | 5 | 10 | 9 | 0 |
| 0 | 5 | 5 | 9 | 29 | 11 | 6 | 2 | 9 | 24 | 36 | 36 | 29 | 32 | 3 | 10 |
| 0 | 5 | 5 | 0 | 0 | 11 | 6 | 2 | 9 | 24 | 17 | 2 | 5 | 28 | 88 | 0 |
| 0 | 38 | 43 | 9 | 29 | 26 | 6 | 11 | 16 | 30 | 17 | 22 | 10 | 10 | 3 | 3 |
| 0 | 38 | 43 | 0 | 0 | 11 | 6 | 7 | 30 | 24 | 17 | 24 | 5 | 28 | 9 | 0 |
| 0 | 38 | 43 | 0 | 0 | 11 | 6 | 15 | 16 | 30 | 17 | 2 | 5 | 10 | 9 | 0 |

续表

| Y | PROFILE | PLAN | CHANGE | LANDUSE | ELEVATION | SLOPE | ASPECT | TWI | SPI | DRAINAGE | NDVI | RAINFALL | FAULTLINES | ROAD | GEOLOGY |
|---|---|---|---|---|---|---|---|---|---|---|---|---|---|---|---|
| 0 | 5 | 5 | 0 | 0 | 11 | 6 | 2 | 9 | 24 | 17 | 2 | 5 | 10 | 3 | 0 |
| 0 | 38 | 52 | 9 | 29 | 11 | 6 | 15 | 16 | 30 | 8 | 36 | 21 | 28 | 88 | 22 |
| 0 | 5 | 5 | 0 | 0 | 11 | 6 | 2 | 9 | 24 | 36 | 2 | 5 | 28 | 3 | 22 |
| 0 | 38 | 5 | 1 | 10 | 11 | 6 | 15 | 9 | 30 | 17 | 2 | 35 | 28 | 88 | 0 |
| 0 | 5 | 5 | 0 | 0 | 11 | 6 | 2 | 0 | 6 | 36 | 2 | 5 | 10 | 9 | 0 |
| 0 | 5 | 5 | 0 | 0 | 11 | 6 | 2 | 0 | 6 | 17 | 2 | 5 | 30 | 3 | 0 |
| 0 | 38 | 5 | 0 | 0 | 11 | 6 | 15 | 16 | 30 | 36 | 2 | 21 | 28 | 9 | 0 |
| 0 | 5 | 5 | 0 | 0 | 11 | 6 | 2 | 9 | 24 | 36 | 2 | 5 | 28 | 3 | 22 |
| 0 | 5 | 5 | 0 | 0 | 11 | 6 | 2 | 0 | 6 | 12 | 2 | 35 | 28 | 3 | 0 |
| 0 | 5 | 5 | 0 | 0 | 11 | 6 | 2 | 9 | 24 | 17 | 2 | 5 | 10 | 9 | 0 |
| 0 | 38 | 43 | 1 | 10 | 11 | 6 | 13 | 16 | 30 | 12 | 2 | 5 | 10 | 3 | 3 |
| 0 | 5 | 5 | 14 | 61 | 26 | 6 | 2 | 0 | 30 | 27 | 24 | 10 | 32 | 88 | 22 |
| 0 | 57 | 43 | 2 | 10 | 26 | 6 | 17 | 30 | 24 | 17 | 22 | 21 | 30 | 88 | 40 |
| 0 | 5 | 5 | 0 | 0 | 11 | 6 | 2 | 9 | 6 | 36 | 2 | 21 | 30 | 88 | 0 |
| 0 | 5 | 5 | 0 | 0 | 11 | 6 | 2 | 0 | 6 | 17 | 2 | 5 | 10 | 3 | 0 |
| 0 | 38 | 43 | 0 | 0 | 11 | 6 | 13 | 16 | 30 | 36 | 2 | 21 | 30 | 88 | 10 |
| 0 | 38 | 5 | 0 | 0 | 11 | 6 | 7 | 0 | 17 | 36 | 2 | 5 | 28 | 0 | 0 |
| 0 | 5 | 5 | 0 | 0 | 11 | 6 | 2 | 9 | 6 | 8 | 2 | 5 | 10 | 3 | 3 |
| 0 | 38 | 5 | 2 | 10 | 11 | 6 | 7 | 16 | 30 | 27 | 16 | 5 | 28 | 88 | 10 |
| 0 | 38 | 5 | 0 | 0 | 11 | 6 | 10 | 9 | 6 | 36 | 2 | 5 | 28 | 3 | 0 |
| 0 | 5 | 5 | 0 | 0 | 11 | 6 | 2 | 9 | 6 | 36 | 2 | 5 | 10 | 88 | 0 |
| 0 | 5 | 5 | 0 | 0 | 11 | 6 | 2 | 9 | 24 | 36 | 2 | 5 | 28 | 9 | 0 |
| 0 | 5 | 5 | 0 | 0 | 11 | 6 | 2 | 0 | 6 | 36 | 2 | 5 | 10 | 3 | 3 |
| 0 | 38 | 5 | 0 | 0 | 11 | 6 | 10 | 9 | 30 | 12 | 2 | 35 | 10 | 3 | 3 |

续表

| Y | PROFILE | PLAN | CHANGE | LANDUSE | ELEVATION | SLOPE | ASPECT | TWI | SPI | DRAINAGE | NDVI | RAINFALL | FAULTLINES | ROAD | GEOLOGY |
|---|---|---|---|---|---|---|---|---|---|---|---|---|---|---|---|
| 0 | 57 | 52 | 2 | 10 | 50 | 6 | 11 | 30 | 24 | 27 | 16 | 10 | 28 | 9 | 3 |
| 0 | 57 | 52 | 4 | 29 | 11 | 6 | 14 | 16 | 23 | 36 | 22 | 29 | 32 | 88 | 22 |
| 0 | 5 | 5 | 0 | 0 | 11 | 6 | 2 | 0 | 6 | 36 | 2 | 5 | 10 | 9 | 0 |
| 0 | 38 | 5 | 21 | 61 | 11 | 6 | 15 | 16 | 30 | 12 | 36 | 29 | 28 | 88 | 18 |
| 0 | 38 | 43 | 9 | 29 | 11 | 6 | 11 | 16 | 30 | 27 | 36 | 10 | 0 | 9 | 3 |
| 0 | 38 | 52 | 2 | 10 | 11 | 6 | 7 | 16 | 30 | 12 | 36 | 10 | 0 | 9 | 3 |
| 0 | 38 | 43 | 0 | 0 | 11 | 6 | 10 | 9 | 30 | 17 | 2 | 5 | 28 | 88 | 0 |
| 0 | 38 | 52 | 2 | 10 | 11 | 6 | 11 | 16 | 30 | 17 | 22 | 21 | 30 | 88 | 0 |
| 0 | 38 | 43 | 0 | 0 | 11 | 6 | 7 | 30 | 24 | 17 | 2 | 5 | 10 | 3 | -22 |
| 0 | 38 | 5 | 0 | 0 | 11 | 6 | 17 | 0 | 17 | 8 | 2 | 5 | 32 | 0 | 10 |
| 0 | 38 | 5 | 2 | 10 | 26 | 6 | 17 | 9 | 23 | 8 | 16 | 10 | 0 | 9 | 3 |
| 0 | 38 | 43 | 1 | 10 | 11 | 6 | 11 | 16 | 23 | 17 | 24 | 35 | 10 | 9 | 0 |
| 0 | 5 | 5 | 0 | 0 | 11 | 6 | 2 | 9 | 6 | 17 | 2 | 35 | 28 | 3 | 0 |
| 0 | 5 | 5 | 0 | 0 | 11 | 6 | 2 | 9 | 24 | 17 | 2 | 35 | 28 | 0 | 3 |
| 0 | 38 | 43 | 9 | 29 | 11 | 6 | 11 | 16 | 6 | 17 | 24 | 5 | 10 | 88 | 0 |
| 0 | 38 | 43 | 2 | 10 | 11 | 6 | 7 | 30 | 30 | 8 | 16 | 10 | 0 | 9 | 3 |
| 0 | 5 | 5 | 0 | 0 | 11 | 6 | 2 | 9 | 24 | 36 | 2 | 21 | 30 | 88 | 0 |
| 0 | 57 | 43 | 0 | 0 | 11 | 6 | 15 | 30 | 24 | 36 | 2 | 21 | 30 | 88 | 0 |
| 0 | 5 | 5 | 0 | 0 | 11 | 6 | 2 | 16 | 24 | 36 | 2 | 35 | 32 | 88 | 0 |
| 0 | 5 | 5 | 0 | 0 | 11 | 6 | 2 | 9 | 6 | 17 | 2 | 35 | 28 | 9 | 0 |
| 0 | 5 | 5 | 0 | 0 | 11 | 6 | 2 | 0 | 6 | 36 | 2 | 35 | 28 | 3 | 0 |
| 0 | 5 | 5 | 0 | 0 | 11 | 6 | 2 | 0 | 6 | 36 | 2 | 35 | 32 | 88 | 0 |
| 0 | 38 | 43 | 2 | 10 | 11 | 6 | 17 | 9 | 17 | 8 | 16 | 35 | 28 | 3 | 22 |

续表

| Y | PROFILE | PLAN | CHANGE | LANDUSE | ELEVATION | SLOPE | ASPECT | TWI | SPI | DRAINAGE | NDVI | RAINFALL | FAULTLINES | ROAD | GEOLOGY |
|---|---|---|---|---|---|---|---|---|---|---|---|---|---|---|---|
| 0 | 38 | 43 | 21 | 61 | 11 | 6 | 14 | 16 | 30 | 27 | 22 | 10 | 10 | 9 | 3 |
| 0 | 38 | 43 | 5 | 10 | 11 | 6 | 11 | 0 | 17 | 12 | 36 | 10 | 0 | 88 | 3 |
| 0 | 5 | 5 | 1 | 0 | 11 | 6 | 2 | 9 | 24 | 12 | 24 | 35 | 10 | 3 | 3 |
| 0 | 38 | 5 | 2 | 10 | 11 | 6 | 13 | 16 | 30 | 17 | 22 | 10 | 0 | 3 | 3 |
| 0 | 5 | 5 | 0 | 0 | 11 | 6 | 11 | 16 | 24 | 36 | 2 | 5 | 10 | 9 | 0 |
| 0 | 5 | 5 | 0 | 0 | 11 | 6 | 2 | 0 | 6 | 36 | 2 | 35 | 28 | 3 | 0 |
| 0 | 38 | 5 | 2 | 10 | 11 | 6 | 17 | 16 | 30 | 12 | 24 | 10 | 28 | 3 | 3 |
| 0 | 38 | 52 | 2 | 10 | 11 | 6 | 11 | 16 | 23 | 36 | 22 | 21 | 30 | 88 | 0 |
| 0 | 5 | 5 | 0 | 0 | 11 | 6 | 2 | 9 | 6 | 36 | 2 | 5 | 10 | 9 | 0 |
| 0 | 38 | 52 | 0 | 0 | 11 | 6 | 15 | 30 | 24 | 36 | 2 | 35 | 30 | 9 | 10 |
| 0 | 5 | 5 | 2 | 10 | 11 | 6 | 2 | 9 | 24 | 12 | 36 | 21 | 32 | 9 | 0 |
| 0 | 5 | 5 | 0 | 0 | 11 | 6 | 2 | 9 | 24 | 36 | 2 | 5 | 10 | 0 | 0 |
| 0 | 5 | 5 | 0 | 0 | 11 | 6 | 2 | 0 | 6 | 36 | 2 | 35 | 32 | 88 | 0 |
| 0 | 5 | 5 | 0 | 0 | 11 | 6 | 2 | 9 | 6 | 36 | 2 | 5 | 28 | 3 | 0 |
| 0 | 5 | 5 | 6 | 29 | 11 | 6 | 2 | 9 | 6 | 36 | 36 | 35 | 28 | 88 | 22 |
| 0 | 5 | 5 | 0 | 0 | 11 | 6 | 2 | 0 | 6 | 36 | 2 | 5 | 10 | 9 | 0 |
| 0 | 5 | 5 | 0 | 0 | 11 | 6 | 2 | 9 | 24 | 17 | 2 | 35 | 28 | 3 | 0 |
| 0 | 38 | 5 | 0 | 0 | 11 | 6 | 15 | 16 | 30 | 17 | 2 | 21 | 30 | 9 | 0 |
| 0 | 38 | 5 | 2 | 10 | 11 | 6 | 10 | 0 | 17 | 12 | 22 | 35 | 10 | 9 | 22 |
| 0 | 5 | 5 | 0 | 0 | 11 | 6 | 2 | 0 | 6 | 17 | 2 | 5 | 10 | 9 | 0 |
| 0 | 38 | 5 | 0 | 0 | 11 | 6 | 7 | 0 | 17 | 12 | 2 | 35 | 28 | 0 | 3 |
| 0 | 38 | 43 | 2 | 10 | 11 | 6 | 17 | 16 | 30 | 12 | 22 | 35 | 10 | 3 | 3 |
| 0 | 5 | 5 | 0 | 0 | 11 | 6 | 2 | 9 | 6 | 12 | 2 | 35 | 28 | 3 | 0 |
| 0 | 38 | 52 | 1 | 10 | 11 | 6 | 7 | 16 | 23 | 12 | 24 | 21 | 30 | 9 | 0 |

续表

| Y | PROFILE | PLAN | CHANGE | LANDUSE | ELEVATION | SLOPE | ASPECT | TWI | SPI | DRAINAGE | NDVI | RAINFALL | FAULTLINES | ROAD | GEOLOGY |
|---|---|---|---|---|---|---|---|---|---|---|---|---|---|---|---|
| 0 | 57 | 43 | 2 | 10 | 26 | 6 | 15 | 16 | 30 | 17 | 16 | 35 | 28 | 3 | 0 |
| 0 | 38 | 43 | 9 | 29 | 11 | 6 | 17 | 30 | 24 | 12 | 24 | 10 | 10 | 9 | 7 |
| 0 | 38 | 52 | 2 | 10 | 11 | 6 | 17 | 30 | 30 | 17 | 16 | 29 | 28 | 9 | 7 |
| 0 | 57 | 52 | 0 | 0 | 11 | 6 | 14 | 16 | 23 | 12 | 2 | 35 | 32 | 3 | 3 |
| 0 | 38 | 43 | 2 | 10 | 26 | 13 | 15 | 30 | 24 | 17 | 16 | 29 | 32 | 3 | 22 |
| 0 | 38 | 52 | 0 | 0 | 11 | 13 | 13 | 30 | 24 | 12 | 2 | 35 | 10 | 9 | 40 |
| 0 | 38 | 52 | 2 | 10 | 11 | 6 | 13 | 30 | 24 | 17 | 22 | 21 | 30 | 88 | 7 |
| 0 | 38 | 43 | 2 | 29 | 11 | 13 | 11 | 30 | 24 | 36 | 22 | 35 | 10 | 9 | 40 |
| 0 | 38 | 52 | 0 | 0 | 11 | 6 | 11 | 30 | 24 | 36 | 2 | 21 | 32 | 3 | 0 |
| 0 | 57 | 52 | 2 | 10 | 50 | 6 | 10 | 30 | 24 | 8 | 16 | 35 | 32 | 88 | 22 |
| 0 | 38 | 52 | 9 | 29 | 26 | 13 | 11 | 0 | 17 | 8 | 22 | 10 | 28 | 9 | 3 |
| 0 | 38 | 52 | 2 | 10 | 26 | 6 | 14 | 30 | 24 | 36 | 22 | 10 | 28 | 88 | 3 |
| 0 | 57 | 52 | 2 | 10 | 11 | 6 | 13 | 30 | 24 | 17 | 22 | 5 | 10 | 9 | 0 |
| 0 | 38 | 43 | 0 | 0 | 26 | 13 | 15 | 45 | 23 | 12 | 2 | 35 | 10 | 3 | 0 |
| 0 | 57 | 43 | 9 | 29 | 11 | 13 | 7 | 16 | 23 | 8 | 36 | 10 | 0 | 88 | 3 |
| 0 | 57 | 52 | 2 | 10 | 26 | 6 | 14 | 30 | 24 | 36 | 16 | 21 | 30 | 3 | 10 |
| 0 | 57 | 52 | 2 | 10 | 13 | 6 | 13 | 30 | 24 | 36 | 16 | 21 | 30 | 88 | 0 |
| 0 | 57 | 52 | 5 | 10 | 11 | 13 | 15 | 45 | 23 | 17 | 22 | 10 | 10 | 88 | 3 |
| 0 | 38 | 52 | 2 | 10 | 26 | 13 | 11 | 16 | 30 | 12 | 36 | 21 | 32 | 9 | 10 |
| 0 | 38 | 43 | 2 | 10 | 11 | 13 | 11 | 30 | 24 | 8 | 36 | 21 | 32 | 88 | 10 |
| 0 | 57 | 52 | 2 | 10 | 26 | 13 | 11 | 30 | 24 | 8 | 36 | 5 | 30 | 0 | 18 |
| 0 | 57 | 52 | 9 | 10 | 50 | 6 | 17 | 30 | 24 | 17 | 16 | 29 | 32 | 9 | 22 |
| 0 | 57 | 52 | 9 | 10 | 11 | 6 | 14 | 30 | 24 | 12 | 36 | 10 | 0 | 88 | 7 |
| 0 | 57 | 43 | 0 | 0 | 50 | 6 | 15 | 0 | 0 | 0 | 0 | 0 | 0 | 0 | 0 |

续表

| Y | PROFILE | PLAN | CHANGE | LANDUSE | ELEVATION | SLOPE | ASPECT | TWI | SPI | DRAINAGE | NDVI | RAINFALL | FAULTLINES | ROAD | GEOLOGY |
|---|---|---|---|---|---|---|---|---|---|---|---|---|---|---|---|
| 0 | 57 | 43 | 1 | 10 | 11 | 13 | 17 | 30 | 24 | 36 | 22 | 5 | 10 | 3 | 0 |
| 0 | 38 | 43 | 2 | 10 | 11 | 6 | 11 | 30 | 30 | 17 | 36 | 35 | 28 | 88 | 22 |
| 0 | 57 | 52 | 1 | 10 | 11 | 6 | 14 | 30 | 24 | 17 | 36 | 5 | 10 | 9 | 0 |
| 0 | 38 | 43 | 0 | 0 | 11 | 6 | 13 | 30 | 30 | 17 | 24 | 5 | 28 | 3 | 22 |
| 0 | 57 | 52 | 0 | 0 | 11 | 6 | 2 | 30 | 24 | 36 | 2 | 5 | 10 | 3 | 0 |
| 0 | 57 | 52 | 2 | 10 | 11 | 6 | 11 | 16 | 30 | 8 | 22 | 29 | 32 | 88 | 40 |
| 0 | 57 | 52 | 2 | 10 | 26 | 13 | 11 | 30 | 24 | 36 | 36 | 10 | 0 | 88 | 3 |
| 0 | 57 | 43 | 2 | 10 | 50 | 6 | 11 | 30 | 30 | 8 | 36 | 21 | 30 | 3 | 10 |
| 0 | 57 | 52 | 2 | 10 | 11 | 13 | 13 | 30 | 24 | 36 | 2 | 29 | 30 | 88 | 10 |
| 0 | 38 | 52 | 0 | 0 | 11 | 13 | 10 | 9 | 17 | 12 | 36 | 35 | 32 | 88 | 0 |
| 0 | 57 | 43 | 2 | 10 | 26 | 6 | 7 | 16 | 23 | 17 | 16 | 5 | 28 | 0 | 0 |
| 0 | 38 | 52 | 2 | 10 | 26 | 13 | 14 | 45 | 24 | 36 | 22 | 10 | 10 | 3 | 3 |
| 0 | 38 | 43 | 2 | 10 | 26 | 13 | 11 | 9 | 17 | 8 | 22 | 10 | 10 | 9 | 3 |
| 0 | 57 | 5 | 2 | 10 | 11 | 6 | 17 | 30 | 30 | 17 | 36 | 10 | 28 | 3 | 3 |
| 0 | 38 | 52 | 2 | 29 | 11 | 6 | 7 | 45 | 24 | 8 | 2 | 5 | 32 | 0 | 22 |
| 0 | 38 | 52 | 9 | 0 | 26 | 6 | 2 | 9 | 17 | 12 | 16 | 35 | 32 | 9 | 3 |
| 0 | 38 | 43 | 0 | 10 | 26 | 6 | 7 | 16 | 23 | 36 | 22 | 21 | 10 | 3 | 0 |
| 0 | 38 | 52 | 2 | 10 | 26 | 6 | 15 | 16 | 23 | 36 | 2 | 10 | 30 | 9 | 3 |
| 0 | 38 | 43 | 2 | 10 | 50 | 6 | 10 | 16 | 23 | 17 | 16 | 35 | 0 | 3 | 40 |
| 0 | 38 | 43 | 2 | 10 | 50 | 13 | 14 | 9 | 17 | 12 | 22 | 5 | 28 | 88 | 10 |
| 0 | 38 | 52 | 2 | 10 | 11 | 13 | 13 | 45 | 24 | 8 | 16 | 21 | 32 | 0 | 22 |
| 0 | 57 | 52 | 1 | 10 | 11 | 13 | 15 | 30 | 24 | 12 | 22 | 29 | 32 | 88 | 10 |
| 0 | 38 | 43 | 1 | 10 | 11 | 6 | 17 | 16 | 23 | 17 | 2 | 5 | 10 | 9 | 0 |
| 0 | 38 | 43 | 1 | 10 | 11 | 6 | 11 | 16 | 30 | 8 | 36 | 35 | 10 | 88 | 40 |

续表

| Y | PROFILE | PLAN | CHANGE | LANDUSE | ELEVATION | SLOPE | ASPECT | TWI | SPI | DRAINAGE | NDVI | RAINFALL | FAULTLINES | ROAD | GEOLOGY |
|---|---|---|---|---|---|---|---|---|---|---|---|---|---|---|---|
| 0 | 57 | 52 | 2 | 10 | 50 | 6 | 10 | 30 | 24 | 8 | 24 | 5 | 32 | 0 | 18 |
| 0 | 57 | 43 | 2 | 10 | 26 | 6 | 7 | 30 | 24 | 27 | 22 | 29 | 32 | 88 | 22 |
| 0 | 57 | 43 | 2 | 10 | 26 | 6 | 11 | 30 | 24 | 36 | 16 | 21 | 30 | 88 | 10 |
| 0 | 57 | 43 | 2 | 10 | 26 | 13 | 13 | 30 | 24 | 36 | 16 | 10 | 10 | 88 | 3 |
| 0 | 38 | 52 | 1 | 10 | 11 | 6 | 17 | 9 | 17 | 8 | 36 | 5 | 30 | 0 | 10 |
| 0 | 38 | 52 | 2 | 10 | 11 | 6 | 17 | 30 | 24 | 17 | 22 | 5 | 10 | 3 | 40 |
| 0 | 38 | 52 | 9 | 29 | 11 | 6 | 15 | 30 | 24 | 12 | 36 | 10 | 0 | 9 | 7 |
| 0 | 38 | 52 | 2 | 10 | 50 | 6 | 10 | 30 | 30 | 17 | 22 | 10 | 10 | 9 | 3 |
| 0 | 38 | 43 | 21 | 61 | 11 | 6 | 17 | 9 | 17 | 8 | 36 | 21 | 30 | 88 | 10 |
| 0 | 38 | 52 | 2 | 10 | 26 | 6 | 17 | 30 | 24 | 17 | 36 | 10 | 10 | 3 | 7 |
| 0 | 57 | 52 | 2 | 10 | 50 | 6 | 17 | 30 | 24 | 27 | 16 | 10 | 30 | 3 | 10 |
| 0 | 38 | 52 | 2 | 29 | 11 | 6 | 11 | 16 | 30 | 12 | 22 | 5 | 32 | 0 | 10 |
| 0 | 38 | 52 | 0 | 0 | 11 | 6 | 15 | 16 | 23 | 17 | 2 | 35 | 28 | 0 | 0 |
| 0 | 38 | 43 | 2 | 10 | 11 | 13 | 14 | 16 | 23 | 12 | 22 | 21 | 30 | 88 | 22 |
| 0 | 38 | 52 | 9 | 10 | 50 | 6 | 13 | 30 | 24 | 12 | 16 | 29 | 30 | 9 | 10 |
| 0 | 57 | 52 | 2 | 10 | 26 | 13 | 11 | 30 | 24 | 8 | 16 | 35 | 10 | 9 | 40 |
| 0 | 38 | 43 | 0 | 0 | 11 | 6 | 15 | 30 | 30 | 36 | 2 | 21 | 30 | 9 | 0 |
| 0 | 57 | 52 | 0 | 0 | 11 | 13 | 15 | 45 | 24 | 17 | 2 | 35 | 28 | 0 | 0 |
| 0 | 38 | 52 | 2 | 10 | 11 | 13 | 10 | 16 | 23 | 8 | 36 | 35 | 28 | 88 | 40 |
| 0 | 38 | 52 | 2 | 10 | 11 | 6 | 13 | 30 | 24 | 12 | 36 | 21 | 30 | 88 | 40 |
| 0 | 38 | 43 | 9 | 10 | 26 | 13 | 11 | 16 | 17 | 12 | 22 | 5 | 32 | 0 | 10 |
| 0 | 38 | 43 | 0 | 0 | 11 | 6 | 11 | 30 | 24 | 12 | 2 | 5 | 10 | 3 | 0 |
| 0 | 57 | 52 | 2 | 10 | 26 | 6 | 17 | 30 | 24 | 36 | 22 | 35 | 28 | 0 | 3 |
| 0 | 38 | 52 | 2 | 10 | 26 | 6 | 11 | 30 | 24 | 12 | 22 | 21 | 30 | 88 | 10 |

续表

| Y | PROFILE | PLAN | CHANGE | LANDUSE | ELEVATION | SLOPE | ASPECT | TWI | SPI | DRAINAGE | NDVI | RAINFALL | FAULTLINES | ROAD | GEOLOGY |
|---|---|---|---|---|---|---|---|---|---|---|---|---|---|---|---|
| 0 | 57 | 43 | 2 | 10 | 11 | 6 | 14 | 30 | 24 | 36 | 22 | 35 | 32 | 88 | 0 |
| 0 | 38 | 43 | 2 | 10 | 26 | 6 | 11 | 16 | 30 | 36 | 16 | 10 | 10 | 88 | 3 |
| 0 | 38 | 43 | 2 | 10 | 26 | 6 | 15 | 9 | 17 | 8 | 22 | 5 | 30 | 0 | 18 |
| 0 | 57 | 52 | 2 | 10 | 26 | 6 | 11 | 30 | 24 | 12 | 22 | 29 | 32 | 88 | 22 |
| 0 | 38 | 43 | 2 | 10 | 26 | 6 | 17 | 30 | 24 | 36 | 22 | 35 | 28 | 0 | 3 |
| 0 | 57 | 52 | 1 | 10 | 11 | 6 | 13 | 9 | 17 | 36 | 24 | 5 | 10 | 0 | 0 |
| 0 | 57 | 52 | 14 | 61 | 50 | 13 | 17 | 30 | 24 | 17 | 24 | 5 | 10 | 9 | 0 |
| 0 | 38 | 43 | 2 | 10 | 50 | 6 | 15 | 30 | 24 | 8 | 22 | 5 | 32 | 0 | 18 |
| 0 | 38 | 43 | 2 | 10 | 11 | 13 | 11 | 30 | 24 | 8 | 24 | 5 | 32 | 0 | 10 |
| 0 | 38 | 43 | 2 | 10 | 11 | 6 | 11 | 30 | 30 | 17 | 36 | 35 | 28 | 3 | 3 |
| 0 | 38 | 52 | 9 | 29 | 11 | 6 | 15 | 16 | 23 | 12 | 24 | 10 | 0 | 88 | 3 |
| 0 | 38 | 43 | 23 | 61 | 11 | 6 | 11 | 30 | 24 | 36 | 24 | 5 | 10 | 88 | 0 |
| 0 | 38 | 52 | 2 | 10 | 26 | 6 | 7 | 16 | 23 | 27 | 22 | 5 | 10 | 9 | 22 |
| 0 | 38 | 43 | 2 | 10 | 11 | 6 | 13 | 30 | 30 | 8 | 22 | 35 | 10 | 3 | 3 |
| 0 | 57 | 52 | 0 | 0 | 11 | 6 | 11 | 30 | 24 | 17 | 2 | 5 | 28 | 88 | 0 |
| 0 | 57 | 52 | 2 | 10 | 26 | 6 | 2 | 30 | 24 | 36 | 16 | 10 | 0 | 3 | 3 |
| 0 | 57 | 52 | 2 | 10 | 26 | 13 | 11 | 30 | 24 | 17 | 36 | 21 | 30 | 88 | 0 |